JN326194

図説・大西洋の歴史

世界史を動かした海の物語

マーティン・W・サンドラー＝著

日暮雅通＝訳

ATLANTIC OCEAN

The Illustrated History of the Ocean that Changed the World

悠書館

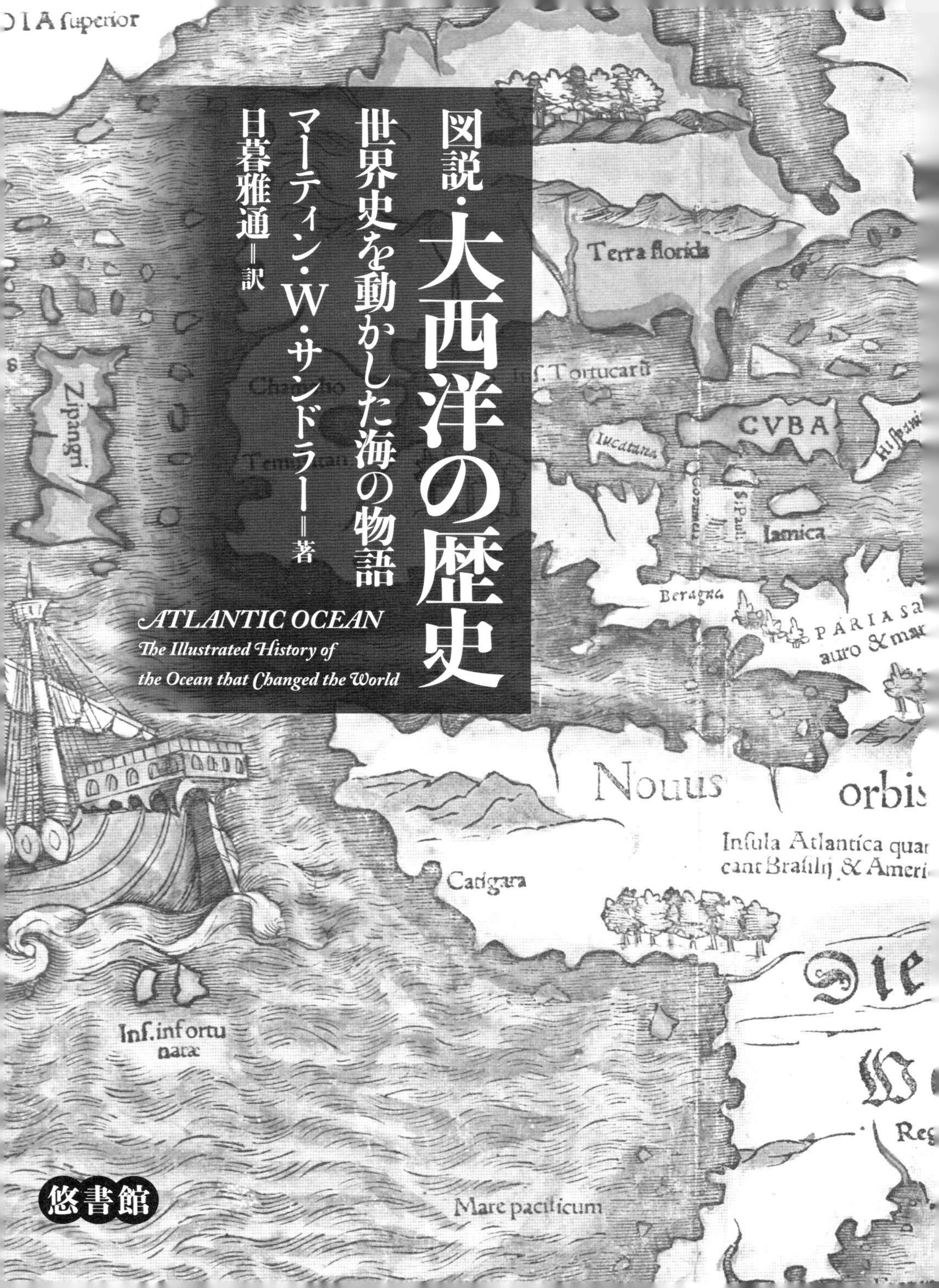

北欧神話の神、トールとヒュミル
18 世紀に描かれたアイスランド語の写本の彩色挿絵
（本文 16 ページ）

ノルマン人のイングランド侵攻を描いたバイユーのタピストリーの部分（本文 16 ページ）

スカンディナヴィアの地図（オラウス・マグヌス作、1530 年代）
（本文 8～9 ページ）

CARTA MARINA ET DESCRIPTIO SEPTEMTRIONALIVM TERRARVM AC MIRABILIVM
GRVTLANDIE PARS
GRVTLANDIE PARS
ISLANDIA
A
MARE GLACIAE
FARE
ZIPHIVS
OCCIDENS
TILE
D
ORCADES XXXIII
PISTRIS SIVE PHISETER
NORVEGIA
MARE DEVCALIDONICVM
SCOCIE PARS
ANGLIE PARS
G
OCEANVS BRITANICVS
MARE GERMANICVM
DANIA
HOLSATHIA
FRISIA
SCALA MILIARIVM
GRADVS LONGITVDINIS

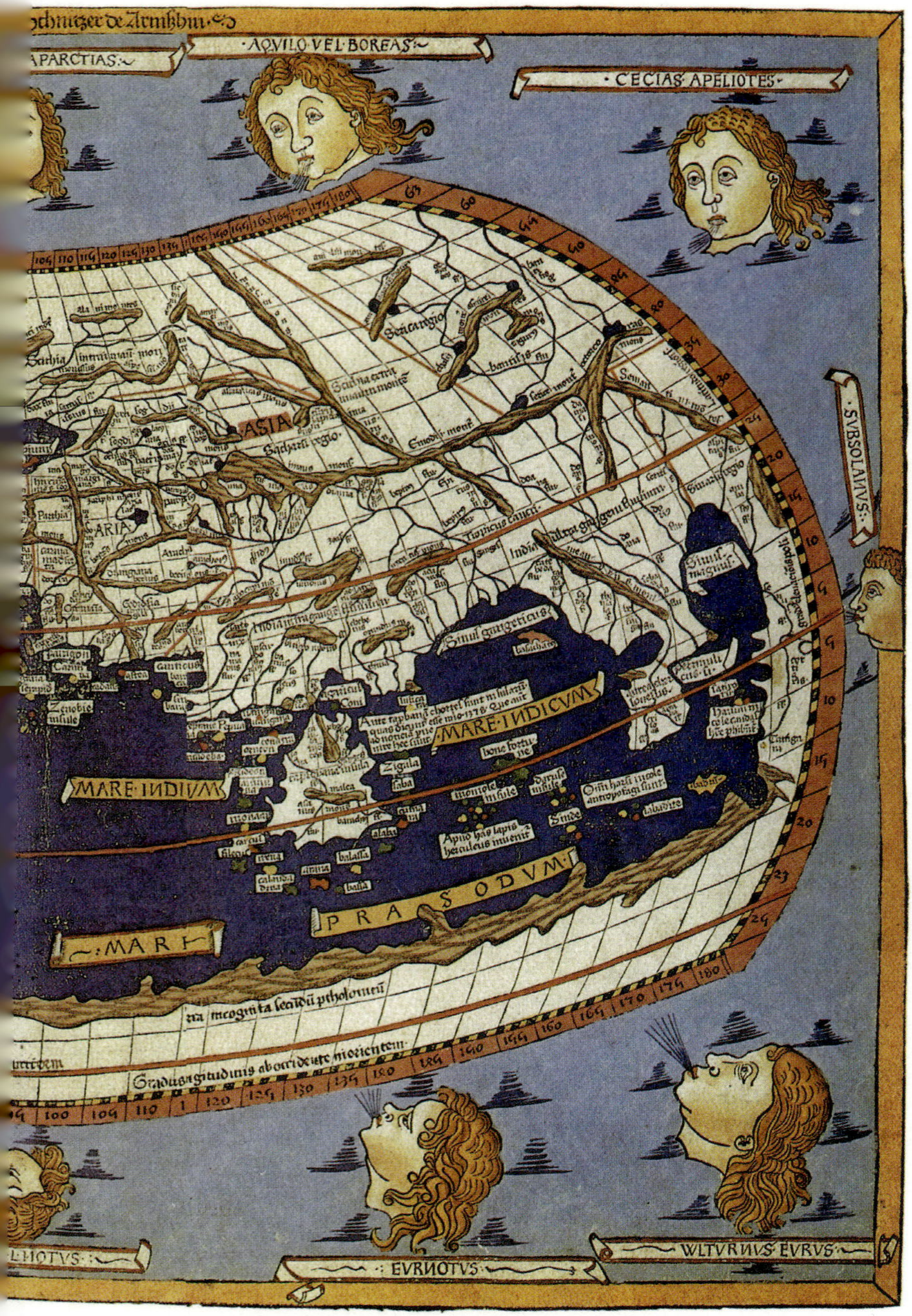

プトレマイオスの『地理学』にもとづき、アルムスハイムのヨハネス・シュニッツァーにより制作された地図（本文 12～13 ページ）

CAVRVS·CHORVS·VEL·IAPIX·SIVE·ARGESTES
CIRCIVS VEL·TRESIIAS
FAVONIVS·ZEPHIRVS
mare glaciale
EVROPA
LIBIA·INTERIOR
AFFRICA
ARABIA·FELIX
Circulus equinoctialis
ETHIOPIA·INTERIOR
Terra incognita secundum ptholomeum
Sinus Barbaricus
AFRICVS·VEL·LIBS
LIBONOTVS·EVROAVSTER

1570年頃に日本人画家が描いたポルトガルのカラック船（本文38ページ）

フスタ船。『東方案内記――船乗りヤン・ホイフェン・ヴァン・リンスホーテンのポルトガル領東インド旅行記』（1596 年）より（本文 39 ページ）

プレスター・ジョンの地図（アブラハム・オルテリウス作、1573 年）
（本文 41 ページ）

序

本書『大西洋の歴史』に描かれているように、大西洋（周辺）世界とその歴史は、大海原と同じくらいに広漠として複雑である。大西洋とその周辺領域に関する研究は、神話の時代に始まり、より現実的な現代へ綿々と続く。四つの大陸にじかに接している大西洋の歴史は、謎や冒険、領土拡大や近代化、戦の勝ち負け、人びとの勇気や試練など、さまざまなものにいろどられているのだ。その歴史への理解を深めるためには、さらに広範な世界的視野をもつことが不可欠である。ただし、つねにその中心にあるのは、大洋だ。

初期の大西洋世界は統一されたものではなく、伝説や不可解な謎におおわれながら、二つの世界として存在していた。どちらの世界も、もう一方の世界のことをほとんど知らずにいた。最初の出会いがもう一方への認識を生み、やがて理解に発展する。その後間もなく、ユーラシアとアフリカは、二つの世界の自分たちの側を〈旧世界〉、もう一方を〈新世界〉と見なすようになる。

二つの世界が大西洋を越えて出会った最初の記録は、スカンディナヴィア人の船乗りが、故郷のスカンディナヴィアから北大西洋をわたったときのこととされる。彼らはアイスランドやグリーンランドへわたり、十世紀後半には、新世界のマークランドやヴィンランドに到達した。ヨーロッパ人はそこで初めて現地の

“歴史なき地理が動かぬ骸《むくろ》に似るように、地理なき歴史は住処を持たぬ放浪の民である。”

——ジョン・スミス『ヴァージニアの歴史』(1624年)

先住民と出会い、彼らのことを〈スクレリング〉と呼び、やがてその呼び名は〈インディアン〉として定着した。だが、その時点では両世界の継続的な交流は生まれず、十一世紀の前半にスカンディナヴィア人は新世界を離れ、その後のほぼ五百年は、謎めいたサガやフォークロアの中に埋没してしまう。

十四世紀になり、イベリア人が富や栄光を求め、信念を抱いて南や西の海に出航するようになると、大西洋を隔てた両世界の交流が復活するのにそう時間はかからなかった。交流は持続的で大がかりなものになっていった。復活した交流は、時がたつにつれ、発見、探検、搾取、交易、理解、そして合意を生むようになる。商品や人間、それに大西洋を隔てて発展してきた文化や思想の交易がすぐさま活発になり、ほかの世界へも流れ込んでいき、世界を永遠に変貌させた。同時に、大西洋世界にもほかの世界からの影響が逆流入してきて、同じように永続的な変化をこうむった。長きにわたって人類を分断していた海が、この世界の、そして歴史の連結器となったのだ。

上記に引用したジョン・スミス船長の言葉がほのめかしているように、大西洋そのものは、歴史から離れて存在しているわけではない。大西洋は、地球の大半をおおう海の一部だ。冷戦が終わってグローバリズムが発展したここ四半世紀のあいだに、大西洋の歴史は、学術的にも一般社会的にも、再び大きな関心を集めるようになった。欧米全般の高等研究機関も、大西洋とその後背地に関するコースや専攻学科、学位を数多く提供するようになっている。例をあげれば、私の在職するテキサス大学アーリントン校にも大西洋史の博士号プログラムがあり、ここ二十年はさかんな研究がおこなわれている。

大西洋史は、世界史の文脈のなかの一地域であり、非常に地理学的で、複数の国家にまたがる分野だ。伝統的な研究テーマのみならず、自然を中心におき、環境史も含んでいる。地図学史や歴史地理学とも共存する。さらに、鱈、砂糖、香料、奴隷、銀などさまざまな商品の歴史も含まれ、社会史、文化史、経済史における人種・階級・性別の学術パラダイムにかかわる選択肢を提供してくれる。

本書は、その大西洋史の研究手法をみごとに例示している。神話の時代から始まり、神話とその歴史、大西洋史の一部として事実と考えられる物語にまつわる議論などを提供した後、二つの世界の最初の接点、再接触、むこうみずな発見と探検の時代を紹介していく。両世界の接触やその後の展開については、大西洋世界の中心としてその世界を束ねる海（とその優越性）から、あまり離れることなく語られることになるだろう。海を語ることにより、大西洋の歴史は復元され、その世界があますところなく描かれるのだ。ヴァイキング船、カラベル船、快速帆船、軍艦、汽船、娯楽用やレース用のヨットなど、すべての船が登場する。

さらに、旧世界と新世界のさまざまな交易の話が続く。本書に綴られている歴史のなかでも、当然ながら長いページを占める部分である。未知の世界との出会いに始まり、交易、植民地化、そして帝国主義から革命、その他さまざまな視点を考慮に入れていく。だが、最も重要な部分といえば、奴隷、年季奉公、自発的な移民による人的交流についての記述だろう。それにつれて伝統や技術の混合が生じ、そこから大西洋両岸の新たな融合文化が生まれ、グローバリゼーションの序章となっていくからだ。最後は現代で締めくくられ、二一世紀に新たに生じた環境問題が語られる。

本書『大西洋の歴史』は、読みやすい文章と多数のすばらしい地図や挿絵によって、歴史上の出来事を色あざやかに語る。大西洋の歴史とは、いわば想像上の航海のようなものだ。もしあなたがこの航海を経験したことがなければ、いますぐ旅立ち、学び、楽しまれることをお勧めする。そして、もし経験者であれば、さらに航海を続け、この旅を味わってほしい。

——デニス・ラインハート
テキサス大学アーリントン校

はじめに

カルトゥーシュ（巻軸装飾）の細部。フランスの地図製作者ジャン・バティスト・ルイ・フランクリンによる1686年の北米地図のもので、ケベックの地平線と港は製作者の解釈によって描かれている。

探検や発見、征服、海賊。さらに政治的、技術的な大変動。知られている限りでは世界で最も激しい人間の移動。このように驚くべき物語を想像するのはむずかしいだろう。しかしこれは大西洋世界を形づくった物語の一部であり、海へと立ち向かい、自由への自然な欲望を持ち、どのような犠牲があろうとも地平を広げようと決意した人間たちが主役となる物語なのだ。

この物語の中心には、大西洋がある。何世紀ものあいだ〈暗黒の海〉とみなされていた、暴風吹きすさぶ不吉な大西洋は、世界の大動脈となり、そこはしばしば、歴史上で最も意味のある事件の多くがくり広げられる舞台となった。最も重要なのは、ヨーロッパとアフリカ、南北両アメリカ大陸、カリブ海を結びつけている大西洋が、史上最も偉大な発展と称されるものを生み出し、大西洋共同体を形成したことだ。

クリッパーの《スリー・ブラザーズ》。このリトグラフを1875年に制作したカーリア・アンド・アイヴズ社は、《スリー・ブラザーズ》を世界最大の帆船だと称賛するキャプションを添えている。

私たちの多くは、世界についての誤った考えとともに育ってきた。大西洋に接している国と地域の歴史を、孤立したものとして学ぶことを強いられてきた。しかし私たちがしだいに知るようになったのは、これらの地域がつながっており、互いに影響していると理解することによってこそ、私たち自身と世界の歴史をじゅうぶんに理解できるということだ。近年では、歴史家や学者、著述家が大西洋世界の成り立ちについて、あらゆる面から私たちの理解を深めてくれている。彼らは私たちに、奴隷貿易や大陸間交易、新世界に対する旧世界の影響、二つの世界大戦が大西洋共同体の実体についての認識をもたらしたことなど、新しい情報や独自の観点を与えてくれた。また彼らは、この未曾有の出来事において、鱈や砂糖、煙草という単なる品物が驚くほど大きな役割を担ってきたことを、私たちに解き明かしてくれた。

本書が目的としているのは、大西洋世界を作

1914年7月、遠洋定期船の《オリンピック》を歓迎するためにニューヨーク市港の埠頭に集まった群衆。

り上げた考えや出来事、発展をひとつの一貫した物語へと統合することだ。また、この出来事について初の図解入りの歴史を提供することにもある。これまでにないほど多数を掲載した挿絵には、きわめて勇敢な船乗りでさえ大西洋に乗り出すのを躊躇する要因となった古代の海の怪物の描写から、大西洋共同体の誕生を告げる精緻に描かれた地図、さらに五百年以上にわたる絵画や描画、版画や挿絵、世界中の偉大な芸術家の手による作品や、写真家が捉えた魅力的な場面に至るまで、さまざまなものがあり、これまでにないほど鮮明な大西洋史の記録を提供できたと思う。

歴史家のカールトン・J・H・ヘイズが『アメリカン・ヒストリカル・レビュー』の五十一巻（一九四六年）で語ったように、大西洋世界の存在は「重要な事実であり、現代史の主要な原動力」なのだ。また、歴史家のレオナルド・アウスウェイトは、自著『大西洋：ある大洋の歴史』（一九五七年）の中で、「もし我々が宇宙に人工基地を浮かべ、月へ到達したとしても、大西洋は人間世界の中心でありつづける」と書いた。まさにその通りになったと言えるだろう。

マーティン・W・サンドラー

図説・大西洋の歴史——目次

序　i
はじめに　v

1　大西洋——暗黒の海　2
神話の島々　5
＊コラム　海の怪物　6
暗黒の大海原へ挑む　10
アイルランドの航海者たち　11
ヴァイキング　14
＊コラム　ヴィンランド地図　20

2　探検と新大陸発見——ヨーロッパ人と新大陸の出会い　28
エンリケ航海王子の野望　31
喜望峰　43
大洋の提督　45
＊コラム　コロンブスの顔　51
ヴァスコ・ダ・ガマ　61

アメリゴ・ヴェスプッチの新大陸 66
世界周航 73
英仏による初期の探険 78
＊コラム 鱈 80

3 新世界がもたらした衝撃──ぶつかりあうヨーロッパ文化とアメリカ先住民文化 86
アメリカ先住民 88
＊コラム 新世界を描いた絵 92
新世界の動植物 95
神々の食べ物 103
＊コラム 貴重な植物 106

4 植民地──新世界への移住 112
西インド諸島──貴重な領有地 114
大陸とコンキスタドール 117
フランスの植民計画 132
北を支配するイギリス 138
＊コラム サー・フランシス・ドレイク 142
オランダ東インド会社 156

平和の王国　160
商業革命　165

5 奴隷制度——残酷な囚われの身　172
大西洋沿岸諸国での奴隷制度　174
文明への脅威　178
＊コラム　初期のアフリカン・アート　182
大西洋三角貿易と受難　187

6 アメリカ独立革命——大西洋を挟んだ宗主国との関係を断ち切る　198
紛争のはじまり　200
フレンチ・インディアン戦争　203
戦争債務、不当な課税、紛争の勃発　213
＊コラム　アメリカ建国の父たち　218
＊コラム　国王派（ロイヤリスト）　226
＊コラム　アメリカ独立戦争時の軍隊　228

7 アメリカ独立革命が与えた影響——政治体制の新しい規範として　234

啓蒙思想 236
フランス革命 236
＊コラム 啓蒙思想の哲学者たち 240
＊コラム ナポレオン 250
アメリカ＝イギリス戦争 255
ラテンアメリカ諸国の独立運動 259
奴隷制度への対抗 272

8 産業革命——機械化と大西洋世界 276
繊維生産 278
製鉄 284
蒸気動力 288
＊コラム 変わりゆく土地と人びと 290
鉄の馬 295
テクノロジー・ブーム 301
＊コラム 万国博覧会 316

9 新たな船、新たな通商——大西洋交易の新時代 318
定期船 323

＊コラム　クロード・ジョセフ・ヴェルネ　324
快速帆船（クリッパー）　327
捕鯨船　335
北西航路とジョン・フランクリンの捜索　339
＊コラム　ヨット遊び　344
蒸気船　346
＊コラム　大西洋海底ケーブル　354
装甲艦　359

10　押し寄せる移民の波——文化の歴史的転移　362

大規模な脱出　364
＊コラム　メディアの中の移民たち　368
生きるか死ぬかの旅　371
希望の島、涙の島　376
＊コラム　自由の女神　380
いざアメリカの中へ　387
＊コラム　労働と人間らしさ　394
＊コラム　近所づきあい　398

11 ゆるぎなき大西洋世界――二〇世紀および二一世紀 408
＊コラム パナマ運河 412
＊コラム タイタニック 414
大型豪華快速客船 417
第一次世界大戦 419
大洋航行の黄金時代 427
第二次世界大戦 432
新しい船舶 441
海洋エコロジー 446
地球最後のフロンティア 447

訳者あとがき 455
参考文献 xxxix
図版クレジット xxxv
索引 i

図説・大西洋の歴史——世界史を動かした海の物語

“父なる神ゼウスは、人の世からも不死なる神々からも遠く離れた地の果てに住処《すみか》をお与えになった。かくして彼らは、渦巻く大洋の恵みを得た聖なる島々で、苦悩を知らずに暮らしたのである。”

——ヘシオドス『労働と日々』（紀元前8世紀）

1

大西洋

暗黒の海

神秘に満ちた大西洋。1890年頃の白黒写真をカラープリントしたこの写真は、大西洋に面した英国ノース・コーンウォールの町ビュードの海岸線。

大西洋まで出ることはなかったものの、世界で初めて探検を目的とする航海に乗り出したのは、古代エジプト人とシュメール人だった。エジプトの墳墓で発見されたこの紀元前1450年頃の壁画には、減速するよう船尾で指示を与える船長と、漕ぎ手たちに"九尾の猫鞭"をふるおうと構える船員たちの姿が描かれている。

「やがていつの日か、大洋が万物の鎖を解き放ち、広大なる陸地が出現するとき、女神テテュスは新たなる世界を見出し、トゥーレはもはや最果ての地ではなくなるだろう。」ローマの哲学者で劇作家でもあった小セネカは、紀元五四年頃に書かれた悲劇『メディア』の中でこう記している。ここでいう大洋とは、ギリシャ神話の神アトラスにちなんで名づけられた〈アトランティック〉すなわち大西洋である。この神秘の海が〈万物の鎖〉を解き放つというセネカの予言は、当の本人にすら思いもよらなかったほどの洞察を秘めていた。

セネカがこう予言したのは紀元一世紀だが、それから四〇〇年たっても、ヨーロッパ世界の中心は依然として地中海であり、大西洋はまだ恐るべき神秘の海だった。この海はどこまで続いているのか――その問いの答えを知る者はひとりもいなかった。どこまでも無限に広がっているのだと信じている人びとも大勢いた。勇ましい船乗りたちでさえ、どれほど立派な海図や地図、すぐれた航海道具があろうと、とても船を漕ぎ出すことはできないと信じていた〈暗黒の海〉。中でも最大の恐怖は、無限に続く大洋のいたるところにいるとされた、狂暴な怪物や怒りくるう神々の存在だった。これでは、水平線の果てまで行ってみようとする者が誰ひとりいなかったのも無理はない。十六世紀になってもまだ、大西洋を航行する人びとは「まず遺言書を作成せよ」と言われたという話もうなずける。

神話の島々

誰も近寄らないとはいえ、この大海が人びとを魅了しなかったわけではない。古代の著述家や賢人たちは、船をむさぼり食う海の怪物がひそむと警鐘を鳴らす一方で、その不吉な海のまっただ中にあると言われる神秘に満ちた夢幻郷についても書き記してきた。彼らは、聖ブレンダンの島、フォーチュネイト諸島、ヘスペリデス島、アンティーリャ島、ブラジル島、サルヴァージョ島といった美しい島々について書きつづっている。これらの島では、神々や半神半人、あるいは人間たちが、尽きることのない永遠の幸福の中で暮らしていたという。さらに、大西洋の大海原のどこかに、エデンの園の起源とされる〈地上の楽園〉があったとも言われている。

大西洋に棲むと信じられていた奇怪な生き物は怪物ばかりではない。ドイツの作家であり挿絵画家でもあったヨハン・ツァーンが1696年に描いたこの“海のサテュロス”は、ヤギと人間と魚の要素をあわせもつ羊頭の人魚だ。

　こうした島々の中で最も有名なのが、〈アトランティス〉と呼ばれる理想郷《ユートピア》だった。古代ギリシャの哲学者プラトンは、紀元前三六〇年頃に記した対話篇『ティマイオス』および『クリティアス』の中で、初めてこの島について言及している。海の神ポセイドンの王国

海の怪物

大西洋には姿かたちも大きさも異なるさまざまな恐ろしい生き物、すなわち船や人間をむさぼり食う怪物が棲むという話は、はるか昔から存在していた。やがて船乗りたちが大西洋の彼方にある世界に思いを馳せるようになると、そうした話がさかんに語られるようになる。新大陸の発見からかなりの時を経てもなお、海に怪物が棲むという話は、まことしやかに語られていた。近代的な地図製法が確立されるまで、世界各地の地図や書物に、こうした海の怪物の姿が数多く描かれ続けた。

恐ろしげな海竜にまたがり、ポルトガルの紋章を掲げる神。スペイン人王室お抱えの宇宙誌学者ディエゴ・グティエレスによって1562年に作成された『アメリカすなわち世界の第四地域の最新詳細地図』と題される新大陸地図の一部。

昔の船乗りたちが信じていた海にまつわる恐ろしい伝説は、神話や古典文学に根ざしていた。ホメロスの叙事詩『オデュッセイア』でイタカの王オデュッセウスは、10年にも及ぶ漂流ののちにようやく帰還を果たす。ジョン・ウィリアム・ウォーターハウスが1891年に描いたこの作品には、セイレーンの誘惑に必死に抗おうとするオデュッセウスの姿が描かれている。

であるアトランティスは、学問や商業が高度に発達し、慈愛に満ちた指導者たちによって統治されていたという。この王国はまた、意欲的に領土を拡大しようとしていた。『ティマイオス』の中で、プラトンはこう述べている。「アトランティスの島には偉大なる帝国があり、その覇権は、島全土および周辺の島々のみならず、遠く大陸の一部にまで及んでいた。アトランティスの軍隊は、ヘラクレスの柱（ジブラルタル海峡）の内側に位置する、エジプトまでのリビア（アフリカ北部）一帯から、ティレニア（イタリア半島中央部）に至るヨーロッパの一部までを支配していた。」しかし、プラトンが語る伝説の結末はハッピーエンドではなかった。アトランティスの人びとはしだいに貪欲になり、統治者たちは驕りたかぶるようになった。それが神々の怒りにふれ、罰として島は海中深く沈められてしまったのである。プラトンのこの物語は、その後何代にもわたって信憑性が議論されることとなった。プラトンの弟子であるアリストテレスは、この話が事実だと認めなかったが、ギリシャの歴史家プルタルコス（紀元一世紀）は、著作の中でアトランティス伝説を支持している。だがおそらく、この物語を最もあざやかに〈確証〉したのは、五世紀末にギリシャ哲学者のひとりとして活躍したプロクロスであろう。プラトンの『ティマイオス』の注釈として、彼は次のように記述している。

外洋にまつわる事物の調査をおこなった人

アトランティスの滅亡を描いた挿絵。1869～70年に出版されたジュール・ヴェルヌの『海底二万里』の原版を飾った

スカンディナヴィアの地図（海岸線や地名がかなり正確に描かれた最初の地図）。スウェーデンの地図製作者オラウス・マグヌスによって1530年代に作成された。当時はまだ、地図のあちこちに描かれた海の怪物たちは船乗りたちにとって大きな脅威だった。

CARTA MARINA ET DESCRIPTIO SEPTEMTRIONALIVM ERRARVM AC MIRABILIVM RERVM IN EIS C
ISLANDIA
MARE GLACIAL
FARE
ZIPHIVS
OCCIDENS
TILE
SCANDIA
NORVEGIA
MARE DEVCALIDONICVM
SCOCIE PARS
ANGLIE PARS
OCEANVS BRITANICVS
MARE GERMANICVM
DANIA
GOTHIA
HOLSATIA
POMERANIA
SCALA MILLIARIVM
GRADVS LONGITVDINIS

びとの著作から、そのような特徴と大きさをもつ島がかつて存在したことは明らかである。彼らの記述によれば、外洋には当時七つの島があり、冥府の女王ペルセポネを祀っていた。そのほかにも巨大な島が三つあり、ひとつは冥府の神プルートを、ひとつは古代エジプトの太陽神アムモンを、その二つに挟まれたもうひとつの島は海の神ポセイドンを祀っていた……その島の住人たちは、広大なアトランティスという島に関する伝説を先祖代々語りついできた。実在の島アトランティスは、長年にわたって大西洋の島々を支配し、この島もまたポセイドンを祀っていたという。

海に沈んだアトランティスは、世界最大の謎のひとつとなった。古代の海図の多くに記されたこの島を、今もなお数多くの探検家たちが探し求めている。

暗黒の大海原へ挑む

結局のところ、人びとが最初に大西洋の秘密を解き明かすことになったのは、ユートピアを探求するためではなかった。北ヨーロッパを拠点とする二派の人びとが、それぞれの思惑に導かれ、九世紀のバグダッドの地理学者アル・マスディが〈暗黒の青波〉と名づけた海へ乗り出した。ヨーロッパ世界で先鞭をつけた第一派は、アイルランドの司祭や修道士たちだった。それに続いたのは、ノルウェー、スウェーデン、デンマークといった北欧諸国の船乗りたち——いわゆる〈ヴァイキング〉である。

大西洋に船出したのは、アイルランド人やヴァイキングが最初ではない。すでに紀元前八〇〇年頃、フェニキア（現在のシリア、レバノン、イスラエルに相当する、地中海東岸の古代国家）の船乗りたちは、そこから先は地の果てだと言われていたジブラルタル海峡（ヘラクレスの柱として知られる）を超えて大西洋に乗り出した。紀元前四世紀にはすでに、彼らはイギリス諸島に到達し、沿岸部の人びととの通商を確立していた。紀元前三二五年頃、ギリシャ人の探検家ピュテアスはイギリス諸島の先まで船を進め、本人いわく北極へ到達したという。しかし、こうした勇敢な船乗りたちもアフリカ大陸西岸沖を南下したとされる、フェニキア人の都市カルタゴ（現在のチュニジア）の船乗りたちも、さすがに陸地から遠く離れた大海原へ挑もうとはしなかった。大西洋を最初に横断したのは、北大西洋で出会う人びとをキリスト教に改宗させようという意欲に燃えたアイルランドの聖職者、そして豊かな土地に行き当たったら片っ端から略奪してやろうともくろむヴァイキングだった。

アイルランドの航海者たち

六世紀から四〇〇年以上にわたり、アイルランドの聖職者たちは、雄牛の皮で覆われたカラック船と呼ばれる木製の小船に乗って航海に出た。この船は壊れやすいが、かなり軽量で波に乗りやすいため沈みにくかった。

こうして海へ出た聖職者の中で最も有名なのは、〈航海者《ナビゲーター》〉として知られる有名なアイルランドの修道士《聖ブレンダン》である。彼が行なったと伝えられる幾多の航海をすべて実際に成し遂げることは不可能に思える。しかし、最初に北大西洋を渡った航海者のひとりであるこの実在の船乗りが、六世紀なかばに現在のフェロー諸島に到達し、さらにシェトランド諸島とアウター・ヘブリディーズ諸島を訪れたのはほぼ間違いないと言える歴史的証拠が存在している。いくつかの修道院に保管されている記録が、布教を目的とした彼の航海がスコットランド、ウェールズ、さらにブルターニュにまで及んだことを裏づけているのである。

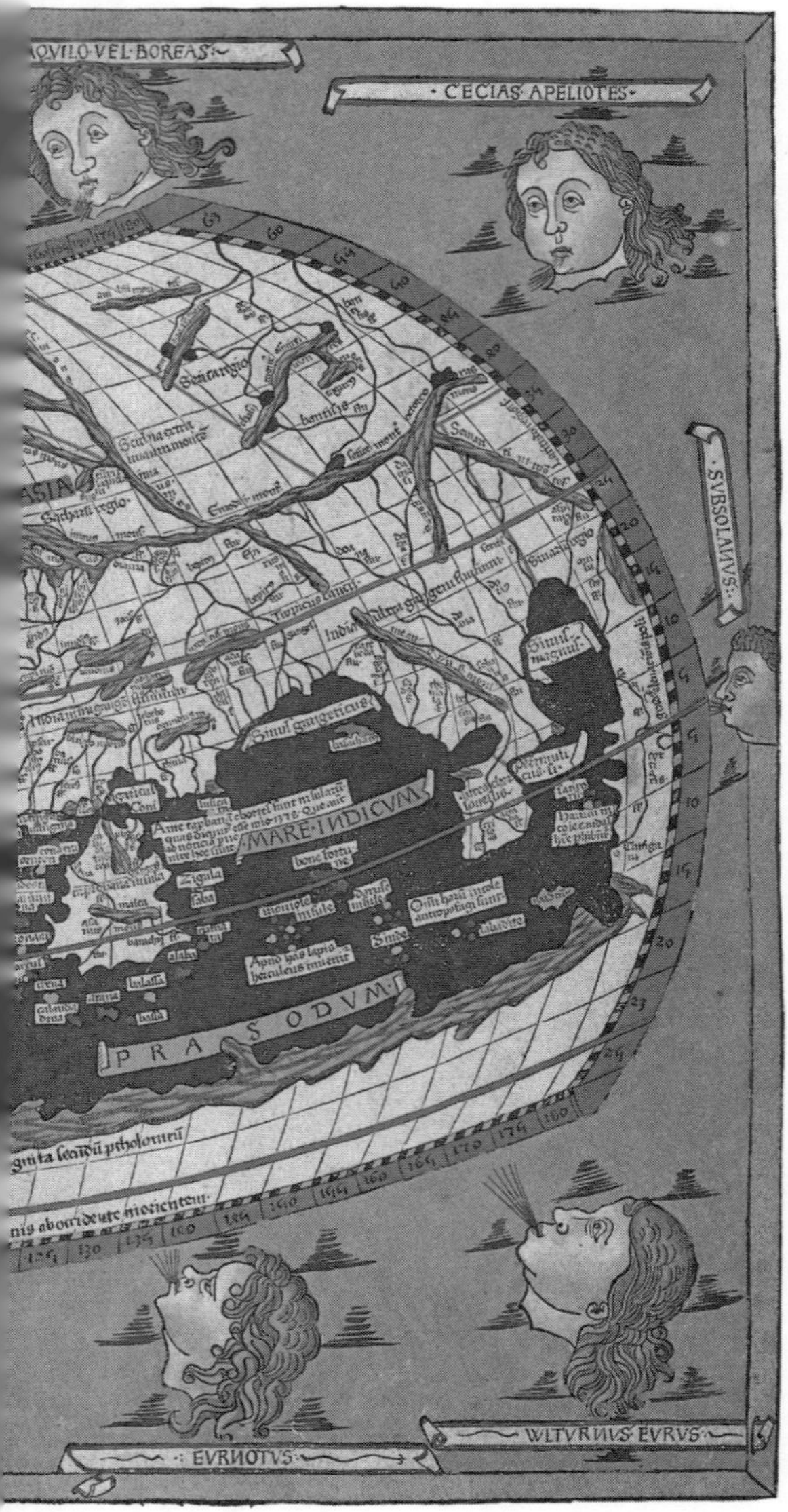

アルムスハイムのヨハネス・シュニッツァー（“木版画家のヨハネス”）によって1482年に作成された地図。古代の最も偉大な地理学者クラウディウス・プトレマイオスの著作にもとづく。数学者、天文学者、さらに占星術師でもあったとされるプトレマイオスがギリシャ人だったかエジプト人だったかについては、歴史学者によって意見が分かれる。わかっているのは、彼が100～171年頃に生存し、ローマ帝政下のエジプトに住んでいたことだ。もうひとつ確かなのは、この地図が作成された当時はまだ、地理学者にとってのおもな情報源はプトレマイオスの著作『地理学』だったことである。また、大西洋に挑んだ最初の冒険者のひとり聖ブレンダンは、プトレマイオスが描いた地図をたよりに航海したのではないかとする歴史学者もいる。シュニッツァーがこの地図を作成した当時、大西洋の大きさも実体もまだ謎に包まれていた。こんにちでは、大西洋はおよそ2億年前に起きた地下プレートの大規模な移動によって形成されたことがわかっている。超大陸パンゲアが、ローラシア大陸（現在の北米、ヨーロッパ、およびアジア）とゴンドワナ大陸（現在の南極、アフリカ、アラビア、マダガスカル、インド、オーストラリア、および南アメリカ）の二つに分断された。その結果、地球表面のおよそ20パーセントを占める大西洋、すなわちアメリカ大陸東岸とヨーロッパおよびアフリカ大陸の西岸に挟まれ、北は北極海から南は南極大陸に達する巨大なS字型の海峡ができたのだ。大西洋の総面積は、その縁海であるメキシコ湾、カリブ海、北海、バルト海、地中海、黒海を含めると、およそ1億5000万平方キロメートルに達する。現在知られているかぎり、“大西洋”の名が登場する最古の書物は、紀元前440年頃にヘロドトスが著した『歴史』である。

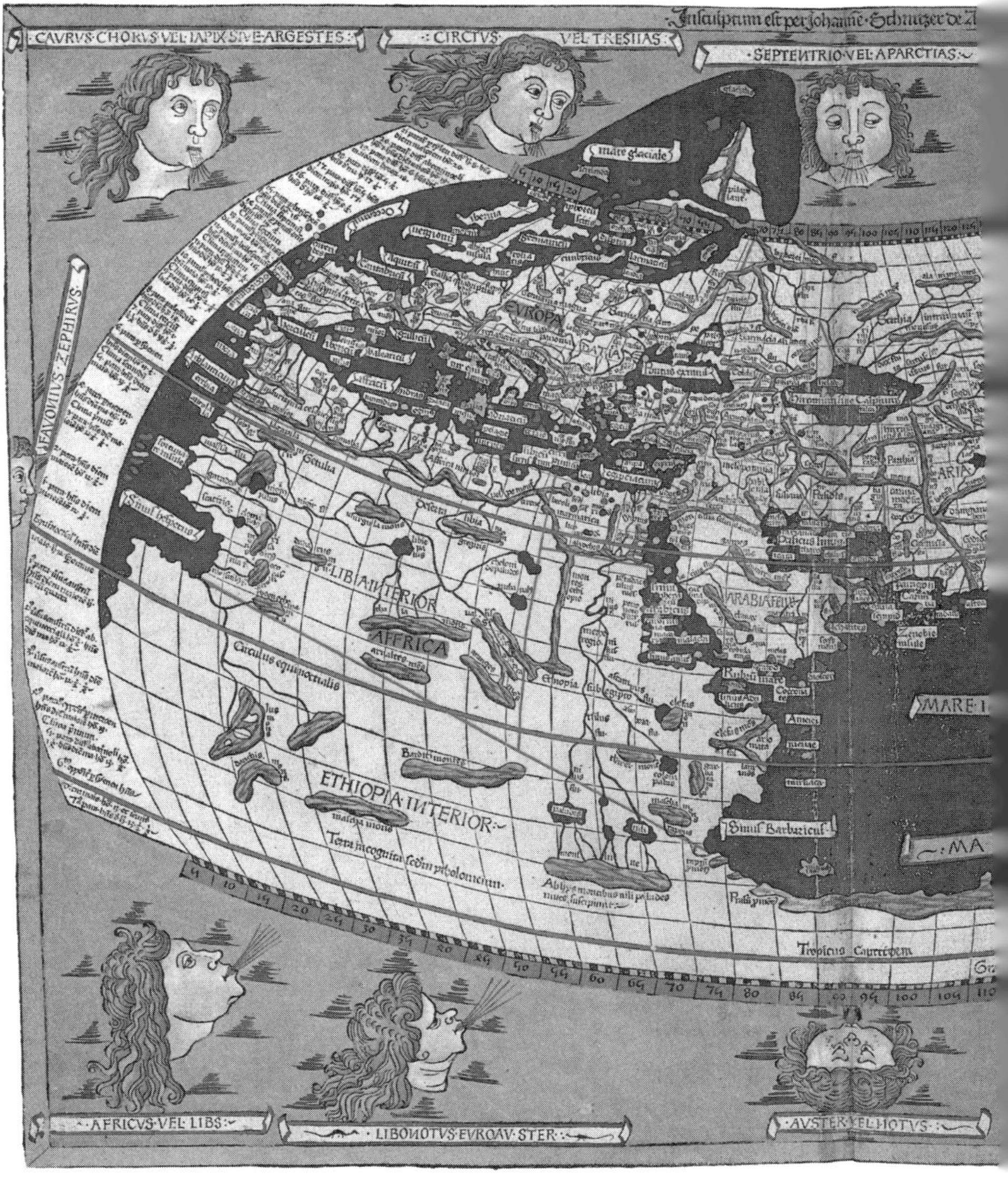
CAVRVS·CHORVS·VEL·IAPIX·SIVE·ARGESTES
CIRCIVS
SEPTENTRIO·VEL·APARCTIAS
mare glaciale
FAVONIVS·ZEPHIRVS
EVROPA
ARABIA FELIX
LIBIA INTERIOR
AFFRICA
Circulus equinoctialis
ETHIOPIA INTERIOR
Terra incognita secundum ptholomeum
Sinus Barbaricus
AFRICVS·VEL·LIBS
LIBONOTVS·EVROAVSTER
AVSTER·VEL·NOTVS

“神よ、ノース人の猛威からわれらを救いたまえ！”
ヨーロッパ北部で用いられていた祈りの言葉

また、彼がある航海の際にグリーンランド東岸沖で氷山と遭遇したという事実譚も残っている。

ヴァイキング

聖ブレンダンが大胆な航海に乗り出してから約二世紀のち、命知らずの非情なヴァイキングたちが突如として登場した。古代スカンディナヴィア語の〈ヴァイキング〉という言葉は、フィヨルドのそばに住む人を意味した。しかしそれは、やがて襲撃と略奪、破壊に余念がない人という意味に変わっていった。

ノース人とも呼ばれるヴァイキングは、その当時最も航海技術に長けた大胆不敵な船乗りだった。しかも、彼らが乗る船はその目的に最適だった。ヴァイキングの船には、おもに二種類ある。〈クナール〉（またはクノール）は、一本マストに横帆がついた船で、貿易船や貨物船として使われた。これに対して、悪名高いヴァイキングの船として有名になった（あるいは恐れられた）のは〈ドラカール〉、いわゆるロングシップだった。スカンディナヴィア神話に出てくる海の怪物を撃退するために、船首部分に怪物やドラゴンをかたどった装飾がついていたことから、ドラゴンシップとも呼ばれた。全長およそ十四～二三メートルもあるロングシップは、きわめて強靭でありながら優美な姿をした船である。喫水が浅く、深度の浅い水域を航行できることから、ヨーロッパの町や修道院をいなずまのごとく奇襲するヴァイキングにとって、まさに理想的な船だった。五〇～六〇人ほどが乗り組めるロングシップには、長い船体に沿っていくつものオールがついていた。十世紀頃には、ほとんどのロングシップに長方形の帆が付くようになり、長い航海の

1621年に発行された図版。クジラの背中でミサを行う聖ブレンダンの姿が描かれている。彼の有名な冒険譚の一場面だが、ほかにも旅のさまざまな場面や、彼が乗ったカラック船の様子を描いたものがある。この図版は、オーストリアのベネディクト会修道士カスパール・プラウティウスが記した『新たなる航海の達成』の挿絵に使われている。

あいだ、漕ぎ手たちはしばらく手を休めることができるようになっていた。

三世紀にわたって、ヴァイキングは西ヨーロッパに住む人びとを襲撃しては、焼き打ちや略奪を繰り返した。さらにどんどん遠くまで航路を広げる彼らの脅威は、バルト海や北海全域、さらにイギリス北部、スコットランド、アイルランド、マン島、オークニー諸島、ヘブリディーズ諸島にまで及んだ。パリ、ハンブルク、ユトレヒト、ボルドー、ナント、セビーリャといった大都市は、ことごとく襲撃を受けた。上陸する先々で、彼らはその土地に住む人びとを恐怖におののかせた。「神よ、ノース人の猛威からわれらを救いたまえ！」北ヨーロッパの海沿いや川沿い、島、半島などに住む人びとはみな、そう神に祈った。

ヴァイキングがおこなったのは襲撃ばかりではない。彼らは同時に、探検や植民もおこなった。八七四年頃、ノース人の首領たちはアイスランドへの定住を始めた。それからおよそ一〇〇年後、〈赤毛のエイリーク〉として知られるノルウェー生まれのエイリーク・トルヴァルズソンの先導のもと、彼らはグリーンランド南西部を開拓し、そこに定住した。

ヴァイキングが歴史のおもて舞台に本格的に登場したのは、それ以降のことである。一連の出来事は偶然起きたものだという人びともいる。しかし、アイスランドのサガ——つまり十三～十四世紀に書かれた、十世紀のヴァイキングが通商用に用いた、1本マストに横帆がついたクナールをかたどった織物。これは、1100年頃に作られたスウェーデンの壁掛け“ウーヴェルホグダルのタペストリー”の一部。

18世紀に書かれたアイスランド語の写本に付された彩色挿絵。北欧神話の神トールとヒュミルが、トールの宿敵である世界蛇ヨルムンガンドをとらえている。

ヴァイキングの襲撃という現実の脅威は、ヨーロッパ全体を恐慌状態におとしいれた。ヴァイキングは何の前ぶれもなく、容赦なく急襲した。「われわれの祖先がこの美しい土地に移り住んで以来、ほぼ350年になりますが——」イングランドの著名な学者であり神学者でもあるアルクインは、793年にノーサンブリアの王エセルレッド1世と貴族たちに宛てた手紙の中でこう書いている。「いまだかつて、ブリテン島が現在直面しているような異教の民の脅威にさらされたことはなく、海からこのような襲撃を受けようとは思いもよりませんでした。」上の写真は、1066年のノルマン人によるイングランド侵攻の場面を描写したバイユーのタペストリーの一部。侵略に使われたロングボートが詳細に描かれている。こうした船のおかげで、ヴァイキングは広範囲にわたる探検と征服を成しとげることができた。ラテン語で書かれた注釈によると、バイユーのタペストリーは刺繍をほどこした幅50センチ、長さ70メートルほどの布で、ノルマン人がイングランドに侵入し征服するまでのさまざまな場面が描かれている。このタペストリーが作られた経緯については歴史家によって意見が分かれるところだが、“征服王”ウィリアム1世の異母兄弟で、ノルマンの司教でありイングランドの伯であったバイユー司教オドーの命により、アングロサクソンの職人が作ったものという説が有力だ。

赤毛のエイリークがグリーンランドを発見する様子を描いた木版画。1875年に『ハーパーズ・ウィークリー』誌に掲載された物語の挿絵として使われた。

グリーンランドを発見した最初のヨーロッパ人である赤毛のエイリークの姿が描かれた木版画。アイスランドの学者アルングリームル・ヨーンスソンの著作『グロンランディア（グリーンランド）』（1688年）に掲載された。

終わりから十一世紀初めの出来事を神話風につづった歴史物語によると、コロンブスに先がけること約五〇〇年の紀元一〇〇〇年頃、早くもヴァイキングが北アメリカ大陸に到達したのは偶然のなりゆきではなかった。九八六年、アイスランドの交易商ビャルニ・ヘルヨルフソンは、アイスランドとグリーンランドのあいだで激しい嵐にあい、航路を大きく外れてしまった。すると、はるか西方にうっそうと木々が茂る陸地が見えたという。上陸こそしなかったものの、この目撃談によって、ヘルヨルフソンは北米大陸を目にしたヨーロッパ人の第一号となった。アイスランドのサガによると、その後、赤毛のエイリークの息子のひとりレイフ・エイリークソンが、ヘルヨルフソンの目撃談の真偽を確かめるべく彼の船を買いとり、新大陸発見を目指す探検に乗り出した。真西へ向かって船を進めたエイリークソンと船乗りたちは、まず現在のバフィン島を通過し、その島を〈平らな岩の地〉という意味のヘルランドと名づけた。それから南東へ向かうと、現在のラブラドール半島に行き当たり、〈森林の地〉という意味のマルクランドと名づけた。やがて寒い季節が近づいてくると、彼らはさらに船を進め、安全に冬を越せそうな場所を見つける。〈麦が自生する畑〉があり、芳醇なワインができる野生のブドウが実るその土地

フランソワ・ギゾーの『フランスの歴史――古代から 1789 年まで』（1872 ～ 76 年）に使われた挿絵。885 ～ 886 年のヴァイキングによるパリ包囲攻撃の様子が描かれている。

を、彼らはヴィンランドと名づけた。ヴィンランドの正確な位置については、いまだに議論の的になっている。一九六〇年代にニューファンドランド島東北端に位置するランス・オ・メドーという場所で発掘された野営地跡が、伝説に残るヴィンランドの入植地の名残かもしれないとする歴史学者もいる。

ヴィンランドは、動植物の乏しい極北の厳しい環境に慣れているヴァイキングにとって、心休まるありがたい場所だった。「川にも湖にも、サケがいくらでもいた。しかも、これまで見たことのないような大きなサケだ。」一三〇〇年代に書かれた『グリーンランド人のサガ』には、こう記されている。「ヴィンランドの自然環境はきわめて良好で、冬に備えて家畜の飼料を用意しておく必要すらなさそうに思えた。冬でも霜は降りず、ほとんど草が枯れることはない。グリーンランドやアイスランドと違い、昼が夜と同じくらい長い。最も日が短い真冬でさえ、けだるい午後ばかりでなく、朝食をとる頃にはもう太陽が顔を出している。」

やがて夏が訪れると、レイフ・エイリークソンと船乗りたちはグリーンランドへ戻った。父親が世を去り、レイフは自分が家にとどまり家族のめんどうをみなければならないと思ったからだ。一方、彼が熱く語って聞かせたヴィンランドという土地をひと目見たいという思いに駆られた弟のトールヴァルドは、レイフから船を借り、三十人の船乗りたちとともにヴィンランドへ向けて出発した。ここでもまた、彼らはヴァイキングならではの高度な航海技術を発揮し、レイフが野営をした場所をさほど苦労もせずに見つけ出した。夏のあいだ海岸付近を探検したのち、一行は〝レイフスブディル〟(レイフの小屋)と名づけた場所で冬を越した。だが次の夏、彼らは〈スクレリング〉と呼ばれる先住民との激烈な遭遇という災難に見まわれる。その後の戦いで八人の先住民が命を落とし、弓に射られて致命傷を負ったトールヴァルドは、部下全員にグリーンランドへ帰るよう命じた。

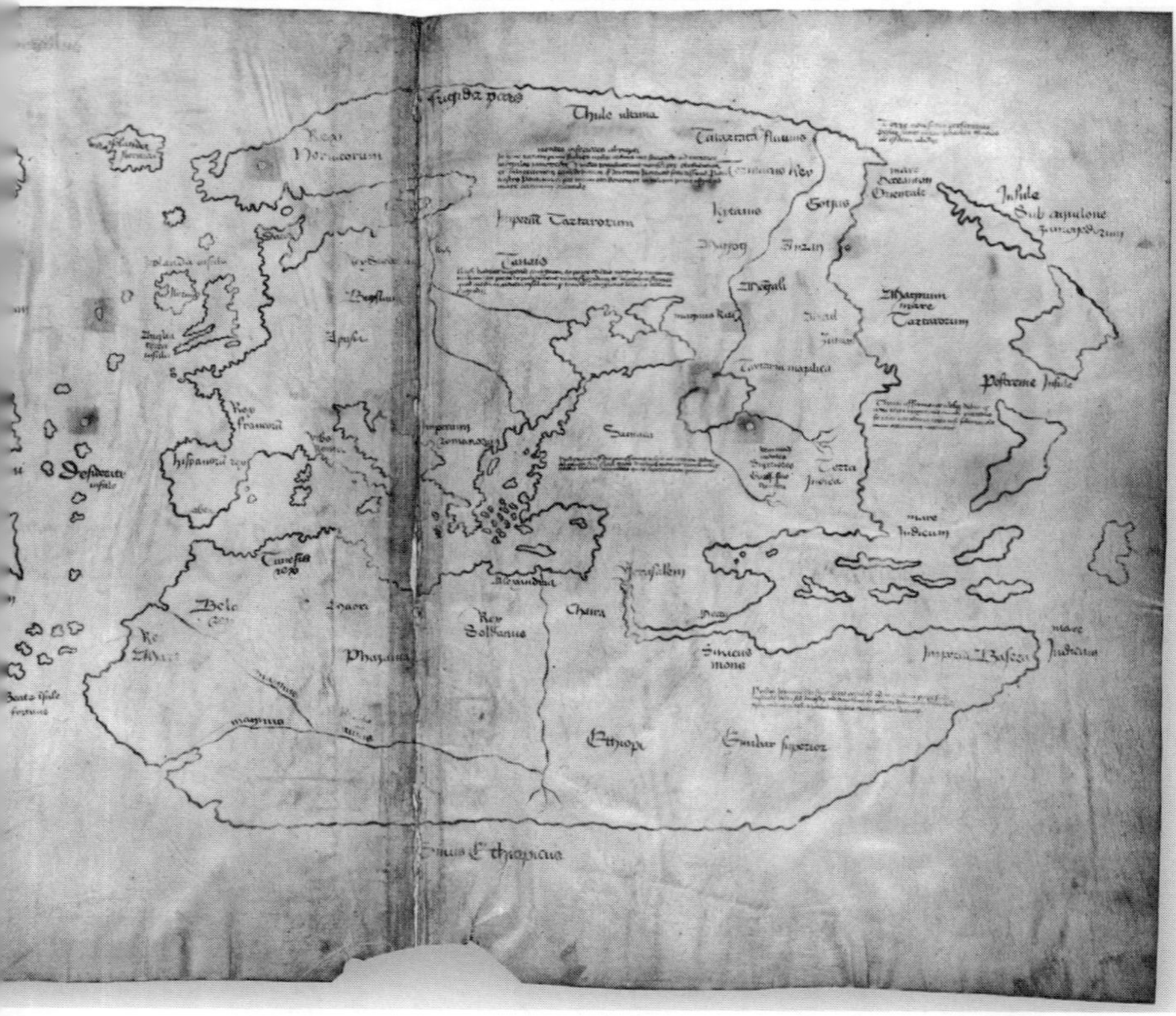

論議の的となるヴィンランド地図には、大ブリテン島、アイルランド、フランス、スペイン、スカンディナヴィア半島とともに、フランスの西にアゾレス諸島と思われる島々が描かれている。だが最も重要なのは、グリーンランドとアイスランドのさらに西方に、二つの入り江をもつ大陸が示されている点だ。多くの専門家が、これはヴァイキングが“ヴィンランド”と名づけた北米大陸の一部であると信じている。

されても不思議はないことが明らかになった。

ヴィンランド地図をめぐる論議は今なお続き、かなりの大論争となっている。2002年、スミソニアン協会、ブルックヘイヴン国立研究所、アリゾナ大学のそれぞれを代表する科学者からなるヴィンランド地図研究チームは、もしも本物であるならば、これは北米大陸を表示した最初の地図となるが、もしも偽物であるならば、きわめて高度な技術で作られた偽造品であると発表した。

ヴィンランド地図

　ランス・オ・メドーにおける1960年代の考古学的発見が、ヴァイキングがコロンブスよりも500年早く北米大陸に到達していたことを物語る確かな証拠だと、多くが認めている。ところが、1957年に発見された証拠は、まるで趣を異にしていた。発見された直後から、これまで見つかった中で最も画期的な地図のひとつか――あるいはまったくの偽物かで、評価がまっぷたつに割れたのだ。

　1957年､2人の古書ディーラーが、ある手稿本の売却を大英博物館にもちかけた。その本には、13世紀に書かれた原本から15世紀になって書き写された“マッパ・ムンディ”すなわち世界地図が含まれているという。アジア、アフリカ、ヨーロッパに加えて、グリーンランド西方の大西洋上に、“ヴィンランド”と記された大きな陸地が描かれている。大英博物館は、偽物に違いないと購入を断り、その後、地図を目にしたコネティカット州ニューヘイヴンの古書ディーラーが3500ドルで買いとり、イェール大学に転売した。

　イェール大学側は、やがて“ヴィンランド地図”と呼ばれるようになるその地図の価値にすぐに気づいたものの、ディーラーが提示する金額を支払うことができなかった。そこで大学の地図担当学芸員が、イェール大学の古くからの後援者であるポール・メロン氏に連絡した。メロン氏は大学に代わって地図を購入することに合意したが、真正性が証明されたらという条件付きだった。それから約6年にわたり、大英博物館の学芸員2人とイェール大学の図書館員によって地図の検証がおこなわれ、その結果、ヴィンランド地図は本物であるとの判定が下されることとなった。1965年、イェール大学が地図と検証チームによる検証結果を公表すると、それを機に論議が巻き起こった。

　大学が世界に向けて地図を公表したところ、それが描かれた羊皮紙に疑念を抱く人びとから懐疑的な声があがった。しかし、1995年にアリゾナ大学、ブルックヘイブン国立研究所、スミソニアン協会の科学者たちが、放射性炭素年代測定法を用いて念入りな分析をおこなった結果、ヴィンランド地図が描かれた羊皮紙は1434年頃のもの、つまりコロンブスの西インド諸島上陸よりも6年近く前のものであることが判明した。

　その後、地図が描かれたインクの化学組成をめぐり、ヴィンランド地図の真正性についてさらに大きな論議が巻き起こった。地図が公表されてまもなく、調査をおこなったシカゴのある研究所は、インクから炭素すなわち近代的な材料が検出されたことから、この地図は偽造品に違いないと結論づけた。ところが、より最近の調査で、中世のインクからも炭素が検出される場合があること、また、古文書には自然に炭素が形成

ノルウェーの画家クリスチャン・クローグが描いたこの絵は、レイフ・エイリークソンと船乗りたちが北米大陸の海岸を発見した歴史的瞬間を描写している。

しかし、ヴィンランドの探検がそれで終わったわけではなかった。一〇一〇年、トールヴァルドの未亡人と結婚したトールフィン・カールセフニは、三隻の船と二〇〇人の移民からなる遠征隊を編成し、ヴィンランドへの植民を試みた。新天地で平穏無事に秋から夏まで過ごしたのち、かつてのトールヴァルドの一行と同様に、カールセフニたちもまた突如としてスクレリングと遭遇した。棍棒を振り回し毒矢を放つ多数の先住民に不意打ちされたカールセフニと移民たちは、ここは自分たちの住めるような場所ではないと、そろってグリーンランドへ撤退した。

この一大サーガを締めくくるのは、レイフ・エイリークソンの勇敢だが嘘つきの妹フレイディスだった。彼女は一〇一三年頃、アイスランド人の二人兄弟と手を組み、彼らの一行を率いてさらなるヴィンランド遠征に乗り出した。しかし、この遠征はそれまでで最も悲惨なものとなった。兄弟とのあいだに熾烈な争いが生じ、フレイディスは彼らと移民たちを惨殺したの

“驚くべきは、ヴァイキングが実際にアメリカへ到達したという事実ではなく、彼らがそこへ到達し、しかもしばらくのあいだ定住しながら、そこが新大陸であることを〈発見〉しなかった点である。”

ダニエル・J・ブアスティン

『大発見——世界と人類に関する探求の歴史』（1983年）

である。その後グリーンランドに帰還したフレイディスは、兄弟と彼らが連れていった人びとはみなヴィンランドにとどまることにしたと報告した。

ヴァイキングが、ヴィンランドと名づけた地に到達したことは、歴史上の重要な功績である。これまでに発見され真正性が証明された数々の遺物から、彼らがそれ以外にも北米大陸の何カ所かに上陸していたことはほぼ間違いなく、現在のミネソタ州ケンジントンあたりの内陸部にまで到達していた可能性もある。

しかし、ダニエル・J・ブアスティンなどの著名な歴史学者によれば、そのことは必ずしも、彼らがアメリカ大陸を〈発見〉したことを意味しないらしい。一九八三年に刊行された著書『大発見——世界と人類に関する探求の歴史（*The Discoverers: A History of Man's Search to Know His World and Himself*）』（一九八三年）の中で、ブアスティンはこう述べている。「アメリカにおける彼らの行跡は、彼ら自身にもほかの誰にも世界観の変革をもたらさなかった。あれほどの長旅をしながら（ノルウェーのベルゲンからランス・オ・メドーまでは、直線距離にしてゆうに四五〇〇マイル［約七二四〇キロ］はある！）、後世にこれほど影響を及ぼさなかった遠征がかつてあっただろうか。ヴィンランド遠征による収穫は、事実上ゼロである。驚くべきは、ヴァイキングが実際にアメリカへ到達したという事実ではなく、彼らがそこへ到達し、しかもしばらくのあいだ定住しながら、そこが新大陸であることを〈発見〉しなかった点である」

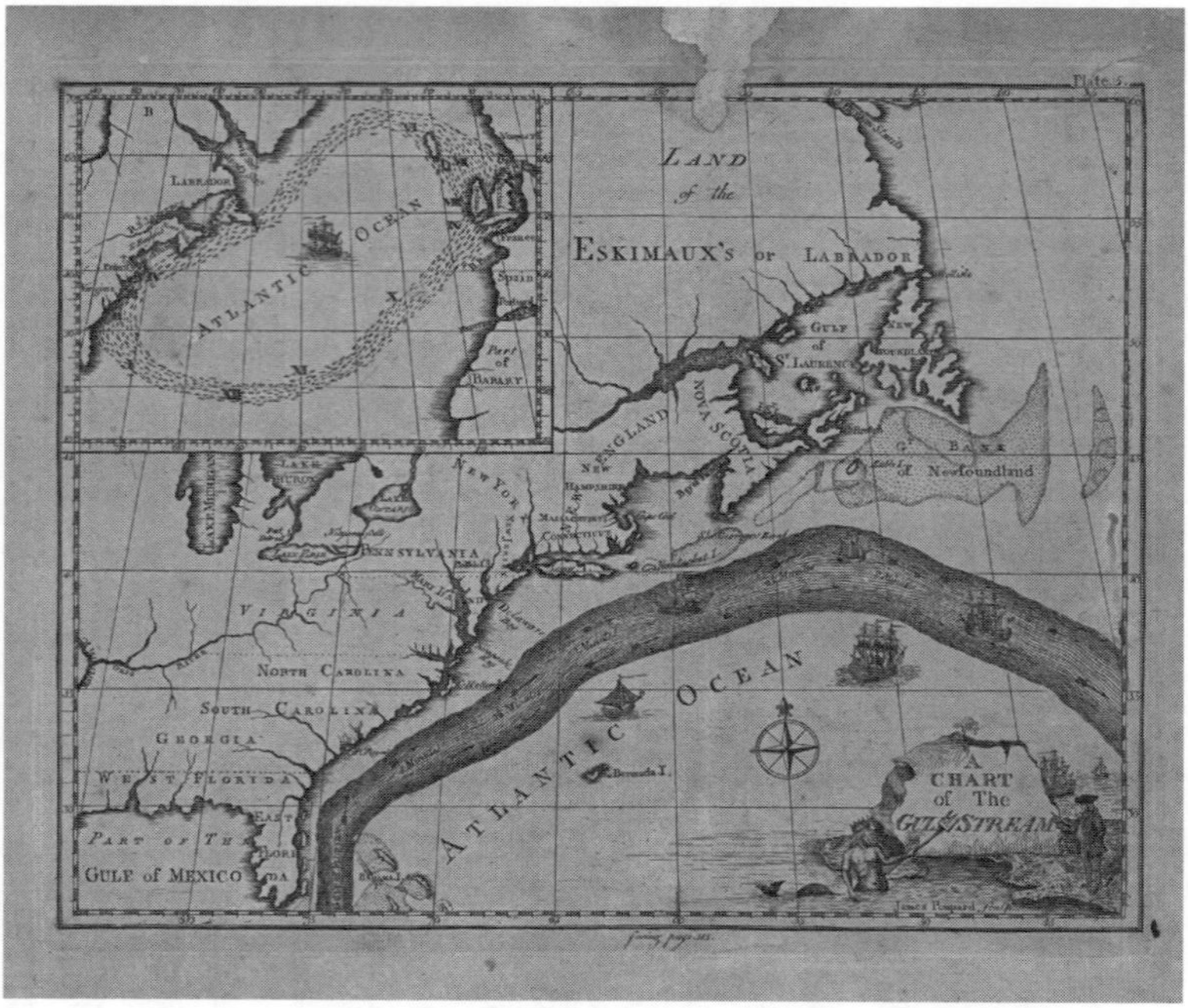

大西洋は、太平洋とインド洋を合わせたよりも長い海岸線をもつ。大西洋に注ぐ川の流域面積もまた、ほかの二つの海に比べて２倍の面積をもつ。大きな港町や産業の中心地が、ほかの地域よりも大西洋沿岸でより多く発達したことも、大西洋がヨーロッパとアフリカ、アメリカのあいだの商業活動や交通、知識や文化の交流のための大動脈となったことも、なんら不思議ではない。大西洋の大きな特徴のひとつは、力強く、暖かく、そしてきわめて速い〈メキシコ湾流〉が流れていることだ。新大陸を目指した初期の探検家の多くが、この海流に遭遇している。のちにメキシコ湾流として知られるようになった海流に関する最初の記述が見られるのは、スペインの征服者（コンキスタドール）ポンセ・デ・レオンが大西洋航海中に記した1513年４月22日の日誌であるとされる。その日の日誌には、こう書かれている。「海流がすさまじく、強風が吹いているにもかかわらず前へ進むことができず、後方へぐいぐいと押し戻されてしまった。結局、海流のほうが風よりもはるかに強かったらしい。」メキシコ湾流が描かれた古い地図がいくつか存在するが、最初のものは、ベンジャミン・フランクリンとナンタケット島の捕鯨船員ティモシー・フォルジャーによって1769～70年に作成されたものである。このフランクリンの地図を、『アメリカ哲学学会会報（*Transactions of the American Phirosophical Society*）』1786年版に掲載するために、ジェイムズ・ポーパードが銅板に彫ったもの。

最初にアイルランド人が、次いでヴァイキングが、実質的なあるいは想像上の危険が潜むと言われた未知の海へ漕ぎ出すことができたのは、実に画期的な出来事だった。船の構造が航海に非常に適していたのは事実だが、原始的な航法機器すらもたず、これから船出する海について何の予備知識もないまま、彼らは遠征を成し遂げたのだ。寒さと凍るような海水の中で、彼らはたびたび逆風に見舞われながら船を進めた。早くから大西洋に乗り出した二派の人びとが果たした偉業は、彼らの勇気と決断力のたまものである。大西洋世界への真の第一歩を踏み出し、のちの探検家たちのために道を切り拓いたのは、こうした人びとだった。彼らのおかげで、十五世紀後半から十六世紀の航海者たちは、ポルトガル、スペイン、オランダ、フランス、イギリスの港から順風満帆に暖かい海へと船を漕ぎ出すことができたのである。

世界の成り立ちは、地理と歴史とのあいだには密接なつながりがあることを如実に物語っている。なぜなら、率先してアメリカ大陸の発見や探検に乗り出したのはみな、大西洋沿岸部に位置する国々だからだ。北大西洋ではいくつもの海流が時計回りに動いていること、さらに海上を吹く風はおおかた西向きであることも手伝って、最初は偶然に、その後は意図的に、西インド諸島およびその先に広がる大陸が発見された。このことは、それまでヨーロッパ人が存在すら知らなかった新世界の発見や、彼らのアメリカ大陸への移住をはるかに超える変化をもたらした。ヨーロッパ人、アフリカ人、そしてやがてみずからを〈アメリカン〉と呼ぶことになる人びととの融合である。それにより、四つの大陸のさまざまな文化、宗教、政治および商業システムの相互作用が起き、多数の民族が地理、歴史、神学、人間性に関する古くからの考えに疑問を抱き、それを変化させることとなった。その過程で、伝統的な慣習は劇的に変化し、昔からの対立関係はさらに激化し、新たな生活様式が導入された。

五〇年ほど前、歴史学者フレデリック・トールズは、著書『クエーカー教徒と大西洋文明（*Quakers and the Atlantic Culture*）』でこう述べている。「〈大西洋文明〉という言葉が……一般的に用いられている表現かどうか定かではないが、そうでないとしたら、そうなるべきである。というのは、〈地中海文明〉という言葉と同様、私にはそれが古代世界の文明を呼ぶのになくてはならない、便利で必要な言葉に思えるからである。」

歴史学者ジョン・ギリスは、長いあいだ大陸間を隔ててきた大西洋が、やがて大陸どうしを結びつけ、不自然に分断されていたヨーロッパ、北アメリカ、カリブ海の島々の文化がどのように統合されていったかを力説している。ギリスがその著書『心の島々：人類の想像力はいかにして大西洋世界を創り上げたのか（*Islands of the Mind: How the Human Imagination Created the Atlantic World*）』（二〇〇四年）で述べているように、結果的に、新たに形成された大西洋世界は、「ヨーロッパ文明の従属物ではなく……独自の歴史と地形をもつ世界となり、陸づたいのみならず、海を越えてしだいに拡大していった」のである。おそらく、こうした歴史的展開を最も的確に表現したのは、歴史学者のD・W・メイニグであろう。著書『アメリカ国家の形成：地理の観点から見た五〇〇年の歴史（*The Shaping of America: A Geographical Perspective on 500 Years of History*）』第一巻（一九八六年）で、彼はこう述べている。「大西洋は西洋文明の内海となった……東には古くからの文明の地、西には拡大を続ける広大なフロンティア、そして長大なアフリカの海岸線がこの海を囲んでいる。」メイニグは、さらにこうも述べている。「ヨーロッパが新大陸を発見したというよりもむしろ、二つの世界がある日突如として出会い、互いに形を変えながらひとつの新世界として統合されたと見るべきではないだろうか。」

“もしもほかにも世界があれば、そこへも達していよう。”
——ルイス・デ・カモンイス『ウズ・ルジアダス』第7の詩14（1572年）

2

探検と新大陸発見

ヨーロッパ人と新大陸の出会い

新大陸の海岸に初上陸するコロンブス。
カーリア・アンド・アイヴズ印刷工房
による、1892年頃の作品。

十五世紀初頭、大西洋はいまだ神秘に満ちた海だった。どれくらい広いのか、どこまで続いているのか、まだ誰も知らなかった。古代の誤った認識のせいで、当時もまだ、船乗りたちは岸を離れて遠く大西洋の沖合いに出ることを極度に恐れていた。人びとがこの海を恐れる理由を誰よりも的確に表現したのは、ポルトガルの年代記作家ゴメス・エアネス・デ・アズララである。命知らずの船乗りでさえ、アフリカのボハドル岬から先へは船を進めようとしなかった理由を、彼は一四五三年の著作『ギニア発見と征服の記録』にこう記している。

確かに、名声を追い求め、壮大にして気高い偉業を成しとげた数知れぬ勇者の中に、〔ボハドル岬を越えて〕船を進めた者がひとりもいなかったとは考えにくい。しかし、危険きわまりなく、あえて挑んでもなんの得にも名誉にもならないと思い、彼らは思いとどまったのだ。なぜなら、船乗りたちが言うには、ボハドル岬の先には人っ子ひとりおらず、人間が住むのに適した場所もないからである……海はあまりにも浅く、陸から三マイル（四・八キロ）離れた地点でも水深はわずか一ファゾム（一・八二九メートル）しかない。一方、潮の流れはすさまじく、いったん岬を越えれば、もはや二度と引き返すことはできないだろう……船乗りたちは、恐怖のみならず、その幻影にも怯えていた。

アズララが生きたヨーロッパは、貧困や欲、戦争、さらに希望や理想主義、勇気が入り混じった世界だった。これほど新天地の発見が望まれた時代はかつてなかった。大西洋の横断と新大陸の発見は、比類ない人びと、すなわち勇敢な冒険者たちの決断力と手腕によって達成された。彼らの多くは、驚くほど小さな船で夜空の星だけをたよりに航行し、不吉な警告には耳を貸さず、夢を追って我が道を突き進むだけの勇気をもっていた。

エンリケ航海王子の野望

先頭を切ったのは、宗教と商業の両面で新天地を切望していたポルトガルだった。十字軍遠征として知られる〈聖戦〉（一〇九五～一二七〇年）の甲斐もなく、十字軍は地中海の東岸および南岸地域からイスラーム教徒を一掃することができなかった。戦争中、兵士は豪華なタペストリーや磁器製品、宝石などを目にしていただけに、聖戦の失敗による不満はなおさら高まった。だが、そうした品々以上に人びとを魅了したのは、当時珍重されていた東方のスパイス、つまり胡椒、クローブ、ナツメグ、シナモンといった、ヨーロッパの料理の味や食品の保存度を高め、場合によっては薬効もある香辛料だった。

こうした貴重な品々を手に入れたいというポルトガル人の欲望をさらにかき立てたのは、東方の物語――特に、十三世紀のヴェネツィア商人で旅行家であるマルコ・ポーロが書いた旅行記だった。彼の著作に刺激を受け、その後数世紀にわたって東方への航路が模索された。シルクロードとして知られる道を通って中国（彼はキャセイと呼んだ）まで旅をした最初の西洋人のひとりであるマルコ・ポーロは、行く先々で出会った〈あらゆる香味料《スパイス》〉について記述し、城壁で囲まれたみごとなキャセイの都市や、〈黄金で塗り尽くされた〉宮廷について書き記している。

マルコ・ポーロのほかに、早い時期に東方を旅した人物として有名なのが、十四世紀初頭のイタリアの修

太古から15世紀後半まで、ジブラルタル海峡への西側の入り口は「ヘラクレスの柱」として知られ、中世の人びとはそこで世界が終わるとかたく信じていた。その信念を支えたのは、有名な地図製作者プトレマイオス、聖書、そして教皇たちだった。ヘラクレスの柱を描いたこの銅版画は、イギリスの哲学者フランシス・ベーコンの著作『大革新』の口絵として使われたもの。この本が出版された1620年は、すでに大西洋横断がおこなわれ、北米大陸への植民がはじまって間もない時期だった。

11 世紀後半にはすでに、ヨーロッパの諸王および探検家たちは、東方へいたる海路の発見を熱望していた。当時、ビザンツ帝国は新たな敵――攻撃的で強大なイスラーム王朝であるセルジューク朝の脅威にさらされていた。ビザンツ帝国は、イングランド、フランス、神聖ローマ帝国などヨーロッパのキリスト教国に助けを求めた。その結果、ローマ教皇の支持を受けた 200 年にもわたる軍事および宗教戦争がくり広げられることとなった。聖戦と呼ばれたこの戦いの主力は、鍛えぬかれ、豊富な戦闘経験をもつ中世の騎士だった。さらに、何万人という聖職者や農民、多様な身分や職業の男たち――そして女たちが、騎士とともに戦った。14 世紀ごろのこの色あざやかな写本には、第 1 回十字軍の指導者のひとりとして、1099 年のトルコからのエルサレム奪取に一役買ったフランスのゴドフロワ・ド・ブイヨンの姿が描かれている。その後、十字軍はヨーロッパに帰還し、東方の豊かさや神秘が初めて人びとに語り伝えられることになる。

道士オドリコ・ダ・ポルデノーネである。彼もまた、世界で最もすばらしい市《いち》が立つ土地のことや、「ヴェネツィアを三つ集めたくらいの大きさで、イタリア全体でもかなわないほどの技術力をもつ」広東などの都市について、誇張とも言える表現で描写している。オドリコはまた、こうも記している。「このあたりの海運の規模はけた外れに大きく……そして女たちは、世界中で最も美しい。」

　東方の財宝へと通じる陸上の通商ルートは、依然としてイスラーム教徒に阻まれていたため、インドおよび東方へ至る道を模索していたポルトガル人は、ア

1299年ごろ、マルコ・ポーロはみずからの旅行記を口述した。『マルコ・ポーロの旅』、『驚異の書』、『百万』（このタイトルは、彼の話が誇張であることを暗に非難するためにつけられた）、その他さまざまなタイトルで知られるその本は、幾世代ものあいだ、探検家たちの冒険心をかきたててきた。クリストファー・コロンブスも例外ではなく、彼の所持品の中には、印がたくさんついたその本が含まれていたという。マルコ・ポーロは、幾多の旅のうち少なくとも一度は、大量のルビーやその他の宝石を持ち帰ったとされている。しかし、彼の話は誇張だと信じて疑わない人びとがいつの時代にもいた。死の床で、ことを大げさに述べたのかと問われた勇猛果敢な旅行家は、「私は、見たことの半分も語っていない」と答えた。東方への旅の途中、マルコ・ポーロは中国を統一したモンゴル帝国皇帝フビライ・ハンに気に入られ、17年のあいだ彼に仕えた。『百万』に収録されたこれらの挿絵には、マルコの父と叔父が、フビライ・ハンに教皇グレゴリウス10世からの贈り物を見せている場面（下）、フビライ・ハンの軍隊がミエン（現在のミャンマー）の王を攻撃している場面（右）が描かれている。

極東への旅の途中、中国人に伝道するイタリアの修道士オドリコ・ダ・ポルデノーネ。

フリカ西岸を通る未知の海路の開拓に目を転じた。彼らには、解決すべきもうひとつの問題があった。長年のあいだ抱き続けてきた黄金への欲望である。中世の時代、サハラ砂漠を流れる河川で採れる砂金が、スペインおよびヨーロッパ各地へ船で運ばれていた。ポルトガルは、どうしても独自の黄金貿易ルートを確立したかった。

すべてのヨーロッパの国々のなかで、ポルトガルは危険を伴なうその野望を実現させるのに最も適した立場にあった。地理的に、ポルトガルは地中海とじかに接してはいないが、水運に適した長い河川や、大西洋に面した水深の深い港に恵まれている。さらに、イベリア半島の隣国スペインとは異なり、十五世紀当時のポルトガルは連合王国であり、内戦に悩まされることもなかった。世界を探検の黄金時代へと導くことは、まぎれもなく歴史的な偉業である。ポルトガル人が先頭に立ってそれを成しとげたのは、ある人物の先見の明と努力のおかげだった。

その人物は、一三九四年にエンリケ王子として生を享けた。国王ジョアン一世と、イングランド王ヘンリー四世の姉であるランカスター公女フィリパとのあいだに生まれた王子のひとりである。やがて彼は、

〈エンリケ航海王子〉として歴史に名をとどめることになる。アズララは、彼をこう描写している。

「体格がよく、手足は力強く、髪は……もともと色白であったが、たえまない労苦と日焼けで肌はしだいに褐色に変わっていた。その顔つきは、初めて会う者にはひと目で畏れを抱かせ、めったにないことではあるが、たまに怒りにかられたときには、非常にいかめしい表情になった。精神の強さと明敏さにひときわ優れ、壮大にして高邁なる偉業を成しとげたいという、他に類のない高い志を抱いていた。」

彼の人生は、ある意味で皮肉だった。近代探検の父と目されるにもかかわらず、エンリケ王子自身は一度も探検の旅に出たことがなかったのである。まるで修道士のように暮らしながらも、探検隊のまとめ役としてみごとな手腕を発揮できたのは、可能なかぎりの知性と、人員を結集してことを進める才能に恵まれていたおかげだった。同時代の王族の例にもれず、彼もまた占星術を信奉し、自分は王室お抱えの占星術師が予言したとおりの運命をたどると信じていた。アズララによると、エンリケ王子は、「偉大にして高潔なる征服、とりわけ他の人びとの目に触れないよう秘匿されたものや神秘を見出す試みをおこなうであろう」と予言されていた。

占星術師の予言は正しかった。エンリケ王子が最も興味をひかれたのは未知のもの、中でも特に、地図には描かれていないアフリカ大陸の西および南西部に横たわる〈暗黒の海〉にひそむものだった。命が尽きる前に、彼が送り出す航海者たちがそのあたりの沿岸や海域を探検し、それによって大西洋の多くの謎が解き明かされるはずだった。

これもまた皮肉なことだが、エンリケ王子が最初に着手した仕事は、探検ではなく軍事行動だった。まだ若いころから、自国の人びとと同様、彼はイスラーム討伐のために新たな騎士団を派遣したいという願望を抱いていた。一四一三年、エンリケ王子と二人の兄は、モロッコにおけるイスラームの商業活動の拠点であり要塞でもあるセウタに徹底攻撃を仕掛けるよう、父親を説得した。まだ十九歳だったエンリケ王子は、遠征計画の立案に協力し、艦隊を編成するという重要な役割をになった。

艦隊の出港準備をととのえ、必要な射手その他の兵士を召集するのに二年もの年月を要した。しかし、一四一五年八月二四日、ポルトガル艦隊はセウタを攻撃し、あっという間に一方的な勝利をおさめる。たった一日のうちに、エンリケ王子は英雄となったのである。彼にとって、これは単なる軍事的な勝利ではなかった。セウタの地で、彼はアフリカに眠る宝――すなわち膨大な量の金、銀、宝石や、ありとあらゆるスパイスを初めて目にしたからだ。

セウタでの圧倒的な勝利、そしてそこで見た貴重な品々は、異教徒に対するさらなる攻撃への意欲をかき立てた。セウタから帰還すると、エンリケ王子は遠征隊を編成し、ジブラルタルの攻撃に乗り出した。ところが、艦隊がイスラームの要塞へ向かう途中、父王ジョアン一世によって急に帰還を命じられる。失意の王子は、リスボンの宮廷へは戻らずに、ヨーロッパ南西端に位置する、ポルトガルのサン・ヴィセンテ岬にあるサグレスという村に移り住んだ。

のちにエンリケ航海王子と呼ばれることになるエンリケ王子は、1960年にリスボンに建てられた石像“発見のモニュメント”にその姿をとどめている。

総帆を張って航行するポルトガルのカラック船。当初、エンリケ王子の探検隊が長い航海で用いたのは、もっと小型で軽量のカラベル船だった。やがてポルトガルとアフリカの交易が確立し、さらに16世紀なかばに日本との交易が始まると、船荷を運ぶために、より強靭で重量のあるカラック船が好まれるようになった。この絵は、1570年頃に日本人画家が描いたもの。

近代以前までは、王子はサグレスにおいて、船長、舵手、水夫、計器作り職人、造船職人を呼び集め、世界初の探検研究所を開設したとされていた。しかし、現代の歴史学者たちはこれに異論を唱えている。今では、サグレスに航海術を教える〈学校〉のようなものが存在したことはないが、エンリケ王子が製図家を雇って地図を描かせ、それをたよりに未開の地に探検隊を送っていたのは確からしいと言われている。もうひとつ確かなのは、王子がサグレスの地で用いたような船で、最初にポルトガルが、次いでスペインが、のちに〈大航海時代〉と呼ばれ

上：1596年に出版された『東方案内記――船乗りヤン・ホイフェン・ヴァン・リンスホーテンのポルトガル領東インド旅行記』の挿絵として使われた、フスタ船の手彩色リトグラフ。軽量で航行速度が速いフスタ船は、帆とオール（この絵では奴隷が漕いでいる）があり、最初はポルトガル人が交易に用いていたが、のちに海賊が襲撃に用いるようになった。

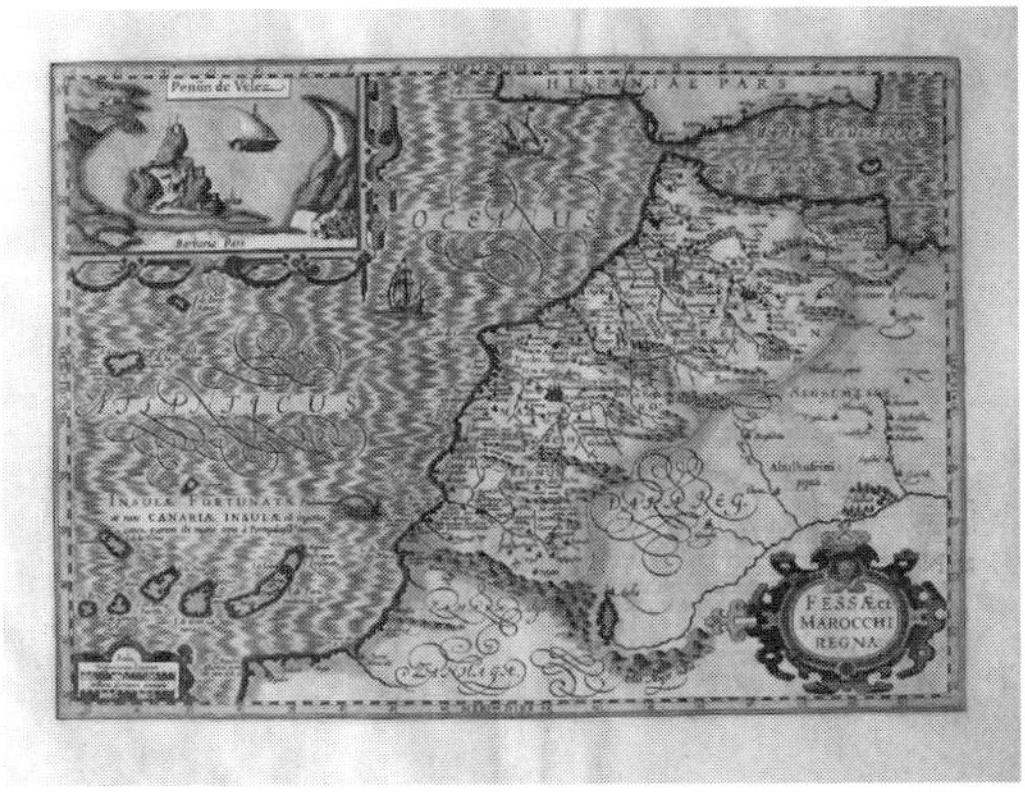

左：モロッコおよびアフリカ北東岸部を示す地図。17世紀に地図を発行していたオランダの有名な一族の創始者ユドカス・ホンディアスによって1628年頃に描かれた。地図の左下の部分にボハドル岬が見える。

る時代へと突入したことである。

〈カラベル〉と呼ばれるその船の起源は定かではないが、十三世紀のアンダルシアの探検家たちもまた似たような船を使っていた。長いあいだ地中海を航行していた重たい横帆式の貨物船とは違い、この船は探検用にデザインされたものだった。喫水が浅いため、海岸付近の浅い海にも入っていくことができ、大型船と違って、簡単に浜に上げて修理することができた。エンリケ王子が率いる船乗りたちにとって最もありがたかったのは、二本または三本のマスト（のちの時代のものは四本マスト）に張られた大三角帆だった。おかげで航行速度がきわめて速くなり、強風の中でも操作しやすく、一本マストの横帆式の船に比べて格段に速く、しかも短い距離で上手《うわて》回し［船首を風上に回して方向転換すること。タッキング］ができた。

こうした改良がなされたのは、エンリケ王子にとって最大の難問を解決するためだった。つまり、探検家たちが抱く、前人未踏の海域へ船を進めることへの恐怖心――とりわけ、アフリカのボハドル岬を迂回しなければならないことへの、とてつもない不安をやわらげるためである。その問題を克服しないかぎり、陸地から遠く離れた海へ探検隊を派遣しようとしても、海域の探索はおろか、そこへ到達すらできないことを王子は知っていた。

一四二四年から一四三四年までのあいだに、エンリケ王子は十四の探検隊を派遣し、不毛な土地だがいつか必ずや海の要衝となるであろうボハドル岬の迂回を試みた。しかし、いずれの探検も不首尾に終わった。探検の失敗から一年後の一四三四年、かつて馬番として王子に仕えていたジル・エアネスが、それまで長いあいだ不可能と考えられていたことを成しとげた。ボハドル岬を迂回し、アフリカの海岸に上陸した彼は、自分がまだ生きていることに気づいたばかりでなく、岬の先で海水が断崖のように落下しているわけではな

東方またはイスラーム圏にある広大なキリスト教国家を統治していたとされる、聖職者で王でもあるプレスター・ジョンの伝説は、12 世紀から 17 世紀にかけてヨーロッパ全土で語り伝えられていた。実在したことを証明するものは何も発見されていないが、反キリスト教勢力に立ち向かう強い味方が存在するかもしれないという噂は、ヨーロッパ人によるアフリカやインドの探検を勢いづける大きな力となった。1573 年、数多くの地図を手がけ、近代的な地図製法の創始者とされるフランドルの地図製作者アブラハム・オルテリウスは、一般に“プレスター・ジョンの地図”と呼ばれるこの地図の初版を作成した。地図の左上の角にはプレスター・ジョンの紋章が付され、あちらこちらに象や海の怪物が描かれている。

いことを知ったのである。ボハドル岬は、想像を絶する恐ろしい世界への入り口などではなかった。「そして彼は、実際にそれを成しとげた」と、アズララは記している。「その航海で、彼はいかなる危険をもかえりみず岬を回航し、その先に、彼自身もほかの誰も予想だにしなかった陸地を発見した。それ自体はたいしたことではないが、いかに勇気のいる行為であったかを思えば、偉大な功績である。」

それはまさに偉業だった。なぜなら、船乗りたちが抱いていたとてつもない恐怖が軽減されたことで、エンリケ王子はまた次々に探検隊を派遣し、回を重ねるたびに遠くまで探索の範囲を広げていくことができたからだ。一四四五年には、ディニス・ディアスがアフリカ大陸最西端に到達し、ポルトガルとアフリカ西部との交易が始まり、アフリカの産物のみならず奴隷も売買されるようになった。エンリケ王子は、奴隷をキリスト教に改宗させるのが目的だと、奴隷貿易を正当化した。しかし、ピーター・ラッセルが著書『エンリケ航海王子（*Prince Henry the Navigator*）』（二〇〇一年）で述べているように、「エンリケの言う改宗と奴隷化は、言葉は違うが同じこと」だった。

一四五七年には、アルヴィーゼ・カダモストがカーボベルデ諸島を発見し、セネガル川やガンビア川を一〇〇キロメートルほどさかのぼり、アフリカ大陸の内陸部へと分け入った。その後、ヴェネツィアの船乗りたちが続々と、ポルトガル、スペイン、イングランドを目指して船出した。一四六〇年にエンリケ王子が亡くなったとき、アフリカ西岸部の探検は完成にはほど遠く、大陸一周はまだ実現していなかった。しかし、王子の功績は絶大だった。少しずつ探検を進めていく手法を初めて確立したことで、彼はまさしく、十五世紀の末までに達成される数々の大発見への道を切り拓いたのである。

エンリケ王子はこの世を去っても、彼が着手した探検の勢いが衰えることはなかった。一四六九年、エンリケ王子の甥で新たに王位についたアフォンソ五世は、商人で探検家のフェルナン・ゴメスと、非常に珍しい契約を交わした。それは、ゴメスがアフリカ沿岸を一年に少なくとも五〇〇キロほど南下して探検するというものだった。その見返りとして、ギニア（アフリカ西部沿岸部）の通商を独占できるという条件に後押しされ、ゴメスは未開の沿岸地帯の大半を探索した。

喜望峰

一四八一年、アフォンソ王は息子のジョアン二世に王位を譲り、いよいよ〈ポルトガルの大航海時代〉と呼ばれる時代が到来する。この頃になると、探検家の多くはアフリカに目を向けるだけでは飽き足らなくなっていた。時代はもう、総力を挙げて待望のインド航路を開拓すべき時期にきている、と彼らは信じていた。中でも最も強くそれを望んでいたのは、ポルトガルの騎士で王室の艦隊長をつとめるバルトロメウ・ディアスだった。

一四八六年十月、晴れて念願がかない、ディアスはジョアン王によって探検隊長に任命された。探検隊の任務は、アフリカを迂回して東方への交易ルートを開拓することだった。もうひとつ、かつてエンリケ王子が試みたが失敗に終わった重要な任務があった。それは、プレスター・ジョンと呼ばれる伝説のアフリカの君主を見つけ出し、友好関係を結ぶことだった。異教徒の国々に囲まれていながら、強大なキリスト教国家を建設したとされる人物である。

三隻の船からなる船団を編成し、一四八七年にリスボンを出港したディアスは、まずコンゴ川を目指した。ところが、アフリカ沿岸を南下していたときに猛烈な嵐に遭遇する。嵐は十三日間も続き、船は航路をはず

ロンドンのトラファルガー広場にある南アフリカ高等弁務官事務所の建物を飾る、バルトロメウ・ディアスの像。1500年に、ディアスはペドロ・アルバレス・カブラルの遠征隊とともに探検の旅に出てブラジルを発見するが、奇しくも自分が世界で初めて迂回した喜望峰の沖合いで船が難破し、命を落とした。

れてずっと南のほうへ流されてしまった。やがて嵐がおさまると、ディアスは東へ船を進めるが、陸地は見当たらなかった。そこで北へ針路を変え、アフリカ最南端を迂回した。予想外の嵐に見舞われたおかげで、エンリケ王子がおよそ三〇年前に、いつか自国の航海者たちに叶えてほしいと強く願っていた夢を、バルトロメウ・ディアスが思いがけず実現させることとなった。

ディアスはインド洋を発見するまで航海を続けるつもりだったが、過酷な航海に疲れ果て、荒々しい海に恐れをなした船員たちは、引き返すよう彼に強く迫った。今にも反乱が起きそうな状態で、食料も尽きかけている以上、このまま船を進めるわけにはいかない。アフリカを迂回して航行することが可能だと証明できただけで満足しなければならないと、ディアスは不承不承あきらめるしかなかった。ところが、行く手には新たな発見が待っていた。アフリカの海岸に沿って帰路をたどっているときに、山のようにそびえる海岸を発見した彼は、その岬を〈嵐の岬〉と名づけた。航海を始めてからほぼ十七カ月後、ようやくリスボンに帰還したディアスがジョアン王に旅の報告をすると、王は彼が見つけた岬に〈喜望峰〉という新たな名前を与

19世紀のフランスのリトグラフに描かれた、スペイン君主イサベルとフェルナンドに謁見するクリストファー・コロンブス。

えた。

ディアスはめざましい功績をあげた。たった一度の航海で、アフリカの海岸線に既知の部分を二〇〇〇キロメートルも加えたのである。こうしてディアスは、喜望峰を迂回した史上初のヨーロッパ人となった。彼はアフリカを迂回してインドへ向かう神秘の航路を見出しただけでなく、それ以上に重要なことをやってのけた。大西洋には出口があることを、身をもって証明したのである。

大洋の提督

ディアスがリスボンの港へ栄光の帰還を果たした頃、四〇歳になるひとりのジェノヴァの船乗りが、同じリスボンのジョアン王の宮殿で、きわめて無謀な計画への資金提供を願い出ていた。のちに、ポルトガル人にはクリストヴァン・コロンボ、イタリア人にはクリストフォーロ・コロンボ、スペイン人にはクリストバル・コロンとして知られ、英語の歴史書にはクリストファー・コロンブスという名で登場することになるその人物は、かなりの大男だった。男性の平均身長が一七〇センチほどだったその時代に、彼の背丈はほぼ一八〇センチもあった。記録によると、そばかすの浮いた色白の肌で、もともと燃えるような赤毛だった髪は、若くして白またはグレーになっていたという。早口で話すコロンブスは、彼と会ったことのある多くの人の目には、どうやら頑固で執拗で、我の強い人間に映っていたようだ。彼はまた並々ならぬ情熱の持ち主であり、信仰深く、地理に関するあらゆることに強い好奇心を抱き、何よりも使命感に燃える人物だった。

コロンブスはすでに数奇な半生を送っていた。毛織物業者の息子として、彼は（おおかたの学説によれば）一四五一年にジェノヴァで生まれる。父親の事業の見習いをさせられるのを回避するために船乗りとなった彼は、一四七四年に地中海行きの船で最初の長い航海を経験した。一四七六年、ジェノヴァ艦隊の一員として貨物船を護衛しながらジブラルタル海峡を越えるが、フランスの私掠船に攻撃される。艦隊は座礁したが、幸いにして、攻撃がおこなわれた場所は、エンリケ航海王が探検隊を送り出したポルトガルのラゴス港の近くだった。当時二十五歳だったコロンブスは、海に浮かぶオールにしがみつき、どうにか無事に岸にたどりついたと伝えられる。

災難にもひるむことなく、彼はその後もたて続けに航海を続け、そのうち幾度かは、ポルトガルの商船でイングランドやアイルランドの港へ赴いた。おそらく、アイスランドまで行ったこともあると思われる。貿易商人としてエーゲ海からアゾレス諸島まで西進し、さらにアフリカ大陸の黄金海岸に沿って船を進めた。正式に教育を受けたことは一度もなかったが、独学で読み書きを覚え、地理、天文学、西方への旅行記などの書物を手当たりしだいに読みあさるうちに、しだいに航海術に精通していった。

数々の書物に触発されて前代未聞の大胆な計画を思いついた彼は、それを〈インド諸国《インディーズ》計画〉と呼んだ。豊かな東方の地へ到達するには、アフリカを迂回して東へ向かうのではなく西へ船を進めなければならない、と彼は確信していた。コロンブスはまず、一四八四年にその計画をジョアン王に提示するが、王の助言者たちは、このジェノヴァ人の案を一蹴した。それは、彼らが地球は平らだと信じていたからではなく（中世の航海者や学者は、すでに地球が丸いことを認識していたというのが、現代の歴史学者のほぼ一致した見解である）、コロンブスが航海にかかる日数をあまりにも短く見積もっていると思ったからだ。当時はまだ、それほど遠くまで航行できる船などなかった。

しかし、コロンブスは簡単にはあきらめなかった。一四八五年には、妻を病気で亡くすというさらなる悲運に見舞われるが、彼はそれでも夢を捨てなかった。スペインの君主であるイサベル女王とフェルナンド王をどうにか説得して計画への支援を受けたいと、彼は五歳の息子ディエゴをつれてスペインへ移住した。

彼はまず、宮廷の有力者に働きかけて両君主を説きつけてもらおうとするが、うまくいかなかった。やがて一四八六年の後半に、貴族や数人の聖職者と懇意になり、その口利きで謁見の機会を手に入れる。しかし、当時のスペインは、イスラーム勢力の拠点であるグラナダにおいて、ムーア人とのいつ果てるともない戦いの最中にあり、それには莫大な費用がかかった。そのため、両君主はコロンブスの〈計画〉に興味を示さなかった。それでもくじけず、彼はなおも宮廷に働きかけた。

一方、コロンブスの提案を完全に却下することに迷いを感じていたポルトガル王は、一四八八年にふたたび彼の謁見に応じる。コロンブスの決意はゆるぎなく、計画が成功する可能性を心から信じていた。それに、もしも何らかの奇蹟が起き、西へ船を進めることで本当にシパンゴ（日本）やキャセイ（中国）あるいはそのほかの魅惑的な地へ到達したらどうなるだろう。それが実現すれば、とてつもない報酬が得られることだろう。ところが、バルトロメウ・ディアスが喜望峰から帰還したとたん、そうした目論見はまたたく間に消え去った。ディアスは旅の報告をしていた。その内容が正しければ、魅惑的な品々の宝庫である東方へは、東回り航路で到達できる可能性が出てきたのだ。そうであるならば、わざわざ目に見える危険を冒してまで逆回りの航路を開拓する必要があるだろうか。ジョアン王は、こうして再度、コロンブスの提案をしりぞけた。ジェノヴァ生まれの男はスペインへ戻り、さらにフェルナンドとイサベルへの請願を続ける。

一四九一年になると、不屈の男コロンブスもさすがに勢いを失いはじめていた。「私がこの計画について話した相手はみな、冗談としか受け取ってくれなかった。」彼は、そうぼやいたという。だが、コロンブスへの支援を拒んだ人びとは、計画が受け入れられた場合の条件として彼が提示した、途方もない要求に閉口したに違いない。必要な資金の提供に加えて、コロンブスは〈大洋の提督〉の称号を求めた。さらに、航海の途中で手に入れる黄金やその他の財宝の十パーセントの所有権を主張した。その上、彼が発見する新たな土地を治める職権は、彼の長男とその子孫へ〈未来永劫に〉受け継がれることを要求した。

一四九一年、コロンブスはついに答えを得た。フェルナンドとイサベルは、彼の提案を却下した。しかし、その後まもなく彼の運命は逆転する。伝えられるところによると、王国の財務官であり、スペイン王室における有力者のひとりであったルイス・デ・サンタンヘルが介入し、みずからの資金をいくらか提供するとともに、君主を説得して決定をくつがえさせたのである。この大逆転劇には、一四九二年一月二日のグラナダ陥落により、スペインとムーア人との七〇〇年におよぶ内戦が終結したことが大きく影響していた。かつてないほど遠くまでキリスト教を広く普及させ、同時に東方の恵みをスペインにもたらそうとする試みを支援

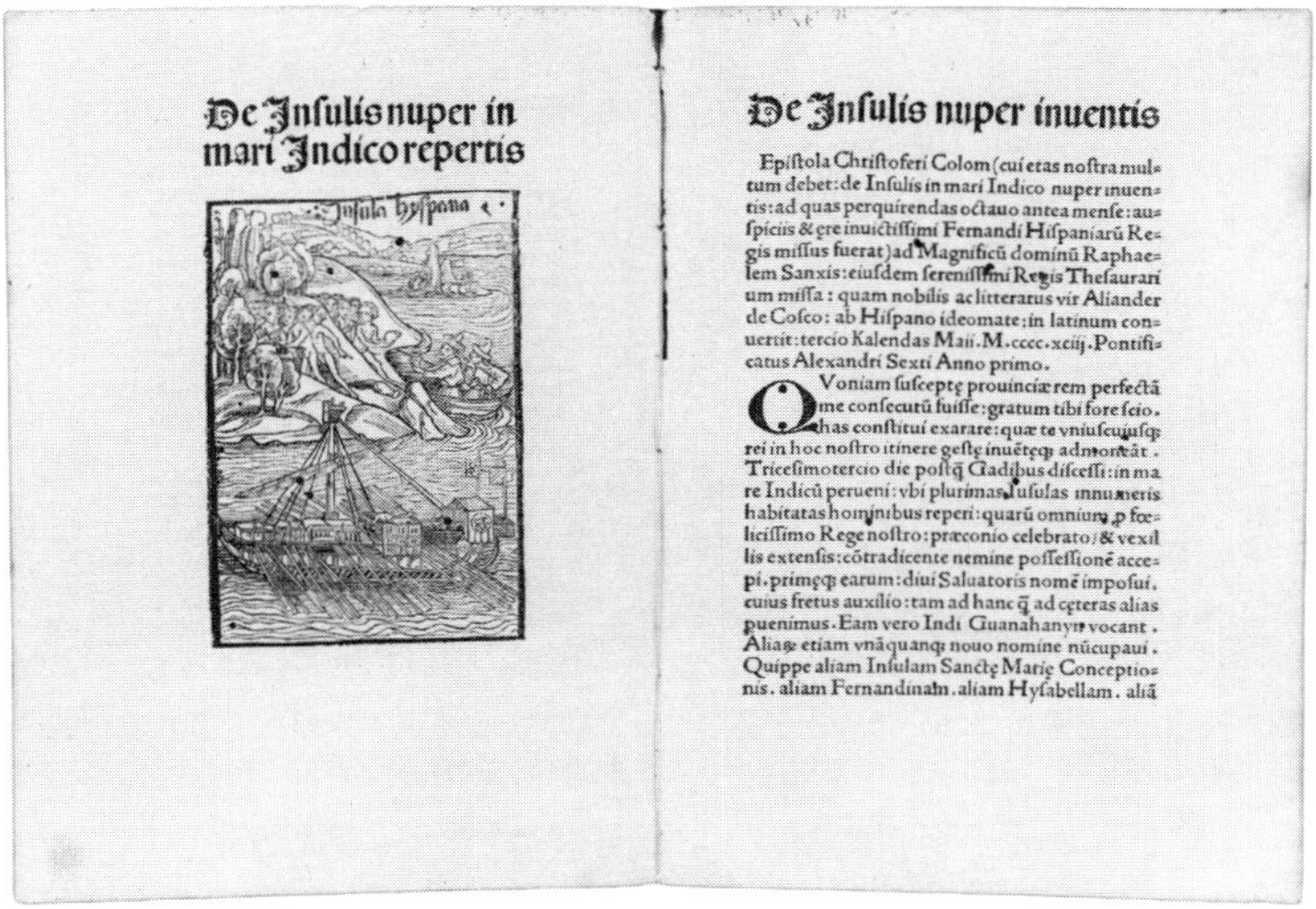
De Insulis nuper in mari Indico repertis

De Insulis nuper inuentis

Epistola Christoferi Colom (cui etas nostra multum debet: de Insulis in mari Indico nuper inuentis: ad quas perquirendas octauo antea mense: auspiciis & ere inuictissimi Fernandi Hispaniarũ Regis missus fuerat) ad Magnificũ dominũ Raphaelem Sanxis: eiusdem serenissimi Regis Thesaurarium missa: quam nobilis ac litteratus vir Aliander de Cosco: ab Hispano ideomate: in latinum conuertit: tercio Kalendas Maii. M. cccc. xciij. Pontificatus Alexandri Sexti Anno primo.

Quoniam suscepte prouinciæ rem perfectã me consecutũ fuisse: gratum tibi fore scio. has constitui exarare: quæ te uniuscuiusq; rei in hoc nostro itinere geste inuẽteq; admoneãt. Tricesimotercio die postq̃ Gadibus discessi: in mare Indicũ perueni: vbi plurimas Insulas innumeris habitatas hominibus reperi: quarũ omniũ pro foelicissimo Rege nostro: præconio celebrato: & vexillis extensis: cõtradicente nemine possessionẽ accepi. primeq; earum: diui Saluatoris nomẽ imposui. cuius fretus auxilio: tam ad hanc q̃ ad ceteras alias peruenimus. Eam vero Indi Guanahanyn vocant. Aliaq; etiam vnãquanq; nouo nomine nũcupaui. Quippe aliam Insulam Sancte Marie Conceptionis. aliam Fernandinam. aliam Hysabellam. aliã

コロンブスの手紙はさまざまな版や形式で刊行された。この1494年のバーゼル版は、1冊の本の第2部として、カロルス・ベラルドゥスという作家が書いた、スペインによるムーア人征服を題材とした戯曲とともに収録されている。これら二つの作品はともに、いわば初期のプロパガンダとして、長期にわたるカトリック君主によるスペイン統治を讃えた。

することほど、戦いの勝利を祝う方法としてふさわしいものはなかった。

一四九二年八月三日、八八人の男たちが乗り組んだ《ニーニャ》、《ピンタ》、《サンタ・マリア》という三隻の船を率いて、コロンブスはスペインを離れ未知の海へと旅立った。ポルトガルの目的とは異なり、彼の狙いは陸地を発見することではなく、陸地を避けながら、最終的に中国あるいは日本へ到達することだった。どちらに先にたどり着くかはわからない。ところが、やがて彼が発見したものは、彼自身のみならず全世界を驚愕させた。「この航海で私が目指したのは」コロンブスはのちに、スペイン国王に宛てた手紙でこう告白している。「キャセイおよびアジア極東に到達することであり、それを阻む新たな陸地を発見したのは予想外のことでした。」

歴史に永遠に名を残すコロンブスの３隻の船――《ニーニャ》、《ピンタ》、《サンタ・マリア》が大海原を航行するさまを描いた銅版画（製作年不明）。

コロンブスのバハマ諸島（彼はサンサルバドル島と名づけた）上陸は、多くの画家にとって格好の題材となり、大航海時代の出来事の中で最も数多く描かれてきた。この19世紀の手彩色リトグラフは、コロンブスが先住民にさまざまな物を見せている様子を描いたもの。ヨーロッパではありふれた物を、先住民がもの珍しげに見つめている。クリストファー・コロンブスや彼に続くヨーロッパ人がやってくるまで、先住民は船や白人を見たことがなかった。自分たちの生活が永遠に変わろうとしていることを、彼らは知る由もなかった。

コロンブスの顔

歴史に永遠に名を残す偉業を成しとげた人物のわりに、コロンブスの前半生についてはあまり知られていない。生涯を通じて１枚も人物像が描かれなかったため、彼が実際にどのような顔をしていたのかも定かではない。大洋の提督の“肖像画”は無数に存在するが、そのほんの一部を見てみるだけで、画家たちが目の前にモデルが不在のまま、歴史を変えた男の顔を自分なりの解釈で描いたことがうかがえる。

上から時計回りに：
テオドール・ド・ブライ作の銅版画。版画集『大航海』（1595 年）第５巻に収録。カーリア・アンド・アイヴズ印刷工房によるリトグラフ（1892 年）。アレホ・フェルナンデス作『航海者たちの聖母』（1531 年）に描かれたコロンブスの顔を拡大したもの。1519 年にセバスティアーノ・デル・ピオンボが描いた絵をもとに、19 世紀なかばにジョン・サーティンが製作した銅版画。

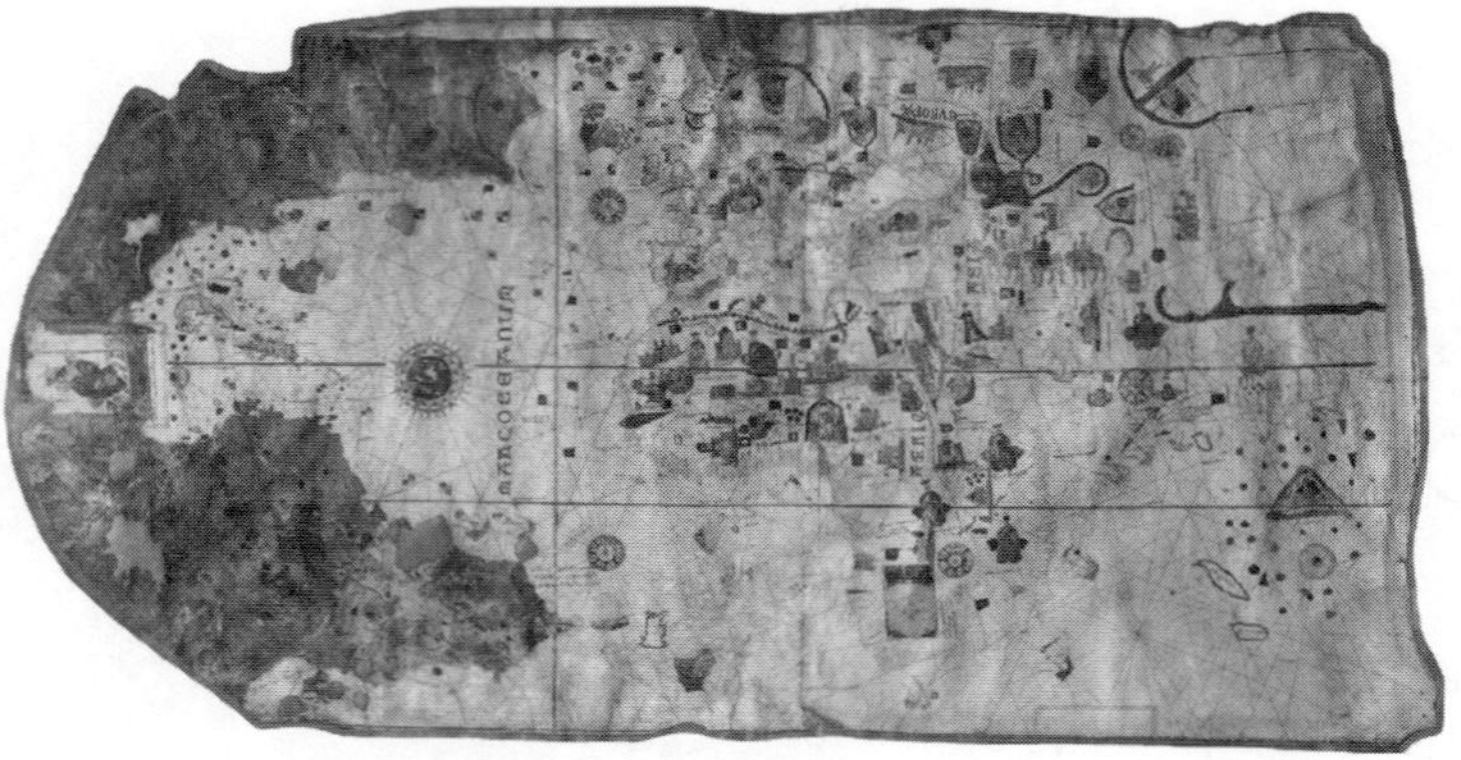

クリストファー・コロンブスが発見した陸地が最初に描かれたとされる世界地図（マッパ・ムンディ）。この地図は、ファン・デ・ラ・コサによって1500年に製作された。彼は、コロンブスの新大陸探検の旅のうち最初の３回に同行し、第１回目では旗艦《サンタ・マリア号》の所有者として船長をつとめた。地図の右中央部には、ヨーロッパ、地中海、アフリカの輪郭が、新大陸よりもかなり小さめに描かれている。

そのままひたすら西航するのではなく、コロンブスはあえてカナリア諸島まで南下することで、北大西洋の強風を避けた。一週間ほどで目的のカナリア諸島に到着したあと、北東の貿易風がキャセイまで船を運んでくれることを期待して、真西に針路を変える。冒険というものはたいてい幸運に恵まれるものであり、コロンブスの旅もまた例外ではなかった。彼の航海は、おおかた波も穏やかで天候も良かった。しかし、このような幸運ですら、船乗りたちの不安を鎮めることはできなかった。船長であるコロンブスは、地球は丸く、滝のように落下している場所などないと確信していたが（実際、書物を読んだり研究した結果、彼は地球は洋梨のような形をしていると信じていた）、彼の下で働く船乗りたちの大半は納得しなかった。彼らにとっては、航海中の幸運すらも不安の種だった。晴天続きで雨が降らなければ、水が尽きてしまうのではないかと心配し、順風で船は前へ前へと進んでいるが、このまま風向きが変わらなければ、故郷へは二度と戻れないのではないかと不安になった。

カナリア諸島を離れて四週間がたち、鳥や浮き草など、陸地の存在を示すものがぽつぽつと目につくようになってもなお、船員たちの不安はつのるばかりだった。そして十月十二日の午前二時、《ピンタ》で見張りに立っていたロドリゴ・デ・トリアナの「陸地だ、陸地だ！」という声が響いた。カナリア諸島を離れて五週間後、コロンブスはアメリカ――より厳密に言えばバハマ諸島に到達した。もちろん、彼自身はそこがアメリカであることを知らず、自分はアジアにいると固く信じていた。船員たちとともに島々に足を踏み入れ、さまざまなものに出会ったのちも、そこがアジアであるという確信がゆらぐことはなかった。目にする植物を、マルコ・ポーロやアジアへ赴いたその他の旅行家たちが記したものだと勘違いすることもたびたびだった。しかも、その地の植物の香りを〈東方的《オリエンタル》〉だと思い込んですらいたのである。

三隻の船はバハマ諸島を離れ、キューバ島東部およびイスパニョーラ島の北岸沿いを進み、サンサルバドル島の周辺を航行した。フェルナンドとイサベルから、キャセイの〈大汗〉に宛てた紹介状を預かっていたコロンブスは、彼を見つけ出せなかったことだけが心残りだった。その一方で、どうにか出会うことができた先住民に深く興味を抱き、フェルナンド王への手紙にも詳しく綴っている。

海岸には、町も村も見当たりませんでした。ただ、小さな集落がいくつかありましたが、人びとはみなたちどころに逃げてしまい、言葉を交わすことはかないませんでした。もうひとつの島でも、私が発見して探索したどの島でも、探索していない島でも、住人たちはみな裸……母親から生まれ出たままの姿で……彼らはみな、私も船も船員たちも空からやってきたと固く信じ……中には、家から家へ、さらに近くの村々を駆けずり回り、「おーいみんな！　天からやってきた人たちを見に来い」と大声で触れて回る者もおりました……ここは非常に好ましい土地であり、いったん目にすれば、二度と手放す気にはなれぬところでございます。」

作家であり歴史家でもあるマーシャル・デイヴィッドソンは、一九五一年の著作『アメリカでの生活（*Life in America*）』でこう書いている。「もしコロンブスが、その地が真の目的地から地球半周分も離れた未開の地だと気づいていたならば、この探検家は失意のどん底で死んでいたかもしれない。」

しかし彼は死ぬことはなく、その後も自分がいる場所がアジアではないことに気づかないまま、十二月のなかばにさしかかる頃には、輝かしい朗報をたずさえて故郷へ帰る準備を整えていた。だが二週間後、彼の探検隊は初めて災難に見舞われる。十二月二十四日、《サンタ・マリア》がイスパニョーラ島沖で座礁し、船を放棄せざるをえなくなった。そのわずか二、三日前に、《ピンタ》の船長マルティン・ピンソンが、自分の船と船員とともに、財宝と新たな土地を求めて単独航海に出ていたという事情が、状況をさらに深刻化した。コロンブスは、《サンタ・マリア》の乗員を安全に乗れるぎりぎりの人数まで《ニーニャ》に移したが、乗りきれない人員は、《サンタ・マリア》を解体した材木でイスパニョーラ島に急ごしらえの砦を建て、その場に残していくしかなかった。こうして作られた新大陸初の入植地を、コロンブスはそれが作られた時期にちなんで〈ナビダッド（クリスマス）〉と名づけた。

その地を離れてまもなく、コロンブスはピンソンが乗る《ピンタ》と合流し、一四九三年一月十六日、二隻そろって祖国スペインへの帰路についた。ところが、ふたたび大西洋を横断する途中で激しい嵐にあい、二隻は離ればなれになってしまう。その後、第二の嵐がやってきて、コロンブスの一行は、スペインではなくポルトガルへの上陸を余儀なくされる。これは、じつに皮肉な展開だった。コロンブスは、大洋の提督――西航することで、みごと〈東方〉へ到達したと思い込んでいた男は、ヨーロッパへの帰還の第一歩として、かつて彼の〈計画〉を拒絶した国の地を踏まなければならなかったのだ。

コロンブスが発見したものに関するニュースは、ほかならぬ彼自身が書いた告知文によって人びとに伝えられた。小型のパンフレットとして発行され数カ国語に翻訳されたこの告知文は、驚くべきニュースを伝えるものとしては意外なほど質素だった。かつて歴史家たちは、コロンブスは三通の書状をしたためたと信じていた。二通はスペイン王室の役人に宛てたもので、残りの一通はフェルナンドとイサベルに宛てた手紙である。しかし現在では、コロンブスが書いたのは長い一通の手紙であり、それが書き写されて流布したのだと考えられている。

コロンブスの狙いは、発見したものを書き連ねることに加えて、次の航海に向けて、前回以上の資金を調達することにあった。発見した陸地が、自分が請けあったとおり、宗教と商業の両面においてスペインにどれほどの利益をもたらすかを、彼は力説した。

「これらの島々では、住人たちの外見や生活様式、言語に大きな違いは見受けられませんでした。それどころか、彼らはみな互いに意思の疎通ができておりました。これはまことに興味深いことであり、ゆえに、国王陛下ならびに女王陛下には、ぜひとも彼らを私どもの神聖なる信仰に改宗させるようご決断いただきたく存じます。彼らもまた、それを切に望んでおります。」

金が採掘できるに違いない場所を選んでナビダッドを建てたことを報告しながら、コロンブスはさらに、両君主にこう約束するのだった。

「ほんのわずかなご支援を賜れば、ご入用なだけの黄金を献上いたしましょう。そればかりでなく、お望みになるだけの香辛料や綿花も、マスティックガム［マスティックの樹液を原料とした天然のガム］も、お命じになるだけ船に積んでお届けいたします……すでにダイオウやシナモンも発見され、ほかにもありとあらゆる貴重なものが見つかることでしょう。風が許すかぎり一刻も早くかの地へ赴けば、そこへ残してきた者たちが、すでに貴重な品々を見つけていることでしょう。」

コロンブスは、〈東方〉へ向けてさらに二度の航海をする。二度目の航海に旅立ったのは、歴史的に重要な最初の航海から戻ってわずか半年後のことだった。今回は、資金や船、食料のことで交渉する必要はなかった。探検隊は十七隻の船からなり、一二〇〇人以上の船員が乗り組んでいた。大洋の提督が持ち前の優れた航海術を発揮したのは、この二度目の航海だった。十七隻がすべてそろって大西洋を横断できたばかりでなく、計画段階で決めたとおりの場所、すなわち前回の旗艦《サンタ・マリア》を称えて彼が〈マリー・ガランテ〉と名づけた島に上陸することができた。この航海では、おびただしい数の島が〈発見〉され、その多くに、コロンブスは自分が崇める聖人の名をつけた。彼が見つけたのは、ドミニカ、グアドループ、アンティグア、ネイビス、セント・キッツ、シント・ユースタティウス、シント・マールテン、セント・クロイ、プエルトリコといった島々だった。

一四九八年五月三〇日に出発した三度目の航海で、コロンブスはアメリカの大陸部分を探検する。六隻の船で探検の旅を続けた彼は、最初に見つけた大きな島を、三位一体《ホーリー・トリニティー》にちなんでトリニダード島と名づけた。その島とベネズエラ東岸とのあいだを通って船を進めているうちに、いつの間にかパリア湾の中に入っていた。その海域は、現在ではアメリカの大西洋岸でも有数のすばらしい自然港とされている。しかし、コロンブスを最も感動させたのは湾そのものではなく、そこへ注ぎ込む淡水のオリノコ川だった。その雄大な川と、そのまわりの素朴で美しい土地を発見した彼は、そこは単なる島ではないと確信した。これまで知られていなかった大陸——ただし新大陸の一部ではなく、まもなく到達するはずの中国につながる大陸を発見したのだと思ったのだ。自分が発見したこの場所は、昔から神話や伝説の中で語り継がれてきた地上の楽園に違いないと彼は信じていた。コロンブスは、スペイン王室へ宛てた手紙の中で、独自の論を展開している。

私は、この地こそが、神の許しなくしては何人《なんぴと》も立ち入ることのできない地上の楽園であると確信しております……地上の楽園とは、これまで描写されてきたような荒涼たる山などではなく、私が述べたあの山の頂にあるものと思われます……また、さきほど述べた水はそこから遠くへ注ぎ出て、はるか彼方の、私が立ち去ったばかりのその場所で流れを止め、この湖ができたのでございましょう。ここが地上の楽園であることはほぼ間違いなく、この場所は、神聖にして賢明なる神学者たちの説とも一致し……その上、私の推測を裏づけるさらなる証拠もございます。私はいまだかつて、これほど大量の淡水が海水に流れ込むのを見たことも聞いたこともなく、気候が温暖であることもまた、ここが楽園である確かな証拠に思えます。もしも、その水が地上の楽園から流れ出たものでないならば、それもまたさらに信じがたい奇跡と言えましょう。なぜなら、この世にこれほど大きく深い川など存在するはずがないからでございます。」

この重大な発見をしたのち、コロンブスはさらに航海を続け、目にした二つの島をトバゴ島とグレナダ島と名づけた。その後、彼はイスパニョーラ島に船を進める。そこに残してきた船員たちの様子を見るためだった。だが、そこで直面した状況に、彼は大きな衝撃を受ける。人びとを残して島を去る際に、コロンブスは豊かな資源が必ず見つかると約束していた。ところが、それが何ひとつ見つからなかったため、島に定住した男たちは、故意に自分たちを騙したのだと彼を責めた。争いはさらに激化し、一五〇〇年、フェルナンドとイサベルは状況を探るために行政官フランシスコ・デ・ボバディーリャを派遣した。イスパニョーラ島に着くやいなや、ボバディーリャのもとには、任された土地をコロンブスがいかに不正に統治しているかという苦情が矢のごとく押しよせた。状況は困難をきわめ、もはや手の施しようがなくなった。

ボバディーリャに数々の証言が寄せられた結果、コロンブスと、彼の不在中に代理として統治していた二人の兄弟は、鎖につながれて牢獄へ放り込まれた。一五〇〇年十月、鎖につながれたままスペインへ送還された大洋の提督は、宮廷に仕える友人のひとりに宛てて悲痛な手紙を書いている。

私がインド諸国計画をたずさえて王家に仕えるようになって十七年になる。八年もかけて説得を試みさせた挙句、最後に彼らは、冗談だとばかりに私の計画をしりぞけた。それでもなお、私はあきらめなかった……ついにかの地に赴き、アフリカとヨーロッパの領土を上回る土地と、一七〇〇以上もの島々を彼らの統治下に置いた……七年のうちに、神の思し召しにより、私はそれだけの征服を成しとげたのだ。ところが、その功が報いられ隠居の身となってしかるべき時がおとずれると、私はすぐさまとらえられ、鎖を巻かれて祖国へ送られた。

ヘスペラス（宵の明星である金星の神）が、希望の象徴として獄中のコロンブスの前に出現するさまを描いた銅版画。画家ロバート・スマークと版画家アンカー・スミスの合作として、ジョウエル・バーロウの叙事詩『コロンビアド』1807年版の挿絵に使われた。

この手紙は功を奏した。コロンブスは自由の身になったばかりでなく、さらなる航海用の資金を与えられた。しかし、それは無条件ではなかった。代償として、彼は与えられていたすべての称号を剥奪されたのだ。

今度こそキャセイへ通じる航路を発見しようと決意を新たにしたコロンブスは、この探検の旅を〈至高の旅〉と名づけた。しかし、今回はこれまでで最も困難な航海となり、初めて身の危険を伴なう悪天候に見舞われた。ホンジュラス、ニカラグア、コスタリカの海岸地帯を探検したのち、コロンブスはパナマに上陸する。その後、ふたたび日本や中国への航路を探しながらキューバ沖を航行していたとき、いきなり猛烈な嵐にあい、船がひどい損傷を受けてジャマイカのセント・アンズ・ベイへ流され、一行は浜に打ち上げられる。コロンブスと船員たちは、その島で一年以上も足止めを食い、その間に救援を求める手紙をイスパニョーラ島に送り、やっと船を修理することができた。

これが、歴史を左右した数度にわたる航海の最終章となった。大洋の提督は一五〇四年十一月にスペインに帰還したが、依然として、自分は輝かしい東方の地を発見したのだと思い込み、それをくつがえす証拠は何ひとつ見出していなかった。しかし、歴史家のヴァレリー・フリントが書いているように、「きわめて現実離れした信念を抱いていたからこそ、コロンブスは現に数々の重要な発見ができた」のである。新大陸を東方だと勘違いしていたからといって、彼が果たした功績が減るわけではない。西へ進むことで東方へ到達できると信じたのは、彼が最初ではなかった。しかし、その発想を実現させたのは、コロンブスの勇気であり、卓越した航海技術であり、ゆるぎない使命感だった。

その一方で、先住民に対する情け容赦ない仕打ち、そして新大陸における奴隷制度を打ち立てたのが、ほかならぬコロンブス自身であったという事実は、きっと彼の偉業に対する評価を下げることだろう。さらに深刻なのは、彼がインディオと名づけた人びとに対しておこなった残虐な行為である。現在の通説では、タイノ族として知られる三〇万人を超える先住民が、イスパニョーラ島で五つの王国あるいはテリトリーに分かれて暮らしていたが、コロンブスと部下たちの手でその三分の一が殺害され、あるいは奴隷として連れ去られたと言われる。

レナード・アウスウェイトは、大西洋の歴史に関する初期の文献である『大西洋――ある大洋の歴史(*The Atlantic: A History of an Ocean*)』(一九五七年)の中で、それまでほとんど認識されていなかったコロンブスの功績について触れている。「コロンブスは、大西洋を八回横断しているが、往路または復路で航行するたびに、毎回緯度を変えていた。往路で通ったのと同じ航路で帰ったことは一度もなく、同じコースは二度と通らなかった。このように多様な航路をたどることは、単なる偶然のなせるわざではない。航路が毎回変わったのは、現実論的にも科学的にも、彼が大西洋そのものを調べようとしていたためだと推測するのが自然であろう。」

ヴァスコ・ダ・ガマ

コロンブスの新大陸発見の直後から、東方への航路の発見をめぐるスペインとポルトガルの競争が激化したのは確かである。コロンブスが三度目の航海に旅立つ一年前、新たにポルトガルの王位についたマヌエル一世は、バルトロメウ・ディアスの探検の成果を活用しようと、インドへ向かう東回り航路を確認させるために寵臣のひとりを派遣した。その有能で勇敢な航海者ヴァスコ・ダ・ガマもまた、気性の激しさと非情さで知られる人物だった。

彼は一四九七年七月八日、四隻の船と一七〇人の船員を率いてリスボンの港を発った。十二月なかばには、一行はすでに、現在の南アフリカ共和国イースタン・ケープ州を流れるグレート・フィッシュ・リバーを通過していた。船を進めながら、ヴァスコ・ダ・ガマは西洋世界にとって完全に未知なる海域へと入っていった。暗黒大陸の東岸を北上するあいだ、交易関係を結ぶことを期待し、アラブ人が支配するモザンビークおよびモンバサの港に三度停泊する。しかし、その試みはうまくいかず、イスラーム教徒の大群に襲撃されて命からがら逃げ出さなければならないこともあった。伝えられるところによると、マリンディの港では幸運に恵まれ、彼はそこで水先案内人を得ることができたという。

祖国の長年の悲願を達成したい一心で、ヴァスコ・ダ・ガマはありったけの航海技術を駆使して船団を率い、アラビア海を横断しインド洋へと入っていった。そして一四九八年五月二〇日、インド南西岸にある大きな港町カリカットへ到着する。およそ八〇年前にエンリケ航海王子が抱いた、海路でインドへ到達するというポルトガルの夢が、ここにようやく実現した。

現地の統治者たちを相手にあいまいな通商契約もどきを結んだのち、祖国へ帰還したダ・ガマは英雄として迎え入れられる。国王の信望を得た彼は、〈インド洋提督〉の称号を与えられた。一五〇二年、彼は二度目の航海に出発する。今回は、ポルトガルの貿易権を是が非でも獲得するために送り出された二〇隻の軍艦を率いての航海だった。そしてこの旅で、ダ・ガマの残忍な本質があますところなく発揮されることとなる。メッカからの帰途につくイスラーム巡礼者を乗せた船を密かに見張っていた彼は、部下に命じてその船を拿捕し、船内にある財宝を根こそぎ没収した。

右：船団を率いて世界で初めてヨーロッパから直接インドへ航行したヴァスコ・ダ・ガマは、大航海時代に最も活躍した探検家のひとりである。彼を描いたこの絵は、1880 年に出版されたポルトガルの詩人ルイス・デ・カモンイスの叙事詩『ウズ・ルシアダス』（1572 年）を飾った。

下：1900 年頃に製作されたこのリトグラフに描かれているように、ヴァスコ・ダ・ガマは、カリカットの統治者にマヌエル王からの挨拶状を手渡し、交易を申し入れた。なぜ遠くからはるばるやってきたのかという問いに、ダ・ガマはポルトガルがほぼ１世紀のあいだ追い求めてきたものをひと言に凝縮し、「我々は、キリスト教徒とスパイスを求めてやってきたのです」と答えた。

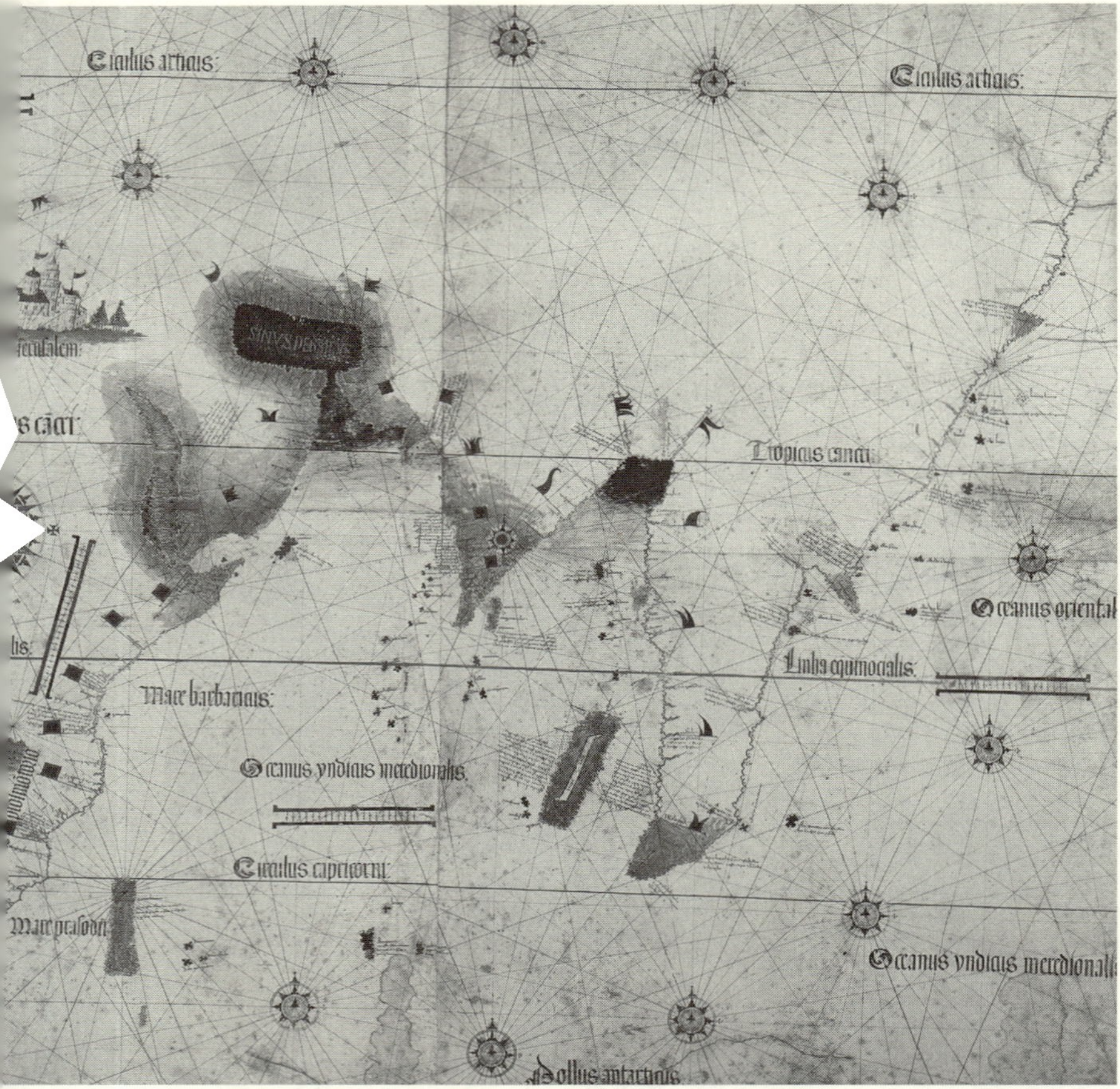

るが、ダ・ガマのほうは、東方に達するまで、絶えず逆風と荒波と闘いながら船を進めなければならなかった。ここに示す『カンティーノの世界地図』は、1500年頃にポルトガルで作成された作者不詳の海図で、ヴァスコ・ダ・ガマや同時代の偉大なポルトガル人航海者たちの功績を伝えている。この地図のひとつの版が、1502年にイタリアのフェラーラ公の密使アルベルト・カンティーノによってポルトガルからイタリアへ持ち出されたことから、カンティーノの名がついた。

モロッコおよびアフリカ北東岸部を示す地図（ユドカス・
ホンディアス作、1628 年）（本文 39 ページ）

コロンブスが発見した陸地が最初に描かれたとされる世界地図
（フアン・デ・ラ・コサ作、1500年）（本文52ページ）

MARE OCCEANUM

『カンティーノの世界地図』といわれている作者不詳のポルトガルで制作された海図（1500 年頃）（本文 64～65 ページ）

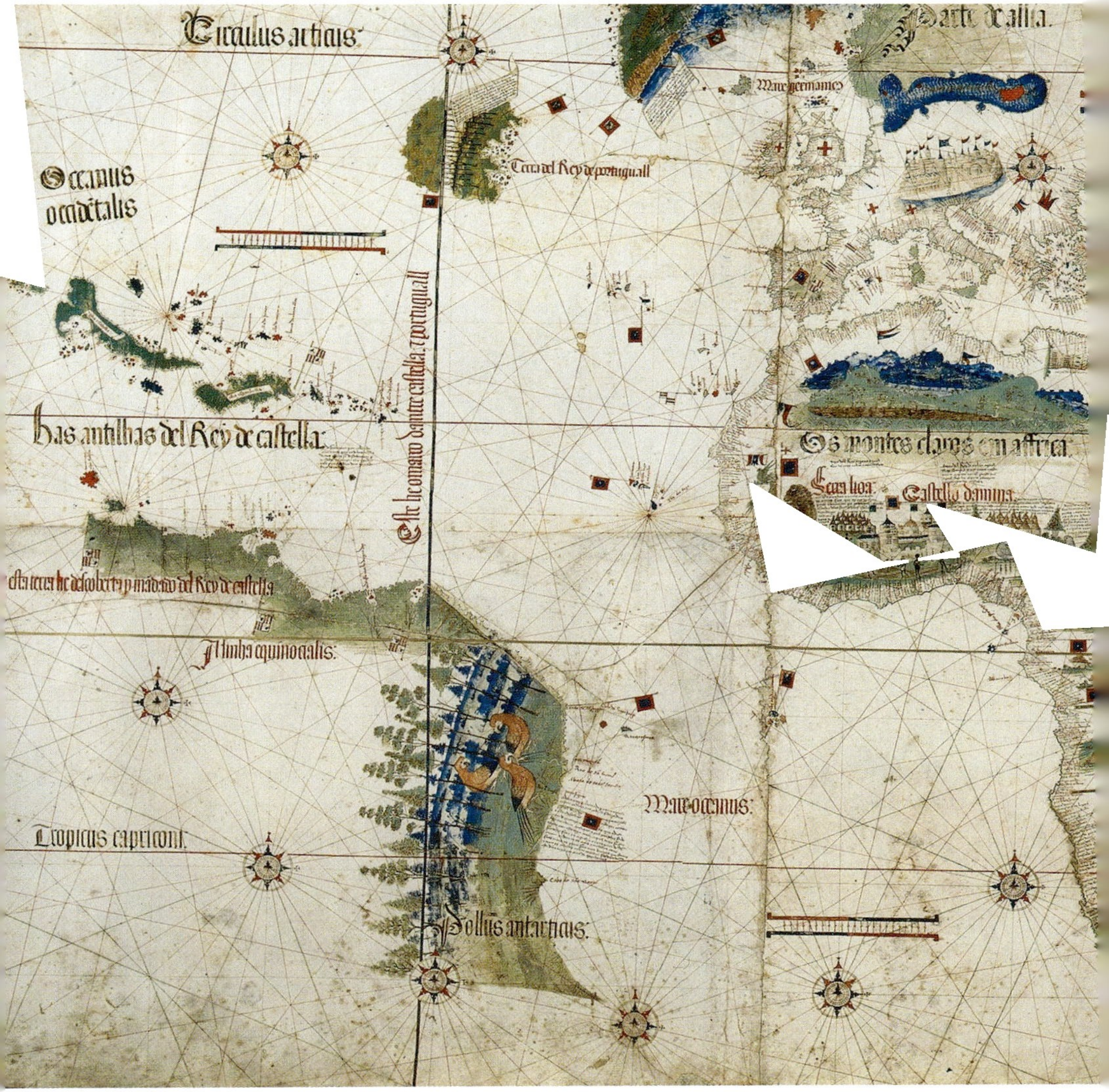
Circulus articus:
Occeanus occidentalis
Terra del Rey de portugall
Has antilhas del Rey de castella:
Os montes claros em africa
Serra lioa
Castello damina
Linha equinocialis:
Tropicus capricorni
Mare oceanus:
Circulus antarticus:

マゼランの航跡を描いた地図（バッティスタ・アンニェーゼ作、1544 年）（本文 76～77 ページ）

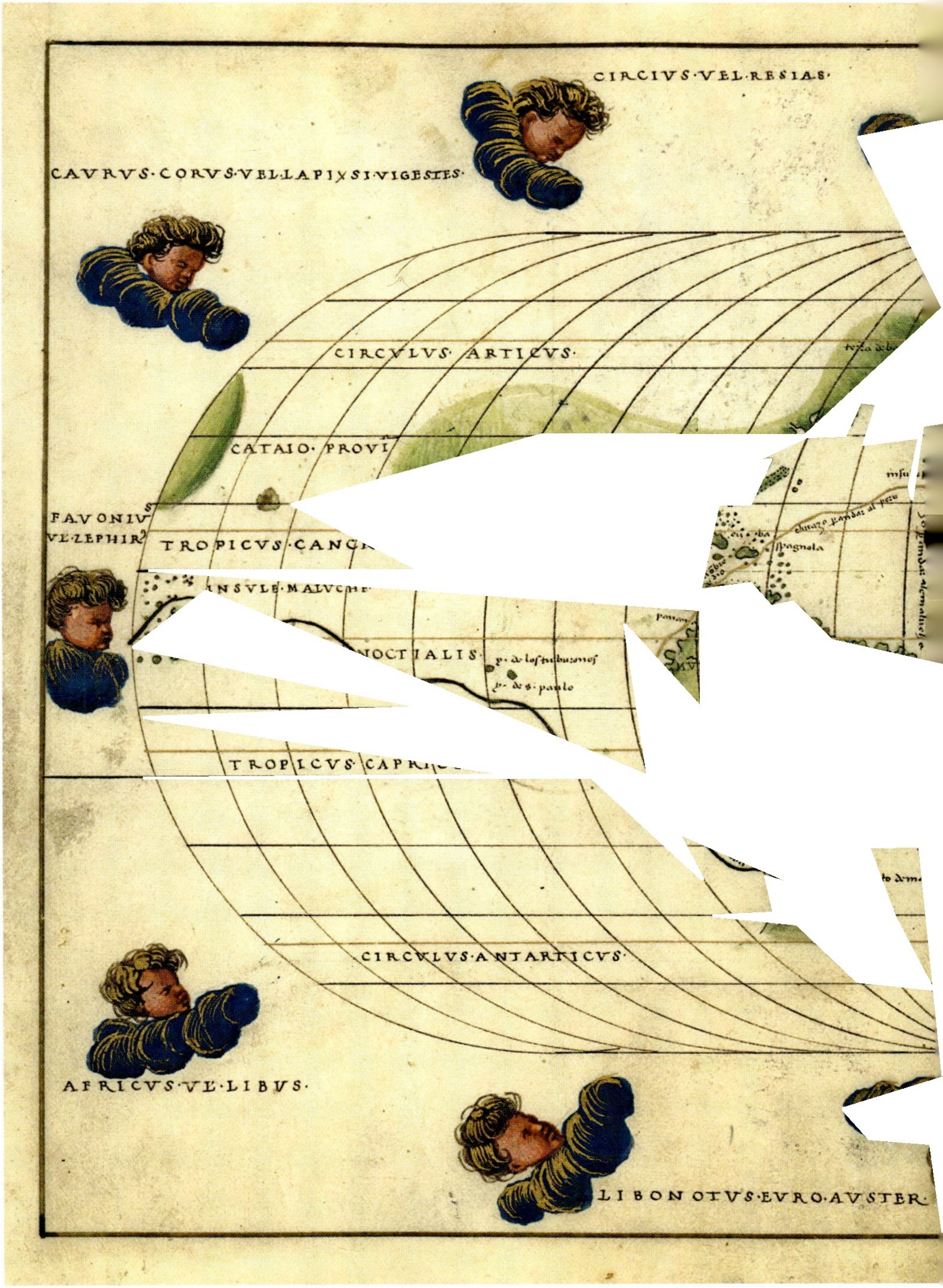

CIRCIVS·VEL·RESIAS·
CAVRVS·CORVS·VEL·LAPIXSI·VIGESTES·
CIRCVLVS· ARTICVS·
CIRCVLVS·ANTARTICVS·
AFRICVS·VL·LIBVS·
LIBONOTVS·EVRO·AVSTER·
Spagnola
p. de s. paulo

新大陸（南北アメリカ）のみを描いた初めての地図（セバスチャン・ミュンスター作、1540 年頃）（本文 75 ページ）

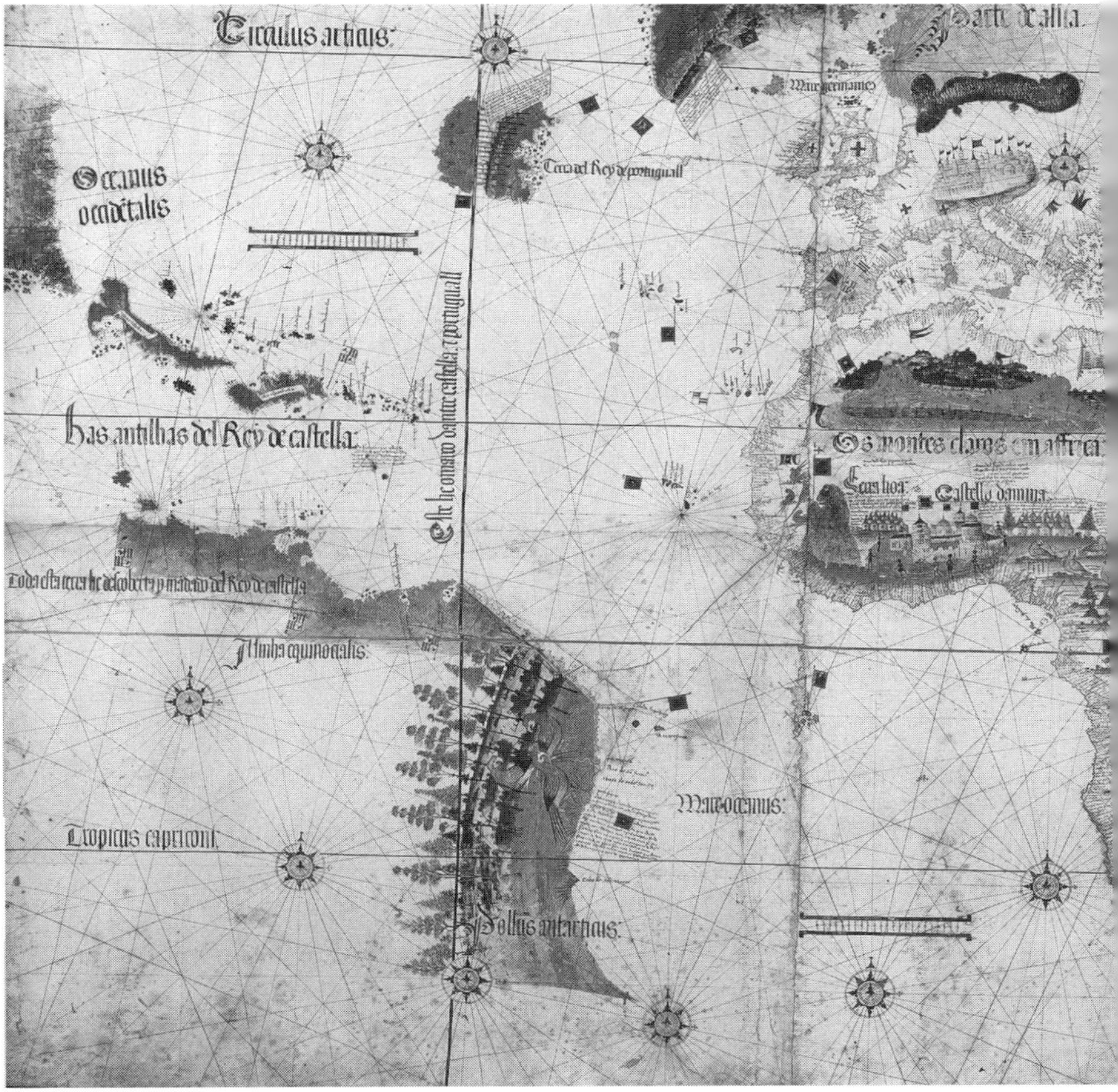

クリストファー・コロンブスと同じように歴史に残る偉業を果たしたヴァスコ・ダ・ガマだが、ある意味では、彼の功績のほうが偉大だったといえるだろう。コロンブスは、中国や日本というすばらしい都市を発見すると豪語しながら、そのいずれも発見していない。また、スペインの君主に金鉱を発見すると約束したが、それもまた果たせなかった。一方のヴァスコ・ダ・ガマは、インドに到達すると約束し、それを果たした。さらに、コロンブスのほうは順風と穏やかな波に恵まれた航海で大発見をしてい

歴史家ダニエル・ブアスティンが『大発見（*The Discoverers*）』（一九八三年）で記述しているように、巡礼船の所有者たちがヴァスコ・ダ・ガマの要求に応じるのをためらったあとの出来事を、ダ・ガマの船員のひとりが後日談としてこう語っている。「メッカから来た船を拿捕した。そこには男が三八〇人、女や子供も大勢乗っていた。一二〇〇〇ダカットは下らない金貨を奪い、さらに少なくとも一〇〇〇〇ダカットの価値のある品々を奪った。それから、乗っていた人間もろとも船を火薬で燃やした。」

一五二四年、ダ・ガマはふたたびインドへ派遣された。今回は、最初の航海の際に獲得したポルトガル植民地の総督としての任務を帯びていた。しかし、インド西岸のゴアに到着してほどなく、彼はマラリアに感染し、コーチンの町でその年のクリスマスイブに死亡した。

アメリゴ・ヴェスプッチの新大陸

ポルトガルは、インドへ達する東回り航路の発見を目指して長年のあいだ少しずつ努力を積み重ね、その成果をようやく手に入れようとしていた。そのころスペインでは、コロンブスが切り拓いた道をたどる決定がなされた。選ばれたのは、コロンブスと同様イタリアの航海士であるアメリゴ・ヴェスプッチだった。スペインのためにコロンブスの航路をたどった彼は、やがて二つの〈新〉大陸にその名を残すことになる。

一四五四年にフィレンツェの裕福な家庭に生まれたアメリゴ・ヴェスプッチは、航海術と科学に関する高度な教育を受け、地図製作者として成功をおさめ、天文学者としても名を上げていた。一四九三年にコロンブスが最初の航海から帰還した頃、ヴェスプッチはメディチ家の貿易代行を務めるほか、船の艤装の仕事をしていた。このころすでに、航海や地図に関する本を読みあさっていた彼は、自分ならばきっと、コロンブ右：アメリゴ・ヴェスプッチは、当時にしては珍しく地理学の知識を有していた。彼が推測した地球の円周はほぼ正確で、実際の長さとの誤差はわずか80キロメートル足らずだった。1508年、アメリカへの航海を終えたあと、ヴェスプッチはスペインの主席水先案内人に任命された。

下：アメリゴ・ヴェスプッチの生い立ちや航海を綴った、1852年刊行の大衆向け年代記に使われたこの挿絵は、ヴェスプッチが新大陸に初上陸した瞬間を想像して描かれたもの。

マルティン・ヴァルトゼーミュラーが1507年に製作した歴史的に重要なこの地図は、ラテン語で『プトレマイオスの伝承ならびにアメリゴ・ヴェスプッチの航海にもとづく世界地図』と題される。地球の西半球が分断され、太平洋が二つに分かれた形で描かれた最初の地図。

CLAVDII PTHOLOMEI ALLEX
ANDRINI COSMOGRAPHI
CHORº
ZEPHIRº
AFRICVS
LYBONOTHº
AMERICA
AFRICA
VNIVERSALIS COSMOGRAPHIA SECVNDVM PTHOLOMEI TRA DITIONE

三角旗と天体観測器をたずさえたアメリゴ・ヴェスプッチが、アメリカの象徴である先住民の女と出会う場面を描いた16世紀の寓話的絵画。この作品は、1600年に発行されたフランドル派の画家ヨハンネス・ストラダヌスの版画集『*Nova reperta*（新発見）』に収録された。

スが発見できなかった東洋へ達する航路を発見できるだろうと確信していた。やがて、彼にそのチャンスがおとずれる。コロンブスの二回目の航海で副隊長を務めた若き冒険家アロンソ・デ・オヘダに、大西洋を渡って西方へ向かう探検の旅への同行を求められたのだ。ヴェスプッチは、独自の探検もおこなうことを条件に、二つ返事で承諾した。

一四九九年五月、探検隊はスペインの港を発ち、現在のガイアナのあたりに上陸した。ここでオヘダは、北に船を進めて金などの財宝を探すことにした。しかし、ヴェスプッチにはまるで別の目的があった。彼はそれよりもはるかに豊かな財宝のある東洋へ通じるルートを求めて、二隻の船を率いて南下した。南へ進むうちに、まずアマゾン川の河口に、次にオリノコ川の河口にさしかかった。それは、コロンブスが地上の楽園から流れてくると信じていた川だった。

コロンブスとは違い、ヴェスプッチはこの清らかな地を神聖なものとして崇めることはなかった。彼は、自分が発見した陸地はアジアの東側にある半島であり、このまま南下を続ければ、求めていた航路が見つかると信じていた。しかしこのころには、フナクイムシによって船が二隻ともひどく損傷し、食料も残り少なくなっていた。ヴェスプッチは次の航海で探検を続けようと決意し、スペインへ引き返す。

ところが、スペインへ戻ったヴェスプッチを衝撃的な事態が待ち受けていた。スペイン王室がふたたび探検隊を派遣することに興味を示さなかったのだ。コロンブスがポルトガル王ジョアン一世に〈インド諸国《インディーズ》計画〉を拒絶されたときと逆のルートをたどって、ヴェスプッチはポルトガルへ赴いた。国王マヌエル一世は、ポルトガルにとって初めてとなる、西回り航路による東方探検のチャンスに飛びつき、ヴェスプッチへの資金提供に応じた。

一五〇一年、今回はポルトガルの旗をかかげたヴェスプッチは、最初の航海で発見した陸地へ向けて出発した。ブラジルに上陸した彼は熱心に探検を続け、その距離は海岸線六九六〇〇キロメートル以上におよんだ。一年かけて、目にしたほぼすべての湾や河川を探索し、出会えるかぎりのさまざまな先住民と接した彼は、前回の航海で達した結論が誤りだったと確信する。東方へ通じる道などなかった。それどころか、この場所はアジアの半島ではなく、まったく新しい大陸だった。帰国の途につきながら、彼は地図を描き、そこに〈*Mundus Nevus*（新世界）〉の文字を書き入れた。

ヴェスプッチの物語は、それで終わりではなかった。彼は地図と同じ『*Mundus Nevus*（新世界）』というタイトルの旅行記を出版し、その本は広く人びとに読まれた。一五〇七年、ドイツの地図製作者マルティン・ヴァルトゼーミュラーは、地球儀と大判の地図を作成し、描いた新大陸に〈アメリカ〉という名称を書き入れた。それこそが、後世まで続く大論争の種となったのである。

長いあいだ、アメリゴ・ヴェスプッチは故意に新大陸に自分の名前をつけたとされていたが、それは真実ではない。子供たちは何世代にもわたって、新大陸に名を残す栄誉を得たのがコロンブスではなくヴェスプッチだったのは不当である、と教えられてきた。だが、それがどれほど不当だというのだろう。南アメリカが広大な大陸であり、アジアからほど遠い場所にあることに最初に気づいたのがコロンブスではなくヴェスプッチであることは、否定しようのない事実である。新大陸が発見されたことに最初に気づいたのも彼なのだ。おそらく、最も的確なことを述べているのは、歴史家のダニエル・ブアスティンであろう。「新大陸が、まるで偶然のように何気なく〈アメリカ〉と名づけられたのは、それはそれで良かったのだ。なぜなら、ヨーロッパ人とこの新たな世界との出会い自体が、思いがけない偶然の出来事だったのだから。」

二つの大陸とまったく未知の新世界が発見されたというニュースが伝わると、ポルトガルとスペインの探検熱はかつてないほど高まった。堂々たる新大陸の存在によって、西回り航路で日数をかけずに簡単にインドへ到達するという望みは完全に消えうせた。しかし今度は、新たな課題、すなわち神や国家の名のもとに、発見された新しい領土の所有権を主張する未曾有のチャンスがおとずれたのだ。実際には、マルティン・ヴァルトゼーミュラーが地図と地球儀に〈アメリカ〉の名を記すおよそ九年前から、この動きは始まっていた。一四九八年、ポルトガルの探検家ジョアン・フェルナンデス・ラヴラドールとペロ・デ・バルセロスは、現在のラブラドール海岸を初めて目にした。ラヴラドールは、一四四六年と一四四七年にエンリケ航海王子に随行して西アフリカへの探検の旅に出ている。彼はバルセロスとともに目撃した北アメリカの海岸線の地図を作成し、その見返りとして、海岸に自身の名を残すという栄誉を与えられた。

一五〇〇年四月、同じくポルトガルの航海士で探検家のペドロ・アルバレス・カブラルが、十三隻の船と一五〇〇人の男たちからなる大船団を率いてブラジルの海岸に到達した。では、彼はブラジルの陸地を最初に発見した人物なのだろうか？　歴史学者の見方はそうではない。その一年前の一四九九年に、コロンブスの最初の航海で《ピンタ》の船長をつとめたビセンテ・ピンソンが、南アメリカ沖に船を進めてブラジル東岸のサン・ロケ岬に上陸し、ブラジルの発見はポルトガルではなく、スペインによってなされたとする説が有力である。

十六世紀の最初の二十五年間で、かつては誰も踏み込むことのできない神秘の海であった大西洋を、数多くの船が次々に横断した。中でもさかんに航海をおこなったのがスペインだった。一五一八年には、スペインの探検家フアン・ディアス・デ・ソリスが、すでに南アメリカの海岸をラプラタ川まで探検していた。フランシスコ・エルナンデス・デ・コルドバはユカタン半島を発見し、大規模で華麗なマヤ文明に関する第一報をスペイン王室にもたらした。さらに、最初にフアン・デ・グリハルバが、次いでアロンソ・アルバレス・デ・ピネダが、スペインの探検家としてメキシコ湾を探索した。

世界周航

その先には、さらなる偉業が待っていた。コロンブスは、大西洋が航行可能な海であることを実証した。ヴェスプッチは、まだ誰も知らなかった世界に未知の大陸があることを発見した。そして一五一九年、〈探検史上最も果敢な航海〉において、スペインに仕えるポルトガル人航海士フェルディナンド・マゼランが率いる船団が、世界で初めて船で地球を一周する試みに成功したのだ。

南アメリカから豊穣の地モルッカ諸島（別名〈香料諸島〉としても知られる）へと抜けるルートを発見しようと、マゼランは五隻の船からなる船団を率いてスペインを出発した。三カ月後、彼は現在のリオデジャネイロに到達した。その地で、冬を越すために港に入ったのち、部下のひとりが首謀者となる反乱が勃発しそうになり、マゼランはそれを食い止めなければならなかった。さらに、航海を再開したのち、突然の嵐で船が一隻破壊されるという第二の災難に見舞われる。

その後、劇的に運が好転し、船団は探し求めていた西への抜け道と思われる地点にさしかかった。その道が本当に西の海へ通じているかどうかを確かめるために偵察に出した船の船長が、急に探検をやめてスペインへ引き返してしまうという事態も起きるが、それにもくじけることなく、食料がどんどん減っていくのも気にせず、マゼランは断固として、いまだ誰にも発見されていない未知の海峡を越える決意をする。それから三十八日後、部下たちに革を噛んで飢えをしのがせながら、彼は大西洋とは明らかに違うもうひとつの大洋へと入っていった。こうしてマゼランは、大西洋から太平洋へ航行した最初の人物となった。

しかし、彼の困難はまだまだ続く。コロンブスが大西洋の広さを大きく誤算していたのと同様、マゼランは太平洋が巨大な海であることを見抜けなかった。一五二一年三月に、赤道を越えてフィリピンへ到達したころには、当初二七〇人いた船員のうち一二〇人を壊血病で失っていた。

だが、マゼランにとって最悪の事態がおとずれるのはこれからだった。一五二一年四月二十七日、フィリピンの先住民どうしの衝突に巻き込まれ、マゼランは二〇人の部下とともに殺されてしまう。船団の司令官のひとりフアン・セバスティアン・エルカーノが指揮をとり、三隻の船はスペインへの帰路につくが、ほどなく一隻を放棄することを余儀なくされた。残りの二隻に充分な人数の船員を配置するためである。スペインへ帰る途中、船はモルッカ諸島へ進み、そこで待望の香辛料を積み込んだ。こうして、かろうじてマゼランの当初の目的が達成された。

ところがモルッカ諸島を離れたあと、一方の船に大量の水が入り込んでしまい、その船は放棄しなければならなかった。そして一五二二年九月六日、エルカーノはたった一隻の船でようやくスペインに帰還し

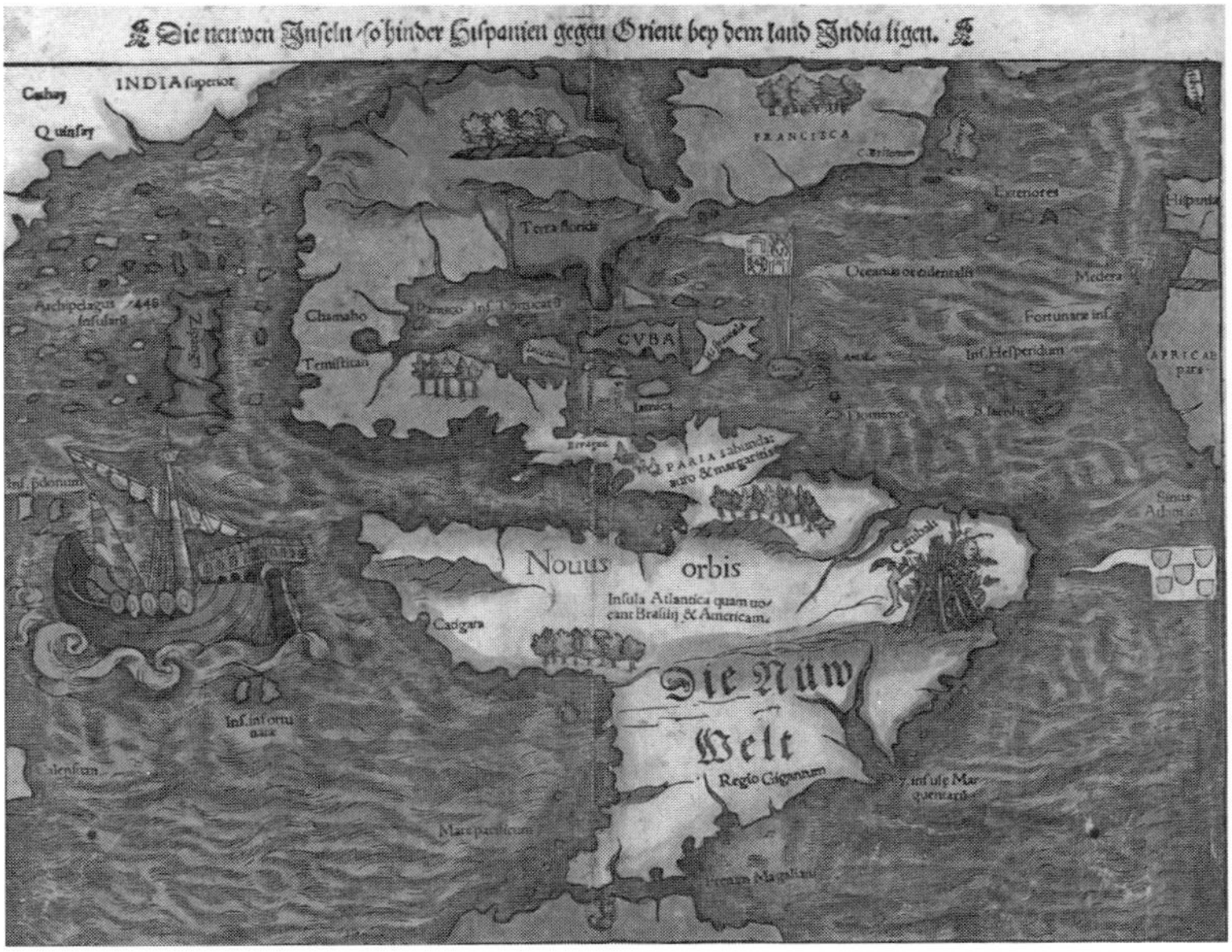

南北アメリカ大陸を示すこの地図は、ドイツの宇宙誌学者セバスチャン・ミュンスターによって1540年頃に製作された。新大陸のみを描いた初めての地図。左のほうにマゼランの旗艦《ビクトリア》があり、南米大陸の右のほうにある木からは人の足がぶら下がり、“canibali（食人種）”と記されている。

た。最後まで残ったのは、マゼランの旗艦《ビクトリア》だった。生き残った船員は一〇〇人に満たず、災難だらけの航海だった。しかし、フェルディナンド・マゼランの強い信念と航海術のおかげで、地球の周航が実現し、大西洋とその他の海洋との位置関係が明らかになったのだった。

エンリケ航海王子によってポルトガルが探検に乗り出したときから、コロンブスの歴史的な大冒険、さらにスペインによる数々の発見を経て、イベリア半島の二つの国は、いまだ神秘に包まれた新大陸において圧倒的な存在となっていた。一方、〈旧大陸〉における二大勢力であるイングランドとフランスは、わずかに存在感を示したにすぎなかった。

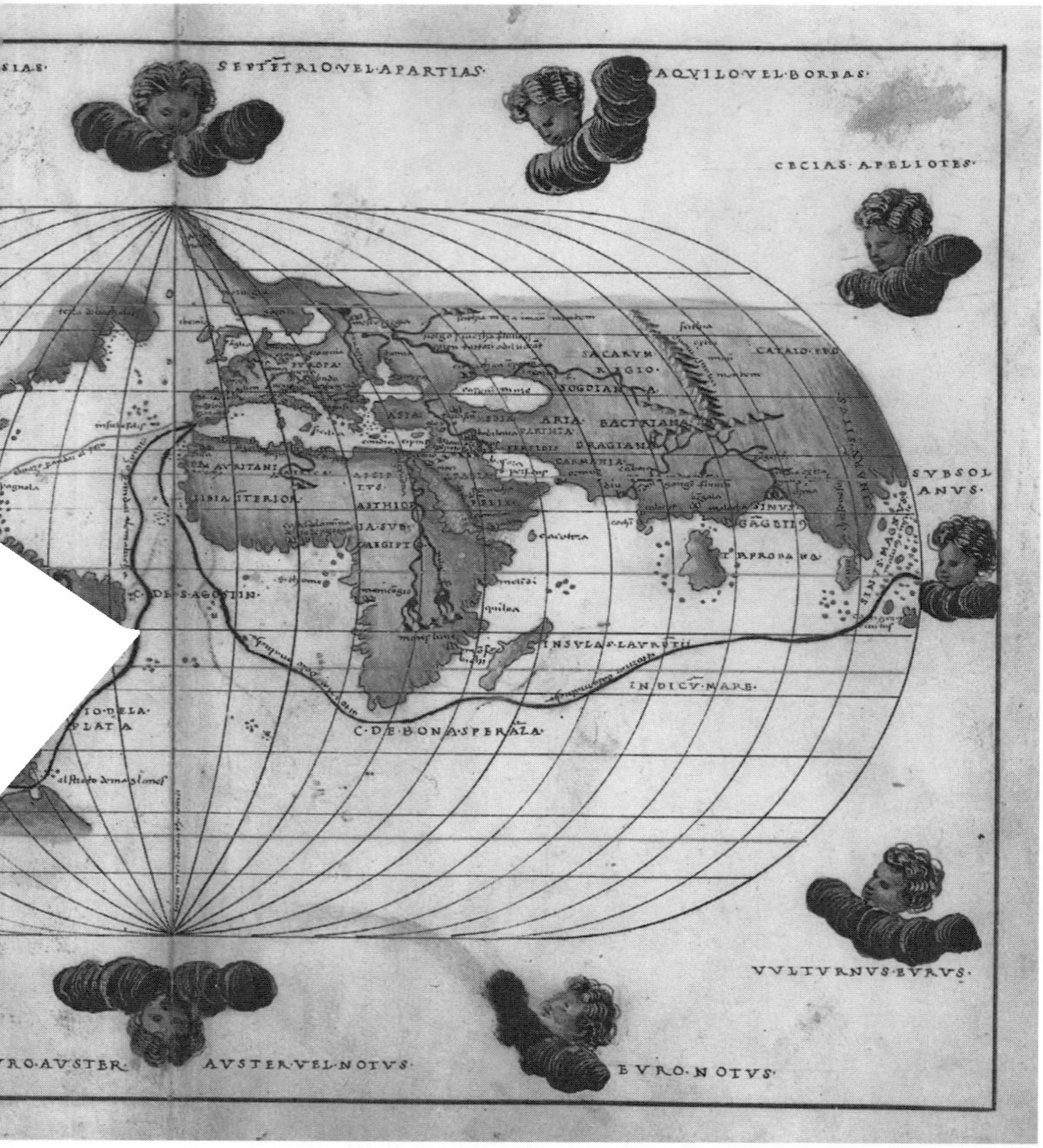

マゼランがたどった航路が純銀で描かれた、ヴェネツィアの地図製作者バッティスタ・アンニェーゼによる1544年の地図。同様にスペインとペルーを結ぶ航路が金で描かれている。地図の縁にある雲は天使童子あるいはウィンドヘッドと呼ばれ、古典的な12の風向きを表象している。これをもとに発達したのが、近代の方位コンパスである。

世界周航を達成する前に殺害されてしまったが、フェルディナンド・マゼラン（上の肖像画は、1841年に描かれた）は、地球のすべての子午線を横断しようとした最初の探検家のひとりであり、彼の名前が与えられた海峡を最初に船で通過した人物である。

1589年にアントウェルペンで印刷されたアブラハム・オルテリウス作の『Maris Pacifici（太平洋図）』に描かれた、マゼランの旗艦《ビクトリア》。

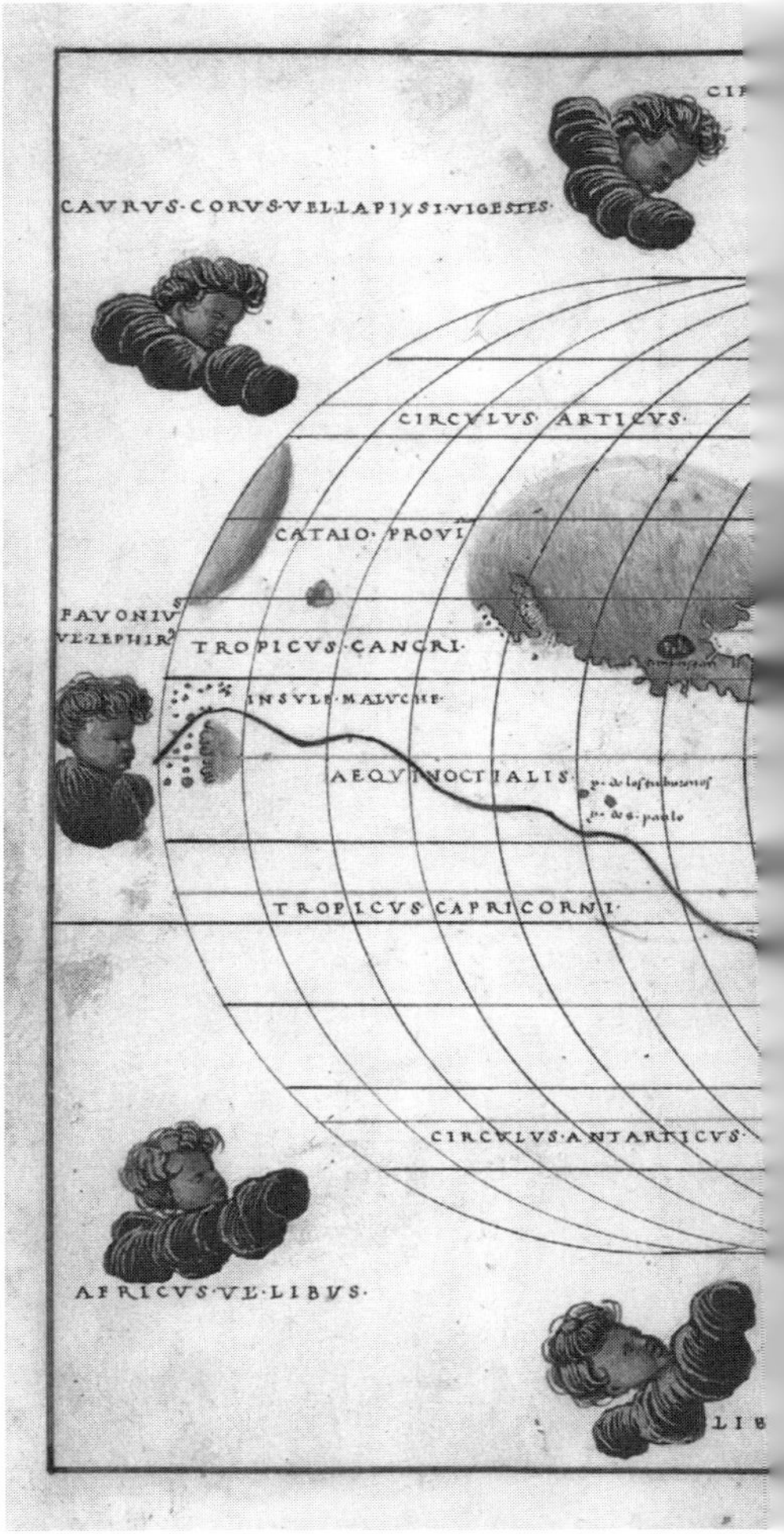

チューダー王朝の創始者であるイングランド王ヘンリー７世。彼がジョン・カボットと息子セバスティアーノのアメリカ探検を実現させたことで、大ブリテン王国は新大陸の獲得競争に加わった。この肖像画は、宮廷画家として有名なエストニア生まれのフランドル画家ミケル・シトウによって1500年に描かれた。

英仏による初期の探検

皮肉にも、コロンブスのあとを追うように、もうひとりのジェノヴァ生まれの探検家が、今度は大ブリテン王国の名のもとに新大陸探検に乗り出した。彼の名前はジョバンニ・カボート。ヴェネツィアで活動していた彼は、東方へ通じる北西航路を探す旅への支援を得ようと、一四八五年にイングランドへ渡った。カボート（イングランドでは、ジョン・カボットの名で知られるようになる）が国王ヘンリー七世から援助を取りつけるまでには十年以上の年月を要したが、一四九七年にようやく、たった一隻の船《マタイ》で、息子のセバスティアーノを含む十八人の船員とともにブリストルの港を出発した。それから三十三日後、彼はニューファンドランド島の海岸に到達した。そこは、四〇〇年ほど前にヴァイキングが上陸した地点からさほど遠くない場所だった。このイングランドによる新大陸への初上陸がどのようなものであったかは、あまり詳しく伝えられていないが、カボットは海岸部を念入りに探検し、その地はどうやら島ではなく大陸らしいと判断したとされている。

その一年後、もっと大規模な探検をしようと、彼はふたたび船出した。今回は五隻の船と三〇〇人ほどの船員からなる船団となった。しかし、そのうちの一隻を除き、探検隊の消息はそれっきりわからなくなる。カボットと四隻の船、そしてその船員たちは、航海中に行方不明になってしまったのだ。それから一〇〇年余り、英国人がふたたび北アメリカに渡ることはなかった。

一方のフランスは、それほど長くは待たなかった。実際には十六世紀初頭から、フランスの漁師がニューファンドランド島沖のグランドバンクスで網を引いていたが、スペインおよび他のヨーロッパ諸国との費用のかかる長期戦争のせいで、フランスはなかなか本格的に新大陸へ乗り出せずにいた。だが一五一五年、野心的な新しい君主が王座につく。

若きフランシス一世は、ローマ教皇アレクサンデル六世によって引かれた教皇子午線――すなわち新大陸をスペイン領とポルトガル領とに分断する架空の経線を、受け入れようとしなかった。彼はまた、ライバルであるイベリア半島の二つの国が着々と権力や威信を高めていくのを、ただぼんやりと見ているつもりもなかった。さらに、彼にはもうひとつ課題があった――フランシス一世は、まだ続いている敵国との戦いに充てる財源を必要としていた。その問題を解決する答えは、豊かな東方の地へと通じる、長年探し求められてきた北西航路を発見することで得られるかもしれない。

一五二四年、北西航路の発見に期待をかけて、王はフランスに仕えるジェノヴァ人の船乗りジョヴァンニ・ダ・ヴェラッツァーノを送り出した。ヴェラッツァーノは大西洋を渡ってフロリダ半島の外れまで達すると、海岸沿いに北上しながら北西航路を探した。残念ながら航路は発見できなかったが、彼ははるばるニューファンドランド島まで船を進めた。その途中、ハドソン川の河口付近を探検し、現在のブロック島とマーサズ・ヴィニヤード島のあいだを航行し、ナラガンセット湾に入り、現在のニューポート付近に停泊し

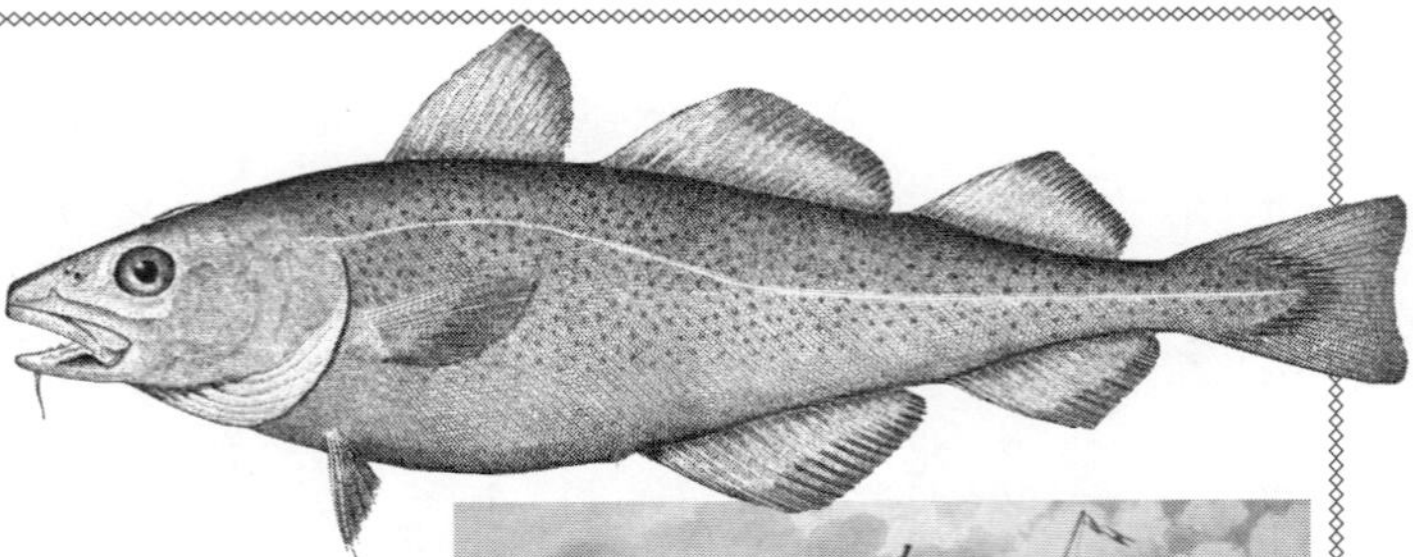

鱈

長い歴史の中では、火薬、タバコ、塩などのように、人類の歴史の流れを変える産物が存在した。鱈もまた、そのひとつである。アメリカが植民地時代に突入するずっと前から、ヨーロッパ人はニューファンドランド島や鱈《コッド》の名がついた岬の沖合に広がる、グランドバンクスと呼ばれる海域に魅了されてきた。鱈はアメリカ大陸北東部に入植した人びとの栄養源となり、やがて彼らの産業の基盤となった。

最上段：鱈はニューイングランドの人びとの生活や経済にとって必要不可欠なものとして、“聖なる鱈”と呼ばれるようになった。このみごとな鱈の絵は、1880年に画家のH・L・トッドが米国水産漁業委員会のために描いた作品。

上：新大陸が発見されて以来3世紀以上にわたり、鱈は漁師と商人を魅了し続けた。『ニューファンドランド沖の鱈漁』と題されるこのリトグラフは、カーリア・アンド・アイヴズ印刷工房による1872年の作品。

左：マサチューセッツ州では、鱈は通商と繁栄の輝かしいシンボルとなった。鱈が同州にとっていかに重要な存在であったかは、1812年にウィリアム・チャールズが描いたこの風刺漫画がうまく表現している。マサチューセッツ選出の下院議員で、1812年に始まった米英戦争に反対していたジョサイア・クインシー3世の上着には、2匹の鱈がついている。漫画にはこんなキャプションがついていた。「わたくしジョサイア1世はここに、みずからをニューイングランド、ノバスコシア、パッサマクオディ族［北米インディアンの部族］の王および——“二匹の鱈”騎士団の長に任ずることを宣言いたします」

左：本来は東方へ至る北西航路を見出そうとしていたジョン・カボットだが、それを発見するかわりにニューファンドランドに上陸したおかげで、イングランドは北米の一部を領有することになる。カボット親子がアメリカを発見する場面を描いたこの版画は、『バルーズ・ピクトリアル（*Ballou's Pictorial*）』誌、1855年版に掲載された。

上：ジャック・カルティエは、伝説の王国サゲネーの発見に執着したが、それによって彼の功績が損われることはなかった。フランスの初期の探検家として、彼はのちにフランス植民地となる地で数々の重要な発見をする。これは、現在のモントリオールに近いセントローレンス・イロコイ族の村ホチェラガにおける、カルティエと先住民との最初の出会いの場面を描いた、ある画家による1850年の作品。

ジャック・カルティエが、みずからの探検の成果（および伝説の王国サゲネー）について、フランシス1世に報告しているところ。フランク・クレイグによるこの絵は、1911年にオタワで刊行された『キングズ・ブック・オブ・ケベック（*The King's Book of Quebec*）』と題される本のために描かれた。［ケベック建設300周年を記念して刊行された、ケベックの歴史を綴った本］

た。彼の旅は、二つの重要な成果をもたらした。陸地を東西に突き抜ける航路はなさそうだが、北アメリカがひと続きの長い大陸であると確認されたこと。そして、もうひとりのフランス人探検家による北アメリカ探検のきっかけを作ったことである。

その探検家の名は、ジャック・カルティエ。国王フランシス一世と同じように、彼もまたインド諸国《インディーズ》へ達する北西航路の発見に意欲的だった。一五三四年、カルティエは初めて大西洋を横断するが、ヴェラッツァーノと同様、北西航路を見つけることはできなかった。それでも、巨大な川を発見してセントローレンス川と名づけ、のちにカナダとなる広大な陸地を、現在のモントリオール付近まで探索する。

しかし彼は、それよりもはるかに興味深いものに遭遇していた。陸地の探検を進める途中、イロコイ族の酋長ドンナコナと出会ったのである。酋長は、内陸にあるサゲネーという王国についていろいろ語って聞かせた。そこには、膨大な量の金、銀、その他の財宝が出る鉱山がいくつもあるという。ドンナコナが言うには、その王国には香辛料がとれる広大な畑があり、ルビーで身を飾る人びとが住んでいる。酋長が次々にくり出す話を、カルティエはすっかり真に受けた。そこで、フランスへ帰国する際、王の前で同じ話を語ってもらおうと、カルティエはドンナコナを同行させる。

フランシス一世は、カルティエ以上にイロコイ族の酋長の話に魅了され、それから一年もたたないうちに、その驚くべき王国を発見して搾取させようと、カルティエと酋長をふたたび北米へ送り出した。カルティエは、次の山を越えればきっとあるとドンナコナに絶えず励まされながら、何カ月もかけて宝の王国を探した。ついに王国は見つからなかったが、死を迎えるその日まで、カルティエはサゲネーの存在を信じて疑わなかった。フランシス一世が財宝への興味を失わないように、フランスへ帰還する際には、一見黄金のように見える黄鉄鉱（フールズゴールド）を船いっぱいに積み込むほどだった。忘れてならないのは、たとえ北西航路を発見できず、黄金の王国を見つけ出そうとする試みも無駄に終わったとはいえ、カルティエがその後の新大陸探検に多大な影響を与えたことに変わりはない点だ。彼が成しとげたセントローレンス川の発見、そして広範囲にわたる内陸部の探検があったからこそ、フランスは北アメリカ大陸に広大な領土を所有することができたのである。

“我が艦隊が発見し、探検したこの新たな土地は……まさしく新世界と言えるだろう……我がヨーロッパやアジア、アフリカより多くの人が住み、多くの動物がいるのだ。”

——アメリゴ・ヴェスプッチからロレンツォ・デ・メディチへの手紙の翻案『新大陸（*Mundus Novus*）』（1503年）作者不詳。

3

新世界がもたらした衝撃

ぶつかりあうヨーロッパ文化とアメリカ先住民文化

1664年頃にオランダ人地図製作者ヨアン・ブラウが制作した『全世界の完全で正確な地図』と題された画期的な地図。旧世界と新世界がぶつかっている。

NOVA ET ACCVRATISSIMA TOTIVS TERRARVM ORBIS TABVLA
AMERICA SEPTENTRIONALIS
MAR DEL NORT
MAR DEL ZVR
AMERICA MERIDIONALIS
MARE PACIFICVM
OCEANVS ETHIOPICVS

探検家たちは大西洋の謎の扉を開きはじめていたが、彼らが新たな何かを探し求めていたというわけではない。ただ単に、すでに知っている土地への新しい航路を探していたのだ。クリストファー・コロンブスも初期のヨーロッパ人探検家の多くも、自分こそが西洋から東方の財宝へと至る道を発見したと信じて死んでいった。しかし、実際に発見されていたのは目を見はるほどの驚異だった——まったく新しい大陸だ。予想もしない土地の情報がヨーロッパに行きわたるには、数世代という時間がかかった。そしてひとたび知られると、旧世界の人びとは何千キロメートルものかなたに横たわるものに好奇心をつのらせ、魅了されていく。印刷された探検家の報告やドラマチックに描かれた地図、小冊子や書籍、芸術家の絵画をとおして、ヨーロッパ人は今まで想像すらしなかった土地や人びとについて知りはじめる。そして、ヨーロッパ人が何よりも魅了されたのは、最初の白人がその土地を訪れるはるか以前からそこに住んでいた人びとについての話だった。

カシューを採集するブラジル先住民。1957年のアンドレ・テヴェ著『南極フランス異聞』の挿絵。

アメリカ先住民

ヨーロッパ人にアメリカ両大陸の発見と同様の衝撃をもたらしたのは、アメリカ先住民の存在だった。その驚きをさらに大きくしたのは、しばしば誇張され、矛盾していた初期の報告書や記述だ。ごく初期に、アメリゴ・ヴェスプッチが一五〇一年にパトロンのロレンツォ・デ・

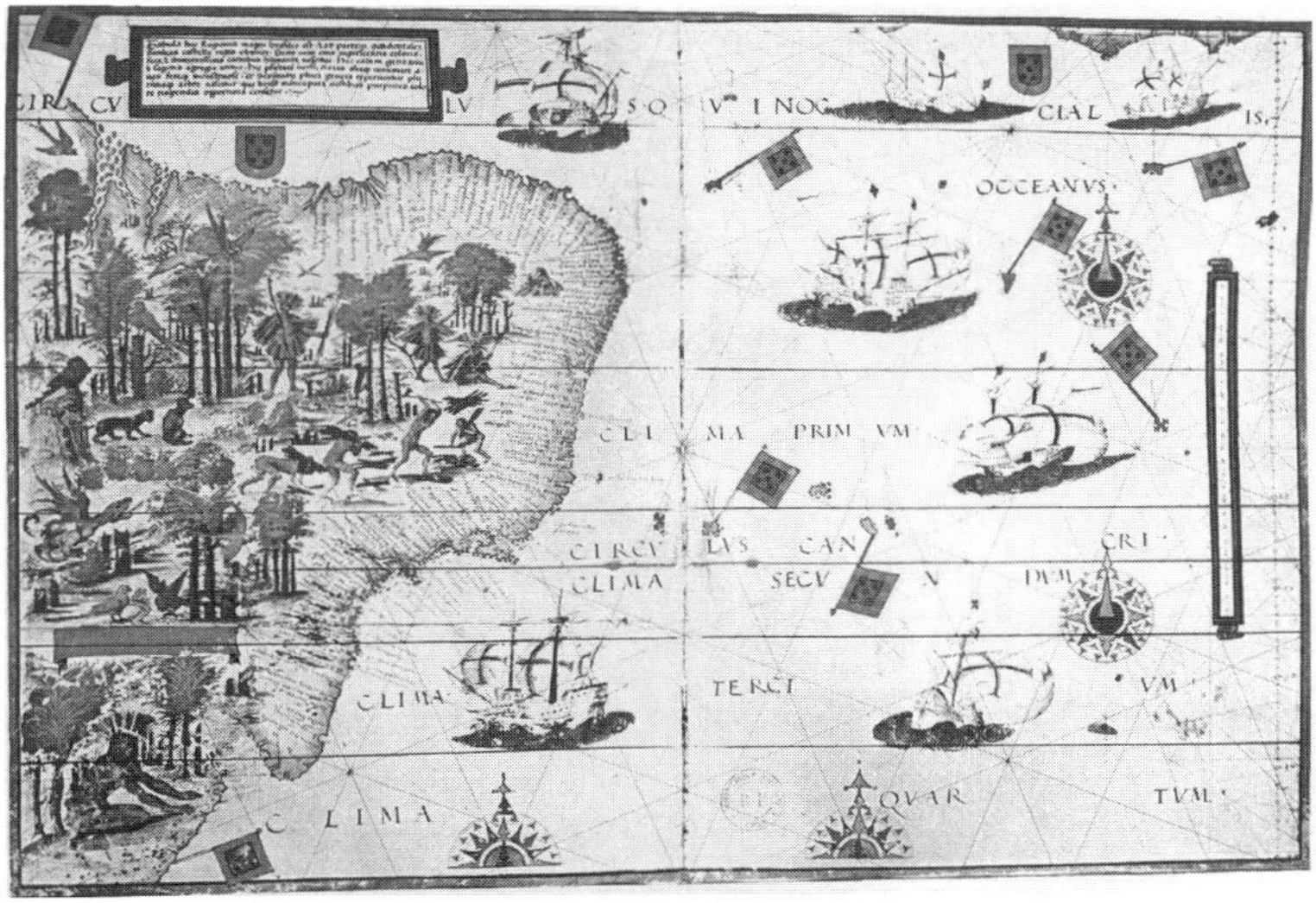

ミラー地図（もとの所有者にちなんで名づけられた）の中のブラジル。ポルトガルの地図製作名人であるロポ・オメムと、ペドロおよびジョルジュ・リーネルによって1519年につくられ、フランドル生まれの細密画家アントニオ・デ・ホランダの手で、新世界のエキゾチックな動物と住民が描かれた。大西洋などの海を越えて航海したとき、ポルトガル人が人類学や地理学の知識を豊富に持っていたことがこの地図に表れている。

画家のオーベール・エーカウトは、北東ブラジルの動植物と先住民を記録するオランダの科学・芸術使節団のひとりとして1637年から44年にブラジルを訪れた。恐ろしげな戦士たちが戦勝祈願の踊りで足を踏みならし、その横で二人の女性が彼らの踊りについてささやいている姿を劇的に表現したこの『タプヤ族の踊り』など、何百枚もの絵を描いた。

イタリア人詩人ジュリアーニ・ダーティによる1494～95年の作品『インド諸島の歌』の扉。挿絵に描かれたひとつ目の巨人や小人族、ビッグフットなどの生き物が、新世界には奇怪な動物が存在するという噂に拍車をかけた。

野蛮なアメリカ先住民の典型例。政治諷刺画家のウィリアム・チャールズがこの絵を描いたのは、1812年のイギリス＝アメリカ戦争時にイギリスが認めていた、アメリカ先住民が頭の皮をはぐ風習に抗議するためだった。

上：1776年に描かれたモホーク族族長ジョゼフ・ブラント（タイエンダネギー）の堂々とした肖像画。彼は卓越した軍事指導者であり、アメリカ独立戦争時には、イギリス軍に信頼された協力者だった。
左：1868年のポカホンタス噛み煙草のような製品パッケージを通じて、魅惑的なインディアン娘という伝説が確立されていった。
下：1899年のコメディ・ショーのポスターは、“美しいインディアン娘”を見られると宣伝している。

先住民の男たちは丸太の内側を焼き、焦げた部分を貝殻でこそげ取って丸木船を作り上げる。

焚き火のまわりに集まり、宗教儀式のために楽器を振って大きな音を出す男女。

男と女がカヌーで漁をし、川の浅瀬ではもりで魚を獲る。

火の上に置いた木枠に魚を乗せて焼く先住民部族の男たち。

ジョン・ホワイト

1585年、ジョン・ホワイトはリチャード・グレンヴィルとともに新世界へ航海した。画家としての才能はルモアーヌよりすぐれていたホワイトだが、公平さという点では劣っていた。ヴァージニアに植民地を打ち立てようという自国の企てに深くかかわっていたことが理由の一端にあるかもしれないが（彼は1587年にヴァージニアのロアノーク植民地の総督になっている）、彼の絵にアメリカ先住民の好戦的で野蛮な一面を描いたものはない。彼が描いたのは、整然とした村々やトウモロコシ畑、先住民たちの漁や木材伐採、踊り、儀式、調理や食事である。とくに印象的なのは、その姿だ。男や女に子供たち、魔術師、入れ墨やボディペインティングをした者。そしてほとんどが、彼ら独特の衣服や宝石で身を飾っている。ホワイトとルモアーヌの絵のどちらも、1590年代初期に、フランドルの名人彫版師テオドール・デ・ブリーによる出版物のため複製された。

新世界を描いた絵

ヨーロッパ人がアメリカ先住民文化を垣間見たのは、出版された新世界探検談に一般的に添えられていたドラマチックな絵や版画だった。新世界画家として最も重要で影響力があったのは、フランス人のジャック・ルモアーヌとイギリス人開拓者ジョン・ホワイトのふたりだ。

ジャック・ルモアーヌ

ルモアーヌは、フランス人ユグノー教徒の亡命先としてフロリダに植民地をつくるという、フランス人探検家ルネ＝グーレーヌ・ド＝ロードニエールによる1560年代なかばの試みに同行した。ルモアーヌの職務は、遭遇したものをすべて描くことだった。ここにあげた彼の絵は、フロリダ沿岸への探検隊の到着と、この地域の河川と島の調査の模様を描いている。特に重要なのは、ルモアーヌの絵が先住民族であるティムクア族の平時と戦時の生活のほぼすべてを描きだしていることだ。その絵の多くは、先住民が食料を調理したり、宗教儀式をおこなっている場面だ。だが、先住民たちが行進して戦いへおもむき、敵の皮をはぎ、はらわたを取り出し、勝利を騒々しく祝い、最初の骨を族長に捧げるという場面を見たとき、ヨーロッパ人がどう反応したかは、想像するほかない。

フランス人の助けを得たフロリダのティムクア族族長が、1564年にポタノ族を破る。

ティムクア族の男たちは畑を耕し、女たちはトウモロコシや豆の種をまく。

ワニを襲って殺すフロリダのアメリカ先住民。

族長の足元で夫たちの戦死に涙を流す、ティムクア族の女たち。

メディチへ書き送った、ブラジルの住民についての記述がある。「彼らは男も女も裸で暮らしている」とヴェスプッチは書いている。「彼らの体は均整がとれており、赤に近い色をしている。頬と唇、鼻と耳に穴を開け、その穴に青い石や水晶、大理石、雪花石膏《アラバスター》を飾っている……彼らは個人財産を持たず、すべては共有だ。王も政府もなく一緒に暮らし、誰の干渉も受けない……彼らは互いを食い合う……家の中には、塩漬けした人間の肉が乾燥のために吊されている。彼らは一五〇歳まで生き、病にかかることはめったにない。」

また別の記述として、フランシスコ会修道士だったフランス人探検家アンドレ・テヴェによる、南極フランス［確立に失敗した赤道以南のフランス領］内にある赤道地帯植民地に住むブラジル先住民の、ユートピアのような習慣がある。彼は、一五五七年に出版された『南極フランス異聞』［岩波書店、大航海時代叢書、第二期　フランスとアメリカ大陸　第二巻］で、次のように述べている。

> 先住民たちは、生きるために必要な物以外は望まないため美食家ではなく、珍しい食べ物を探したりしない。栄養状態は良好で、病にかかることを知らない。それどころか、いつも平和で健康に暮らし、地所や財産のせいで互いをうらやむ理由もない——なぜなら、彼らすべてがほぼ同じ物を所有し、自然の恵みも貧しさも平等だからだ。また、互いに悪事を働かないので、裁きを行う場所もない。彼らに法はない……自然界の法以外は。

アメリカ先住民について書かれたものや画家の絵がヨーロッパ人に与えたのは、単に思いもしなかった非常に異なる人びとの存在を知ったという衝撃にとどまらなかった。そこに描かれていたのは、人類の起源と本質についての旧世界の伝統的信念に対する挑戦にほかならず、ヨーロッパ人たちは〈野蛮人〉や〈文明人〉という観念を再考しなければならなくなった——とはいえ、極端なステレオタイプは何世紀ものあいだ持続することになる。十九世紀のジェームズ・フェニモア・クーパーによる『レザーストッキング物語（*Leatherstocking takes*）』は、アメリカ先住民を野蛮な狩人、かつ勇敢な戦士として描き、一八〇一年のフランソワ＝ルネ・ド・シャトウブリアンの人気小説『アタラ』〔岩波文庫〕は、純潔で貞淑なキリスト教徒のインディアン娘の話を語った。二〇世紀前半には、アメリカ先住民は血に飢えた頭の皮をはぐ種族として描かれるのが一般的だった。とはいえ、歴史家のロジャー・シュレジンジャーが自著の『コロンブスのもたらしたもの（*In the Wake of Columbus*）』（一九九六年）で述べているように、「ヨーロッパ人のアメリカ先住民との遭遇は、世界中の人間の風習と習慣がきわめて多様であるということをいやおうなくヨーロッパ人に気づかせ、彼ら自身の価値観と信念を再検討させる結果になった」のだった。

新世界の動植物

旧世界のヨーロッパ人は、新しい土地に棲息する動物の描写や絵に魅了された。特に夢中になったのは、初期の探検家たちがブラジルで出会った鮮やかな色合いのオウムやオオハシや、マゼランの世界周航に同行したアントニオ・ピガフェッタが書いた、奇妙な姿をしたラマなどの珍しい生き物たちの姿だ。一五二〇年代後半に入るころには、地図製作者たちはこれらの動物や生き物の姿を描き入れるようになり、やがてこれらの動物は、一部の地図製作者たちによって北アメリカの動物の象徴として扱われるようになった。何種類もの七面鳥がヨーロッパとアジアにいることはわかっていたが、初期のアメリカ地図に描かれた七面鳥は、

イタリア人地図製作家パオロ・デ・フォルラーニによる1565年の世界地図。北アメリカの平野をうろつく新奇で珍しい生き物の中には、ワニや、半分ヤギで半分トリといったものまでいる。

TERRA INCOGNITA
NVEVA FRANZA
LARCADIA
C. de Mus
Montagnas
Modano
C. d.S. Maria
R. de S. Giouani
Labermuda
Quimechas
Tiguas
Coco
LE SETE CITA
Tamaca
Caguaueral
Collauttor
TROPERA PRO:
P. Lana
Ancones
FLORIDA
Babania
Lucaio
Guanaban
OCEANO OCCIDENTALE
TROPICO DE CANCRO
CVBA
Imagua
Mainguana
Cayacos
Spagnola
Iamaica
Lucatam
Tutatipec
Guatulco
L'alaguna
Beragua
Virgines
Elangilo
Labardada
Planigoa
Desrada
Matinino
Lucia
Rabago
Latrinita
Bocca d'drago
CAS TIGLIA DE LORO
S. Michiel
Paria
Acapulco
QVITO
Piura
Ribamba
Quito
Tumbu
P E R V
PRO
Vacas
Chilasinga
Maraguon rio
Humos
Garuca
S. Michiel
C. blanco
S. Tiago
Tumbez
S. Helena
Cuscho
CANAS
Mosso
Auichipa
S. Michel
Cazamalca
Pachirama
Tarapaca
ATACAMA
BRASIL PRO:
Charcas
PLATA
CHILACA
El Faraiolo
VINOTIALE
Y. de S. Pablo
105
100
95
90
85
80
75
70
65
60
55
50
40
35
30

右上：ニューネザーランドのオランダ植民地にいたニコラス・フィッセルによる『ニューベルギー（ニューヨークの旧称）とニューイングランド』（1685 年頃）と題された地図。ここには、モヒカン族の村が数カ所とクマのような生き物が描かれている。

右下：オランダ人地図製作家ヨハネス・ヨンスニエスがつくり、ヘンリクス・ホンディクスが印刷した 1658 年の北アメリカおよび中央アメリカの地図。ヘラジカやイノシシ、野生馬、野牛など北アメリカの動物が描かれている。

下：ヨーロッパ人は、今まで見たことのない生き物の絵が出版されると、驚愕した。地図製作家や画家にとって、そうした珍しい動物の色と形は、アメリカの美と風変わりな自然を体現するものだった。アメリゴ・ヴェスプッチは、新世界で遭遇した動物について「これほど多くの種がノアの箱舟に乗れなかったとは」と『新大陸』（1503 年）に書いている。これらの動物たちの中で最もヨーロッパ人を魅了したのは、中南米のラマとアルパカだった。1542 年にフランスのアンリ２世のために製作された北アメリカとカリブ海を描いたフランスの地図には、アメリカ土着の生物としてアルパカ（本来は南アメリカ原産）や一角獣までいる。

旧世界の人びとが特に魅了されたのは、ショウジョウコウカンチョウだ。最初の鳥が大西洋を越えて運ばれてきてから間もなく、ヨーロッパで最も人気のある愛玩鳥となった。この美しい版画は、アレキサンダー・ローソンがスコットランドの鳥類学者アレキサンダー・ウィルソン風に彫ったもので、ウィルソンの『アメリカ鳥類学』（1810 年）に掲載された。

新世界のすべての生き物の象徴を求めていた多くの画家や地図製作家の心をつかんだのは、アメリカ土着の野生七面鳥だった。2 世紀後に、ベンジャミン・フランクリンがアメリカの国鳥に指定しようと運動したのも、不思議ではない。この版画は 1827 ～ 38 年のジョン・ジェームズ・オーデュボンによる『アメリカの鳥類』のもの。

そのどれとも似ていなかった。

ヨーロッパ人はこのような新世界の動物に興味をそそられたが、それ以上に魅了されたのは、新世界で発見された植物相だった。この魅力はその後も衰えず、ヨーロッパの国々は十九世紀になっても、アメリカ両大陸からほかの地域より多くの植物を輸入している。中でも人気の高かったヒマワリとマグノリア、ダリア、ミズキは、旧世界の庭園に次々と植えられていった。

このような熱狂を引き起こした原因のほとんどは、ひとりの男と一冊の本にある。その人物とは、スペインのニコラス・モナルデスだ。博物学者であり医師だった彼は、セビーリャで初めて新世界のタバコの実験をおこなっている。彼の一五六五年の本『我が国の西インド諸島領有地からもたらされた産物の医学的研究（*Historia medicinal de las cosas que se traen de nuestras Indias Occidentales*）』〔英語では*Joyfull Newes out of the Newe Founde Worlde*として出版〕は、一世紀以上にわたって世界で最も影響力のある医学書だった。モナルデスはこう書いている。「そして、我がスペイン人によって新たな地域や新しい王国、新しい地方が発見されるにつれて、われわれにもたらされた薬と新しい治療法は、もしそれがなければ治癒できず、治療法のない多くの病をいやしてくれる。」

モナルデスが考えていた最も重要な〈治療法〉は、タバコだった。彼は著作の中で、この植物はあらゆる種類の頭痛だけでなく、胃痛やリューマチ、さらに体のどの部分の痛みでも治癒できるという、明確で大胆な主張をした。また、タバコは腫瘍や毒を持つ生き物による咬み傷、やけど、腸や胸部の閉塞などの幅広い症状を治療できるとも主張している。病気が何であるかによって、この植物を温湿布として体にすりこんだり、シュガー・シロップや飲み物に入れたり、乾燥させて吸ったりするのだ。そのほかに医学書を書いた著者たちも、モナルデスの本の成功を利用したいと思ったのか、このスペイン人医師の主張をくり返しただけでなく、しばしばタバコで治療できると主張する新たな疾患を付け加えていた。

その一方で、タバコの効果については、新世界からも含めて非常に異なる主張がなされていた。そのひとつが、イタリア人旅行者ジローラモ・ベンゾーニによる『新世界史（*La Historia del mondo nuovo*）』〔*History of the New World: Shewing His Travels in America, From AD 1541 to 1556*〕だ。ベンゾーニは、先住民のタバコの吸い方を次のように書いている。

「彼らは煙を口、喉、頭へと入れ、それを楽しむためにできるだけ長くそこへとどめておく。この残酷な煙でみずからを満たす彼らは、理性を失ってしまう。吸いすぎて死んだように倒れる者もおり、昼間や夜のほとんどを麻痺したようになって過ごす。ただ目まいを起こすためだけに煙を吸いこんで満足している男もいる。悪魔の生み出す有毒で邪悪な煙が何をしでかすかを見るがよい。」

このような警告にもかかわらず、タバコの吸引は――医療目的ではなく、まったくの楽しみとして――一六〇〇年代初期までにヨーロッパ上流社会にまず広まり、その後は、下の社会にも広がっていった。この広がりは旧世界社会に影響を与えただけでなく、アメリカ植民地が増大するタバコ人気に依存するようになるという重大な波及効果をもたらしたのだった。

十六世紀の探検家や博物学者、科学者が治療効果があると主張した新世界の植物は、タバコだけではない。そのほかにも、サンギナリアやコーパル、サッサフラス、サルサパリラなど、数えればきりがないほど多くの植物に医学的価値があることが、やがて判明していった。しかし、ヨーロッパの人びとにより大きな影響を与えたのは、また別の種類のアメリカ植物だった。

右：この1885年のドイツの植物画でわかるように、タバコの花は美しい。イングランドのジェームズ1世（1566～1625）は国民に語りかけるため、自著『反タバコ論』（1604）で、タバコは「目に忌まわしく、鼻にいとわしく、脳に害となり、肺を危うくする。悪臭のするその黒い煙は、底なしの地獄の穴からの恐ろしい煙に似ている」と書いている。この本は匿名で出版されたが、作者は公然の秘密だった。

上：オランダ人医師フィラス・エイヴェラード博士が書斎で楽しげにパイプをくゆらす姿。この版画は、アントウェルペンで1587年、ロンドンでは1659年に出版された彼の著作『パナシア　もしくはタバコのすばらしき効能の発見による万能薬』の扉を飾っている。皮肉なことに、エイヴェラードはこの本の中で、タバコのおかげで将来は医師が必要とされなくなる可能性を考えていた。「これは薬草ではあるが、医師にとっては良き友人ではない。なぜなら、その煙はすべての病と悪疫にとってのすばらしい解毒剤と考えられるからだ。」

上：タバコを扱った中で最も愉快なこの挿絵は、D・H・モンゴメリーの『アメリカ史入門』（最初は1893年にボストンで出版）に入っている。描かれているのは真偽のあやしい逸話だが、初めてパイプでタバコを吸ったサー・ウォルター・ローリーを目にした召使いが、主人に火がついていると考え、“救助”するためにピッチャーの水をかけたという出来事だ。

左：タバコが新世界からの輸出品としてきわめて重要になったため、多くの絵で、新たなアメリカの象徴として描かれるようになった。19世紀初頭には、数種類の装飾的な独立宣言が発表されている。1818年にトマス・ビンズがデザインした独立宣言にはタバコが描かれている（下中央のジョージア州印章の上）。

“そして、新たな地域が発見されるにつれて……われわれにもたらされた薬と新しい治療法は、もしそれがなければ治癒できず、治療法のない多くの病をいやしてくれる”

——ニコラス・モナルデス『我が国の西インド諸島領有地からもたらされた産物の医学的研究』

神々の食べ物

コロンブスが新世界を発見するまでは、ヨーロッパ人の食事は基本的に何万年ものあいだ変化がなく、おもに燕麦や大麦、小麦で成り立っていた。コロンブスの最初の航海から二十五年のうちに、ヨーロッパ人の食事はより豊かに、より多様で栄養のあるものになった。ロジャー・シュレジンジャーが『コロンブスのもたらしたもの』で書いているように、「食習慣に関するかぎり、世界中の歴史で〔アメリカ両大陸の発見〕のように、大きな変化をもたらした一連の出来事はほかにない」。ヨーロッパに入ってきた食物の種類は、トウモロコシやカボチャ、アボカド、パパイア、ヴァニラ、トマト、ジャガイモ、サツマイモ（ヤムイモ）、イチゴ、ほぼすべての豆類など、幅広かった。

ジャガイモは、アメリカからヨーロッパに最も早く持ちこまれた食物のひとつだ。コンキスタドール〔中南米を探検し征服したスペイン人たち〕はこの作物を重んじ、彼らの兵たちの中心的食料となった。やがてジャガイモはイングランドとスコットランドに広がり、その次に広がったアイルランドでは、主食の座についた。

トマトを発見したのもスペイン人だった。まずスペインのカリブ海領有地へと広まり、その後、ヨーロッパへともたらされた。イタリアでもイギリスでも、トマトは最初は毒があると考えられており、一七〇〇年代まで広く食べられることはなかった。ヨーロッパでは媚薬のような性質を持っていると考える人もいたサツマイモと同じように、トマトもまた、特に下痢やジフテリア、さらにコレラの治療薬という医学的価値があると一部では考えられていた。実のところ、このような主張にはこじつけとばかりは言えないものもある。旧世界の多くの疾患は、新鮮な果物や野菜の不足が原因だったからだ。

最初にアメリカ両大陸に渡ったヨーロッパ人は、このほかに二つの重要な食用植物にも出会っている。スペイン語でユカ、ポルトガル語でマカシェリアと呼ばれるキャッサバは、コロンブスが西インド諸島を偶然発見するよりずっと以前から、アメリカ先住民の基本的な食物だった。初期の探検家たちは、キャッサバは皮をむき、おろして粉にしてパンにすることを知る。一六〇〇年代なかばには、ヨーロッパ人の多くが、何世紀ものあいだ旧世界の基本的食べ物だった小麦のパンよりキャッサバのパンのほうが好ましいと思うようになっていた。

同じくキャッサバの根からつくられるタピオカも、カカオからつくられる飲み物と同じく、やがてヨーロッパ人の好物になる。エルナン・コルテス（第四章参照）と彼の部下たちがショコラートを飲むアステカ族を目撃するまでに、中南米の先住民たちは何百年ものあいだ、この飲み物を飲んでいた。またコルテスは、先住民たちがこの飲み物は戦いの疲れを取る助けになると考えていることも知った。多くのスペイン人たちがこの考え方を信じ、やがてこの飲み物が大西洋を渡ってチョコレートとして知られるようになると、フランス宮廷人たちも同じように考えるようになる。

食事を変えていった新たな食物の中で最も大きな影響を与えたのは、おそらく砂糖だろう。新世界のプランテーションからヨーロッパにますます多くの砂糖が運ばれるようになると、食事の種類が変わっていっ

“昔はアラビア……あるいはインド以外では、めったになかった……今日ではどう使えばいいか菓子職人が知っている。”

――アンドレ・テヴェ『南極フランス異聞』（1557年）

たが、さらに重要なのは、調理法ががらりと変わってしまったことだ。砂糖は、一五〇〇年代初期までは薬屋で販売されており、稀少性もあって、金持ちしか買うことができなかった。しかし、砂糖を満載した船が旧世界の港に到着するにつれて価格が下がり、大衆にとって大切な食料品となっていく。同じく高価で不足気味だったハチミツは安くならなかったとはいえ、ほとんどの人は甘味料としては砂糖を好んだ。そしてこの結果、紅茶やコーヒーは決して衰えることのない人気を獲得した。

さらに重要なのは、砂糖が入手できるようになったために砂糖漬やジャムが急激に広まり、やがてヨーロッパ中の食卓を彩ることになったことだ。アンドレ・テヴェはこう書いている。「昔はアラビア……あるいはインド以外では、めったになかった。そして古代人が医療にしか用いなかったものを、今日ではどう使えばいいか菓子職人が知っている。」この様子が最もはっきりと現れたのはポルトガルの首都リスボンで、歴史学者のスチュワート・シュワルツが『熱帯のバビロン　砂糖と大西洋世界の成立　一四五〇～一六八〇年（*Tropical Babylons: Sugar and the Making of the Atlantic World, 1450-1680*）』（二〇〇四年）で実例をあげたように、三〇軒もの菓子店が砂糖を使った焼き菓子をつくって繁盛していた。

ジャムや砂糖漬は下層階級においても新しく大切な栄養のある食べ物となったが、ヨーロッパの女性たちは、まったく新しい楽しみを手にすることになる。十七世紀後半のフランスの農学者オリヴィエ・ド・セールは、中でも商人の妻はジャム作りに満足感を覚

貴重な植物

アメリカ両大陸の発見は、植物学が学問としての形をとりはじめたころと同時期だった。新たに登場した驚くほど多くの樹木や花、そのほかの植物とのかかわりが、この新しい科学に大きな変革をもたらすことになる。旧世界中の植物学者は、輸入標本や熟練の画家の絵が到着するのを首を長くして待った。ヨーロッパはアメリカ両大陸と同じような海抜にあり、新世界の植物のほとんどが生育できたため、そうした植物は、やがてヨーロッパという土地の容貌を変えていくことになる。

上：ドイツの薬剤師バジリウス・ベスラーは、1557年にアイヒシュテットの司教から、ヴィリバルト城に植物園をつくるよう依頼された。1613年に出版されたベスラーによる有名な植物画集『アイヒシュテットの庭園』では、この植物園にあるヒマワリをはじめとした何百もの植物が記述され、絵に描かれている。アメリカ先住民が食料や油、建築材料、宗教儀式のために長いあいだ栽培してきたヒマワリは、コロンブスの新世界到着から10年のうちにヨーロッパへともたらされた。

左：初期の探検家たちは、かつて“カロライナの月桂樹”として知られていたマグノリアの美しさに目を奪われた。この花が最初の新世界の樹木としてロンドンのキュー王立植物園に植えられたとき、ヨーロッパでの反応もやはり同じだった。この版画は、博物学者マーク・ケイツビーによる1731年の『カロライナ、フロリダ、およびバハマ諸島の博物誌』のもの。

最もヨーロッパ人をとりこにした新世界のごちそうは、姿が珍しく味のいいパイナップルだ。七面鳥と同じように、これもしばしば新しい土地の象徴として画家や地図製作者によって描かれてきた。この精緻に描かれたパイナップルは、19世紀のスペインの版画。

オランダ人画家オーベルト・エクハウトによる、1640年頃の絵画。ブラジルの熱帯果物のもつ異国風な雰囲気をうまくとらえている。

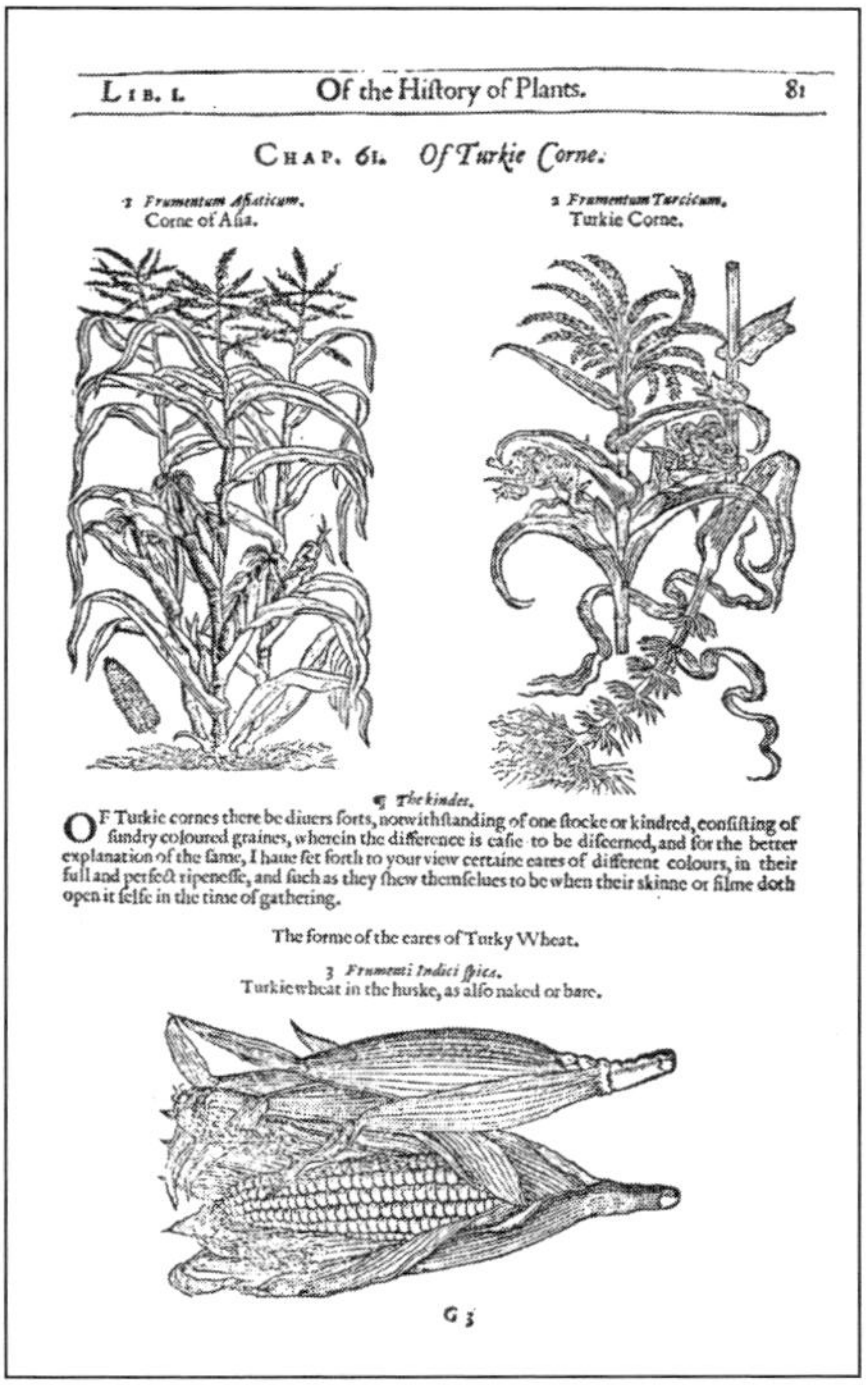

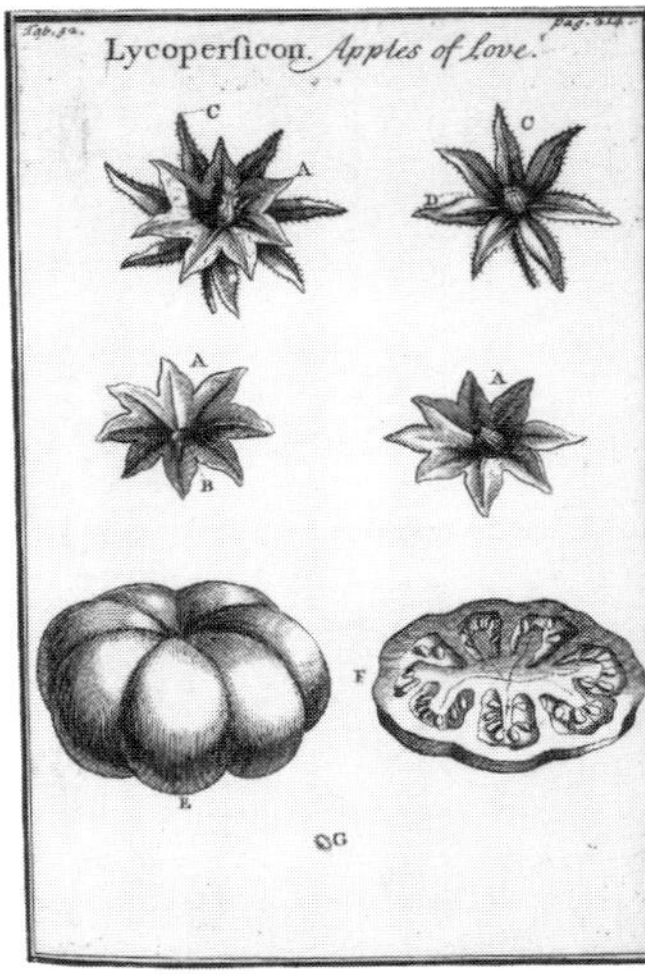

上：トマトがフランス語で“愛のリンゴ”と呼ばれているのは、翻訳の間違いだろう。フランス人植物学者ジョゼフ・ピトン・ド・トゥルヌフォールは、自著『植物学の基礎』（1694）の 1719 年版に、トマトを掲載している。
左：トウモロコシの絵。イギリスの植物学者ジョン・ジェラードが 1597 年に出版した記念碑的な著作『薬用植物図誌』の 1633 年版所収。

左：ヨーロッパ人が初めて遭遇した新世界を描いた絵には、地図製作者が自分の地図に装飾として描いたものもある。この『ヌーベル・フランスの地図』に描かれたアメリカ先住民と新世界の動植物は、広く新世界のフランス植民地の父と考えられていたサミュエル・ド・シャンプランが、1612 年に描いたもの。

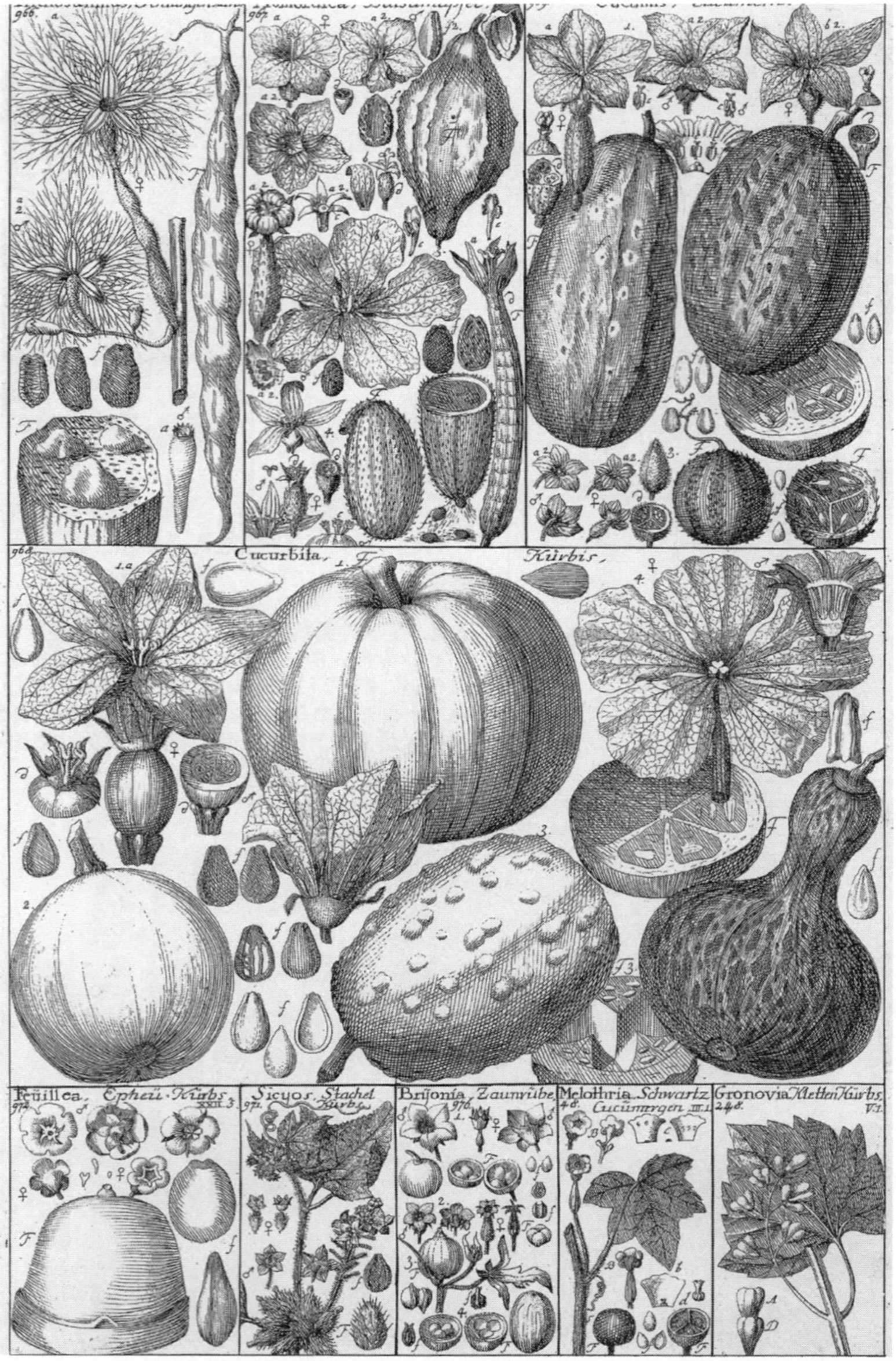

18 世紀のスイス人植物学者ヨハン・ゲスナーの絵を 1804 年に版画にしたもの。これらすべての植物がアメリカ先住民の農民によって栽培されており、コロンブスが新世界に到達するまではどれもヨーロッパ人に知られていなかった。結局のところ、大西洋を渡った多くの探検家がむなしく求めていた金《きん》などより、新世界の食用植物ははるかに価値があったのだ。

イスパニョーラ島の砂糖プランテーションで働くアフリカ人奴隷。テオドール・デ・ブリーが出版した1595年の『アメリカ体験記』第５部に掲載された版画。

カカオ豆を煎ってすりつぶし、チョコレートをつくるアステカ族。彼らはカカオ豆からチョコレートをつくるだけでなく、貨幣として交換していた。1671年に刊行されたスコットランド人作家ジョン・オーグルビーの『アメリカ』に掲載。同書は、同年にアムステルダムで出版されたオランダ人歴史家アルノルドゥス・モンタヌス著『新しく未知の世界』の翻訳。

ドイツ人画家ゲオルク・フレーゲルが描いた、1600年頃のヨーロッパの食卓を飾る砂糖菓子の数々。このように贅沢な食べ物は、新世界からの砂糖輸入がなければ生まれなかった。

メキシコのミチョアカンの初代司教であるヴァスコ・デ・キロガは、16世紀の政治家サー・トマス・モアを賛美しており、スペイン王カルロス１世に宛てた1535年の手紙に、次のように書いている。「わけもなく新世界と呼ばれるのではなく、大きな根拠と理由があるのです。ただ新たに見いだされただけでなく……ほぼすべてが最初の黄金時代にあるのです。」モアによる1516年の『ユートピア』はアメリゴ・ヴェスプッチに関係した物語にもとづいている。このテーマは、ここにあげた絵のように寓話的な表現もされた。左は『アメリカ　豊饒の地』と題されたオランダの新世界地図の、1782年版の巻軸装飾（カルトゥーシュ）。

新世界は新しいことだらけだったため、そこで発見されたすべての意味をヨーロッパ人が理解するまで、数世代の年月がかかった。多くの人は、発見されたものから南北アメリカをエデンの園そのものとみなし、奇妙な生き物や人びとが住んではいても、人生の再出発にうってつけの機会を提供してくれる場所だと考えた。この版画は、ジョン・ホワイトが人びとの印象をヴァージニアのアダムとイヴとして描いた作品から、1590年にテオドール・デ・ブリーがイギリスの学者トマス・ハリオットの『新たに発見されたヴァージニアについての簡略な報告』のために製作したもの。

えていたと書いている。「このように、立派な貴婦人は、心の細やかさの証明となる〔ジャム作りに〕楽しみを見いだすだろう。つまり女性は楽しみと名誉を守りつつ、不意に親戚や友人が訪ねてきたときにも、丁寧につくりあげられた多種多様のジャムでテーブルを飾ることになるのだ。」

砂糖がヨーロッパの食事に与えた影響は、ジャムや菓子、紅茶やコーヒーなどの飲み物の甘み付けにとどまらなかった。米やパンなどの食べ残しは、砂糖を振りかけて再加熱することで、新しい味となって生まれ変わる。果物と野菜を砂糖水に漬けこむと、お金をかけずに保存できた。また砂糖の人気によって、ソースパンやパイ皿、クッキー型、シュガーポット、シュガースプーン、トングなどの、数多くの新しい調理器具や道具が生まれることになった。

砂糖がヨーロッパ社会で獲得した大きな役割がはっきりとわかるのは、のちに〈砂糖宴会〉として知られることになる催しだ。イングランドのヘンリー八世の宮廷で料理人が王室のテーブルを飾ったのは、あらゆる種類の焼き菓子やマーマレード、ジャム、砂糖をまぶしたスパイスだけでなく、聖人や兵士、さらにはセントポール教会をかたどった細工だった。このすべてが砂糖でつくられていたのだ。最大規模の砂糖宴会がおこなわれたのは、一五六五年十一月のブリュッセルの王宮における、未来のパルマ公アレッサンドロ・ファルネーゼとポルトガルのマリア王女の結婚にともなう祝祭のときだ。豪華な祝いの呼び物は、長いテーブルを飾る王女のブリュッセルへの旅路を表現した砂糖細工だった。この細工では、艦隊やクジラ、イルカ、海の怪物、さらには炎を上げる船から身を投げる乗客の姿までもが再現されていた。それだけでなく、街へ到着した王女や、宮殿までの馬車行列、王女を見て喝采を上げる人びとなどの場面に加えて、ブリュッセル市街の眺めでは、家々や教会、劇場、ライオンやインド人の象使いが乗る象の一群のいる動物園までもが表現されていた。すべてを合わせると、細工は三〇〇〇以上にもなった――そのすべてが、砂糖で彫られていたのだ。

一五七〇年代までの新世界のイメージは、〈探検家〉と〈旅行家〉の話と画家の絵、さらにヨーロッパに持ちこまれた工芸品や産物と結びついて形づくられたものだが、たいていは理想郷に似たものだった。このようなイメージを少なからず強めたのは、南北アメリカについての数多くの寓話的表現だ。このような寓話にしばしば登場していたのは、新世界の壮大さの象徴である、みずみずしい植物、珍しい動物、さらに作物を植えたり金を採掘する道具を持った先住民たちだ。寓話の多くで、アメリカは頭に羽根飾りをつけ、弓と矢筒を持つ、大胆で魅力的な女性として表現されていた。

もちろん、寓話的描写は表現者の想像力が生み出したものだ。しかしこれが誇張だったとしても、大陸での戦争や過酷な貧困に取り巻かれていた多くのヨーロッパ人がそこに見たのは、いまだに危険な大西洋を渡るという危険さえしのべば、まったく新しい世界に移住できるという、希望とチャンスだったのだ。

“この国への海からの入り口は一ヵ所のみで、非常に美しい湾の入り口にある……この国は既知の最も快適な場所よりまさっているだろう……人間の住まいとして天と地が作り出した最高の場所だ。”

——『ヴァージニアの地図：土地と産物、人びと、政府と宗教についての記述（*A Map of Virginia: With a description of the Countrey, the Commodities, People, Government and Religion*）』（1612 年）

4

植民地

新世界への移住

アメリカ国会議事堂ドーム下の円形大広間（ロトンダ）のためにロバート・W・ウィアーが描いた、『ピルグリムの船出』（1837 年）。ピルグリムたちが《スピードウェル》船上の甲板に集まって祈りを捧げている。

1620

新世界の発見と、さらにそこで発見されたものについて知られるようになると、すぐにではないものの、人びとは大西洋を西へと渡りはじめた。歴史学者のバーナード・ベイリンは『アトランティック・ヒストリー』（二〇〇五年）で次のように述べている。「これは史上最も偉大な出来事のひとつだった。その規模と結果は並はずれていた。アメリカの歴史の基礎を形づくり……ヨーロッパやアフリカ、さらには程度は少ないとはいえアジアの歴史にとっての背景ともなった。」

西インド諸島――貴重な領有地

南北アメリカでの植民は、ある人物の努力ではじまったが、彼はほとんど歴史の中に埋もれてしまった。イサベル女王の寵愛を受けていたその人物、アルカンタラのスペイン騎士団司令官のニコラス・デ・オバンドは、イスパニョーラ島の総督となるために女王によって送り出された。オバンドは一五〇二年二月に、（大西洋を新世界へと航行した最大の艦隊だった）三〇隻の船とともにスペインを出発した。同行した二三〇〇人は、開拓者や兵士、修道士だ。開拓者の中には、新世界で悪評をとどろかせることになる三十一歳のフランシスコ・ピサロもいた。またこのときにオバンドの船隊にいたドミニコ会修道士バルトロメ・デ・ラ・カサスは、やがてアメリカ大陸先住民たちの権利の擁護者となり、自著の『インディアスの破壊についての簡潔な報告』（一五五二年）で、ピサロとその仲間のスペイン人たちが先住民たちにたいしておこなった残虐行為を書き記している。

イスパニョーラ島に到着したオバンドを出迎えたのは、先住民たちの抵抗だった。新世界におけるスペイン領有の先遣隊である彼は、数回の軍事行動で何千人もの先住民を殺した。しかし、良い面もあった。オバ

上：新世界の島々におけるさまざまな作物の栽培と収穫、船積みに必要な大量の労働力を供給するため、強制労働者が連れてこられた。新世界で最初に奴隷制が導入されたのは、そうした島々だ。この版画にはカリブ海のインディゴ農園で働くアフリカ人奴隷が描かれており、中央右あたりに監督の姿が見える。初めて掲載されたのは、フランス人植物学者である宣教師ジャン・バチスト・デュ・テルトルによる、『フランス人が居住するアンティル諸島の歴史概説』（1667 ～ 71 年）。

下：新世界と旧世界との貿易が最初にはじまったのは、島々だった。キューバのハバナを描いたこの 1639 年頃の水彩画は、ナッサウ公（オラニエ＝ナッサウ家）付きの地図製作者であるオランダ人のジョン・ヴィンクブーンズ（オランダ語：ヨハネス・フィンボーンス）が描いたと考えられている。

ンドはイスパニョーラ島の数カ所に都市を建設し、鉱業を発展させ、サトウキビの栽培を開始して、島で最初の主要農産物をつくりあげた。

十年もすると、イスパニョーラ島におけるスペイン人の人口は一万にまで増加した。砂糖製品だけでなく、鉱山からの金や銅などの金属が、大量にスペインへと送り出された。この種の産業では多くの労働者を必要とする。一四九六年という早い時期に、カナリア諸島とイスパニョーラ島での労働力の大半は、すでに奴隷化された先住民となっていた。しかし、イスパニョーラ島にオバンドが到着したころには、先住民人口は、奴隷化とスペイン人が持ちこんだ病気の脅威のせいで、大きく落ちこんでしまっていた。

だが、オバンドは労働力を輸入できた。イサベル女王から〈キリスト教の影響下〉にあるスペイン生まれの、アフリカ人を祖先とする奴隷を移住させる認可をもらっていたのだ。オバンドは、アメリカ大陸に初めてアフリカを起源とする奴隷、ネグロ・ラディノ（キリスト教化したスペイン語を話す黒人で、しばしばスペイン生まれ）とボサレ（アフリカから直接連れてこられた黒人）を連れてきた。しかし、この試みは長続きしなかった。キューバの歴史学者ホセ・アントニオ・サコが自著の『新世界におけるアフリカ人奴隷の歴史（*Historia de la esclavitud de la raza african en el Nuevo Mundo*）』（一八七六年）で述べたように、オバンドはやがて方針を変える。一五〇三年に、これ以上ラディノやボサレをイスパニョーラ島に送らないようにイサベル女王に請願を出した。その理由は、かつてイスパニョーラ島でイベリア半島出身の黒人が数多く逃げ出したこと、そして逃げ出さなかった者たちも〈先住民たちの労働意欲を失わせた〉からだ。イサベル女王もオバンドの願いには同意していたものの、南北アメリカに黒人奴隷を送ることの方が優先だった。

新世界への初期植民の多くが本土ではなく島々だったことは、決して偶然ではない。アメリカの植民地化の最初の二〇年間では、アメリカ本土よりジャマイカやプエルトリコ、キューバ、バルバドス、イスパニョーラ、セント・マーティン、セント・クロイなどの何十もの島々の方がはるかに重要だった。「天地が創造されて以来、最も偉大な出来事は（天地を創造された神の顕現と死を除く）西インド諸島の発見だ」と、十六世紀のスペイン人歴史家フランシスコ・ロペス・デ・ゴマラが感動して高らかに述べたように、アメリカ大陸の調査が進み、天然資源が発見されるまでは、砂糖などの貴重な作物の耕作に理想的な気候と土壌を持つ大西洋とカリブ海の島々の方が、大陸よりもずっと貴重な領有地だったのだ。つまり、アメリカ大陸とヨーロッパ、アフリカ間の最初の貿易がこれらの島々でおこなわれたのは偶然ではないし、ヨーロッパの強国が領有をめぐって激しく闘い、島々の支配権が次々と変わっていたのも不思議なことではなかった。

大陸とコンキスタドール

やがて本土への入植をはじめたヨーロッパ人が足を踏み入れたのは、何世代もの歴史家が読者に信じこませたような手つかずの野生の世界とは、かけ離れていた。チャールズ・C・マンが画期的な自著『一四九一――先コロンブス期アメリカ大陸をめぐる新発見』（二〇〇五）［日本放送出版協会］で書いているが、コロンブスの最初の航海よりはるかに前から、おそらくはヨーロッパの総人口よりも多くの人びとが中南米に住みついていたのは、科学的証拠から明らかだ。新世界の都市の中にはエジプトのピラミッドより以前に建設されたものもあり、都市だけで十万人以上、郊外には二十五万人もの人びとが住んでいた。広く清潔な街路や美しい庭園、さらに効率的な上水道をそなえている都市もあった。それだけでなく、科学雑誌『サイエンス』が二〇〇三年に「人類で最初の、またおそらくは最も偉大な遺伝学的操作の功績」と述べたトウモロコシの

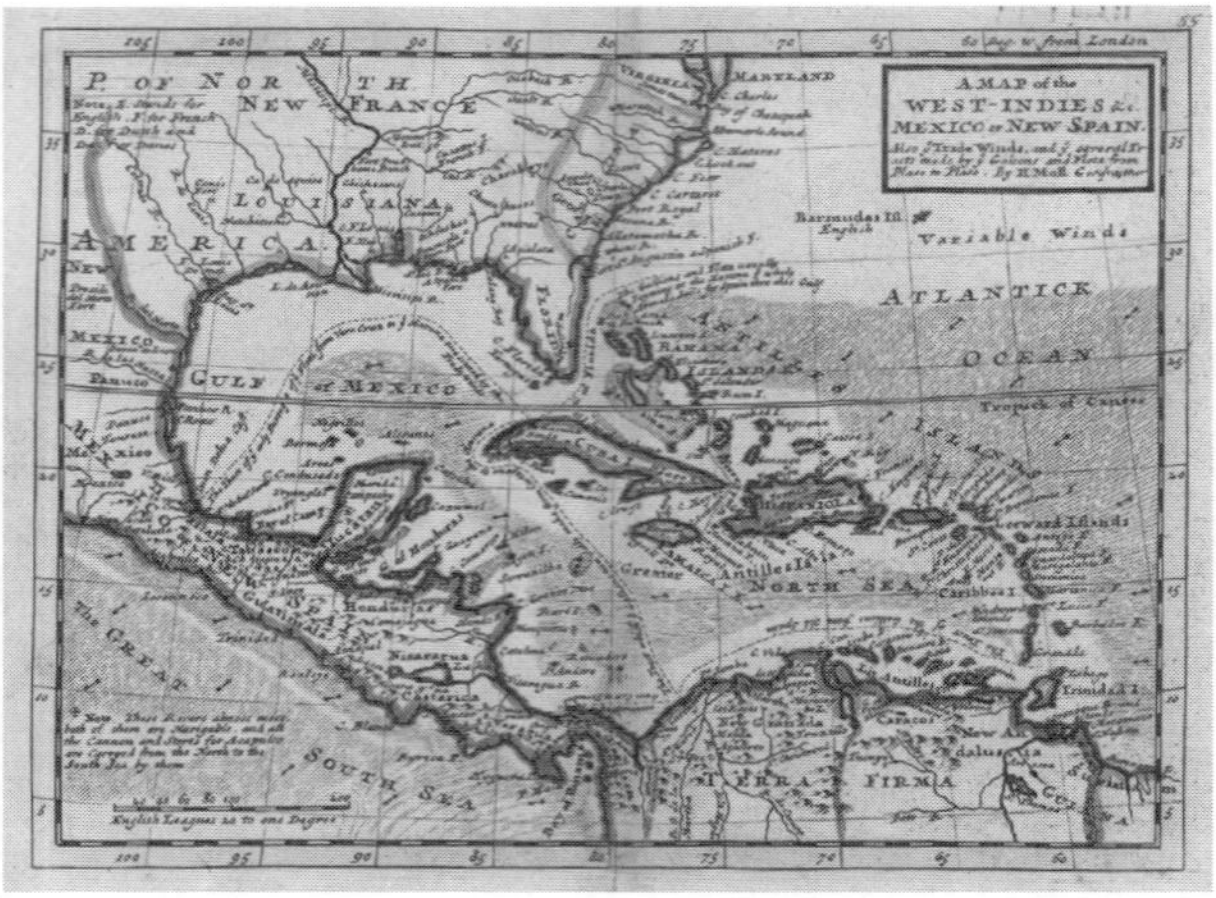

大航海時代のイギリスにおける一流地図製作者のひとり、オランダあるいはドイツ生まれのハーマン・モル（1654 ～ 1732 年）が製作した地図に描かれた新世界の島々は、ヨーロッパが新世界への進出を開始した場所であるだけでなく、アメリカ本土への入植のきっかけとなった場所だった。この地図は、後世に残る画期的なモルの『世界地図)』（1715 ～ 54 年）に記載されている。

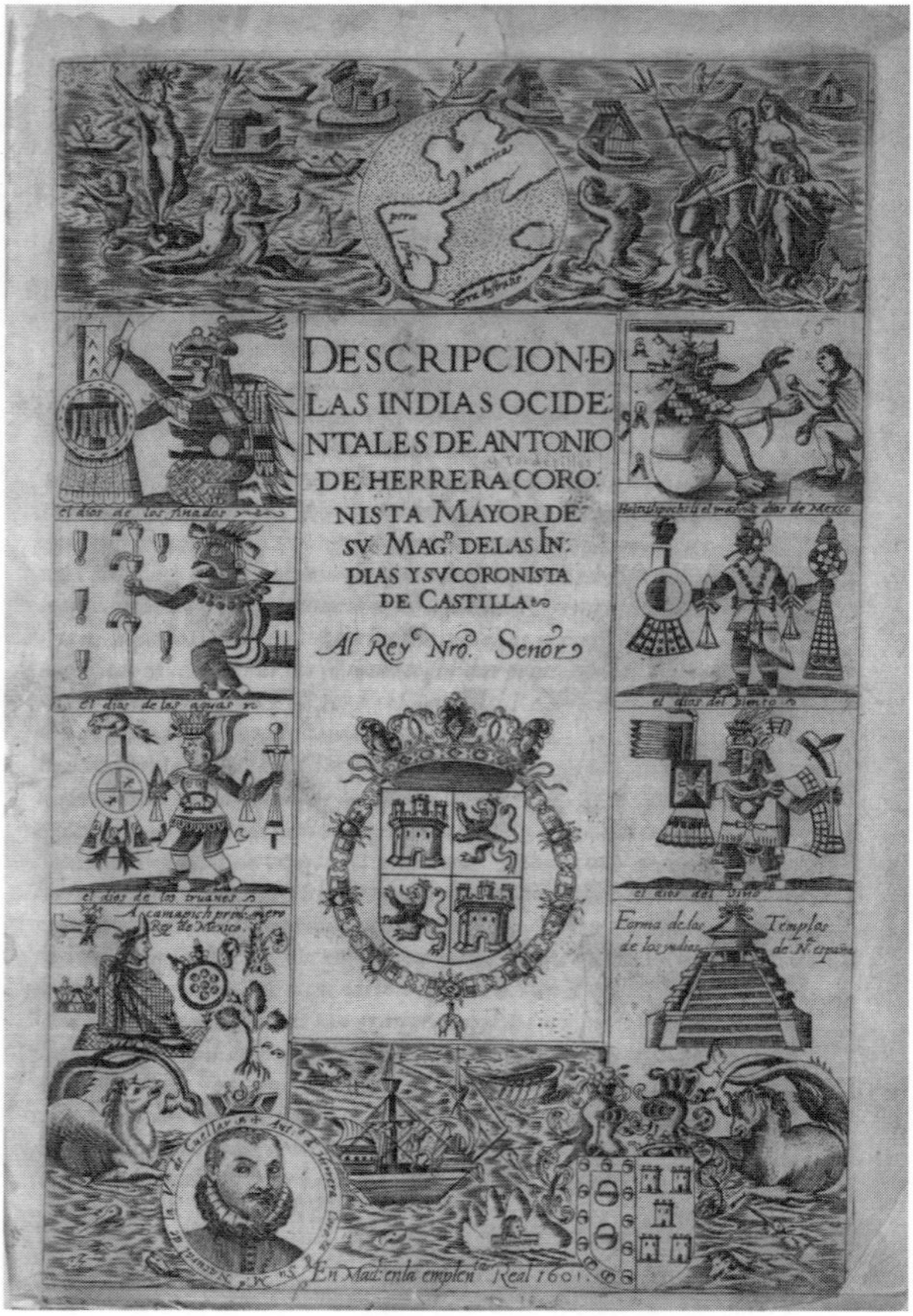

スペイン人歴史家アントニオ・デ・エレラ・イ・トルデシリャスの大著『大西洋の島々と大陸におけるスペイン人の偉業についての歴史概説』（1601 ～ 15 年）の別冊『西インド諸島解説』の表紙には、アステカ族の神々とコンキスタドールのディエゴ・ベラスケス・デ・クエリャルが描かれている。

樹皮紙にマヤ族の象形文字で書かれた折り本のマヤ古文書は、古代マヤの洗練された文明と宗教、天文学、占星術の記録だ。ここにあげたドレスデン絵文書は 1200 ～ 50 年ごろにユカタン半島のマヤ族によってつくられたもので、1739 年にドイツのドレスデンで発見された。

アステカの太陽の石は、最初のヨーロッパ人探検家がアメリカ大陸に到着するはるか前からそこに住んでいた人びとの、先進的文化を示している。アステカの首都テノチティトランがあったメキシコシティで 1790 年に発掘されたこの巨大な石は、重さ 24 トン、直径 3.66 メートルある。この不思議な石は、日と月を象徴する（アステカ暦は 365 日の太陽年と 260 日の聖なる 1 年との相関にもとづいていた）絵文字と象形文字を用いた儀式用の暦としての機能をもち、アステカ族の天文学の象徴だった。写真のレプリカは、メキシコシティの国立人類学博物館にあるオリジナルから型どりしたもので、エルパソにある。

みずからフロリダと名づけた土地を探検したポンセ・デ・レオンを描いた、制作年不明の肖像版画。彼はフロリダを「キリストの名が称えられ、国王陛下に土地の生み出す果実を捧げる場所」にするという目標を、1521 年 2 月 10 日に国王へ書き送っている。

ドイツのルーカス・クラナッハによる、幻想的な絵（1546 年）。このように数多くの中世の画家が、「青春の泉」という題材に魅了された。

“すべての人が望むように、神と王に仕えるわれわれは闇にある者に光を与え、豊かになるために来た。”

——ベルナール・ディアス・デル・カスティーリョ

交配など、高度に発達した農耕法を持っている先住民集団もあった。

もちろん、最初のヨーロッパ人とアメリカ本土に大勢で足を踏み入れたスペイン人は、このような洗練された社会の存在など知らなかった。金銀という富を求めて新世界にやって来た、のちにコンキスタドールと呼ばれるようになる男たちは、目的のためには手段を選ばない覚悟だった。また彼らには、どのような人を征服したとしても、スペインの法と福音を伝える責務があった。しかしそれでも、彼らにとって最も重要なのは富だった。コンキスタドールのベルナール・ディアス・デル・カスティーリョが、死後の一六三二年に出版された自著『メキシコ征服記』〔岩波書店〕で述べたように、「すべての人が望むように、神と王に仕えるわれわれは闇にある者に光を与え、豊かになるために来た」のだ。

現在のアメリカ合衆国である土地に足を踏み入れた最初のコンキスタドールは、クリストファー・コロンブスの二度目の遠征の一員だった、プエルトリコの前総督フアン・ポンセ・デ・レオンだ。国王からビミニという場所（青春の泉が存在すると信じられていた想像上の島）に本土植民地を設立するよう委任されていた彼が一五一三年四月二日に上陸したのは、本土の北東海岸、現在のフロリダだった。ポンセ・デ・レオンがこの土地をスペイン語で〈花の咲き乱れた〉という意味のフロリダと命名した理由は、到着したのがパスクア・フロリダ（花の祭り、もしくは復活祭）の時期だったこと、あるいは生命力あふれる植生に感激したことからだろう。

古くから伝わる逸話によると、ポンセ・デ・レオンが本土に渡った理由は、スペインの砂糖プランテーションのための奴隷や知られざる富だけを求めていただけでなく、ヨーロッパ人の大航海時代よりはるか昔の伝説が語る、若返りの水をたたえた青春の泉を探していたからだという。しかし、青春の泉について耳にしたことはあったとしても、その話に突き動かされ、実際に伝説の泉を探したという確固たる証拠はどこにもない。ポンセ・デ・レオンと泉の逸話が生まれたのは彼が死んだ一五二一年七月よりあと、それもゴンサロ・フェルナンデス・デ・オビエドの『インディアスの歴史と自然史（*Historia general y natural de las Indias*）』（一五三五年）がきっかけなのだ。

フロリダに上陸したあと、ポンセ・デ・レオンは遭遇した河川の地図をつくりながら南部沿岸を探検し、その後まずプエルトリコに寄ってから、スペインへと戻った。一五二一年に、彼はふたたびフロリダを訪れるが、このときは植民地設立が目的だった。農民や職人、修道士などの約二〇〇人の植民団を乗せた二隻の船は、フロリダの南西沿岸に上陸した。しかし彼らはすぐに先住民に襲われ、その戦いの中で、ポンセ・デ・レオンは毒矢で射られる。植民者になるはずだった人びとは船にとって返してキューバへと逃れ、そこでポンセ・デ・レオンは矢傷のために死亡した。

ポンセ・デ・レオンがフロリダのスペイン領有を主張してから六年後の一五一九年、さらに大きな野望を持つ、大胆なコンキスタドールのエルナン・コルテスが〈史上最大の征服行軍〉と称される行動を開始した。スペイン人は、このころすでにカリブ海諸島を探検して植民しており、本土にあるという絢爛たるインディオ帝国の噂を聞いていた。その帝国とはアステカ族の土地で、その壮麗な都市テノチティトランは現在のメキシコシティに位置していた。一五一九年四月二十二日、コルテスは現在のベラクルスの近くに上陸した。人数には諸説あるが、四〇〇人から六〇〇人を率いていたことは間違いないだろう。

内陸へと進んだコルテスがまず幾度も戦ったのは、先住民四部族の同盟であるトラスカラ国だ。トラスカラは、メキシコ最大の先住民勢力である三都市同盟からの脅威に絶えずさらされながらも、独立を守ってきていた。三都市同盟はテノチティトランとテスココ、トラコパンのアステカの三都市国家で構成されており、一四二八年以来、メキシコ盆地の全地域を治めていた。

コルテスは、スペインのアメリカ大陸征服に決定的役割を果たすことになる、馬と大砲、鉄の剣という三つの武器で侵略を開始した。インディオが目にしたこともなかった武器と甲冑のおかげで、コルテスとその部下は、数がはるかに劣っていたにもかかわらず、トラスカラとのすべての戦いに勝利した。とはいえ、勝利するたびにスペイン兵が減少しており、コルテスは深刻な兵力不足で、敗北は目前だと感じていた。

しかしそのとき、トラスカラの四部族長から思いもよらない提案がコルテスにもたらされた。コルテスが三都市同盟の最強勢力であるテノチティトランを共同で攻撃するなら、彼への攻撃を止めるというものだ。コルテスには拒否しようのない提案だった。

一五一九年十一月、コルテスの兵と二万ものトラスカラ兵が、騎乗した多数のスペイン人に率いられてテノチティトランへと入る（驚愕したアステカ人は、動物と甲冑をつけた人間が混ざっている恐ろしい生き物だと信じこんだ）。誰よりも侵略軍に驚いたのは、アステカ帝国の支配者、モンテスマ二世だった。歴史家たちは何世紀ものあいだ、初めてコルテスを見たモンテスマが、五〇〇年前に追放されたトルテカ族の戦いの神ケツアルコアトルがアステカ帝国を滅ぼすために戻ってきたと思いこんだという話を語ってきた。しかし、現代の歴史学者たちはこれを否定している。その根拠は、コルテスが書いたスペイン王カルロス一世（カール五世）への手紙をはじめとする、コンキスタドールによるあらゆる文書に、モンテスマのこのような

ドラマチックな絵画『テノチティトランの征服』。17 世紀なかばにメキシコで無名の画家によって描かれた、『メキシコの征服』として知られている大きな 8 枚続き壁画の一部。1520 年、テノチティトランの富に驚いたエルナン・コルテスは、この都市とモンテスマの富についての印象をカルロス 1 世（カール 5 世）宛ての手紙に書いている。「この蛮人たちの王がその領土にもつ金と銀、宝石と羽根で飾られたものほど、壮麗な宝はありません。みごとな金銀細工は、世界中のどの細工職人もこれ以上のものはつくれまいし、宝石はきわめて繊細に細工され、これほど完璧にカットできる器具があるとは想像もできないほどです……これに比類するものは、スペインにはありません。」この一節はコルテスの、いわゆる王への“第二の手紙”にある。彼の手紙はほかの 4 通の手紙と合わせて 1519 ～ 26 年に『報告書簡』として出版され、広く読まれた。この手紙は王を感銘させ、メキシコでのコルテスの役割を評価させるために、潤色と事実をうまく混ぜ合わせたものだった。

得意気な表情のエルナン・コルテスの肖像画。これが掲載された本は、スペイン人歴史家の王室付き“西インド諸島の記録者”アントニオ・デ・ソリス・イ・リバデネイラが探検家のメキシコ征服を輝かしく語りあげた重要な著作。その『メキシコ征服の歴史』は 1684 年に出版されて大人気となり、その後さまざまなヨーロッパ言語に翻訳された。

記述などないという事実だ。

文書に残っているのは、テノチティトランの広い街路やにぎわう市場、美しく彫刻がほどこされた建物、遠くの山々から市街まで水を運んでくる長い水路を見たスペイン人が仰天したという事実だ。しかしコルテスに、全ヨーロッパのどの都市よりも大きなこの都市を称賛している暇などなかった。モンテスマに従う兵が少ないことを知った彼は、このアステカ族の支配者を捕らえて王自身の王宮に拘留し、殺害したのだ。

この出来事に驚愕しきっていたアステカ族は、報復に出るまでに七カ月もの時を要した。その後、新しい支配者クイトラワクに率いられたアステカ族は、侵略者に激しい攻撃をかけ、馬が役に立たない市街の狭い路地に彼らを追いこんだ。アステカ族の圧倒的な勝利に、スペイン人とその同盟者は都市から逃げるほかなかった。しかしすでにそのときには、何千人もが殺されてしまっていた。

生きていただけで運が良かったことを理解していたコルテスは、残りの兵とともにトラスカラへと逃れることにした。だがそこへ到達する前に、オトゥンバ平野でアステカ族とその他のインディオ部族の軍勢から攻撃を受ける。その後の一五二〇年七月の戦いでは、テノチティトランの時とは違って、スペイン側が騎馬攻撃を用いて攻撃側の中心にまで攻めかかり、相手を震えあがらせた。〈半分が人間、半分が化け物〉の姿に狼狽したアステカ族とインディオ同盟軍が逃げ出したため、コルテスの勢力はトラスカラへと進むことができた。

コンキスタドールの中で最も決意が固かったと言われるコルテスは、アステカを征服して、彼らの莫大な富を略奪するという目的を決してあきらめなかった。トラスカラに到着した彼は、三都市同盟と対立している何万人ものほかのインディオ部族を説得して仲間に引き入れ、再度テノチティトランを攻撃するようにト

インカの皇帝アタワルパの処刑を監督するフランシスコ・ピサロ。スペイン人のコンキスタドールが南アメリカ先住民に行なった、数え切れないほどの欺瞞と残虐行為の一例だ。この版画も1891年ごろのケルシーの著作に入っている。

D・M・ケルシー（1891年頃）による『新世界を発見し征服した英雄たち』中のフランシスコ・ピサロの肖像。ピサロが征服のため送り込まれた土地には、彼が想像した以上に大量の人間がいた。インカ帝国だけでも、中国の清朝より、イヴァン4世（雷帝）のロシアより、そしてアフリカ最大の王国であるオスマン帝国より大きかった。実際、インカ帝国は世界最大の帝国だったのだ。

ラスカラ族を説き伏せた。このときの勢力は二〇万もの兵力があり、海からアステカの砦を攻撃するという新たな計画を実行するために十三隻の船を建造させたと推定している歴史学者もいる。

一五二一年、キューバから送られた増援で補強された新たな軍勢を引き連れたコルテスは、テノチティトランに二度目の攻撃をかける。彼の始めた包囲作戦で、都市の住民の多くが飢えで死んだ。しかしコルテスが大軍勢で攻撃し、効果的な作戦を考えたとはいえ、彼がトラスカラで軍勢を集めていたときにテノチティトランに天然痘が突発的に蔓延し、住民の少なくとも三分の一が死亡していたという事実がなければ、彼の勝利はなかったかもしれない。

コルテスの勝利と手に入れた巨大な報酬は、同じく財宝を手に入れたいと望んでいたコンキスタドールたちの決意をさらに強めた。その中でも最も有名なのは、一五〇二年にニコラス・デ・オバンドとともに最初に新世界にやって来たフランシスコ・ピサロだ。彼は、一五一三年にバスコ・ヌーニェス・デ・

ミシシッピを発見したエルナンド・デ・ソト。アメリカ国会議事堂のロタンダ（円形の大広間）に飾られている、このウィリアム・H・パウエル作（1847 年）の絵画では、アメリカ先住民は和睦のパイプをさし出す族長（右端）の姿を見つめている。前景に描かれている兵士と武器は、インディアンへの攻撃が終わったあとだということを示唆している。

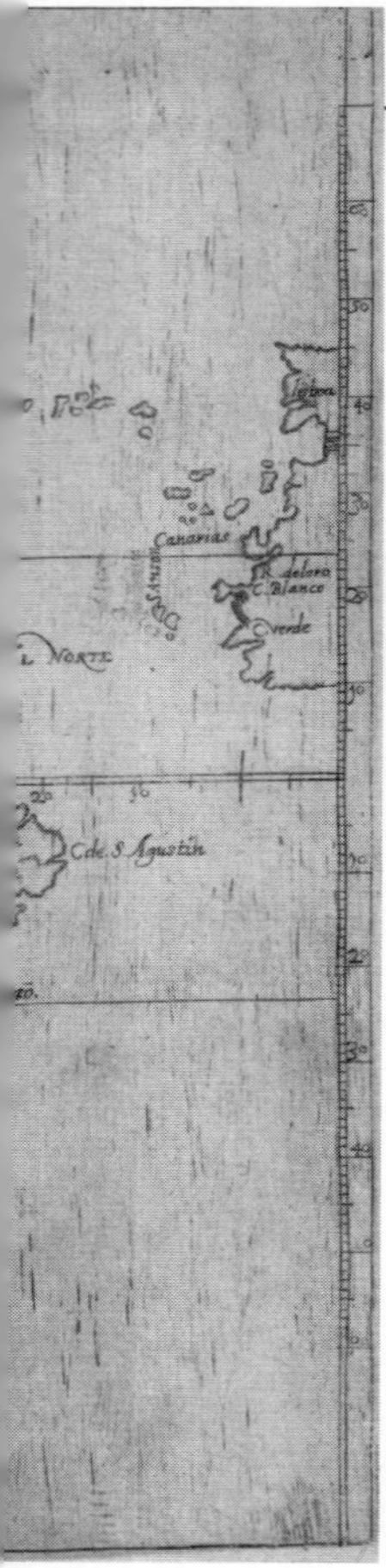

16 世紀のスペイン領土が描かれている地図。アントニオ・デ・エレラ・イ・トルデシリャスの『大西洋の島々と大陸におけるスペイン人の偉業についての歴史概説』のうちの 1 冊、『西インド諸島概史』（1601 年刊）に掲載された。

フランシスコ・コロナドの行軍を描いた 19 世紀の絵画。オリジナルのフレデリック・レミントンの作品を模写したもの。彼の途方もない行軍は、大半の騎兵と歩兵がほとんどの行程で重い甲冑を身につけていたことに加え、水浴びをしたり飲み水を得られる小川や湖がめったに見つからなかったせいで、さらに困難なものになった。

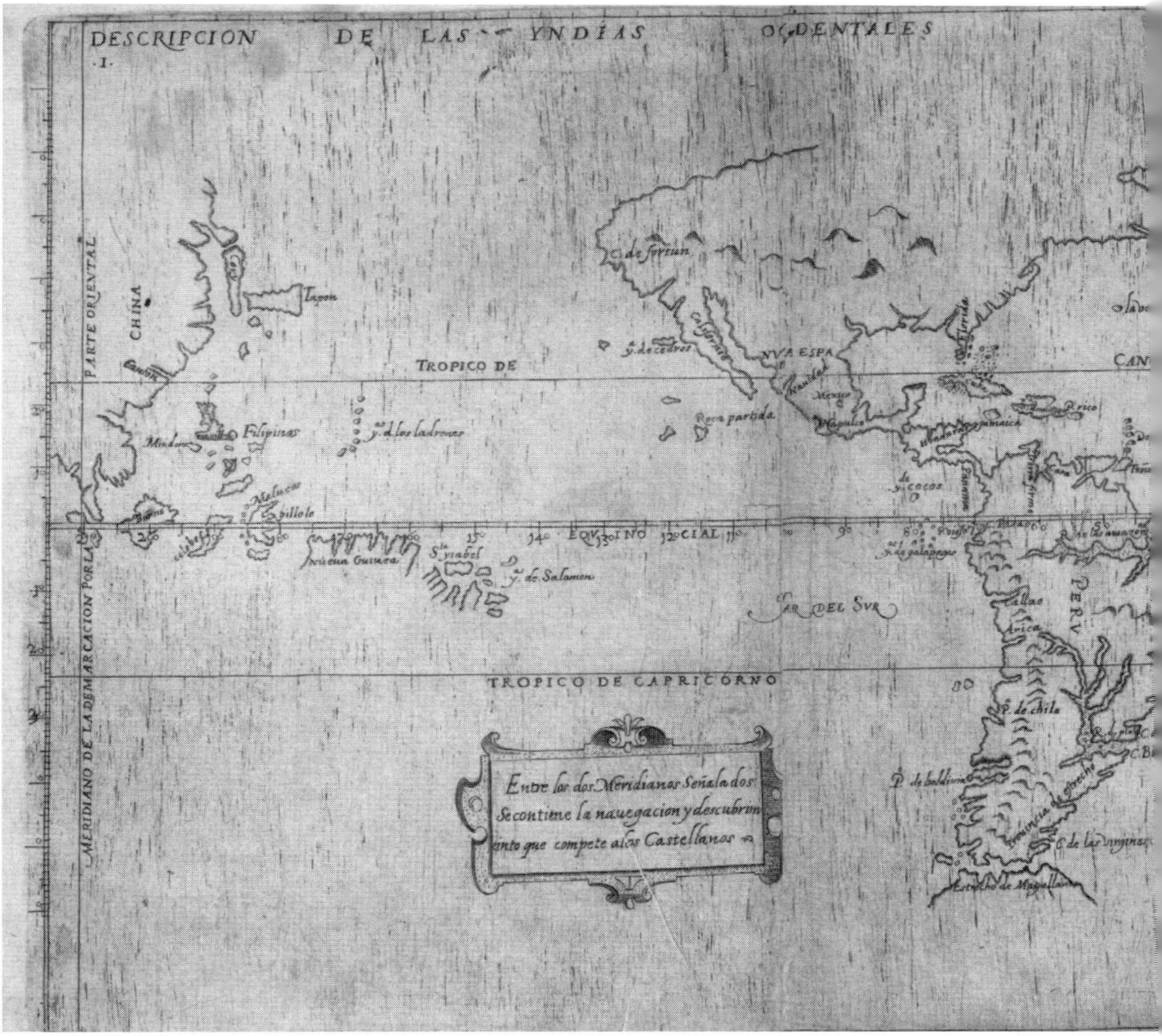

スペイン人に同行してアメリカ大陸渡った熱心で勇気のある宣教師たは、ヌエバ・エスパーニャで初めて学校を設立しただけでなく、小麦や麦、ライ麦、ヒヨコ豆、レンズ豆、らにはリンゴやチェリー、アプリコトなど、それまで新世界にはなかっ作物も持ちこんだ。この1524年ごの教理問答書は、メキシコ最初の学を創設したペドロ・デ・ガンテ修道によって描かれた。イエズス会がヌバ・エスパーニャのいたるところに立した宣教団は、のちにフランシス会が運営することになるが、キリス教化し文明化してアメリカ先住民をるという指針によって、つくられてた。しかし先住民にとって、厳格な教団制度とヨーロッパからの病気にらされたことは、破壊的だった。

バルボアに率いられて太平洋を発見した遠征隊に参加していた。ピサロは植民者としてパナマにとどまり、一五一九〜二三年にはパナマシティの市長と治安判事をつとめていた。

ピサロは、昔のコルテスと同様に、新世界が差し出す富への欲望をたぎらせていた。一五三二年にはペルーに侵攻して、雄大なアンデス山脈の高地を登り、やはり天然痘によって人口が減少していたインカ帝国を征服し、その巨大な銀鉱山の支配権を獲得した。

欺瞞と残忍なやり方は多くのコンキスタドールの特徴だが、ピサロもそうだった。インカ帝国の指導者アタワルパを捕らえた彼は、巨大な部屋を満たせる黄金を支払えば解放してやると約束した。しかし支払いを受けると、ただちに部下たちに命じてアタワルパを処刑させた。一年後には、インカ帝国の歴史的な首都であるクスコの侵略に成功する。一五三五年一月、高山にあるその都市は海から離れすぎていると考えた彼は、リマという都市をつくって、ペルーでのスペインの首都とした。

ピサロの功績は、スペインのためにペルーの大半だけでなく、チリ北部半分とボリビアの一部を獲得したことだ。南アメリカの残りの地域より広いこの土地を、スペインはその後三世紀のあいだ支配することになる。しかし、ピサロ自身には幸せな終わりはやって来なかった。

一五三七年、以前の仲間であるディエゴ・デ・アルマグロが反乱を起こした。彼は、略奪した先住民の富と元のインカ帝国領土への支配権を分かち合わないピサロに激しい怒りを感じていたのだ。ピサロはアルマグロを捕らえて処刑した。しかし四年後の一五四一年六月二十六日、ピサロのリマの宮殿を襲ったアルマグロの部下たちによって、彼も処刑された。

コルテスとピサロによる征服はコンキスタドールの中で最も有名だが、新世界の本土がメキシコよりずっと北まで広がっていると推測していた征服者たちは、北アメリカで財宝を探しはじめた。一五二八年、パンフィロ・デ・ナルバエスはフロリダから船で探検に出発し、メキシコ湾岸にそって西へと向かった。探検隊は現在のテキサス沿岸で激しい嵐に襲われ、ナルバエスを含む多くの隊員が死亡した。生き残った者はなんとか本土へたどり着いたが、そこでアメリカ先住民に捕らえられ、数年のあいだ奴隷になる。逃亡に成功したスペイン人のひとりで、放浪したアルバル・ヌニェス・カベザ・デ・バカは、そのあいだに先住民の一部と友好関係を築いただけでなく、呪医としての役割も果たしていた。彼はアメリカ・インディアンの中で暮らしているうちに、同胞三人がやはり自由の身になって近くにいることを知る。一五三四年、カベザ・デ・バカと三人はメキシコへと向かった。その後カベザ・デ・バカは、捕らえた先住民から聞いたという話を小冊子にしているが、その中にシボラと呼ばれる黄金でつくられた七つの都市について書いてある。

カベザ・デ・バカが書いた、驚くほど豊かな〈シボラの七つの都市〉は、コンキスタドールの野望をあおった。誰よりも刺激されたのはエルナンド・デ・ソトだ。一五三九年にピサロとともに行軍したこの男は、その後キューバの総督となり、スペイン王から現在のアメリカ合衆国の南東地域の探検の許可を得ていた。ソトは六〇〇名もの軍勢を率いてタンパ湾に上陸したあと、その途上で遭遇した先住民たちを襲ったり殺したりしながら、内陸へと行軍を始める。ミシシッピに到着してもそのまま進み、現在のオクラホマへと入った。シボラの発見は不可能だとわかって引き返したものの、ソトは致命的な熱病にかかっていた。ソトが先住民たちに自分は不死であると告げていたため、部下たちは盛大な葬儀を出すことができず、ソトが発見していた大河のあるミシシッピに埋葬された。

〈シボラの七つの都市〉の物語は、メキシコの西部地域であるヌエバ・ガリシアの提督だったフランシ

“あなたがたが征服した新世界は、やがてあなたがたを征服する”

——ユストゥス・リプシウスからスペイン人の友人へ（1603年）

スコ・バスケス・ド・コロナドの興味もかきたてていた。一五四〇年に、コロナドは財宝を見つけるために出発する。こうして、アメリカにおける最も長い行軍のひとつが開始された。この旅では、コロナドと二五〇名の騎兵、七〇名の歩兵、千人の友好的インディアン、さらに聖職者の一団が、カリフォルニア湾沿岸の本土を北上してアリゾナを横断し、ニューメキシコとテキサスへと入り、さらにカンザス北部をネブラスカとの境界まで至ったのだ。

コロナドの一行は、グランド・キャニオンを初めて目にしたヨーロッパ人だった。また彼らは、住民が金のボウルで食べ、金の水差しで飲むという、キビラと呼ばれる新たな黄金郷《エルドラド》の話を耳にした。しかし彼らは、黄金の都市など見つけることができなかった。そのかわりに彼らが遭遇したのは、果てしのない平原と命をおびやかす灼熱、次々と現れる小さな原始的な村々だった。

シボラの七つの都市などなかった。黄金のキビラなど存在しなかった。しかし、デ・ソトとコロナドの探検は、植民を待つ途方もなく広大な土地があることをスペイン人に知らしめた。一五六五年までにスペイン人がセントオーガスティンに確立した植民地は、アメリカ合衆国で最も長く継続的にヨーロッパ人に占拠された土地となる。一六〇七年までには、サンタフェの街がつくられていた。

一五八〇年ごろには、スペインは世界で最も豊かで強大な国家になっていた。ポルトガルとその領有地の支配者でもあった国王、フェリーペ二世の帝国はフィリピン（国王の名にちなんでいる）のマニラから、世界の反対側にあるメキシコ、さらに現在のアメリカ合衆国の南西部とフロリダのほとんどにまで及んでいた。スペインでも最貧の農業地帯出身がほとんどという二十五万以上のスペイン系住民が、スペイン統治の新世界へと移民していた。その後の五〇年にも、ほぼ同数の住民が新世界へとやって来た。

一方で、毎年メキシコとペルーから何トンも船積みされる金銀は、スペインの富を増大させただけでなく、全ヨーロッパに大きな影響を与えた。つまり、スペイン商人が貴金属と引き替えにフランスやドイツ、イタリア、フランドル、イングランドからあらゆる種類の製品を手に入れ、これらの製品をアメリカのスペイン領有地へと送るようになったため、国内にとどまらない、大西洋をまたいだ経済制度が生まれることになったのだ。

もちろんこのすべては、富の本当の持ち主である先住民の犠牲の上に築かれていた。開拓によってインディオがこうむった犠牲は膨大なものだ。彼らが免疫を持っていなかった天然痘やはしか、ジフテリア、腸チフス、百日咳などの病気による死者は、一三〇〇年代にヨーロッパで蔓延した黒死病《ペスト》によるものよりはるかに多かった。五〇年足らずのうちに、中央メキシコの人口は約七〇〇〇万から約二五〇〇万にまで減少した。ペルーの人口は九〇〇万から一三〇万にまで落ちこんだ。イスパニョーラ島やほかのカリブ海の島々の先住民は、事実上壊滅してしまった。あるスペイン人下士官は、アメリカでの軍務のあいだに目撃したことをふり返って、「命より富がずっと多かった」と語っている。

しかし結局スペイン人は、みずからの富への欲望の代償を支払うことになる。彼らは、効果的に統治できるよりはるかに広い土地の領有を主張し、そこに植民していた。土地を所有するスペイン貴族と、植民した貧しいスペイン系住民とのあいだの格差が、抑えられない緊張状態を生み出した。スペイン人はアメリカ大陸に最初にやって来たものの、そこを自分のものにすることができなかった。人道主義者であるフランドルの古典学者ユストゥス・リプシウスは、一六〇三年にスペイン人の友人に次のように書き送っている。「あなたがたが征服した新世界は、やがてあなたがたを征服する。」

フランスの植民計画

財宝を探しに新世界にやって来たスペイン人が成功したのは、ほぼ一〇〇年だった。フランス人はやがて新たな種類の財宝を見つけることになるが、それでも当初のスペインとポルトガルへの直接的な挑戦は悲惨な失敗に終わっている。

一五五五年、海軍士官のニコラ・デュラン・ド・ヴィルゲニョン率いるフランス隊は、ポルトガルが保有しているブラジル沖の島を植民地にしようと試みた。この試みは大胆であるだけでなく、非常に珍しいものだった。新世界でプロテスタント（フランスのユグノー教徒とスイスのカルヴァン派）とカトリックの両方が参加した、初めてのヨーロッパ植民地だったからだ。しかしこの二つのグループは最初から衝突し、デュランは失望して植民地を去ってしまった。一五六〇年にはポルトガルの兵たちに植民地を占領され、生き残った者たちは仕方なく本土へと逃れ、そこで友好的な先住民に救われた。

一五六二年、新世界でのプロテスタント（ユグノー教徒）の存在感を高めたいと望んでいたフランス軍人の冒険家ジャン・リボウが、フロリダのポートロイヤル湾にあるパリス島のスペイン領有地（現在のサウスカロライナのビューフォート近く）のまん中に、チャールズフォートと名づけた植民地を確立しようと試みた。しかし食糧不足のため、この植民地もまた失敗に終わる。

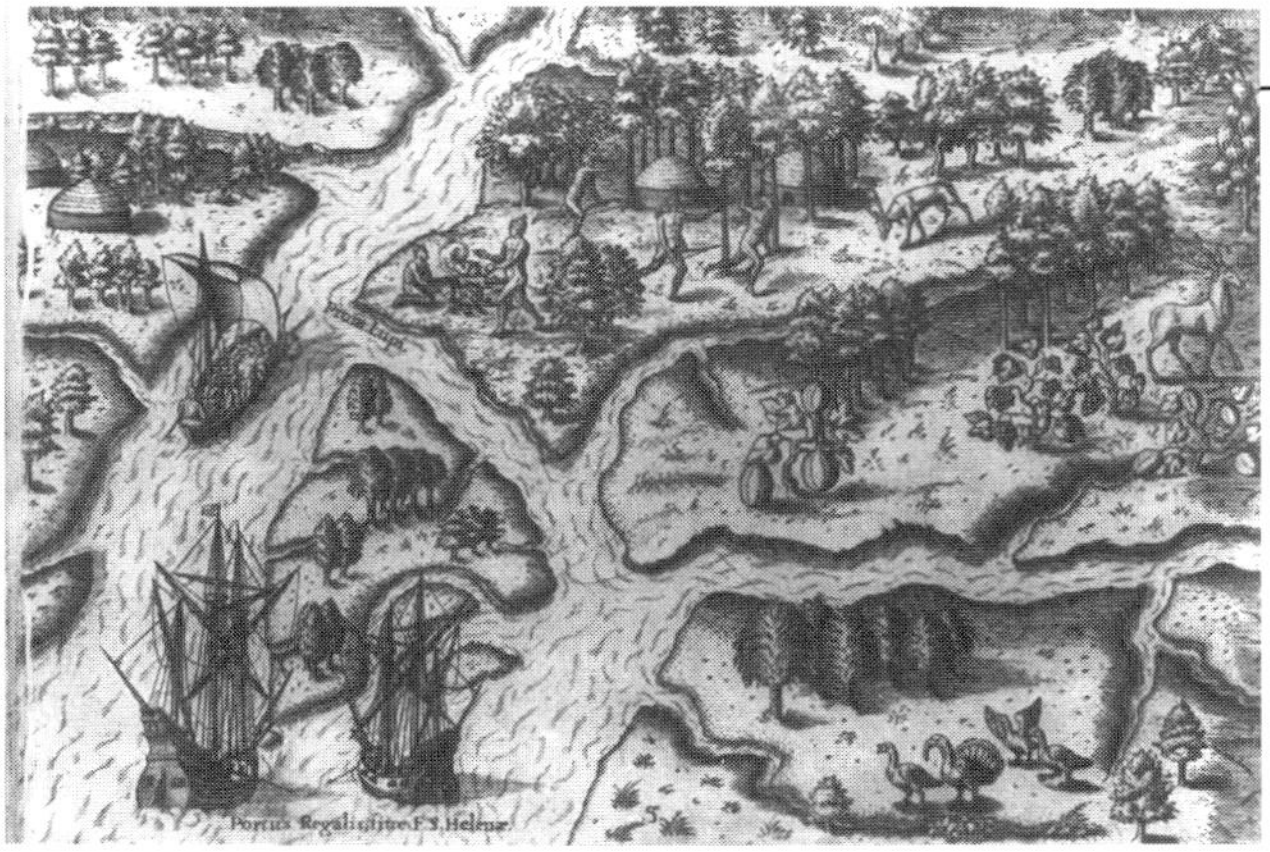

上：ジャック・ルモアーヌを再現したテオドール・デ・ブリーの版画では、最初のフランス遠征隊のときにジャン・リボウが建てた円柱の横に、2度目のフランス遠征隊指揮官であるフランソワ＝ルネ・ド・シャトーブリアンが立つ姿が描かれている。フロリダの先住民は円柱に礼拝し、その前に供物を捧げている。

左上：『ポートロイヤル到着）』と題されたブリーによる1591年の版画。ルモアーヌの水彩画を再現したもの。ルモアーヌは、フランスのユグノー教徒探検家であるジャン・リボウとルネ＝グーレーヌ・ド＝ロードニエールとともに、フロリダとサウスカロライナへ旅をした。リボウ率いる1562年のフランス遠征隊がサウスカロライナのポートロイヤルに建設した植民地は、短命ではあったがスペインの新世界支配に対する挑戦のはしりだった。この版画には、この地域の環境と野生動物、先住民の野営地が描かれている。

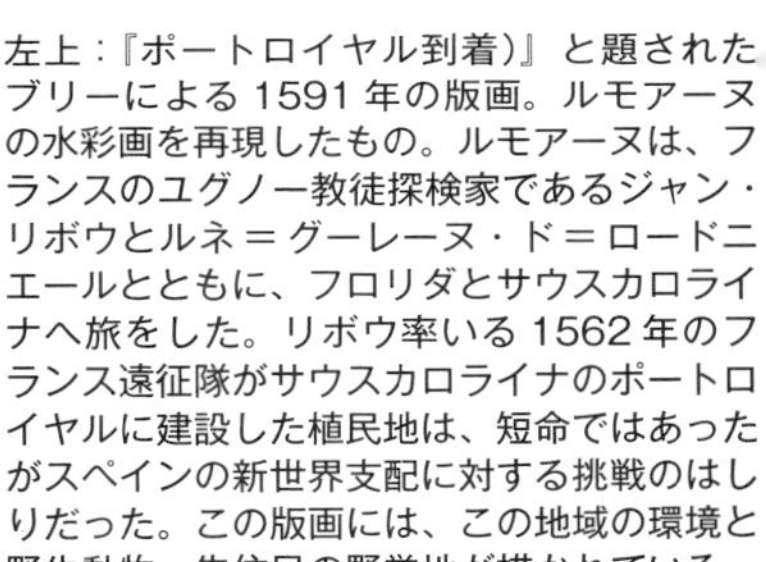

上：グアナバラ湾（現在のリオデジャネイロ）にあった、南極フランスと呼ばれたフランス植民地のコリニー砦へのポルトガル人の攻撃を描いた、16世紀のフランス版画。

左：サミュエル・ド・シャンプランは、新世界への3度目の航海で到達した土地の近くに植民地をつくり、ケベックと名づけた。シャンプランの探検はケープコッドにある現在のチャタムにまで及んだ。この1893年頃の印刷物は、シャンプランがカナダの自然を調査しているところ。

上：18 世紀中ごろ、ケベック植民地は都市としてかなり繁栄していた。旧世界の画家たちが描いたほかの新世界共同体の絵と同様、ドイツの彫版師フランツ・クサーヴァ・ハーバーマンによるこの 1770 年ごろの彩色版画でも、典型的なヨーロッパ大都市として理想化されたケベックが描かれている。

左：1869 年にフランシス・アン・ホプキンスが描いた、ヌーベル・フランスの自然の中を輸送カヌーで進んでいく、ハドソン湾会社に雇われた“ヴォヤジェール”。ヴォヤジェールがフランス人にとって重要だったのは、狩りの腕はもちろん、遠く離れた毛皮交易所まで荷物を運ぶ能力があったからだ。

左：ヌーベル・フランス全体で最も忙しかったのは、毛皮の売買と交易の初期に建てられたいくつもの交易所で、フランス人に雇われた“クーレル・デ・ボア”（森の走者）とアメリカ先住民が住んでいた。毛皮はヨーロッパでは贅沢品で、17 世紀まではビーバーのフェルトが紳士用帽子に広く使われていた。この絵は 1630 年ごろに流行した毛皮の縁取りのあるコートと帽子で身を飾る紳士。

右：アルマン＝ジャン・デュ・プレシ（リシュリュー枢機卿）は、教会と国家の両方で高い地位にあった。1622 年に枢機卿に叙せられ、1624 年から死去する 1642 年まで国王ルイ 13 世の宰相をつとめた。この肖像画はフランドル生まれの画家フィリップ・ド・シャンパーニュによって 1642 年ごろに描かれ、彫刻家のフランチェスコ・モーキによる胸像をつくるためローマに送られた。

下：1702 年にニコラ・ド・フェーによって描かれ、『興味深い地図』として発表された地図。フランスが所有権を主張していた北アメリカ領有地の広大さがわかる。このころのカナダ、つまりヌーベル・フランスはフロリダと接していた。

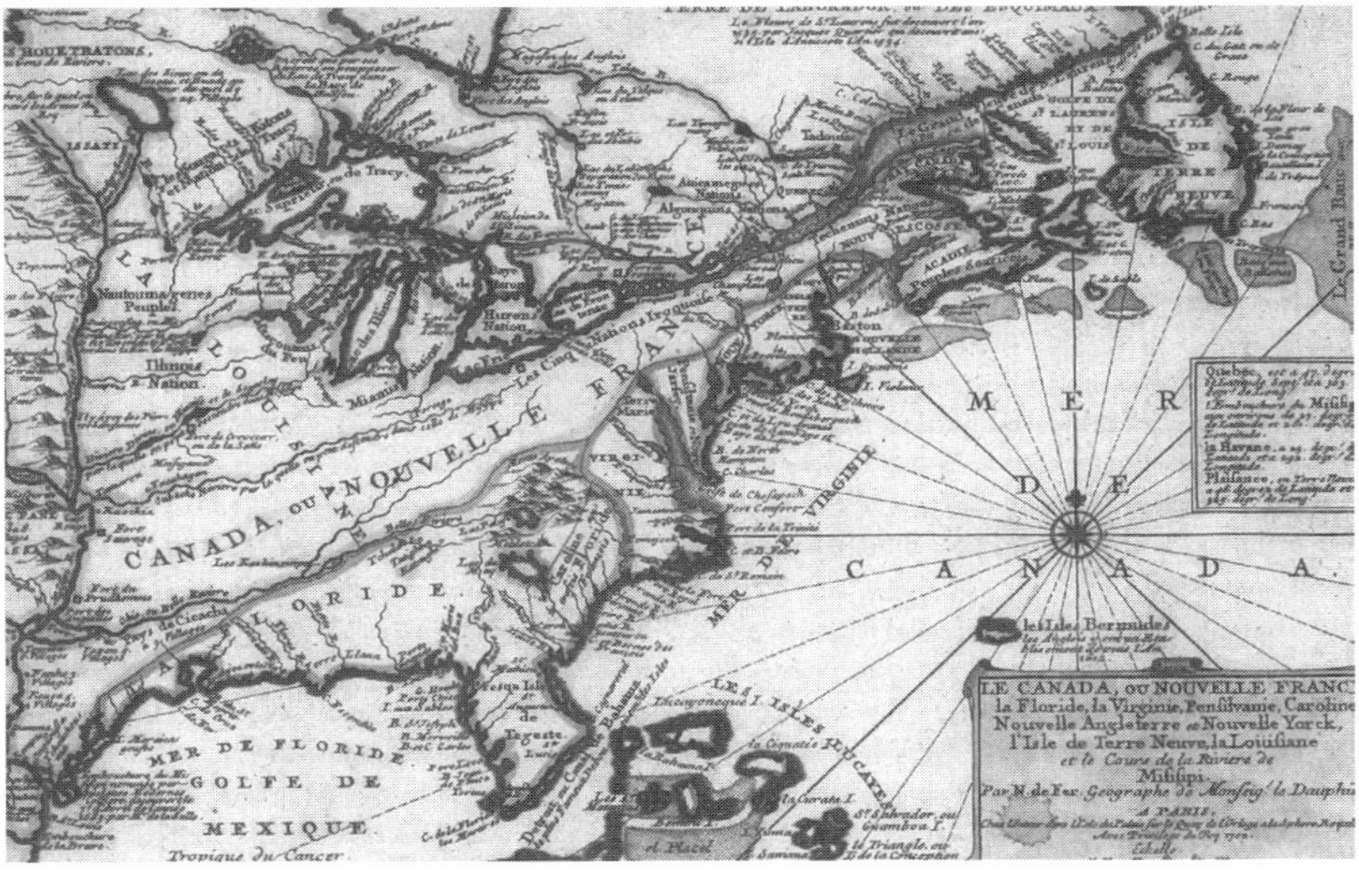

一五六四年の三度目の植民地化計画では、レネ＝グーレーヌ・ド＝ロードニエールと三〇〇人の兵、植民者たちが現在のフロリダ州ジャクソンヴィル近くのカロライン砦に入植しようとした。スペインの反応は素早く、一五六五年にペドロ・メネンデス・デ・アビレスが指揮する小軍勢を、ユグノー教徒を粉砕するために送り出した。この戦いは大虐殺となり、メネンデスはフランス人入植者を殺戮しただけでなく、その死体を切り刻んで近くの川に捨てる命令まで出している。この残虐な行為には、スペイン領地を侵略しようという将来の試みをくじく意図があり、実際にも効果的だった。フランスはミシシッピ川の河口にニューオーリンズをつくる一七一八年まで、現在のアメリカ南部で拠点をもつことができなかった。

このように、初期に新世界でのスペイン支配への挑戦に失敗したことで、フランスは北アメリカでの本当の関心、つまり繁栄する毛皮貿易の確立に専念することになる。フランスは、ヨーロッパ中で生まれていた、紳士たちからの毛皮の帽子と毛皮の縁取りのあるコートへの巨大な需要を確保したかったのだ。

一六〇八年、サミュエル・ド・シャンプランは、先住民たちがケベックと呼んでいた地域に小さな植民地をつくった。これが現在のケベックのはじまりだ（七〇年前につかの間だが、ジャック・カルティエはケベックのカップ・ルージュの近くに入植地をつくっていた）。一六一一年の夏、シャンプランは現在のモントリオールとなる地域へと旅をしている。カナダに点在したフランス支配地は、広大な地域に線のように延びていたことに特徴があった。そのほとんどが毛皮交易所をかねており、商人を守るために兵隊が配置されていた。大半の支配地は毛皮の輸送に便利な湾や川近くにあり、はるか遠くのニューオーリンズにまで達していた。

毛皮貿易が盛んになると、二種類のフランス人に頼るようになった。許可をもたずに森で狩りと交易をおこなう、森の走者《クーレル・デ・ボア》と呼ばれる無法者と、毛皮を求めて森を越え、広大なカナダ平野にまで足を踏み入れ、通常はカヌーで旅をするヴォヤジェールだ。フランス人の狩りと貿易のやり方はスペイン人とは正反対で、多くのアメリカ先住民部族と親しい関係をもつという特徴があったが、これは先住民の狩人と猟師が必要だったことから生じたものだ。多くのフランス人猟師や交易商人がアメリカ先住民と一緒に暮らしただけでなく、先住民女性と結婚もしていた。

結局のところフランスは、彼らがヌーベル・フランスと名づけたアメリカ北部の領有地を保持することができなかった。失敗のほとんどの原因は、彼らが永続的な植民地と多様な経済ではなく、毛皮だけに興味をもっていたからだ。しかし、別の理由もある。

アメリカ北部の野生地帯に植民地を確立しようとしたとき、フランス政府は自国の貴族社会制度を新世界にも適用しようとしていた。アメリカに封建制をもちこもうと試みていたことが最もはっきりわかるのは、新世界のフランス領有地を統合して強大な帝国にしようとしたフランスのリシュリュー枢機卿による計画だ。ヌーベル・フランス会社と名づけた団体を設立したリシュリューは、湖や川沿いの広大な土地を与えられた封建領主《セニョール》と呼ばれる貴族たちの社会をつくった。セニョールたちは、彼らの土地を耕作するためのアビタン、つまり入植者を連れてくる責任があった。しかし、ヌーベル・フランスにやって来た入植者たちは、土地を開墾して耕すことより毛皮のほうに興味をもってしまった。また、入植地は広大な土地に点在していたために、入植者たちがこっそり森へ入って自分たちのために狩りをしたり毛皮の取引をするのは簡単だった。つまり、リシュリューの計画は実行可能ではなかったのだ。

これに加えて、新世界へ来るためにフランスを去った人びとは、気候の良いカリブ海の島々に移住することを好んだ。たとえば、一六六〇年代ごろのハイチにいた一万五〇〇〇人というフランス人植民者の数は、当時のヌーベル・フランス全体の植民者数の五倍だったのだ。結局、景気の良い砂糖とタバコという作物のある西インド諸島のフランス領こそが、新世界におけるフランス最大の成功だった。

北を支配するイギリス

南北アメリカを最初に植民地化したのは、スペインとポルトガルだった。そのスペインの新世界での勢力に最初に挑戦したのはフランスだ。しかし、最終的に大陸の支配に成功したのは、北アメリカ領有をめぐる競争に本気で参加してきた最後のヨーロッパの強国、つまりイギリスだった。

イギリスも、初めから順調だったわけではない。一五三八年、北アメリカで初のイギリス支配地を確立したいと願っていたイギリス人航海家サー・ハンフリー・ギルバートは、エリザベス一世から勅許を得て、小艦隊を率いてニューファンドランドへと船出した。しかし彼はわずか一カ月滞在したのち、補給物資を求めて故国へとって返す。残念ながら、彼には運がなかった。大西洋をイギリスへと航行中の彼の船《スクイール》は忽然と消え失せ、二度と現れることはなかった。

ギルバートの異父弟だったウォルター・ローリーは、兄の災難を悲しみつつも、その失敗を好機と考えた。長身の美男子であり、きわめて雄弁だったローリーは、エリザベス一世の寵愛を受けていた。そして彼には、強烈な目的意識があった。友人には「かならずや、アメリカをイギリスの国土にしてみせる」と語っていた。また彼は、打ち立てる植民地について明確な考えを抱いていた。ギルバートがニューファンドランドに植民者を連れて行くのは社会実験だと考えていたのに対して、ローリーの公言する目標は「ただの交易所や駐屯地ではなく、永続的に存続する本物の植民地」を設立することだったのだ。

サー・ウォルター・ローリーはさまざまな才能に恵まれ、多くの業績を残した人物だった。優れた詩人であるとともに軍人であり、ヴァージニアでのイギリス植民地設立を試みる前には、アイルランドの反乱鎮圧を手助けし、アイルランド沖にあるスペインやイタリア海賊の隠れ家の壊滅に成功していた。タバコの普及には彼の役割が大きいと考えられており、アイルランドにジャガイモを持ちこんだのも彼だという真偽不明の逸話もある。この 1585 年の細密肖像画はイギリス人画家、ニコラス・ヒリアードによるもの。

独身を通したためにヴァージン・クイーンと呼ばれるエリザベス１世は、アメリカにイギリス初の植民地を設立しようというサー・ハンフリー・ギルバートの計画を支援した。大英帝国を 45 年間にわたって治めたエリザベス１世にちなんでエリザベス朝時代と呼ばれるようになった時期は、世界でイギリスの権力と影響力が非常に強まった時代だった。『アルマダ・ポートレート』はスペイン艦隊（背景の窓の向こうに描かれている）を破ったことを記念して、ジョージ・ガワーが 1588 年ごろに描いたものだ。女王の権力が世界に及ぶことが、地球儀の上に置いた手で表現されている。

ローリーは一五八四年初めに冒険を開始した。植民地樹立にふさわしい土地を探すために、フィリップ・アマダスとアーサー・バーロー率いる二隻の船を派遣したのだ。六月に現在のノースカロライナ沿岸にある島々へと到達した彼らは、しばらく現地を探索し、先住民たち（特にロアノーク島）を観察したのちに、そこは植民地にふさわしいだけでなく、南にあるスペイン植民地を襲撃するのに絶好の場所だという結論に至った。彼らは現地の動植物の標本と先住民二人、その地域と居住民についての詳細な報告書をたずさえてイギリスへと戻る。ローリーの弟分のひとりであるアーサー・

上：ジョン・ホワイトが描き、ブリーが彫った地図の1590年のドイツ版には、ヴァージニア沿岸へのイギリス船の到着が（海の怪物も）描かれている。ウィアペメオックとシコタンという2つのアメリカ先住民部族の領土と、河口の島にあるロアノーク植民地が判別できる。

下：ロアノーク島にイギリス初の植民地を確立しようという試みは、惨事と謎を残して終わった。現在の私たちがこの計画を知っているのは、ジョン・ホワイトが島を離れる前に描いた絵があるからだ。1590年に発表されたヴァージニア植民地の地図は、ホワイトがロアノーク島にいたときに描き、ブリーが彫ったもので、ルックアウト岬からチェサピーク湾までのノースカロライナ沿岸が含まれている。トリニティー湾近くのロアノーク島（Roanoke）は、下中央に「Roanoac」として描かれている。

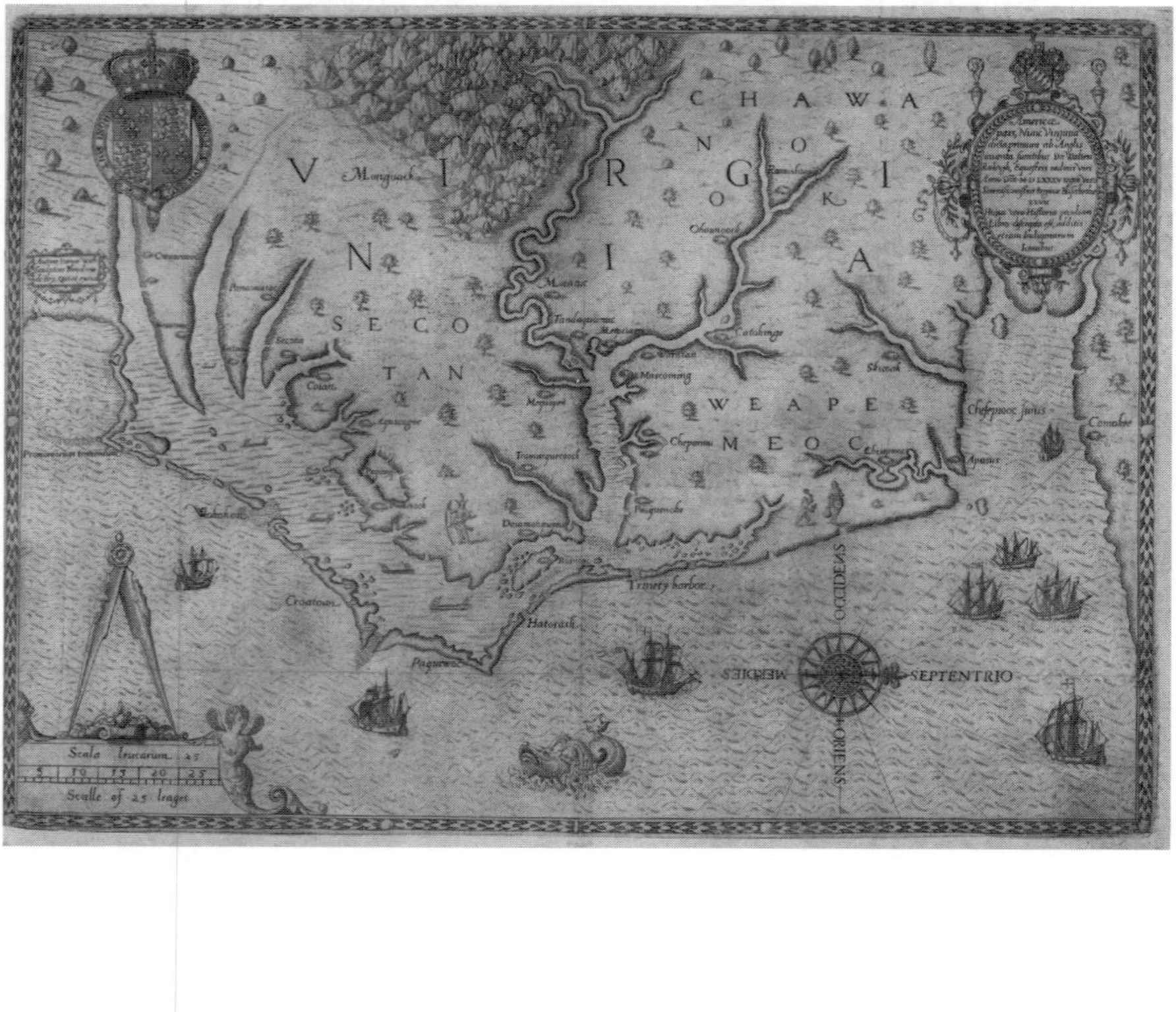

バーローが書いた報告書『一五八四年のロアノーク島への初航海（*The First Voyage to Roanoke, 1584*）』は、リチャード・ハクルートによる『イギリス国民による主要航海術と航海、そして発見（*The Principall Navigations, Voiages, and Discoveries of the English Nation*）』（一五八九年）で初めて発表された。バーローは、遭遇したアメリカ先住民について興奮気味に語っている。「われわれは大いなる愛情と好意、さらには彼らの礼儀にかなうように、できる限りのさまざまな恵みでもてなされた。この人びとは非常に穏和で愛情に満ち、誠実で、いかなる策略も裏切りもなく、黄金時代のように生きている……彼らの食事は申し分なく〔トウモロコシと豆と一緒に煮こまれ〕、きわめて美味で風味豊かなスープをつくる。彼らの鍋は陶製で……皿は柔らかい木でできており、住まいの中で食事をし、彼らのあがめる神について驚くようなことを語る。」

探検家の報告書に力を得たローリーはただちに動きだし、一年もたたないうちに「ヴァージニアで最初の植民地」を確立するために、いとこのサー・リチャード・グレンヴィル率いる七隻の船団を派遣した。しかしロアノーク島の北端に着陸後まもなく、グレンヴィルたちは先住民たちとの数々の面倒な出来事に巻きこまれる。にもかかわらず、充分な植民者がいれば問題はすべて克服できると信じていた彼は、一年以内に戻ってくることを約束して、ラルフ・レイン指揮下の一〇〇人をロアノーク島に残していくことにした。イギリスへ戻って、より多くの植民者と物資を集めるつもりだったのだ。

一年がたち、二年目も三年目も過ぎた。それでも、グレンヴィルたちは戻ってこない。そしてついに、食糧不足とさまざまな部族のアメリカ先住民からの恒常的な危険にさらされていた植民者たちは、船の姿を目にした。だがそれは、グレンヴィルではなかった。カリブ海のスペイン領有地への襲撃に勝利して母国への

サー・フランシス・ドレイク

　新世界開拓というドラマで活躍したすべての人びとの中で、サー・フランシス・ドレイクほど豪胆、かつ恐れられた人物はいない。多くの功績の中での偉業といえば、地球を一周した最初のイギリス人となったことだ（1577 ～ 80 年）。また彼は、大英帝国が 120 隻以上のスペイン艦隊を打ち負かすという、最も有名な海戦での勝利のひとつをあげた 1587 ～ 88 年に、イギリス艦隊副司令官をつとめていた。スペイン無敵艦隊《スパニッシュ・アルマダ》として名を馳せていたスペイン船隊がフェリーペ 2 世によってイギリス沖に送られたのは、スペインの新世界領有地と大西洋を往来する財宝を積んだ船へのイギリスの襲撃を止めさせるためだった。ドレイクはのちに、スペイン財宝の奪取に最も成功したイギリス“海賊”となった。

1585 年から 1604 年のあいだに、イギリスとスペインは何度も戦った。正式な宣戦布告のなかったイギリス＝スペイン戦争は、経済と政治、宗教における支配をめぐる争いだった。エリザベス女王は 1587 年にドレイクを派遣し、スペインの意表を突いてカディス港に大胆な攻撃をしかけた。フランシスコ・デ・スルバランによる絵画『カディスにおけるイギリスへの防衛』（1634 年）では、戦いの描かれた垂れ幕の前に立つスペイン指揮官たちが、結局は役に立たなかった防衛策を練っている。

海賊として功績をあげたサー・フランシス・ドレイクは大英帝国のいたるところで有名になり、この無名画家による 1580 年ごろの作品のような肖像画は大変な人気を呼んだ。

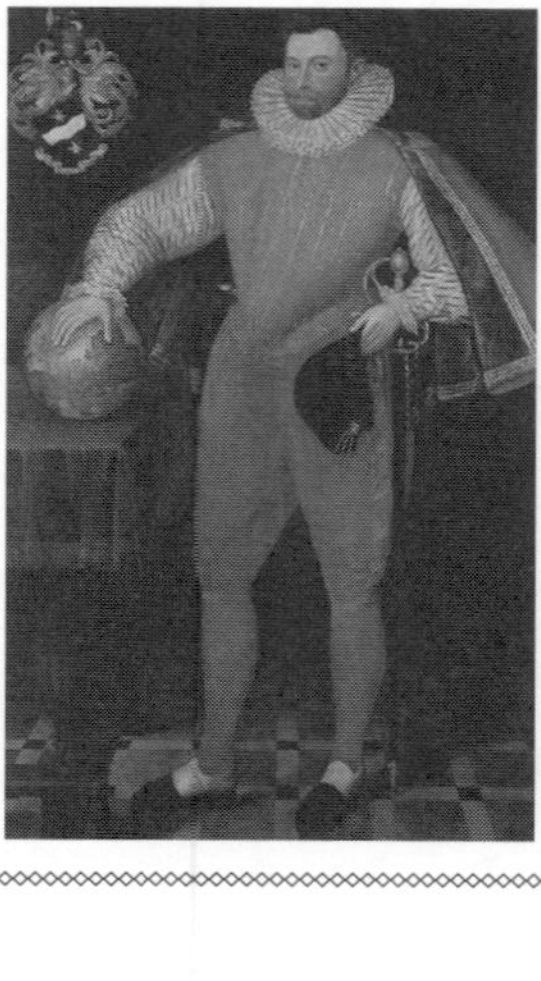

画家のロバート・アダムスと版画家のオーガスティン・リザーによる、1588 年の戦いを描いた地図シリーズの一部。1590 年に出版されたペトルッチオ・ウバルディーニによる『1588 年のスペイン艦隊に関する論文』のために制作された。イギリス艦隊とスペイン艦隊がドーバー海峡のすぐ北で真正面に向き合った（右上）戦闘の山場が描かれている。

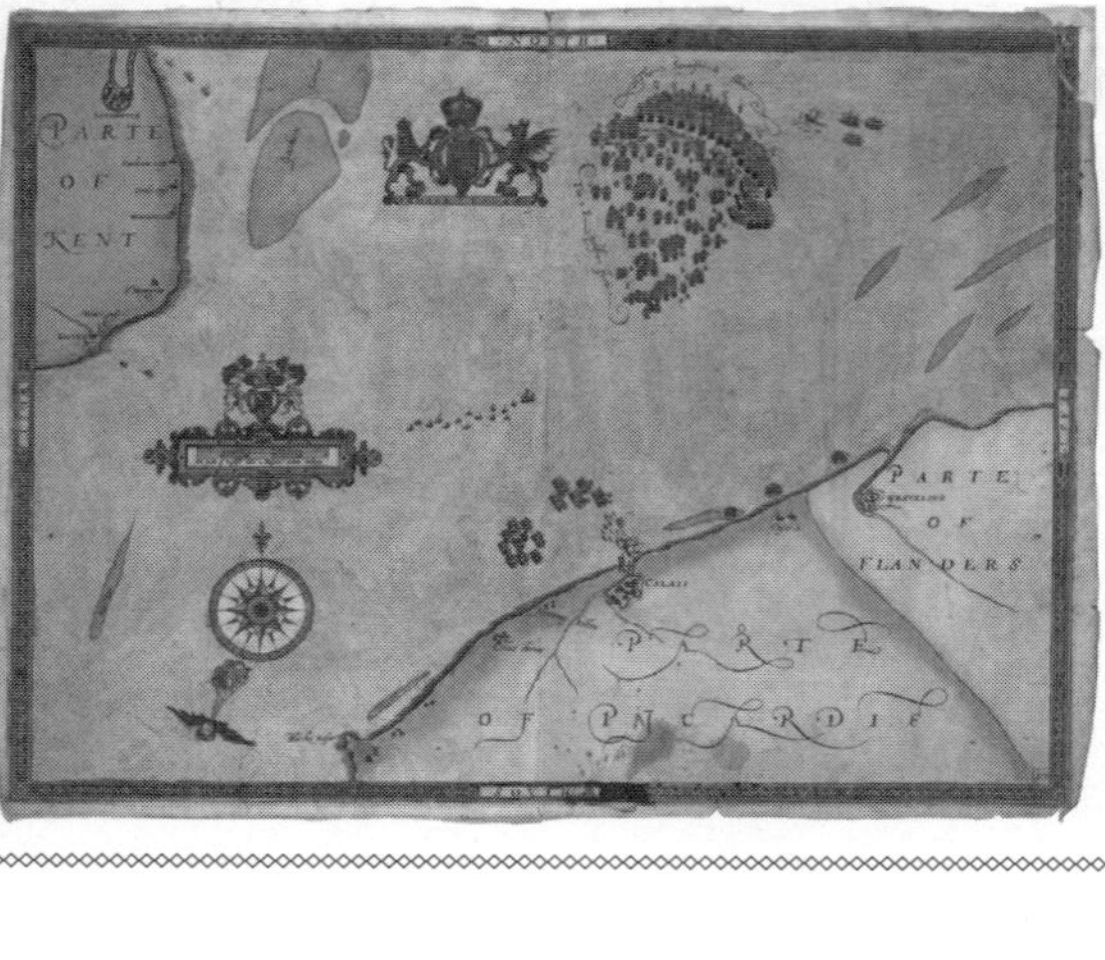

船を襲い、荷物を強奪したサー・フランシス・ドレイクがおこなっていたような海賊の伝統は、はるか昔のギリシャ・ローマ時代にまでさかのぼる。古代ではエトルリア人とトラキア人がおこなって悪名を馳せた海賊行為は、オスマン帝国とバーバリ諸国（アルジェ、モロッコ、トリポリ、チュニス）のために海賊をするバーバリ海賊によって絶頂期を迎えた。16世紀初頭から19世紀まで、バーバリ海賊はアフリカのバーバリ地方沿岸から地中海にいたるまでの船を襲っていた。呼び名がパイレーツでもプライヴァティアでも、あるいはバッカニア、カーパー（オランダ語）、フリーブーター（英語）、フィリブスティエ（フランス語）であっても、海上で暴れまわる彼らは大衆によく知られる存在となった。中でも悪名高いサー・ヘンリー・モーガンやキャプテン・ウィリアム・キッド、ジャン・ラフィート、エドワード“黒髭”ラフィートなどのことは、誰もが知っていた。しばらく海賊に参加していたと信じられていたフランス人医師、アレクサンドレ・エクスキュミランによる1678年の『アメリカの海賊』では、扉にカリブ海の島々と中南米沿岸に集結しているイギリスやフランス、オランダの海賊船が描かれている。

ドレイクは、財宝を積んだスペイン船への襲撃に何度も成功しただけでなく、カリブ海のスペイン入植地への攻撃にも成功している。1586年のセントオーガスティン攻撃を描いたジョン・ホワイトによる1589年の地図は、現在のアメリカ合衆国にあったヨーロッパの街が描かれた最も早い時期のもののひとつだ。

帰途にあった、サー・フランシス・ドレイクだったのだ。植民者たちの生存を危ぶんだ彼は、一緒にイギリスへ戻るように説得した。皮肉なことに、そのほぼ直後、イギリスとスペインとの長引く争いで四年も遅れたグレンヴィルが救援隊とともに到着した。さびれた植民地に危機感を抱いた彼は、ただちに帰国する決断をした。それでも彼は、新世界でのイギリス領有地を維持し、ローリーの望みをかなえるために、勇敢な十五名の男を残していった。

ローリーはくじけなかった。一五八七年には、友人である画家のジョン・ホワイト（第3章コラム「新世界を描いた絵」参照）に率いられた、男性九十一名と女性十七名、子供九名という新たな植民隊を送り出した。一五八七年七月二十二日にロアノーク島に上陸した彼らは、現地にいるはずの十五名の男たちの姿が見えず、骨しか見つからないことに狼狽した。ホワイトと植民隊は、その地域で白人に友好的な唯一の部族だと名乗るクロアタン族と出会う。彼らによると、残った男たちは別の先住民部族に襲われ、生き残った九名は船に乗せられて北上していったという。

ホワイトは、ローリーと同様に、北アメリカをイギリスの領有地にするという強い決意をもっており、その場所に留まって永続的な植民地を建設しようと新しい植民者たちを説得した。この植民隊の中には、アメリカで初めて生まれたイギリス人の子供である、彼自身の娘もいた。一年以上のあいだ、彼は植民者の先頭に立って生き残ることに奮闘した。しかし、物資が不足しはじめ、アメリカ先住民からの攻撃に対抗するにはさらに人数が必要だと認識するようになる。そしてついにホワイトは、植民地再建のためにはイギリスへ戻る必要があると考えるに至った。

二年後、ホワイトはロアノーク島へと戻ったが、新たな植民者は引き連れていなかった。スペイン艦隊への反撃にほとんどのイギリス船が徴収されていたために船を見つけることができず、カリブ海襲撃のあとでロアノーク島へ降ろすと約束した私掠船《しりゃくせん》に乗せてもらうことしかできなかったのだ。ホワイトと私掠船がたどり着いたロアノーク島には、誰もいなかった。残された唯一の手がかりは、柱に彫られた「クロアタン」という言葉と、近くの木に刻まれた「クロ」という文字だけだった。植民地の名残はそれだけだったのだ。この謎は、現在に至るまで歴史学者たちを悩ませている。

北アメリカを植民地にしようというイギリスの次の企ても、やはり悲劇に終わった。一六〇七年五月十四日、《スーザン・コンスタント》と《ゴッドスピード》、《ディスカヴァリー》の三隻がヴァージニアのジェームズ川へと船出し、植民者になるはずの一〇四名は、上陸した土地をジェームズタウンと名づけた。災難に見まわれた航海だった。大西洋を渡る途上で、三十九名が壊血病で死亡していた。残った多くも、荒野を切り開いての植民地建設向きとは思えなかった。彼らは農民でも職人でもなく、新世界に金《きん》を求めてやってきた紳士《ジェントリー》たちだったのだ。

彼らは新しい土地をジェームズタウンと名づけたが、スミスタウンと言った方がはるかに適切だっただろう。時がたつにつれて、最初のイギリス植民地の存続はほぼすべて、あるひとりの男の努力と能力にかかっていることがはっきりしたからだ。そのジョン・スミスは二十七歳という若さながら、金目当ての軍人としてすでにヨーロッパ中を旅していた。雄弁で多作家だったスミスが書いた文章が、結果として〝新世界への壮大な移住〟とのちに言われる出来事を引き起こすことになるのだが、彼はまた優秀な組織者であり、人を鼓舞する名人だった。ジェームズタウンでの彼は常に、入植者のあいだに生まれた対抗集団同士の争いを仲ジョン・スミスは、軍人かつ船乗り、作家、地図製作者、さらには根っからの冒険家だった。しかし最も有名なのは、みずからが探検して名づけ、地図を作成して描いたニューイングランドの“創設者”としてだ。スミスによる1630年の『ジョン・スミス船長による真実の旅と冒険、報告』には、誇らしげに甲冑に身を包み、左手を剣の柄に置く姿がある。

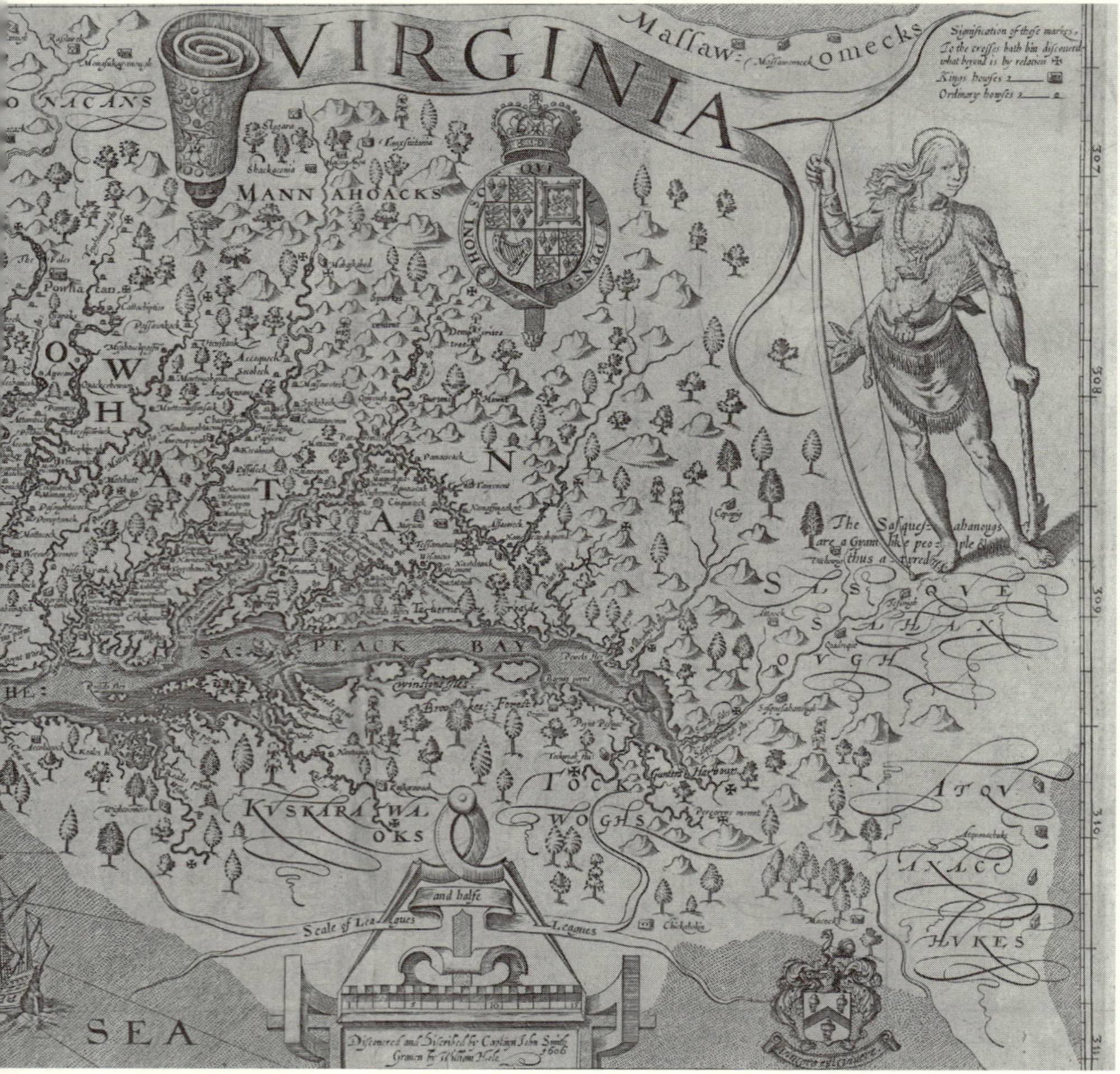

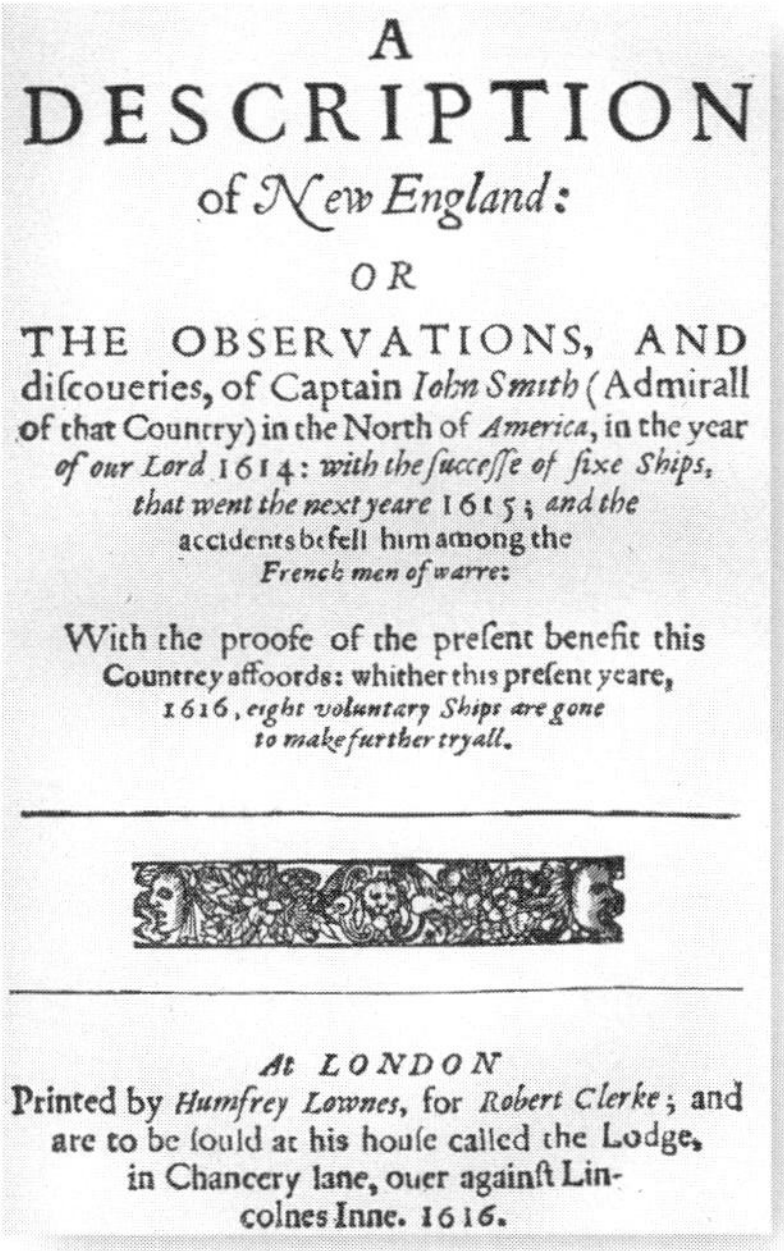

A
DESCRIPTION
of New England:
OR
THE OBSERVATIONS, AND
discoueries, of Captain Iohn Smith (Admirall
of that Country) in the North of America, in the year
of our Lord 1614: with the successe of sixe Ships,
that went the next yeare 1615; and the
accidents befell him among the
French men of warre:

With the proofe of the present benefit this
Countrey affoords: whither this present yeare,
1616, eight voluntary Ships are gone
to make further tryall.

At LONDON
Printed by Humfrey Lownes, for Robert Clerke; and
are to be sould at his house called the Lodge,
in Chancery lane, ouer against Lin-
colnes Inne. 1616.

新世界への植民時代に最も影響力のあった著作のひとつ、ジョン・スミスの『ニューイングランドについての記述』（1616 年）の扉。「この国がもたらす現在の恩恵」という言葉が、ピルグリムがアメリカに宗教的、政治的自由を求めるきっかけとなった。

ポカホンタスの人生は多くの伝説にいろどられている。確かなのは、最終的にイギリス人入植者ジョン・ロルフと結婚し、洗礼を受けたことだ。1870 年ごろの版画では、ポカホンタスがジョン・スミスを救ったといわれる場面が描かれている。

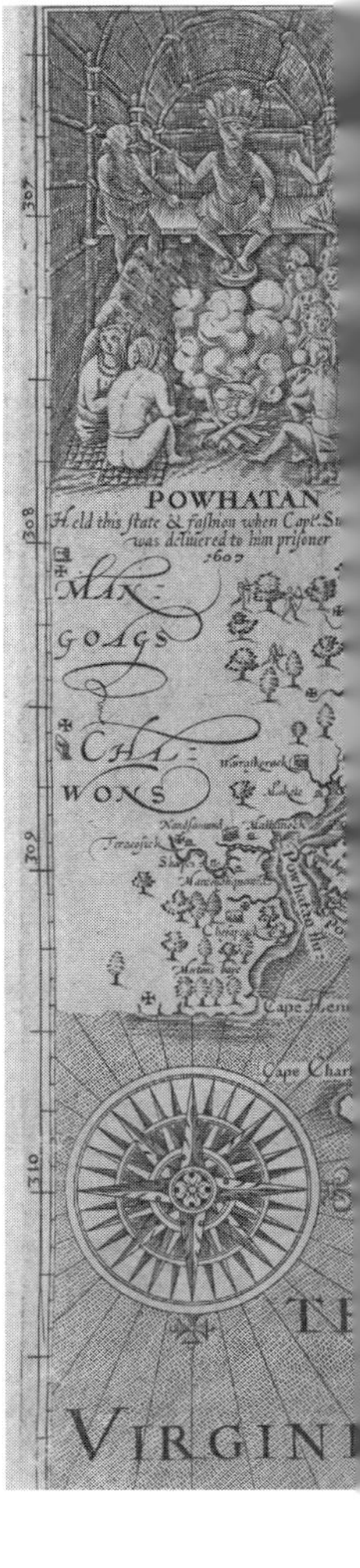

ジョン・スミスによって 1606 ～ 08 年頃に描かれた初めてのチェサピーク地域の詳細地図は、彼自身の探索とアメリカ先住民から手に入れた領地の記述がもとになっている。1612 年に初めて出版されたとき、版画家のウィリアム・ホールによるインディアン指導者パウハタンの館の描写が付け加えられた。スミスは、1607 年 12 月に捕らえられ、ポーハタン族の族長と会うためにジェームズタウンの北へと連行されたという、ロマンチックだが裏付けのない話をくり返し書いている。1616 年のアン女王への手紙では、まさに処刑されようとしたとき、族長の娘のポカホンタスが彼の上に身を投げ出したと主張しており、「私が処刑されようとするとき、彼女がみずからを危険にさらして懸命に私の命を守り、そればかりか彼女の父親まで説き伏せてくれたおかげで、私は無事にジェームズタウンまで案内してもらえました。」

裁していた。最も役立ったのは、金を探す集団を説得して実りのない探索を止めさせ、植民者が生きていくために必要な農業や、そのほかの労働につかせたことだ。

スミスの快活な激励と助けに背中を押されて、井戸が掘られ、石鹸製造がはじまり、漁網が編まれ、そして最初の作物が実った。最終的には充分な木を伐採できたため、木材はイギリスへ輸送され、その交換として物資が安定的に入ってくるようになった。このときに初めて確立された大西洋間貿易は、やがて植民地時代を通して、イギリス植民地と母国のあいだに結ばれた生命線となる。

スミスは一六〇九年に奇妙な火薬事故で深刻な火傷を負い、イギリスへ戻ることを余儀なくされた。しかし彼がアメリカを後にしたとき、スペイン支配のフロリダ北部での初の英語圏植民地となる入植地が彼の意志によって確立していた。さらに、大英帝国における最も重要な初期アメリカ植民推進者としての彼の役割は、まだ終わっていなかった。

スミスは一六一四年に再び新世界に戻ってきたが、今度は植民者としてではなかった。ロンドンの二人の商人に雇われて、捕鯨のために大西洋を越えてきたのだ。現在のメイン州沿岸を航行しても、クジラの姿は見あたらなかった。しかし、この航海ははるかに重要な結果をもたらす。南のケープコッドに至るまで航行したスミスは、目にしたすべての湾と入江を地図におさめ、さまざまな場所にプリマスやケンブリッジ、ダートマスなどのイギリスの地名をつけていった。イギリスに戻ったときに自分の発見を出版した『ニューイングランドについての記述（*A Description of New England*）』では、それまでは北部ヴァージニアとして知られていた土地に、まったく新しい名前を与えている。

スミスはアメリカの桁外れの可能性を同時代の誰よりも理解しており、新世界でのイギリス植民地建設を

ピルグリムの指導者ウィリアム・ブラッドフォードは、厳冬のケープコッドへの上陸について『プリマス・プランテーションの歴史』(1650年頃)の中で、「われわれはひざまずいて、われわれを広大で荒れ狂う海を越えて連れてこられ、あらゆる危険と苦難から救い出された天上の神を祝福し、そしてふたたび、力強い大地へと足を踏み出した」と書いている。この1846年ごろのリトグラフは、上陸場面を再現したもの。

推進することにほぼ全精力を傾けた。もしイギリス人が「美徳と雅量をもっていさえすれば、このような精神は後世のために基礎をつくりあげることより、ずっと好ましい」と、彼は書いている。彼自身の経験について述べたときには、「私は、この世界の四つの全地域で人の住まないところを見たことがない。植民地への輸送手段さえあるならば、私はむしろほかのどこよりもそこに住みたい」と付け加えている。

それから五年もしないうちに、スミスの努力がある結果を生み出した。英国国教会の支配から逃れてオランダへと移り住んだ宗教集団が、スミスの『ニューイングランドについての記述』に大きな関心を抱いたのだ。子供たちがイギリス人ではなくオランダ人になりつつあると心配し、干渉されることなくみずからの宗教観を実践できる場所で新しい生活を始めたいと考えていた彼らは、大胆な決断をした。勇敢にも危険な大西洋を航海して、スミス

原野のただ中で暮らすピルグリムたちが、武装した仲間に護衛されて教会へと向かう様子を描いた1893年ごろの版画。ブラッドフォードはピルグリムの到着について「今や彼らには、自分たちを歓迎する友人もなければ、もてなして疲れた体をいやしてくれる宿もなく、訪ねたり助けを求める家も、ましてや町もない」と『プリマス・プランテーションの歴史』の中で書いた。

マサチューセッツ湾植民地の初期の歴史における重要人物ジョン・コットン師の肖像画。この絵からもわかるように、ピューリタンは厳格な集団だった。宗教的にはピルグリムより保守的でさえあったが、商業活動で利益を求めるときに信仰が妨げになることはなかった。この絵は、1930年にイラストレーターのハワード・E・スミスが描いたもの。

が情熱をこめて描写した新たな土地で、自分たちの共同体をつくろうと考えたのだ。

一六二〇年七月二〇日、ピルグリムとして永遠の名を残した人びとは、《スピードウェル》と《メイフラワー》という二隻の船に乗りこみ、オランダを出発した。出航して間もなく、《スピードウェル》が航海に耐えないことが明らかになり、二隻ともイギリスの港へと向かう。そこで、《スピードウェル》から《メイフラワー》に受け入れられるだけの乗客が船を移った。子供を含む男女一〇二名が《メイフラワー》に乗りこみ、出発の準備が整ったのは九月なかばだった。冬が足早に近づいている中で海を渡ることを余儀なくされることになったのだ。

一度ならず凪と嵐に翻弄されたピルグリムたちは、戻ることも考えた。しかし、一六二〇年十一月一〇日に陸が見えてきた。彼らがたどり着いたのは、ジョン・スミスが最初に描写した土地、ケープコッドだった。実は彼らは、オランダを発つ前にスミス自身から同行の申し出を受けたものの、それを断っていた。スミスは彼らが断った理由を、『ジョン・スミス船長による真実の旅と冒険、報告(*The True Travels, Adventures, and Observations of Captaine Jon Smith*)』(一六三〇年)の中で、「私の本と地図の方が、私自身が手ほどきするよりずっと安価だったからだ」と書いている。

ピルグリムたちが目にしたケープコッドは荒涼とした吹きさらしの土地で、砂丘とヒイラギガシばかり

1821年にイギリスの版画家リチャード・ホームズ・ローリーが発表した版画は、タバコ・プランテーションで働く奴隷を描いている。注目すべきは、中心部分にホタテの貝殻や樽、錨が描かれていることで、これはプランテーションと海運との関係を象徴している。

が目立った。彼らは入植に理想的とはとても言えない土地を離れ、岬を回ってハドソン川へと向かう。しかしすぐに浅瀬と危険な海流に出くわしたため引き返し、十一月十一日に現在のプロビンスタウンの浜辺に船を着けた。ここに停泊しているあいだに彼らが書いて署名したのが、有名な〈メイフラワー契約〉だ。入植者たちはこの契約に書かれた規則に従うことに同意し、ピルグリムの指導者たちは、やがて設立される政府は統治される人びとの承認によって権限を得ることになると正式に確認した。彼らはその後六週間にわたって好ましい場所を求めて航海を続け、やっと十二月後半にプリマスの浜辺に到着し、そこを新世界での我が家とすることに決めた。

その後もきびしい状況が続いた。勤勉な入植者たちが家を建て、時には埋もれていたトウモロコシを見つけたり、魚を獲ったりしたものの、最初の冬で入植者の半数が死亡した。だが春には新しい作物が芽吹き、彼らは生きながらえることができた。この入植地が存続できたことが、故国イギリスで旧世界ではなく新た

チャールストンに立ち並ぶ建物と港の光景は、1762年に『ロンドン・マガジン』に掲載された。

青い染料としてのインディゴの使用は古代までさかのぼり、当時はインディゴ染めの衣服は富の象徴と考えられていた。サウスカロライナと同じく、ジャマイカ島でもインディゴは主要な新世界の作物だった。C・T・ミドルトンによるインディゴ・プランテーションを描いた版画は、ロンドンで出版された『新たで完全な地理体系』（1778～79年）に掲載されている。

な世界を求めている何千人もの人びとに刺激を与えた。

ピルグリムに続いた最初の入植者は、清教徒《ピューリタン》だ。彼らもまた英国国教会への反対者だったが、ピルグリムよりさらに過激だった。彼らは教会の支配から逃れること（多くは王の支配からも）、そして彼ら自身の厳格な規則に従って生きることを決意した。大西洋を渡ったピルグリムはほんの一滴《ひとしずく》だったが、ピューリタンは奔流のように海を越えてき

た。最初の七〇〇〇人がマサチューセッツ湾に到着したのは、一六三〇年八月。一六四〇年までには一万六〇〇〇〇人もがそのあとに続き、ほぼ一二〇キロメートルのマサチューセッツ沿岸にそって村を建設した。初めからはっきりしていたことは、増加していく入植者の生活様式は、自然環境によって決まるということだった。きびしい気候や森、岩だらけの土壌のために、農業を大規模におこなうことはできなかった。初期の入植者が、「この地の空気は刺すように鋭く、岩は多いし、木々は無数にある」と語ったという逸話がある。ニューイングランド人が繁栄のために目を向けたのは大西洋だった。「大洋が彼らのプランテーションであり、彼らの猟場だった。鱈などのうろこのある生き物が彼らの作物だった」と、歴史学者のマーシャル・デイヴィッドソンは著書『アメリカでの生活（*Life in America*）』（一九五一年）で書いている。このような生活様式は、マサチューセッツからロードアイランド、コネティカット、メイン、ニューハンプシャーまでのニューイングランド植民地で共通のものだった。

アメリカ南部のイギリス植民地における、ニューイングランドとはまったく異なる様式も、自然環境のために生まれたものだ。ニューイングランドのきびしい冬とはまるで対照的に、南部の気候は温暖で、土壌は肥沃だった。そこは、初期のアメリカ植民地で最も重要な作物になるタバコの栽培に理想的な場所だった（第3章の「新世界の動植物」参照）。タバコ栽培がほぼすぐに利益を生んだため、この作物は南部植民地の経済を支配しただけでなく、この地域の土地と社会的な構造まで決定することになる。この広大な地域はニューイングランドのような工業人口の中心ではなく、近海の諸島で最初に発達したプランテーションよりさらに巨大な農園の集まる場所になった。そして島と同様に、比較的少数の農園主が所有している南部プランテーションのすべてが、繁栄のために奴隷労働に依存していた。一六五三年という初期に、農園主のキャプテン・アダム・ソローグッドは、自分のプランテーションは五三五〇エーカー（約二〇〇〇ヘクタール）にもわたると誇っていたが、この後一〇〇年もたたないうちに、ロバート・〈キング〉・カーターがヴァージニアに所有していたプランテーションは合計で三〇万エーカー（約十二万ヘクタール）以上の広さになっている。

裕福な農園主たちが母国イギリスの恵まれた紳士階級と同様の生活を送ることができた理由は、その制度にある。イギリス人旅行者アンドルー・バーナビーは、彼の本『北米中央部植民地への旅（*Travels in the Middle Settlements in North America*）』（一七五九〜六〇年）で、「すべき仕事もなく戸外での運動や娯楽ばかりの田園生活を、楽しみを控えるよりも生み出してしまう気候で送っていれば、イギリスでキツネ狩りばかりしている農場主のような農園主がごく自然にできあがってしまうに違いない」と書いている。ヴァージニア植民地の大きな都市共同体のひとつに発展したウィリアムズバーグに住む、イギリス生まれの学者牧師ヒュー・ジョーンズの『ヴァージニアの現況（*The Present State of Virginia*）』（一七二四年）には、人びとは「まるでロンドンの紳士そのもののように振る舞い、ほとんどの名門家族は四輪大型馬車《コーチ》か四輪軽装馬車《チャリオット》、ベルリン型馬車〔四輪の屋根付き馬車〕、あるいは幌付二輪軽装馬車《シェーズ》を所有している」とある。

タバコ文化はしだいに南部全体に広がったが、ヴァージニア以外の南部植民地はこの作物だけに依存していなかった。ノースカロライナでは、松ヤニや船舶用樹脂など、イギリス商業の安定に必要な産物が、植民地の成功に欠かせない存在になっていく。サウスカロライナでは、米と、染料として使われるインディゴが、植民地経済にとって重要産物になった。サウスカロライナ植民地総督のジェームズ・ムーア大佐は、イギリスの通商拓殖諸卿委員会あての一七〇〇年三月の手紙で、「閣下たちの治める国では、われわれが船積みしても余るほどの多くの米を生み出します」と報告している。一七五〇年までに、カロライナは大英帝国にとって光り輝く宝石となっていた。『アメリカの農業（*American Husbandry*）』（一七七五年にイギリスで匿名で出版）の著者は、次のように書いている。「ヨーロッパの農業がここカロライナのそれに匹敵できないのは、一目見ただけで明白に違いない……無税の優良な土地がたくさんあり、労働は安く、産物は高価で売れる……これを合わせただけでも、カロライナの農園主にはイギリスの農家よりはるかに大きな好機がある理由を説明するに充分だ……自由が支配し、語るべきほどの税はなく、兵役もなく、農民を奴隷化して労働の果実を盗み取ることへの反対もない。これらすべての明白で大きな利点を考慮すると、今より多くの移民が絶え間なくヨーロッパ各地からやって来ていないことのほうが驚くべきことだと私には思える。」

これらの農産物だけでなく、サウスカロライナはまた、別の宝石も生み出していた。米の貿易が発達する前であっても、チャールストンはカナダからもたらされる毛皮と木材を船積みする主要港だった。この町はしだいに社会的、文化的、商業的な中心地となり、アメリカで最も魅力的な国際的コミュニティのひとつへと発展した。ボストンの弁護士で愛国者、ジョサイア・クインシー・ジュニアは妻にあてた一七七三年三月一日の手紙（一八七五年出版の『ジョサイア・クインシーの想い出（*Memoir of the Life of Josiah Quincy*）』に掲載された）で「建物も装飾も、馬車も、人の数も商業も、海運も、実にすべてのものが壮大で華麗だ」と書いている。アメリカで、チャールストンに匹敵する都市はほかになかった。

オランダ東インド会社

イギリス領アメリカに設立された全植民地の中で、バランスのとれた経済が形成されたのは、中部植民地といわれる地域だ。メリーランドの光景にタバコ・プランテーションが点々と存在していたとき、ボルティモアの優良港は繁栄する商業と輸送の中心となり、西インド諸島向けの挽いた小麦と小麦粉の輸送を盛んにおこなっていた。イギリス政府が特別に重要視していたのはニューヨークだ。なぜなら、フランスとアメリカ先住民による北と西からの脅威に対する防波堤となる位置にあり、そのすばらしい港は、この植民地の将来の発展と繁栄を示唆していたからだ。

ニューヨークは、初めからイギリスの領有地だったわけではない。一六〇二年、オランダ全国会議［十六〜十八世紀のオランダ共和国国家最高機関］はオランダ東インド会社を設立し、アジアで植民地活動をおこなう二十一年間の独占権を与えた。オランダも、スペインやフランス、イギリスと同様に東方への航路を求めていた。一六〇九年、オランダ東インド会社は航路の探索のために、凍った北極を通る航路を探した経験のあるベテランのイギリス人探検家、ヘンリー・ハドソンを雇う。

ハドソンは《ハーフムーン》という小さなオランダ船で一六〇九年に北アメリカに到達し、大西洋岸を航海して大きな川を発見した。彼の名前がつくことになるハドソン川だ。彼の発見報告にもとづいて、オランダはハドソン川沿いの土地すべての領有を宣言した。オランダは一六一四年までにマンハッタン島に交易所を建設し、一六二五年までこの地域に植民者を送りこんで、ニューアムステルダムという名の町と植民地を設立した。

一六六〇年代初頭には、ニューアムステルダムの町は二五〇〇人もが住む、繁栄する港町になっていた。オランダとイギリスは、イギリス植民地のただ中にあるオランダ領をめぐって、初めから激しい緊張関係にあった。この状態がさらに悪化したのは、ピューリタン革命（一六四二～四九年）のときだ。イギリスが国内問題にとらわれているすきに、オランダの貿易船がイギリス領の港へと入りはじめ、品物を値引きして売ったのだ。さらにこのころ、一六四七年の初めからニューネザーランドを治めていたのは、心底オランダ人植民者から軽蔑されていた、傲慢なペーター・ストイフェサントだった。

一六六四年、ついにイギリスとオランダが衝突する。イギリスがニューアムステルダムに四隻のフリゲート艦を送りこみ、降伏を求めたのだ。植民地は実際は非武装だったのに、ストイフェサントはイギリスの要求に抵抗する決心だった。しかし彼が幾度となく怒らせていた植民者からは、何の支援も得られなかった。この総督が一発の弾も撃つことなく降伏をしいられたあと、イギリスはヨーク公に敬意を表して、以前のオランダ領有地の地名をニューヨークと改めた。ヨーク公は兄の国王チャールズ二世から、この地の所有を認められていた。

建設が1729年と遅かったボルティモアは、その初期にはわずか24軒の家と200人の住民しかいなかった。しかし、広々とした港の横に位置していたために急速に発展し、1754年までには、メリーランド総督ホレイショ・シャープからボルティモア卿フレデリック（メリーランド地方全体の総督）への報告にあるように、「この地域で最も発展しつつある町」の姿へと変わっていた。アメリカ人画家のウィリアム・ジェームズ・ベネットによる1831年頃のアクアチント版画には、フェデラル・ヒルからのボルティモアと港の眺めが描かれている。

オランダ東インド会社の船員たちは世界最高の船乗りだった。この会社は世界初の多国籍企業であり、世界で初めて株を発行した会社でもあった。また、ほぼ2世紀のあいだ貿易で重要な地位を占めていた。ヘンドリック・コルネリス・フロームによる1622年の絵画は、この会社の多数の船のうちのほんの数隻がオランダのホールン港に停泊している様子を描いている。史上最も力のあった会社のひとつであるオランダ東インド会社は、1669年までに約40隻の軍艦と150隻の商船、1万人の兵士、さらにヨーロッパとアジアの港に何千人もの従業員を抱えるようになっていた。

右：オランダ東インド会社（オランダ語でVereenigde Oostindische Compagnie つまりVOCとして知られる）がヘンリー・ハドソンに提供した《ハーフムーン》が、ハドソン川に停泊している様子。アメリカ先住民がカヌーで船に近づいている。この版画はアメリカ人画家のウォレン・シェパードの絵画をもとに1895年頃に制作されたもの。

オランダによるアメリカ領有の試みは、穏健で短命だった。オランダ商人のダーヴィト・ピートレン・ド・フリース船長は自著の『さまざまな航海についての簡略な歴史的覚書と航海日誌』（1655年）で、オランダ西インド会社の支配人たちがより興味を持っているのは、大西洋のスペイン船から大量の略奪品を得ることだと不平を言っている。「支配人たちの頭の中にあるのは、どこが最適な交易所か、そこで人びとは農業をしているのだろうかということではない……植民地について考えるのではなく、略奪品が到着するのを見ているだけだ」。この絵では、ニューアムステルダム住民が植民地総督のペーター・ストイフェサントに、イギリス軍を砲撃しないよう懇願している。絵を描いたジーン・レオン・ジェローム・フェリスは初期アメリカの発展を記念して、シリーズ『国家のページェント』を20世紀初頭に制作した。

イギリスに奪われた1664年当時のオランダ植民地ニューアムステルダム。この絵はオランダ西インド会社（東インド会社より小規模）のためにジョン・ヴィンクブーンスが制作した。

平和の王国

イギリス支配のもと、ニューヨークはやがてイギリスの最も貴重な領有地となっていくのだが、植民地時代を通して中部植民地すべての中で最も商業的に多様で成功した存在になったのは、ニューヨークではなくペンシルヴェニアだった。ペンシルヴェニアは、国王チャールズ二世から土地の供与を受けた、敬虔なクエーカー教徒のウィリアム・ペンによって一六八一年に設立された（国王がこの土地を与えたのは、ペンの亡くなった父親への借金を清算するためだったという逸話がある）。ペンに与えられた土地は現在のペンシルヴェニアと現在のデラウェアすべてにわたり、これは個人に与えられた史上最大のもののひとつだ。

ペンが幸運に恵まれたのは、土地が広かったという理由だけではない。設立が遅かったペンシルヴェニアは、新世界での植民初期に問題だったアメリカ・インディアンからの敵対行為に悩まされなかったのだ。最も大きな違いは、ペンその人にあった。植民地を設立しようとした人びとの多くは、自己の利益追求や因習からの逃避が目的だった。二八〇〇万エーカー（一一三四万ヘクタール）という驚くほどの広さの土地の正当な所有者として、ペンは封建領主のようにふるまうこともできた。しかし彼は、俗世においても善をなすことができるというクエーカー教徒としての信仰に突き動かされて大西洋を渡ってきたのだ。その目的は、宗教的な自由があり、先住民を公平に扱う理想の国の建設であり、人びとの要望と願望にもとづく政府の設立だった。

ペンは、一六八二年に一〇〇人のクエーカー教徒とともに新しい土地に到着した。彼らより先に、ペンに祝福を受けたクエーカー教徒がすでに到着していた。これが、さまざまな面でほかのアメリカ植民地の成功の模範となった植民地のはじまりだ。そして一七六〇年までに、デラウェア川、スクイルキル川、サスケハ

ショウジョウコウカンチョウ（アレクサンダー・ウィルソン『アメリカ鳥類学』より）（本文 99 ページ）

“カロライナの月桂樹”として知られたマングローブ（本文 106 ページ）

パイナップル（本文 106 ページ）

野生の七面鳥
（本文 99 ページ）

新世界の島々（ハーマン・モル『世界地図』より）（本文 118 ページ）

イギリス艦隊とスペイン無敵艦隊が向き合った場面（1588 年）（本文 142 ページ）

フランスが所有権を主張していた北アメリカ地図（本文 135 ページ）

セントオーガスティン攻撃を描いたジョン・ホワイトの地図（本文 143 ページ）

オランダのホールン港に停泊中のオランダ東インド会社の船。右上は、同社がヘンリー・ハドソンに提供した《ハーフムーン》（本文 158ページ）

『アフリカ新説』（1589 年）（本文 180～81 ページ）

MARE ATLAN
TICUM
TROPICUS CANCRI
Canariæ Insulæ olim Fortunatæ
Estrecho de Gibraltar
BARBARIA
BILE
DULGERI
NUMIDIA
LIBYA INTERIOR quæ hodie SARRA appella
Gualata Regn
Arguin
Hoden
Genehoa Regio
Tombutu Regn
Mandinga
Bangana
Caragoles
Melli
Guinea
Benin
Insulæ de Cabo verde olim Hesperides sive Gorgades
C. Verde
C. Serra Liona
ÆQUATOR sive LINEA ÆQUINOCTIALIS
OCEANUS
AETHIOPICUS
I. de S. Thomé
I. del Principe
I. Fernando de Poo
I. de S. Matheo
I. de Fernando de Loronha
I. d Afsencion
I. de S. Helena
TROPICUS CAPRICORNI
I. de Trestan de cunha
I. de Gonçalo Alvarez
Cum privilegio ad decennium
Marocchi
Senagenses
Mercatores in Guinea
Miles Congensis

タバコ・プランテーションで働く奴隷たち（本文 151 ページ）

民俗画家のエドワード・ヒックスはペンシルヴェニア生まれで、敬虔なクエーカー教徒だった。ヒックスの有名な作品には『平和の王国』と題されたものが数多くあり、その多くにはこの1834年ごろの絵のようにウィリアム・ペンがアメリカ先住民と協約を結ぶ場面がある（左上）。ペンシルヴェニアが建設されて何年もあとに、フランスの啓蒙作家であり哲学者であるヴォルテール（本名フランソワ＝マリー・アルエ）は『哲学書簡』（1734年）で、ペンのインディアンとの協約は「これらの人びととキリスト教徒とのあいだで唯一結ばれた協約であり、破られることはなかった」と書いている。

ヒックスは、ペンシルヴェニア農場の牧歌的光景も多数描いている。農場はこの植民地の成功に大きく寄与した。『デヴィッド・トワイニング邸』（1845～47年）は、ヒックスが少年時代に住んでいた農場を思い出して描いたもの。

入植から100年足らずの1790年ごろには、フィラデルフィアは4万2000人以上の人口を誇るようになった。多くの著名科学者や知識人が住む都市は、数多くの外国人訪問客を引きつけ、「アメリカのロンドン」といわれることもあった。1770年代のフィラデルフィアの華麗な水辺風景は、ドイツ人画家のバルタザール・フリードリッヒ・ライツェルトによる版画。

ナ川が流れる肥沃なペンシルヴェニアは、植民地全体の穀倉地帯へと成長する。

アメリカを訪れていたイギリス人のアレクサンダー・マクレイビーが、一七六八年にロンドンのサー・フィリップ・フランシスに出した手紙には「このあたりでは『ここ五〇年で生み出された富のすべては土地の生んだもの』というのが決まり文句のようだ」とある。

また同時に製造業も発達をとげており、スウェーデン人博物学者のペール・カルムは、著書『北米旅行記（*Travels into North America*）』の中で、ペンシルヴェニアについて「ほとんどのものが大量に高い品質で生み出されるため、やがてこの地方は、母国イングランドからほとんど何も必要としなくなるだろう」と書いている。

しかし、多くのペンシルヴェニア人とほとんどの訪問者にとって、フィラデルフィア

植民地間貿易で不可欠になったスクーナー（2本マスト以上の縦帆式帆船）は、沖合での漁業でも広く使われ、また特にアメリカと北部ヨーロッパで水先船として普及した。オヒョウ漁をしているこのスクーナーの絵は、J・W・コリンズ船長からアメリカ漁業委員会への1881年の報告書に入っていた。

こそが植民地の栄光の象徴だった。この都市は、一七〇〇年代なかばまでに、アメリカで最も称賛される中心都市になっていた。道には縁石がある舗装がほどこされ、歩道はレンガと板石でつくられ、並木が美しく植えられ、革新的な建物が立ち並ぶ、注意深い設計のもとに建設されたシンメトリーの市街は、D・W・メイニグの『アメリカ国家の形成：第一巻　大西洋のアメリカ　一四九二～一八〇〇年（*The Shaping of America: Vol 1. Atlantic America, 1492-1800*）』（一九八六年）が述べるように、「アメリカにおける、商人や貿易業者にとって理想的な初めての重要都市」だった。

一七七五年頃には植民地の魅力はきわめて大きくなっており、アメリカの大西洋沿岸は、世界中のどこよりも勢いよく人口が増加する地域になっていた。そこにはすでに二〇〇万の人びとが住んでいた――ボストンに二万人、ニューヨークに三万人、そしてフィラデルフィアだけで四万人

“やがてこの地方は、母国イングランドからほとんど何も必要としなくなるだろう。”

――ペール・カルム『北米旅行記』(1748年)のペンシルヴェニアに関する一節

も。そしてその人口構成は、今までどこにも見られなかったものだった。英国国教徒やクエーカー教徒、ユグノー派、スイス人、ドイツ人、クレオール、フランス人、アイルランド人をはじめとする十数カ国の人びとが、独特なアメリカの人口モザイクを形成していた。ペール・カルムはこう書いている。「人びとは、ここに来て植民するように強制されたわけではない。それどころか、異なる言葉を話している外国人たちは、みずからの国や家、財産やそれまでのつながりを捨て去り、ここに来るために茫漠とした嵐の大洋を渡るという冒険をしたのだ。」

この言葉に、次のように付け加えてもよかったかもしれない。さまざまな国の出身で、話す言葉はさまざま、その背景も異なっていたとしても、大西洋岸の植民地には一体感があった。いくら違っていても、植民者はひとり残らず大西洋を渡るという恐ろしい体験をしていたのだ。アメリカに来てからは、ほんの少し前まではまったく知らなかった世界で新生活を始めるという苦難を、共通して体験していた。彼らはすべて、大西洋に面した植民地に落ち着いた。目の前には、彼らの運命を決めた大洋があった。

すべての植民地がごく初期から理解していたのは、生き残るためには交易が必要だということだ。十七世紀が終わるまでには、あらゆる植民地の小型船が東部の港町を行き来するようになっていた。マサチューセッツやペンシルヴェニア、ロードアイランドが互いにしのぎを削っていたのは、主要農作物に専念している南部植民地に必要な食料品や生活品の供給だ。ニューヨークの小麦粉はチャールストンで米と交換された。チャールストンの船はその荷物をサヴァナへと運んだ。これは単なる必要物資の交換ではなく、利益とアイディアを交換する重要な行為だった。このような交易も、必死に生き延びようとする植民地を一体化する力のひとつだったのだ。

拡大しつづける植民地間の海上交易は、アメリカ初期の造船産業を生み出す。植民地の造船技師や職人、帆の製造者、艤装工は、世界中の競争相手と同じ能力があること、さらに多くの場合ではより革新的であることを見せつけた。一七一四年、マサチューセッツのケープ・アンに住むアンドリュー・ロビンソン船長が、ほっそりとした二本マストの船を考案した。船首と船尾に縦帆、前方に三角帆のあるこの船は、すべるように優雅に海を走った。逸話によると、航行しているこの船を見た見物人が、「なんて早いんだ《スクーン》」と叫んだという。その言葉が定着してスクーナーと名づけられた船は、風に逆らった短距離のジグザグ走行に特にすぐれており、最小限の乗員でも操作できたため、植民地間交易と輸送の主力船となった。やがて、ヨーロッパ全体が沿岸貿易ではスクーナーに頼るようになる。

商業革命

植民地間の海上活動も発展したとはいえ、大西洋世界の形成へと至る次の重要な進展があったのは国際貿易においてだった。いわゆる商業革命が、大西洋両岸にある国々の商業と経済を変え、すべての国の人びとを、それまでより緊密な関係へと導いていくことになる。実際には、ジョン・スミスが指揮していたジェームズタウンの時代にすでにはじまっていた。この最初の植民地の人びとは、イギリスとのあいだで木材と生活物資を取引していた。ピルグリムもやはり、プリマス植民地の初期には、母国よりも品質のいい羽目板を積んだ船をイギリスへと送り出していた。さらに、一六一七年ごろのヴァージニアは、毎年、何トンものタバコをイギリスへと輸送していた。

一六四〇年代には、新世界では手に入らない品物を求める人びとの要望にこたえるため、商業革命はすでにはじまっていた。マサチューセッツ湾植民地のジョン・ウィンスロップ総督はこう書いている。「外国の品物はどれも品薄になっている。この海は、魚や羽目板、厚板などを提供するために人びとを働かせ、貿易のために西インド諸島へと目を向けさせる。」

彼らはヨーロッパにも目を向けた。新世界に多くの人が引きつけられたそもそもの要因である自然資源に注目したのだ。セーレムやグロスター、マーブルヘッドなどのマサチューセッツ沿岸の町すべてが、活気のある漁港へと発展した。一六四一年だけでも、三〇〇トン以上の鱈が大西洋を越えてヨーロッパへと運ばれていった。一六七〇年ごろになると、マサチューセッツ湾を母港とする船は四三〇隻以上にもなり、その中には二五〇トンという大きさの船もあった。ヤンキー・スキッパーと呼ばれる大胆な船乗りが誕生し、三角貿易をおこなった。三角貿易とは、木材や穀物、肉を西インド諸島へ運び、そこで手に入れた干し鱈や樽板をフランスやスペインへと持っていき、イギリスの寄港地でワインや塩、オレンジを積みこむというやり方だ。また同時に、南部植民地とイギリスのあいだでは、タールや松ヤニ、樹脂、インディゴを運んで行き、新世界での需要が高い毛織物や斧、調理器具を持ってくる貿易がおこなわれていた。

ヨーロッパとアメリカのあいだで恒常的に物資が行き来したため、大西洋は世界で最も活発に商業活動がおこなわれる場所になった。一七五〇年までには一〇〇隻以上のイギリス船が大西洋商業にかかわるようになっており、カリブ海の砂糖貿易だけでも四五〇隻もの船が使われていた。一七七三年には、一三六〇隻以

この地図巻軸装飾（カルトゥーシュ）は、アメリカの港で奴隷が荷物を運ぶあいだに取引をするタバコ商人を描いている。測量家のイギリス人地主、ジョシュア・フライとピーター・ジェファソンによって1755年に制作された、有名な『ヴァージニアの多人口地域の地図』の部分を拡大したもの。

1740年ごろのイギリス人版画家ジョン・カーウィタムの作品でわかるように、ボストンは18世紀なかばごろにはアメリカの商業の中心地になっていた。にぎわう波止場にはいくつもの埠頭があり、最大のロング・ワーフは、港に半マイルも延びていた。

下：バルタザール・フリードリッヒ・ライツェルトが彫った、1770年代なかばのマサチューセッツのセーレム港。アメリカ独立戦争直前には植民地からの輸送は劇的に増加しており、荷物を運ぶ植民地の船が世界中を航行していた。イギリス王室官吏のエドワード・ランドルフは1676年に「〔植民地の〕商人は船を休ませずに使うことに非常に気を配っており、すべての港で商売をさせるようにしている」と国王に報告している。カリブ海で非常に多くの植民地船が航行していることを述べた彼は、「イギリスの商人がどこかのプランテーションへ輸出するような余地はほとんどない」と付け加えている。

帆船であふれるチャールストンの光景は、かつては苦闘した植民地を大西洋世界形成の主要因のひとつとなるまでに変容させた海運を象徴している。1838年頃の版画は、ジョージ・クックによる絵画をウィリアム・ジェームズ・ベネットが版画にしたもの。

上のフランス船が植民地で生産された品物を受け取るために大西洋を渡った。イギリスやオランダ、フランス、スペイン、ポルトガル、デンマークでは、三五〇〇隻という驚くほどの船が大西洋のワイン貿易にかかわっており、アゾレス諸島やカナリア諸島で貴重な酒を積みこみ、ヨーロッパ全体とアフリカや南北アメリカの多くの港へと運んでいった。

商業革命がもたらしたものは多い。特に重要なのは、ヨーロッパと新世界の社会にきわめて重大な変化を生み出したことだ。大西洋間貿易がますます必要に、また当たり前になるにつれ、その両岸の貿易業者と商人は新たに高い地位を得た。ヨーロッパでは、封建地主ではなく商人がすべての階級の中で最も力を持つようになり、やがては旧世界の国々の多くで、政治や政府までも支配するようになる。アメリカでは、商人は新しい地位を得ただけでなく、品物を運ぶ以上の役割を果たすようになった。植民地時代が終わるまでに、多くの人が自分が運んできた品物の小売商や卸売商となり、製粉所や製材所、鋳物工場、埠頭、造船所への投資家となった。植民地における大手雇用者や、金融業者にまで登りつめた人もいたのだ。

驚きに満ちた二五〇年だった。長く恐れられていた、知られざる大西洋は、絶え間なく変容した。最初は探検と発見のための、その後は史上かつてない規模の移民のための水路だったこの大洋は、最終的には世界へと通じる道になったのだ。

“糖蜜とラム、それから奴隷が叩き出す金儲けの音にあわせて踊ろうか？”

――アメリカ人作詞作曲家のシャーマン・エドワーズによるミュージカル『1776』より（1969年）

5

奴隷制度

残酷な囚われの身

カーリア・アンド・アイヴズ社製作によるリトグラフ、『ミシシッピの綿花農園』（1884年）。奴隷主導による綿工業の理想的な光景が描かれている。

『アメリカの農業（*American Husbandry*）』の匿名の著者は、一七七五年の論文（第4章の「北を支配するイギリス」を参照）の中で、開拓者たちがイギリスから離れアメリカ南部の植民地に移り住むことを強く呼びかけ、その利点を「入植者が奴隷となったり、労働の結晶が略奪されるような憂き目に遭うことはない」と説いた。彼の主張は正しい。入植者が奴隷にされるようなことは確かになかった。その一方で、境遇を異にした人間が何百万といたことも事実である。南部や島々への入植者が富を築くために、鎖につながれアフリカから連れ去られてきた奴隷たちだ。

奴隷制度がはじまったのは、もちろんアメリカではない――その風習は文明世界の太古までさかのぼることができる。紀元前一七六〇年頃に書かれた古都バビロンの法典であるハンムラビ法典を繙《ひもと》くと、その当時すでにしっかり定着していた奴隷制度について、二十五以上にわたる条項が記されている。アッカド帝国、アッシリア、ローマ帝国の一部など、どの古代文明にも奴隷制度は存在していたし、アラブとギリシャでは、古代ギリシャの都市国家が形成されるうえで重要な要素となった。負債を背負ったための奴隷、犯罪を処罰するための奴隷、そして最も一般的には戦争や侵略における捕虜の奴隷化など、さまざまな背景が奴隷制度には含まれていることも、古い記録から明らかになっている。人種に根ざした奴隷制度などほぼどこにも存在しなかったし、残酷で下劣な行為でもなかったはずが、最終的には、大西洋を横断する奴隷貿易に多数の死者をもたらすこととなる。

大西洋沿岸諸国での奴隷制度

アフリカ大陸には、記録が残っている最古の時代から奴隷制度が存在していた。しかし、歴史学者のハー

ギュスターヴ・ブーランジェの描いた『奴隷市場』（1888 年）の部分。ここに見られるように、ギリシャの奴隷は、ギリシャ帝国各地のさまざまな民族からなっていた。アリストテレスは著書『政治学』（紀元前 350 年）の中で奴隷制度に対するギリシャ人の考え方を次のように述べている。「家庭というシステムにおいて、奴隷は生きた所有物である。そのため、支配する者がいる一方、支配される者がいるというのは、必然であるだけでなく便宜的な事実といえる。生まれたその瞬間から、人びとは服従の運命と支配の運命にそれぞれが定められている。」

アッシリアで縛られた奴隷たちが移送されるこの絵は、フランス人画家フォーシェ・グディンがバラワトの城門に遺されていた浅浮き彫りを模倣して描いたもの。左から 3 番目の人物が奴隷商人だ。城門はイムグル・エンリルの古代都市アッシリア（現在のイラク、バラワト）のかつての宮殿を美しく飾っていた。ガストン・マスペロの『エジプト、カルデア、シリア、バビロニアの歴史』（1903 ～ 1906 年）第 6 巻所収。

カイロの奴隷市場で売られるのを待つ奴隷たち。1888 年ごろにスコットランド人画家デヴィッド・ロバーツが描いたこの絵は、『エジプトとヌビア』（1842 ～ 49 年）に掲載された一連のスケッチのひとつ。ロバーツがこの地方を旅したときに、実際の奴隷をモデルに描かれた。古代からのならわしとして、19 世紀にもまだエジプトでは奴隷制度が残されていたのだ。1800 年代には奴隷の大半は女性となり、家事を強いられていた。

奴隷制度の残忍さを描いた、西アフリカで移動させられる奴隷の木版画。ウィリアム・レーンバッヒャーによって復刻され、ドイツの書籍『世界史または人類の歴史読本』（1890 年）に掲載された。

バート・クラインは『トロピカル・バビロン：一四五〇〜一六八〇年、砂糖と大西洋世界の形成（*Tropical Babylons: Sugar and the Making of the Atlantic World, 1450-1680*）』（二〇〇四年）所収の論文「大西洋の奴隷貿易（The Atlantic Slave Trade to 1650）」で、奴隷制度とは、アフリカで最も発展した社会に限られた自国内のシステムだったと指摘している。サハラ砂漠を横断して地中海までの経路をとる奴隷の隊商もローマ時代以前から存在してはいたが、奴隷貿易が国際的に定着するのは、アラブ帝国がインドと地中海沿岸の東部にまで広がりを見せる九世紀のことだ。歴史学者ポール・E・ラブジョイが著書『奴隷制度の変遷：アフリカ奴隷制度の歴史（*Transformations in Slavery: A History of Slavery in Africa*）』（一九八三年）で典拠を示しているように、九世紀から十五世紀にかけて、一年あたり五千人から一万人の奴隷が、少なくとも六つの重なりあう隊商のルートで、アフリカから地中海へと移送された。ラブジョイによれば、ほとんどが女性と子供の三五〇〇万から一千万人にのぼる奴隷が、この時代に故郷から引き離されたのだ。

大海を渡るアメリカ大陸への奴隷移送は、それまでに例をみない大移動となり、大西洋沿岸諸国に重大かつ継続的な衝撃をもたらした。最初に着手したのはポルトガルである。エンリケ王子の指揮のもと、ヨーロッパ諸国の中でポルトガルが初めてギニアに到達した（第2章の「エンリケ航海王子の野望」参照）。じつのところ、当初のエンリケは奴隷売買を禁じようとしていたのだが、先のポルトガル入植者たちは、アフリカ沖の島々で砂糖が大きな資金源に成長することを発見し、アフリカ人の奴隷を労働力として使いはじめた——そして、常に利益こそがすべてだったエンリケは方針を逆転させた。

ポルトガルの奴隷貿易が過熱したのは、ポルトガル人探検家や開拓者が肥沃な土地をもつブラジルを発見し、移り住んでからだ。さらに、戦争捕虜を奴隷化するアフリカの風習に最初に目をつけ、武器や酒、その他ヨーロッパの品を奴隷と交換するため、黒人奴隷の所有者と最初に取り引きをはじめたのもポルトガルである。一六五〇年ごろには、オランダ、イギリス、フランスをはじめとするヨーロッパの国々も、増加しつづける新世界の奴隷需要にこたえるかたちで、さまざまな西アフリカ諸国の奴隷所有者と貿易をはじめた。

新世界で奴隷需要が高まったのは、その経済活動の本質そのものによるところが大きい。一五七〇年代にポルトガル人がブラジルに砂糖農園を築きはじめたころには、前の章でみたように、砂糖に対するヨーロッパの需要が増大し、他の国々は西インド諸島を筆頭とした新世界に農園を開拓しはじめた。こういった地域には、良好な農園システムをつくるために必要とされるものがすべて揃っていたからだ——開けた広大な土

西インド諸国での砂糖精製所を描いたこの絵には、さまざまな工程をおこなう奴隷たちに指示をする白人監督者が見てとれる。1749年にロンドンで出版された『知識と娯楽　ユニバーサル・マガジン』に掲載されたもの。

僻遠の島々で奴隷が労働に従事する光景は、旧世界の画家にとって一般的な題材だった。砂糖園を描いた19世紀のこの木版画はパオロ・フマガッリによるもの。

地、肥沃な土壌、優れた港、暖かな風、そしてとりわけ、砂糖だけでなくタバコや米、インディゴの生育を後押しする気候——唯一足りなかったのが、作物を育て、加工し、輸送するために必要となる膨大な労働力だった。

アメリカ先住民の多くは、最初のヨーロッパ人が大西洋を渡った際に持ちこんだ病気によって命を落としたため、労働力をまかないきれない。その点、アフリカ人の大半は病原菌に抵抗力を持っている。しかも農業労働に慣れているし、熱帯性の気候にも順応していたから、要求の多い所有者が望むだけの厳しい仕事に耐えることができた。一六七〇年にフランスのルイ十四世が、次のような声明を発したといわれるのも不思議ではない。「植民地の発展と土地の耕作に寄与しているのは、ほかでもない、黒人による重労働である。」

一六〇〇年代になると、ブラジル、アメリカのスペイン語圏領土や、オランダが占有権を有する新世界の各地へ連行される奴隷の数は劇的に増加した。一六〇〇年より以前、百万人に満たなかった新世界の奴隷数は、十七世紀の終わりには二七五万人にまで上昇する。一七〇〇年代中盤、北米大陸南部のイギリス植民地に、タバコや綿花農園の労働力として大勢の奴隷が送りこまれたことによって、控えめに見積もっても、その数は七〇〇〇万人にまで膨れあがった。

文明への脅威

数はともかく、奴隷の境遇にあるアフリカ人にとって、奴隷という身分は悲劇であり、人間性を奪われる経験だった。彼らがみな、何千年ものあいだ栄華を誇った豊かな文化——壊滅の危機に立たされた文化——の中に生きてきた事実を考えれば、それは想像に難くない。最初のヨーロッパ人がたどり着くずっと以前か

ティンブクトゥの栄華を裏づけるものとして、西アフリカには次のようなイスラムの格言がある。「塩は北から来る。金は南から来る。そして銀は白人の国から来るが、神の言葉と英知の宝はティンブクトゥにしかない。」Ｊ・クラークが想像したティンブクトゥの街の木版画は、1830年にルネ・カイエによって『ティンブクトゥへの旅』に掲載された。中世の頃、ヨーロッパ人にとってのティンブクトゥは、想像を絶する財宝とサハラのオアシスとして伝説的な場所だった。その後何世紀にもわたって、この都市を発見しようと夢見た西洋の探険家の多くが、サハラ砂漠の容赦ない暑さに倒れたり遊牧民に殺害されるなどして、目的地に達することなく命を落とした。1824年、パリの《地学協会》が、ティンブクトゥに最初にたどり着き、そして生還し報告をしたヨーロッパ人に、１万フランの賞金を提供した。その人物がフランスのワイン商人ルネ・カイエだった。カイエは、ティンブクトゥがもはや知的にも精神的にもイスラム教の重要な中心地ではなく、砂漠の果てにある貧しい小さな村であることを知った。

ティンブクトゥと同様、ロアンゴの都市――同名の王国の一部――はひじょうに進歩的な地域だった。15世紀頃に建国され、1700年代に栄華をきわめたロアンゴ王国は、北部のマヨンベからコンゴ川の河口にかけて広がり、象牙、銅、鉄そして奴隷の取り引きにおいて重要な中心地だった。都市の全景をとらえたこの絵は、ジョン・オーグルビーの『アフリカ：アイギュプト地域の描写』（1670年）で発表された。

『アフリカ新説（*Africae Nova Descriptio*）』というタイトルがついたこの地図は、1589年にウィレム・ヤンソン・ブラウが製作したもの。16世紀のアフリカ諸国や大陸（そしてゾウやサルといった固有の動物）の概要に加え、地図の左右には、数多くのアフリカ人種族とさまざまな民族衣装のイラストが描かれている。船と海の怪獣は大海原を定期的に行き来した。こういった描写はヨーロッパ人君主たちの野望と冒険心に火をつけ、アフリカ大陸に眠る富を得ようと躍起にさせた。

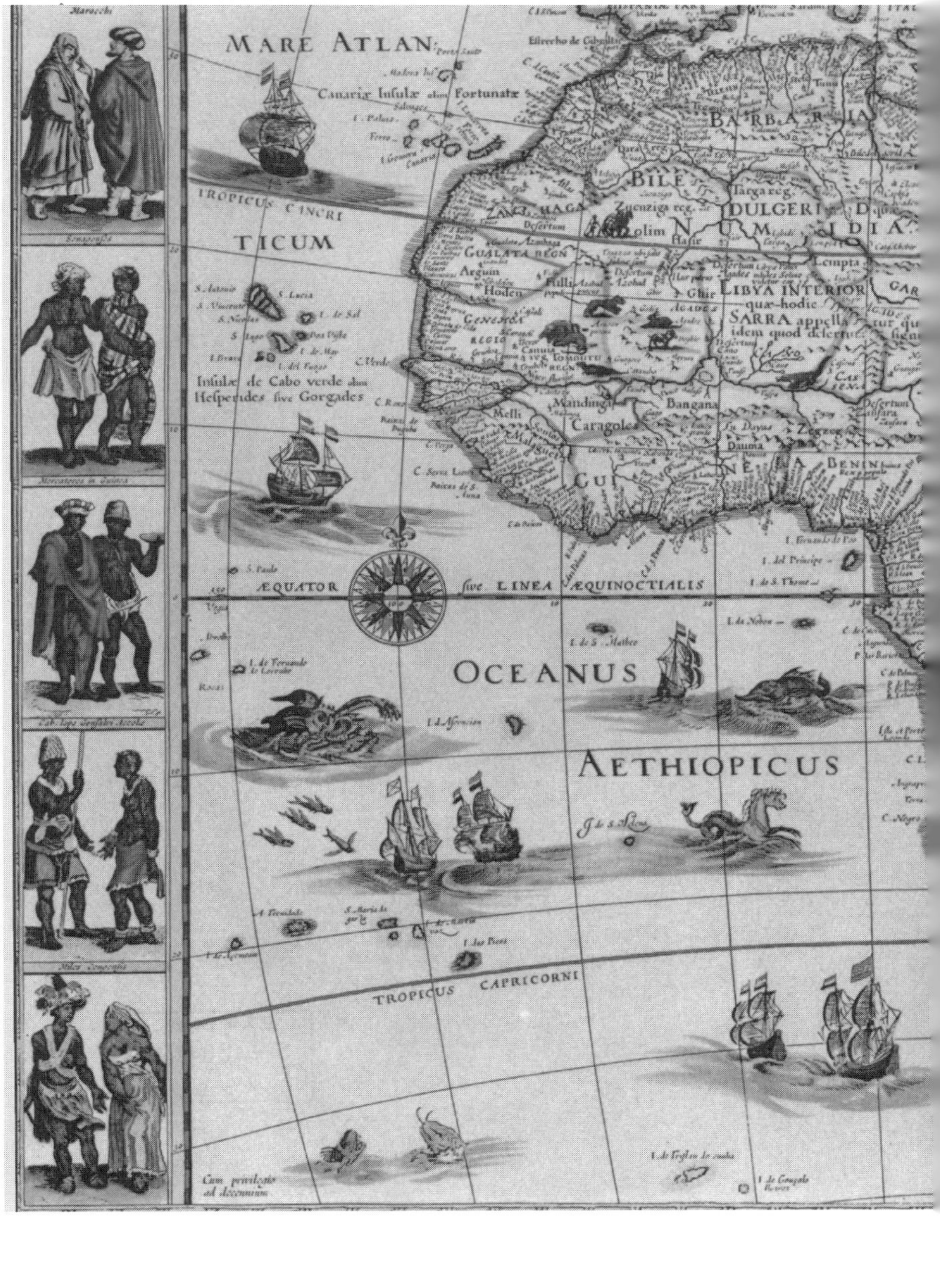
MARE ATLAN:
TICUM
Canariæ Insulæ alias Fortunatæ
Estrecho de Gibraltar
BARBARIA
TROPICUS CANCRI
BILE
DULGERI
NUMIDIA
Zuenziga reg.
Targa reg.
GUALATA REGN
Arguin
Hoden
LIBYA INTERIOR quæ hodie SARRA appella
idem quod desertu
Insulæ de Cabo verde alias Hesperides sive Gorgades
C. Verde
Mandinga
Bangana
Caragoles
Melli
Dauma
BENIN
ÆQUATOR sive LINEA ÆQUINOCTIALIS
OCEANUS
AETHIOPICUS
I. de Ascencion
I. de S. Helena
TROPICUS CAPRICORNI
Cum privilegio ad decennium

4

5

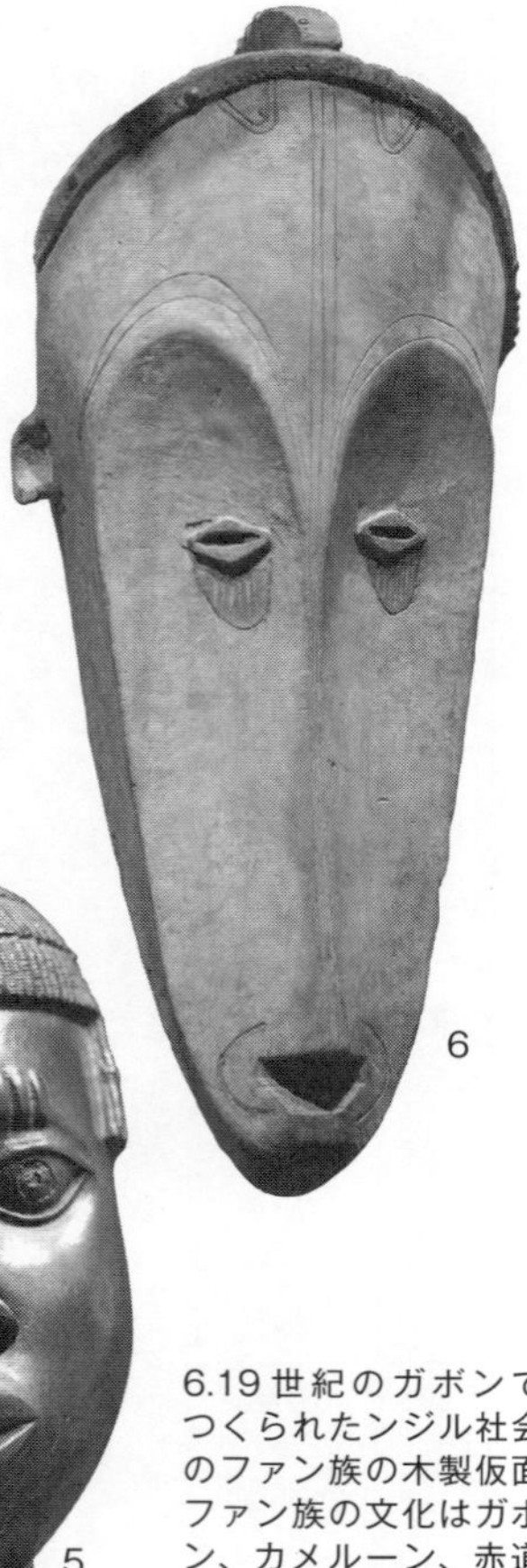

6

3. まだ植民地化されていないコンゴのクバ王国部族民がつくった、ムルワルワの仮面。成人の儀式を司る精霊の象徴として、身につけたり飾ったりする。20世紀初頭のムルワラでつくられた、木とヤシを用いたこの仮面は、幅が広く長い鼻と球根状の目が特徴的だ。

4. ギニアのバガ族は、ニンバ像の頭飾りで有名である。成熟した女性の姿に彫り上げられ、女性の精霊を称えるニンバは、喜びの儀式で身につけられる。この木製ニンバは19世紀のもの。

5. 青銅に優雅なラインが彫りこまれたナイジェリア、ベナン王国のこの頭彫刻は、16世紀におこなわれていた蠟原型法による技術を用いて、無名のアーティストが製作したもの。

6. 19世紀のガボンでつくられたンジル社会のファン族の木製仮面。ファン族の文化はガボン、カメルーン、赤道ギニアにわたって広がりを見せている。ンジルは秘密結社で、象徴的な部族の法の執行人としてその役割を果たしていた。白い仮面はンジル社会の儀式で用いられた。仮面のきわだった抽象性と長く伸びたラインは、ピカソのような西洋人現代アーティストにも影響をあたえた。

初期のアフリカン・アート

ひとつの大陸に数多くの社会と文明が存在した結果生まれた初期のアフリカン・アートは、神々、祖先の霊、神話的生き物、善悪、死者、精気、そのほか人類に勝る力を持つと考えられている存在を表現することで、豊かで多様な特質がきわだっている。美と目的を結集させたアフリカン・アートの最もすぐれた例は、おそらく、衣装や織物、とりわけ舞踏や儀式で身につけるためにつくられた仮面ではないだろうか。旧石器時代より以前にさかのぼる、ひとつひとつが特別な精霊をあらわす仮面。今日、アフリカの仮面は、世界の美術品の中で、最も美しい作品として評価されている。

2

3

1

1. ナイジェリアの古代ノク文化（紀元前500年～西暦200年）は、テラコッタ製の彫像で名高い。膝の上で顎を休ませているこの彫像も例外ではない。豊かな表現力、髪の毛や装飾品などの手のこんだ細部は、特筆にあたいする。

2. 19世紀にマリでつくられたチワラ（“農業の野獣”の意）をかたどったバマナ族の頭飾り。チワラはアンテロープとツチブタをかけあわせた、農業をつかさどる動物神だ。木と金属でできた頭飾りは帽子に装着して2人ひと組で踊る儀式のダンスの際に身につけられ、農民に力と成功をもたらすとされた。

ら、西アフリカの沿岸一帯には洗練された文明が繁栄していた。強い力を持った君主に導かれ、王国には高度に発展した政治と社会の仕組みがあり、人びとはそこで生活していた。

多くのアフリカ人が暮らした洗練された地域の代表的存在といえば、現在のマリに位置する古代都市ティンブクトゥだろう。西暦一一〇〇年ごろに遊牧民のトゥアレグ族によって確立されたティンブクトゥは、サハラ砂漠を横断する貿易での重要な役割をとおして、巨万の富をかかえる都市へと変貌した。金、象牙、塩、その他貴重な品々が北のイスラム圏からティンブクトゥに持ちこまれ、ニジェール川に停泊する船へと運ばれていった。十四世紀から十五世紀にかけては、ガーナ王国、マリ帝国、サンギ帝国など、後に続く複数の帝国の礎となった。

アフリカ西海岸をヨーロッパの探検家たちがこぞって訪れたのは、ティンブクトゥの莫大な富を伝える物語に刺激されたからだ。たとえば十五世紀のモロッコ人旅行家レオ・アフリカヌスが書いた手書き原稿の『アフリカの歴史とそこに眠る貴重なもの（*The History and Description of Africa and of the Notable Things Therein Contained*）』（一五五〇年）には次のようにある。「豊かな王国ティンブクトゥには、黄金の皿や杖が数多くあり、中には約五九〇〇キログラムになるものもある……国王は常に三千の旗手を抱え……（その他）医師、判事、司祭、学者の数も豊富で、国王の支出によって手厚く養われている。」

アフリカヌスが言及した「学者」が、とりわけ多くを物語っているだろう。世界の文明化へティンブクトゥが永続的に寄与したのは、経済的な富ではなく、学識だったといえる。十四世紀には、ティンブクトゥの文書儀式はアフリカにおける主要なものとして確立され、数多くの重要な書物が、この都市で執筆されるようになった。

アフリカはまた、多様性と革新性の両方をそなえた芸術文化と物質的文化をはぐくんできた土地でもある。彼らの芸術的創作物は、単なる形と機能の組み合わせではなく、ヴァージニア大学ベイリー美術館の学芸員が言うところの「目を満足させようとするだけでなく、倫理的価値を支えようとする」ものだった。ボウル、ナイフ、スツール、櫛、太鼓といった日常の品物には人間、動物、超自然界を描いたものなどで装飾がほどこされ、それぞれに特有の文化的意味や社会的意義が含まれている。さらに、アフリカの芸術は立体的なデザインに重点をおいており、石、青銅、テラコッタを用いた彫刻作品群は、なかなか他に例をみないほどだ。

これほど豊かな文化を継承する人種が、突然奴隷商人の手中に落ちるというのは、理解しがたい経験だったにちがいない。そのほとんどが、部族闘争でとらえられた一族だった。奴隷の需要が高まり利益をもたらすようになるにつれ、奴隷商人に売りわたす人間をとらえるためだけに多くの部族闘争が勃発したと、現に数多くの歴史学者が考えている。有罪と宣告された罪人もまた、奴隷としての道を歩んだ。歴史学者ウィンスロップ・D・ジョーダンの著書『アメリカの人びと（*The Americans*）』（一九八八年）には、「奴隷制度がビジネスとして成長するにつれて、アフリカの首長たちはより多くの奴隷をとらえはじめた。新しい犯罪が編み出され、さらに多くの犯罪者が奴隷制度に身を売られた。」ジョーダンはまた、奴隷貿易の犠牲になった者すべてがアフリカの指導者たちによって売られたのではないと指摘している。ヨーロッパの奴隷船の船員に直接とらえられる者も中にはいた。そして相当数の奴隷が、アフリカの奴隷貿易に最初にたずさわった先祖を持つアラブの奴隷商人によって売られた。

どのようなかたちでとらわれたかによらず、未来に何が待ち受けているのか、考えがおよぶ奴隷はひとりとしていなかっただろう。奴隷船に無理やり乗せられてもなお、彼らにわかっていたのは、今は自分たちを武器もなく不意に襲われ、ほとんどの奴隷たちはあっけなく囚われの身となった。ほんのわずかな抵抗でもひどい仕打ちを受ける。アフリカ人男性と女性は縄でつながれ、故郷のマリから大西洋を横断するために停泊している船へ連行された。左端に見える奴隷商人は、もともとの出典ではマンデ語を話すアフリカ人とされている。初出は植民地のフランス人統治者ジョゼフ・サイモン・ガリエニによる、1885年刊の『北部ニジェールの探索ミッション　1879～1881』。

1830年代に描かれたアメリカの奴隷制度廃止運動のイラスト。奴隷売買に対する憤りをあらわしたこのような絵画は、運動家向け刊行物のために製作されたもので、大西洋の両岸で見受けられた。しかし、人道主義的見地からの主張より利益への欲求が大幅に上回っていたため、16世紀から19世紀前半にかけて、囚われの身となったアフリカ人の数は劇的に増加した。

トマス・アストレーによる『新旅行記集成』（1745～47年）第2巻のために描かれた挿絵。数々のヨーロッパ人旅行家たちによるアフリカへの旅の物語やエッセーが翻訳された、全4巻からなるシリーズの1冊だ。『エルミナの海岸からモウリへの光景』（エルミナは現在のガーナ、別名“ゴールド・コースト”沿岸の町）と題された上の絵には、左側の船に向かってボートで連れて行かれる奴隷の姿がある。下の絵は『エルミナのセント・ジョージ城の光景』で、ポルトガルの奴隷貿易において収容所の役割を果たした、エルミナにある難攻不落の砦が描かれている。

とらえた人間の手から離れ、まったく何も知らない別な人間の支配下にいるということだけだった。

大西洋三角貿易と受難

奴隷売買の根本にあった貿易の仕組みにたずさわっていたのが白人だ。この貿易の中心となった製品——多くの入植者を新世界にひきつけた鱈や、経済的に重要だったタバコと同様——が、大西洋世界の歴史を形成するきわめて重要な役割を担った。その製品とはラム酒のことで、古代中国やインドでうまれた、並はずれた人気を誇る飲料だった。〈ラム（rum）〉という単語は、ラテン語で砂糖を意味する〈saccharm〉から派生したというのが歴史学者たちの見解だ。砂糖からつくられるラム酒には適当といえるだろう。もっと正確にいえば、砂糖をつくる際にできる副生成物の〈糖蜜〉がラム酒の原料だ。

新世界の島々でおこなわれていた砂糖を精製する工程では、サトウキビ畑一エーカーから、約二〇〇ガロンのラム酒をつくれるだけの糖蜜を取ることができた。しかし糖蜜からラム酒をつくるには、さらに蒸留作業をおこなわなければならない。この蒸留作業には大量の労働力と木材が必要となるため、農園主たちは、本来の主たる目的である〈まっ白な〉砂糖精製に力を注ぐことができないと感じていた。しかしイギリスの北米植民地が定着したころには、農園所有者たちは砂糖製造の作業を犠牲にせず、利益を生むようにラム酒の製造をおこなう方法を見出した。

植民地時代の初期から、ニューイングランドの最も大規模で盛況な産業がラム酒の製造だった。入植者たちがサトウキビをつくる島々からニューイングランドに送られた糖蜜は、そこでラム酒に姿を変えた。ここからはじまるのが、いわゆる〈大西洋三角貿易〉である。糖蜜は大陸のイギリス植民地に輸送され、ラム酒

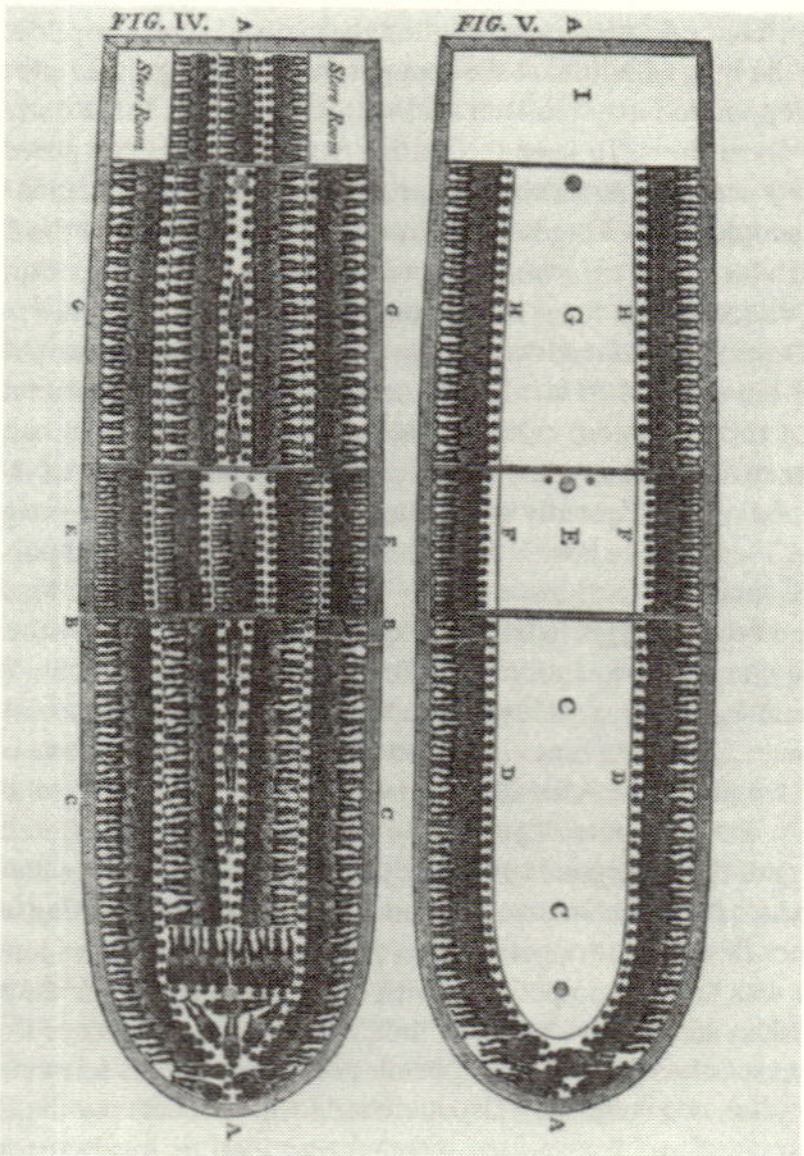

上：大西洋横断中に死亡する奴隷の数は膨大だった。歴史学者パトリック・マニングは著書『奴隷制度とアフリカ人の生活：西洋・東洋・アフリカの奴隷売買』（1990 年）の中で、1700 年から 1850 年のあいだに 900 万人の奴隷をアメリカに送りこむため、2100 万人もの人がとらえられたと推測している。1930 年頃に製作されたこの痛ましいリトグラフは、アメリカ人アーティスト、ベルナルダ・ブライソン・シャーンによるもので、奴隷船の甲板で衰弱したアフリカ人たちが描かれている。

左：奴隷船の所有者や船長は、可能なかぎり多くの奴隷を船に積む術を身につけていった。大西洋の奴隷売買で使用された、非人道的なすし詰め状態の船をあらわしたこの図は『証拠物件抄録』からの抜粋。1790 年、奴隷制度廃止運動家たちが、英国下院の特別委員会にプレゼンテーションをするために編纂したものだ。

「ぎっしり詰めこまれた夜の奴隷船」という説明が添えられたこの木版画は、コネティカット州歴史学者ヘンリー・ハウの著書『大海での生と死』（1855 年頃）におさめられている。船員が力づくで動かそうとしている奴隷の集団は、日中は空気を吸うために甲板に出されるが、風通しが悪く、まっ暗で窮屈な、病気が蔓延した船倉にふたたび閉じこめられる。奴隷船はまた、船内の不衛生な状態にも悩まされていた。大西洋を横断するあいだに、平均 15 パーセントの乗組員が病気で命を落としたと推測される。

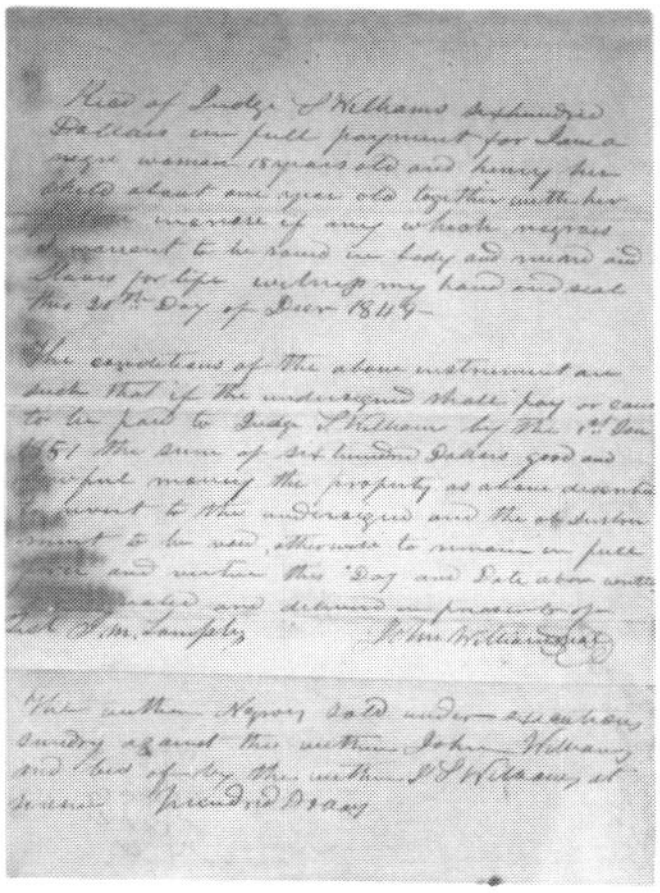

アラバマ州ユフォーラの判事 S. ウィリアムスが、ジェーンという名の 18 歳のアフリカ人女性と 1 歳になる彼女の息子ヘンリー、そして彼女が今後出産する子供のすべてを購入し、600 ドル支払った旨が記された 1849 年 12 月 20 日付けの領収証。

大西洋を横断する奴隷売買で最も利益を享受していた株式会社、商人、保険業者、銀行家の多くにとって、人身売買は商品の世界的な流通でしかなかった。こういった憂慮すべき場面が公表されても、彼らには何ら影響しなかった。イギリスの人気アーティスト、アイザック・クルクシャンクによるこの手彩色の銅版画には、次のような説明が添えられている。「奴隷売買の撤廃を。15 歳の黒人少女の純潔な慎ましさに対するキャプテン・キンバ ーの行為を見れば、人間の身体に売人がどれほど残虐な仕打ちをはたらくかがよくわかる。」ロンドンの印刷出版業者のためにクルクシャンクがこの作品を製作したのは 1792 年 4 月。イギリス人政治家のウィリアム・ウィルバーフォースが、アフリカ人少女の殺害に代表される奴隷制度の残虐さについて、下院で公然と意義を申し立てた 1 週間後のことだ。甲板で踊るようキャプテン・ジョン・キンバーに命じられた少女がそれを拒否したため、吊し上げられたうえに殴られ、数日後に死亡。キンバーは 1792 年 6 月に海事裁判所で裁判にかけられたが、結局は堂々と無罪放免となった。

になる。そのラム酒は、砂糖やタバコといった他の製品とともに大西洋を渡ってアフリカへと運ばれ、奴隷貿易に使われる。奴隷たちは悪名高い中間航路をとおってサトウキビの島に連れてこられ、砂糖と糖蜜をつくる——この悪しきサイクルが常に続いた。

奴隷たちがとらえられて農園で働かされるまでの期間、彼らが耐えなければならない最悪の体験の中で、アフリカ西岸と西インド諸島を結ぶ中間航路の航海がその最たるものだった。内陸から船に連行されるあいだに、たいていは精神的にも肉体的にも疲弊し、裸にされたうえに身体のすみずみまで検査され、船倉に閉じこめられる。サウスカロライナの奴隷貿易人だったジョゼフ・ホーキンスは、自叙伝『アフリカ沿岸への航海と内陸への旅の記録(*A History of a Voyage to the Coast of Africa, and Travels to the Interior of that Country*)』(一七九七年)の中で、足枷をはめられた奴隷たちが船に積みこまれる光景について感想を述べている。「それまで見た中で最も印象的な光景のひとつだった……彼らの嘆きは言葉では言い表わせないほどの苦しみだった。」

奴隷船の船長のなかには〈ゆるい荷づくり人〉と呼ばれる者もいて、手中にある奴隷を大方の同業者より少なく積めば、中間航路での死亡率を軽減できると彼らは考えていた。しかし大多数の船長は、人間の積み荷を可能なかぎり多くした。多く積めば積むほど、どのような災難が起ころうとも損失を補えると信じていたからだ。しかし船長の考えがどちらであれ、奴隷にとっての中間航路は、口ではとうてい説明できないほど残酷なものだった。しかも彼らの苦しみは、身体的虐待というだけではない。自分の身に起きたことへのショックが消えないままの多くの奴隷にとって、精神的ダメージも同様に破壊的な威力を持っていた。

白人も船も、海さえも見たことのない奴隷たち。家から、家族から、故郷から、大切にしていたすべての

イギリス人作家であり挿絵画家のマリア・グレアム（後のレディ・マリア・コールコット）が描いた、リオデジャネイロの奴隷市場。彼女の著書『ブラジル旅行記、1821, 1822, 1823年』（1824年）の中で再掲された。

右：奴隷の競売では家族が別れ別れになる。「私たちも買ってください」というキャプションは、母親の苦悩そのものだ。多くの奴隷所有者、とりわけアメリカ南部では、奴隷たちは自らの運命に満足していると主張し、実質的には制度を擁護した。この絵はヘンリー・ルイス・スティーヴンスによる12枚1組のカードの1枚だ。ある奴隷が、プランテーションでの労働から南北戦争で自由を求め、北軍兵士として奮闘するまでの長い道のりを、ジェームズ・フラー・クイーンが木版画にした。『1863年の奴隷』と題されたカードのセットとして発表され、南北戦争時代に製造された一連のコレクター向けカードであるウィリアム・A・スティーヴンの『名作集』の一部として生産された。

1869年12月18日発行の『ハーパース・ウィークリー』に掲載された、画家ウィリアム・L・シェパードの絵には「最初の綿繰り機」という説明がついている。黒人奴隷が楽しそうに綿繰り機を操っているそばで、白人の地主たちが新しい発明品について話している、つじつまのあわない場面。

アメリカの画家ジュニアス・ブルータス・スターンズの1851年の作品を模倣したリトグラフ。マウント・ヴァーノンにある自分の農園で奴隷が働いている中、監督官と話しているジョージ・ワシントン大統領。南北戦争勃発の10年前に描かれたこの絵は、奴隷たちのあいだに牧歌的で満ち足りた空気が広がり、現実的な光景とはいえない。ワシントン大統領は多くの奴隷を抱えていたが（相続したものと購入したものの両方）、年を重ねるにつれて奴隷制度に対する彼の姿勢は変化していった。新しい国家の分断を招きかねないので、大統領という立場から奴隷制度を公に批判することはなかったが、遺言には、妻の死後はすべての奴隷を解放するよう指示したという。

ものから引き裂かれることがわかったとき、彼らがかかえる心の傷は、窒息しそうな環境の船倉や肉体への仕置き、充分な食品と衛生の欠落に、勝るとも劣らないほど衝撃的だったにちがいない。そしてこれらのすべてが、たいていの航海ですさまじい死亡率をもたらす結果となった。

中間航路を渡るしかなかった何百万という全奴隷のうち約十八パーセントは、病気や栄養失調、身体的虐待によって、大西洋上で命を落としたとされる。自分が置かれた状況や、何もわからないが身のすくむような未来に耐え切れず、相当数の奴隷がみずから命を絶った。

「鎖で一緒につながれ疲れはてた同郷人のふたりは、こんな苦痛より死を選び、どうにかしてネットをかいくぐると海に身を投げた」というのは、オローダー・エクイアーノの言葉だ。奴隷としてとらえられたアフリカ人の中で最も雄弁な人物に数えられるエクイアーノが、著書『アフリカ人オローダー・エクイアーノ、またの名をグスタフ・ヴァッサの数奇なる人生（*The Interesting Narrative of the Life of Olaudah Equiano, or Gustavus Vassa, the African*）』（一七八九年）に記している。

航海をなんとか生き残った者は、アメリカでの最初の一時間がふたたび衝撃的な体験となる。船が港に停泊するとすぐ、奴隷たちは農場主か奴隷の卸販売業者に売られた。たいていは数回売られた後、はるか遠くの大農園にたどりつき、そこで過酷な労働に生涯を費やすことになる。いつの間にか一生家族から引き離され、これ以上ない悲嘆にくれる者たち。最も古いポルトガル人奴隷商人による、一番最初の別離からはじまった不幸の数々だった。「母親たちは子供を腕に抱きしめ……ただ引き離されまいと、自分の身体を哀れむことなどせず殴られている。」ポルトガルの年代記作者ゴメス・イアネス・デ・アズララが著書『ギニア発見と征服の記録（*Conica dos feitos da Guine／The Chronicle of the Discovery and Conquest of Guinea*）』（一四五三年）に記したものだ。

一六一九年までは、新世界に輸送されるすべての奴隷がカリブの島々に送られていた。ところがその年、オランダの船が二〇人の黒人奴隷を載せて、アメリカ本土のジェームスタウンにやって来た。そのときから激しい流れが起こった。一七〇〇年代初頭には、十四万五千人ほどの奴隷がヴァージニアとメリーランドのタバコ農園でひっそりと働いていた。何万人にものぼる他の奴隷たちは、サウスカロライナとジョージアの

1800年代になると、アメリカ南部で育てられた綿花は、世界中でもっとも価値の高い農産品に数えられるようになった。この成長によって、奴隷制度の廃止はほんのわずかな可能性さえも消滅した。1850年ごろ、ベルンハルト・J・ドンドルフが製作したこのリトグラフは、ニューオーリンズの活気あふれる港が描かれている。《レヴィ・スティーム・コットン・プレス・カンパニー》からの眺めで、ここには巨大な蒸気発電所があり、輸出用に綿を圧縮して梱をつくっていた。

ライスベルトで精を出した。北の一部地域では、奴隷売買がさらに盛んにおこなわれていた。ニューヨーク、ニュージャージー、ロードアイランドの農業地帯では特に、南部の農園主が夏の別荘を多数の奴隷とともに維持していた。

一七七五年には、すべての奴隷の三十六パーセントが英領アメリカに連れてこられたことになる。三十二パーセントはおもにブラジルの田畑や鉱山など、ポルトガル領で労働に従事した。別の十三パーセントは新世界のフランス領にある農場で、九パーセントはスペイン領アメリカで汗を流した。奴隷となった人びとによる労働の効果は、彼らが製造した品物とその労働に刺激された貿易とで何千万ドルにも値するといわれ、まさしくアメリカの国際経済への参入という結果をもたらした。

歴史学者バーバラ・L・ソローの著書『奴隷制度と大西洋システムの進歩（*Slavery and the Rise of the Atlantic System*）』（一九九一年）は次のように述べている。「（奴隷制度こそが）西半球の何もない土地を作物の有益な産出地に変え、ヨーロッパと北米の重要な市場に育てあげた。何世紀ものあいだ大西洋を移動したものの大半は奴隷であり、奴隷が作ったもの、奴隷社会の動力、奴隷の製品による収入で購入した商品やサービスだった……奴隷の出身国や行きつく先だけでなく、それらと同等に、奴隷経済の商品に投資し、供給し、消費した国々にも奴隷制度の影響がおよんでいるといえる。」

“太陽は、かくも偉大で価値のある大義を照らした。この事件は、都市や州、地方、王国という小さな区切りではなく、ひとつの大陸――人間の住みうる地表の少なくとも8分の1という広大な場所で起こったのだ。”

――トマス・ペイン『コモン・センス』（1776年）

6

アメリカ独立革命

大西洋を挟んだ宗主国との関係を断ち切る

イギリス軍のコーンウォリス将軍が、ヴァージニア植民地のヨークタウンでアメリカとフランスの連合軍に降伏する様子を手彩色版画で描いたもの。1781年ごろフランスで制作。ヨーク川の右側に見えるのがフランス艦隊。

A
D
E

イギリスとアメリカ植民地の貿易は、一七三〇年ごろに転換期を迎えつつあった。イギリスの母港にくる船の二〇パーセントが植民地からの便で、ブリテン島全域の工業都市が、衣類や道具、刃物類など、アメリカ市場向けの日用品の製作に追われていた。

イギリスの対アメリカ政策がおおむね楽観的な姿勢だった理由は、貿易面の活況だけではなかった。アメリカ植民地は繁栄と同時に、都市として発展してもいた。港町はもとより、農場や農村、都市部にはすでに二〇〇万の住民が暮らしている。植民地の産業は拡大し、傑出した文化が生まれていた。アメリカ文化ではない。イギリス系アメリカ人の文化である。植民地では、あらゆる基準がイギリスの政治や政府を模範に築かれていた。植民地全体に広まる社会的価値観もイギリス流だった。新旧両世界を根底から変えてしまう大事件の勃発前夜、イギリス系アメリカ人の多くは、自分たちがイギリス国民《イングリッシュマン》であることをなにより誇りに感じていた。

紛争のはじまり

イギリスは植民地支配をますます強めていく。国会は一六五一年、航海条例の第一弾となる法案を可決、植民地がイギリス以外の国々と交易する際には厳しい制約を課した。ところが航海条例はその後一度も施行されず、植民地人はこれ幸いと条例を無視していた。ニューイングランドの国王派《ロイヤリスト》、トマス・ブレドンは、一六六〇年にこのような書簡を送っている。「〔植民地人は〕アメリカは自由国家だと考えている……多くが王に反発し、イギリスへの依存を拒んでいる。」

一六七八年十月、マサチューセッツ議会（通称総議会《ゼネラル・コート》）が、法務長官に対し、「イギリス法の拘束力は

マンハッタン島南端のイギリス領フォートジョージ川（旧名：フォートアムステルダム川）の1736年の風景。当時はこの絵のように、マンハッタンから地平線が望めた。ロンドンの版画家ジョン・カーウィザム作。

18世紀半ばのボストンはニューイングランドの中心であると同時に、アメリカ随一の貿易港でもあった。他のアメリカ植民地の住人と同様、ボストン市民の大半が平和な生活と繁栄がいつまでも続くと信じていた。ドイツ人版画家のフランツ・クサーヴァー・ハーバーマンによる、1770年ごろのボストン港の風景を描いた版画。

英本国領土内に限られ、アメリカにはおよばない。ゆえに国王陛下の臣民はアメリカにおける議会の代表者ではなく、われわれはイギリスから交易を妨害される立場にないと考える」と公けに宣言した時点で、イギリスの貿易への介入はなくなるはずだった。その後、スコットランドの作家ジョージ・チャーマーズは著作『現代合衆国政治史（*Political Annals of the Present United States*）』の中で、植民地の官吏が貿易問題に対処できないと〈イギリスとの関係は決裂するとしか考えられない〉と、両国の今後を予見するような懸念を示している。

英米の衝突は多くの点で避けられない状態にあった。植民地が豊かになり、入植者の生活や思想が着実にイギリス風からアメリカ風へと変わっていくと、四八〇〇キロ離れた島国のイギリスが、アメリカという広大な大陸を思いのままに動かすことはとうてい難しくなる。宣言書《マニフェスト》『コモン・センス』（一七七六年）の著者で、独立支持者のトマス・ペインは、植民地住民の声を代弁し、アメリカが永遠にイギリスの支配下にあるのなら、神は両国の間に大西洋をお作りになるはずがないと宣言した。イギリス人の政治思想家エドマンド・バークは、アメリカ植民地が永遠にイギリス領であることは、大西洋が干上がらないかぎり無理であると述べ、ペインの熱情的な宣言に賛同した。

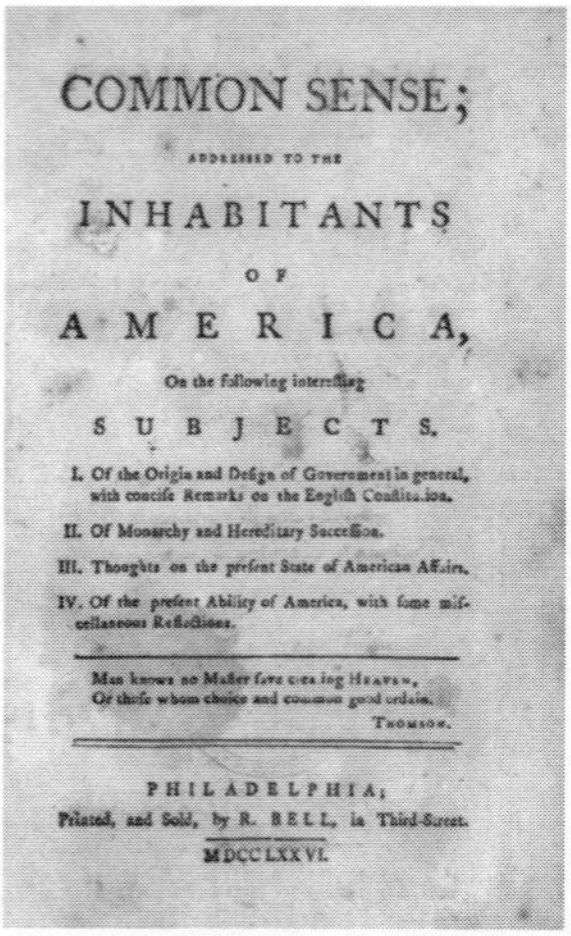

COMMON SENSE;

ADDRESSED TO THE

INHABITANTS

OF

AMERICA,

On the following interesting

SUBJECTS.

I. Of the Origin and Design of Government in general, with concise Remarks on the English Constitution.

II. Of Monarchy and Hereditary Succession.

III. Thoughts on the present State of American Affairs.

IV. Of the present Ability of America, with some miscellaneous Reflections.

Man knows no Master save creating HEAVEN,
Or those whom choice and common good ordain.
THOMSON.

PHILADELPHIA;
Printed, and Sold, by R. BELL, in Third-Street.
MDCCLXXVI.

1776年、フィラデルフィアで印刷されたトマス・ペイン『コモン・センス』の表紙。スコットランドの詩人ジェームズ・トムソン『自由（*Liberty*）』（1734年）の一節が巻頭言として引用されている。“人の上に立つ者、それは天地創造の主、または、民によりしかるべき人物として選ばれし者である。”

“全能の神がイギリスとアメリカとの間に大西洋という隔たりをお作りになったと考えれば、イギリスのアメリカ支配が断じて神の意図ではないとわかる。”

——トマス・ペイン『コモン・センス』（1776年）

アメリカの独立を最もはっきりとした形で主張したのが、アメリカ第二代大統領となる愛国主義者ジョン・アダムズである。アダムズは、アメリカの有力週刊誌『ザ・レジスター』のヘゼカイア・ナイルズ編集長に宛てた手紙でこのように述べた。「革命は、独立戦争を引き起こす大きな影響を与えた。革命は民衆の心のよりどころだった……民衆の大義、感情、情愛を根本からくつがえす。それがまさに、真のアメリカ革命なのだ。」

フレンチ・インディアン戦争

ところが一七六三年、イギリスはフランスを北アメリカから撤退させることに成功し、アメリカに革命を起こすのは夢のまた夢のこととなってしまった。イギリスは国をあげて祝勝ムードに沸いていたが、この大勝利が植民地を独立に向かわせる重大な転機となると予測できたものはいなかった。十八世紀半ばのヨーロッパ列強は長く緊張関係にあり、イギリスの勝利は、その渦中の出来事だった。ヨーロッパで七年戦争と呼ばれた戦いが、やがて世界規模へと広がっていく。ウィンストン・チャーチルは『第二次世界大戦回顧録第一巻・大英帝国の嵐』（一九四八年）で、この戦争は〈初の世界大戦〉だと記している。アメリカ本土では、イギリスとフランスがアパラチア山脈西部、今のオハイオ州の領土をめぐって戦闘をくり広げていた。かのフレンチ・インディアン戦争（一七五四〜六三年）である。紛争はアメリカ各地の植民地や多数のアメリカ先住民をまきこみ、彼らはイギリスかフランスのいずれかと同盟を結んだ。

には“反ゴール主義協会”の署名がある。地図中央下には文言が次のように続く。「ハドソン湾会社南側の限定区域、および、帯状の茶色で示した部分をフランス領とする。地図の紫色の地域はインディアン同朋が相続権を持つか、連合軍が征服した土地であり、複数の条約ならびに売却契約書によってイギリスに譲渡され、同国の領土であることが確認 されている。」

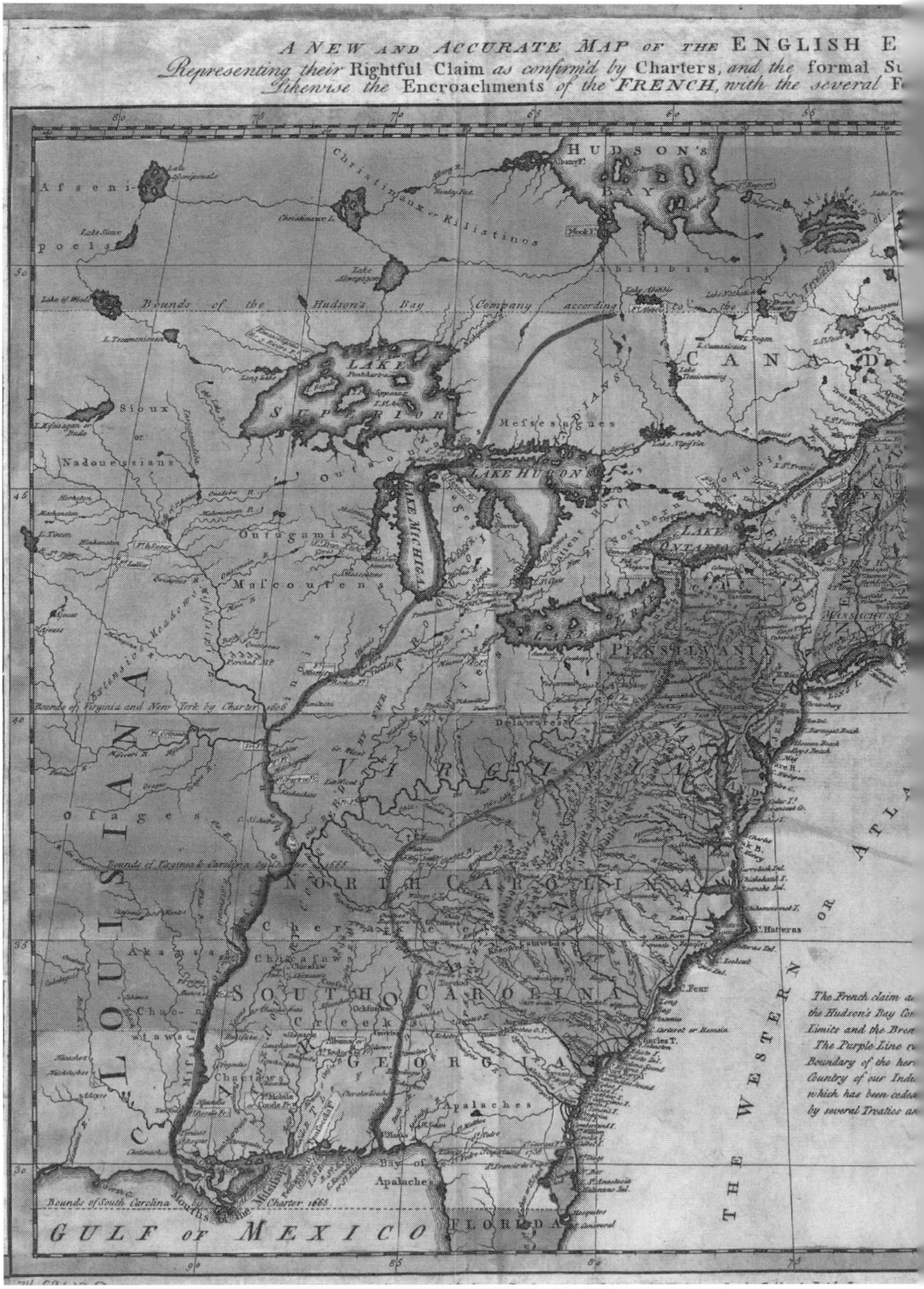

フレンチ・インディアン戦争に突入する1755年、イギリス人版画家のウィリアム・ハーバートとロバート・セイヤーは、『新改訂版・大英帝国北米領土詳細地図——各種憲章、ならびにインディアン同朋の無条件降伏を認識し、正当な主張として作成。かの地に不法に複数の要塞を建築したフランス人の侵略行為についても記載』という挑発的なタイトルの地図を世に送り出し、フランス人に挑戦状をたたきつけた。地図

イギリス人画家カリントン・ボウルズによる手彩色版画。1769年ごろの作。難攻不落で“新世界のジブラルタル海峡”と呼ばれたカナダのルイブール要塞にウィリアム・ペパレル率いるニューイングランド軍が上陸する様子を描いたもの。40日間の包囲のすえ、ペパレルは辛くも勝利をおさめた。

フランス軍は一七一七年までにシカゴとイリノイ川に要塞を建設、カロライナ地方への攻撃可能距離内に駐屯地を置いた。いっぽうイギリス軍は自国植民地の西部後背地に要塞を築いて対抗し、最終決戦は明らかに間近に迫っていた。一七一五年、ニューヨークの公有地監督官（前ニューヨーク市長）のケイレブ・ヒースコートは同州知事ロバート・ハンターに「どちらかが相手に一歩ゆずらなければ、われわれとフランス人の両方が平和に共存するなど無理なことだ」と語った。マーシャル・B・デイヴィッドソンが上下巻にまとめた『アメリカでの生活（*Life in America*）』（一九五一年）によると、一七一六年の時点で、フランス系植民地人は「〔イギリス人が〕われわれを北米から一掃することを目標に掲げているのは、たやすく想像がつく」と断言していたそうだ。

一七四五年、ウィリアム・ペパレル率いるニューイングランド軍は、無謀にもケープ・ブレトン島のルイブールで幾重にも装備をかためたフランス軍要塞を攻撃。フレンチ・インディアン戦争の前哨戦ともいえる紛争が起こった。この要塞は、北米フランス植民地ヌーヴェル・フランスの玄関口であるセントローレンス川への侵入を阻むために建てられたものだ。驚いたことに、要塞はみごと陥落した。しかしそれから三年後、イギリスはアーヘンの和約でルイブール要塞をフランスに返還するのだが、この措置が植民地に遺恨《ルサンチマン》を残すことになったのである。

その間両軍は、今後予想される事態にそなえ、戦備を増強した。フランス軍はルイブール要塞の再強化とともに、エリー湖からアレゲーニー山脈やモノンガヒーラ川などの分岐点に、連なるように要塞を建設した。一七四九年にはイギリス軍が進軍し、植民地で圧倒的な存在感を示したほか、忠義にあついロバート・ディンウィディ副総督の支援で、ヴァージニアの裕福な農園主たちに二〇万エーカー（八万ヘクタール）あまりの土地が譲渡され、フランス軍の要塞がある場所への入植を目的とする、オハイオ・カンパニーが組織される。

一七五三年十月、必然的に両者の利害の衝突がはじまった。オハイオ郡をフランスの手に渡すものかと決意を固めたディンウィディは、オハイオ郡駐留フランス軍司令官ジャック・レェガルデュー・ド・サン＝ピエールにオハイオからの即時撤退を要請

モノンガヒーラ川の死闘でブラドック率いる軍勢に襲いかかるアルゴンキン、ヒューロン、オタワ、ショーニー族など、フランス軍と同盟を結んだアメリカ先住民たち。1855 年、『バルーズ・ピクトリアル』に掲載されたもの。

する伝令係として、ヴァージニア出身で弱冠二十二歳の民兵、ジョージ・ワシントンを起用した。一七五三年十二月十二日、側近数名とレビュッフ要塞に到着したワシントンは、サン＝ピエールから心づくしの夕食をふるまわれた後、ディンウィディからの書状を手渡した。フランス軍司令官サン＝ピエールの返信は、礼儀をわきまえつつ、はっきりと意志を伝える内容だった。「貴殿はわが軍への撤退をお求めですが、私としては、それに従うつもりはございません。」

この返信をたずさえ、ワシントンは帰途についた。フランス軍がオハイオ撤退を拒否したと聞くや、ディンウィディらヴァージニアの要人は即座にアレゲーニー川とモノンガヒーラ川がオハイオ川に交わる場所に砦を建てるよう命じ、応戦に出た。しかし一七五四年四月、砦の完成を待たずに、フランス軍はヴァージニア人を追放。砦を改修し、デュケーヌ砦と命名した。この場所が現在のピッツバーグにあたる。

一七五四年五月、砦がフランス軍の手に落ちた知らせを聞かぬまま、ディンウィディはジョージ・ワシントン率いる小編隊を砦の防衛へと派遣した。だが道中、フランス軍の偵察部隊に襲われ、やむなく退却。フランス軍本部が砦を制圧したことに気づくと、ワシントンは砦柵を築くよう命じ、ネセシティー砦と名づけた。一七五四年七月三日、フレンチ・

モノンガヒーラ川の闘いで死傷をまぬがれた唯一の指揮官として、馬上から撤退を命じるジョージ・ワシントン将軍。1854 年ごろ制作されたリトグラフに、アメリカ人芸術家、ジュニアス・ブルータス・スターンズ（ユニウス）がのちに彩色したもの。

インディアン戦争の幕開けとなる紛争が勃発。ワシントン勢は、ほぼ倍の兵士を率いるフランス軍の攻撃に遭い、降伏を余儀なくされた。この戦闘には正式な宣戦布告がなかったため、ワシントン勢はヴァージニアへの帰還を許可され、オハイオ一帯が完全にフランスの手中に落ちたという知らせが伝えられた。

ワシントン隊の敗退に不安を覚えたディンウィディら植民地総督は、宗主国イギリスに援助を要請する。そして一七五五年四月、エドワード・ブラドック将軍率いる兵一四〇〇名が植民地に派遣された。イギリス軍きっての指導者であるブラドック将軍はすぐさま、砦という砦をしらみつぶしに叩き、フランス軍をオハイオから撤退させる遠征隊を結成した。最初の攻撃目標はデュケーヌ砦に決まった。

だが、この作戦は無惨にも失敗に終わった。ブラドック将軍は植民地兵一〇〇〇名を動員、参謀にワシントンを起用し、遠征軍はメリーランド西部からペンシルヴェニアを経由してデュケーヌ砦へと向かった。ヨーロッパ流戦闘法をかたくなに守るブラドック将軍は、沼地に大木を並べて道を作り、一直線の進軍を維持することにこだわったせいで、膨大な時間と労力を無駄に投じてしまった。ワシントンはすでにネセシティー砦までの経路を切り開いていたのだが、イギリス軍の戦車《ワゴン》や大砲を通すには道幅をさらに広げなければならず、またしても時間と労力が費やされていった。

ワシントンから奇襲の可能性を再三警告されていたにもかかわらず、植民地流の戦いかたに不慣れなブラドック将軍には、その脅威が実感として伝わらなかった。そして七月九日、およそ一四六〇名のイギリス軍は、人数にして半分強のフランス、アメリカ先住民、カナダ連合軍の奇襲を受ける。新世界の戦法にまったく不慣れなイギリス軍兵士は、隊列を組み、射線陣形を取ろうとした。ところがフランスとアメリカ先住民の連合軍が木陰からおもむろに発砲し、イギリス勢は恐れおののいた。軍の秩序は完全に崩壊し、混乱をきわめ、さらに勇敢にも隊列を保とうと指揮していたブラドック将軍が深手を負うのを目の当たりにすると、兵士らは蜘蛛の子を散らすように退散した。軍の誉れを賭け、ワシントンとヴァージニア人は必死に退却兵の援護に回ったが、もはや手遅れだった。野営地に帰還するまで、イギリス軍正規兵およそ千名が死傷。重傷を負ったブラドック将軍も四日後に亡くなった。

この衝撃的な大敗は新たな教訓を生んだ。イギリス軍随一の将軍が率いる精鋭部隊であっても、不慣れな戦場では使いものにならない。植民地軍の兵士、特にジョージ・ワシントンは、この教訓を決して忘れはしなかった。

ブラドック将軍大敗の報は、イギリス国王ジョージ二世を狼狽させると同時に激怒させた。劣勢を巻き返すため、王はウィリアム・ピットを首相に指名する。この起用はまさに適任だった。ピットは不遜きわまりない性格の持ち主で、首相就任が決まる前からデヴォンシア公爵に「この国を救えるのは、今や私しかいないと確信している」と語ったと伝えられている。首相に就任するやピットは、ヨーロッパ大陸でフランスと戦うプロイセンのフリードリヒ大王に軍事支援を送った。そのせいでフランスは、アメリカでの対イギリス戦に投入するはずの軍勢をヨーロッパ戦線に回し、兵力を増強せざるをえなくなった。続いてピットはイギリス軍首脳人事に乗り出す。対アメリカ軍事政策から上層部の士官を退かせ、あらたにジェフリー・アムハーストとジェームズ・ウルフという、若く有能な将軍に任せたのだ。

ピットの改革はかなり容赦のない妨害を受けながらも、最終的には功を奏した。一七五七年八月、フランスがウィリアム・ヘンリー砦を攻略後、同盟を結んだアメリカ先住民軍が残された数百名の一般人を襲った。その中には女性や子供も含まれていた。一七五八年七月八日、フランス軍はイギリス軍の戦略拠点、タイコ

1759年9月、ケベック州を制圧したジェームズ・ウルフ将軍の部隊。『ロンドン・マガジン』1760年6月号掲載の版画。

ジェームズ・ウルフ将軍は、1755年に実母へ送った書簡で「危難から絶対に目をそらさないでいたい、それこそが大望です」と述べている。この絵はアメリカ人画家ベンジャミン・ウェストの1770年の作品で、アブラハム平原でフランスを下し、戦死をとげたウルフ将軍を描いたもの。イギリスは国を挙げて彼の死を悼み、イギリス屈指の軍雄とたたえた。

ンデロガ砦を落とす。一七五八年七月下旬には、アムハースト率いるイギリス軍の大編隊がルイブールを奪還した。十一月には、アメリカ植民地内では最大のフランス軍要塞、デュケーヌ砦も落とした。

一七五九年になると、形勢がイギリスに有利に動いていく。同年九月、三十二歳のジェームズ・ウルフ将軍は夜陰に乗じて兵を率い、切り立った崖を登って一路、ヌーベル・フランスの首都ヴィル・ド・ケベックを目指し、アブラハム平原の戦いで雌雄を決する勝利をおさめた。この闘いは、ウルフ将軍と敵方のモンカルム侯ルイ・ジョゼフ将軍の両方が戦死し、短期間ではあったが熾烈なもので、イギリス軍の大勝利に終わった。同じころ、エドワード・ボスコーエン提督が指揮する艦隊がケベックの援護に向かうフランス艦隊を迎え撃ち、勝利は決定的なものとなる。一年後、アムハースト率いるイギリス軍がモントリオールを陥落。北米をめぐる英仏の熾烈な闘いが終わった。ヌーヴェル・フランスは英領カナダとして正式に承認された。

イギリスでは国をあげてこの勝利を喜んだのに対し、フランス人思想家や政治家の反応の多くが、勝利を期待していたようには思えないところが興味深い。フランク・ベイジル・トレイシーの『カナダ三〇〇年史（*The Tercentenary History of Canada*）』（一九〇八年）によると、かの哲学者ヴォルテールは、フランスが広大な凍土の大地から手を引いてくれて、内心よかったと思っているのだと語ったという。また、北米植民地への長期にわたる投資に憂慮していたルイ十五世の愛人ポンパドゥール夫人は、敗戦処理の経費が比較的小規模で済んだと聞き、「これで王様もぐっすりおやすみになられるでしょう」と言ったと伝えられている。

だがイギリスの勝利は歴史的意義のある展開であり、新世界にみずからの人生と繁栄を託した幾多の人びとの未来に影響を与えた。歴史学者のローレンス・ヘンリー・ギプソンは、自著『アメリカ革命勃発、一七六三〜一七七五年（*The Coming of the Revolution, 1763 ~ 1775*）』（一九五四年）の中でこう述べている。

“これで王様もぐっすりおやすみになられるでしょう。”
——ポンパドゥール夫人

「アメリカが今まで関与した戦争の中で、〔フレンチ・インディアン戦争は〕最も大きな影響力をもつ戦いとなるよう運命づけられていた。その影響力たるや、のちにアメリカが勝者となった革命戦争や南北戦争をはるかに上回っている。フレンチ・インディアン戦争を機に、未来永劫とは言わないまでも、その後数世紀の北アメリカがなによりも優先すべき文明——すなわち政府構造や社会・経済の規範が定まったのである。」

戦争債務、不当な課税、紛争の勃発

安全な暮らしと未来を脅かしてきたフランスが撤退すれば、アメリカに莫大な利益が転がりこむはずだ。アメリカ植民地人はそう考えていた。フランスの脅威がなくなれば、北から攻め入る敵と戦うため、祖国イギリスの防衛力に依存する必要もなくなる。ところがイギリスには別の思惑があった。イギリスの国家債務はフランスとの長期戦で一億三〇〇〇万ポンドを超過していた。そこで政府は、植民地人の安全保障で生じた負債を植民地人に肩代わりさせる時がきたと考えたのだ。

イギリスは王位の転換期にもあった。ジョージ三世は、王として成すべき責務は頑として拒むという、ふがいない統治者だった。そのくせ権威ある主権者という自負心だけは強く、「当たり障りなく見過ごしてきた」これまでのアメリカ統治の方針を断ち切ろうと考えた。ジョージ三世の目には、王位や国会の権威に異を唱えることは反逆行為に映ったのだ。

王と内閣は新政策に着手し、初の航海条例の施行を試みた。この条例が国会を通過すると、植

A NEW and ACCURATE MAP
of the
BRITISH DOMINIONS
in
AMERICA,
according to the Treaty of 1763;
Divided into the several
PROVINCES and JURISDICTIONS.
PROJECTED upon the best AUTHORITIES
and Astronomical Observations.
By Thos. Kitchin Geographer.
ATLANTIC OCEAN
LABRADOR OR NEW BRITAIN
ISLAND OF NEW FOUND LAND
GULF OF ST. LAWRENCE
St. Peter's Bank
Green Bank
Sable Island Bank
Browns Bank
Bermudas I.
British Statute Miles 69 to a Degree.
British and French Sea Leagues 20 to a Degree.

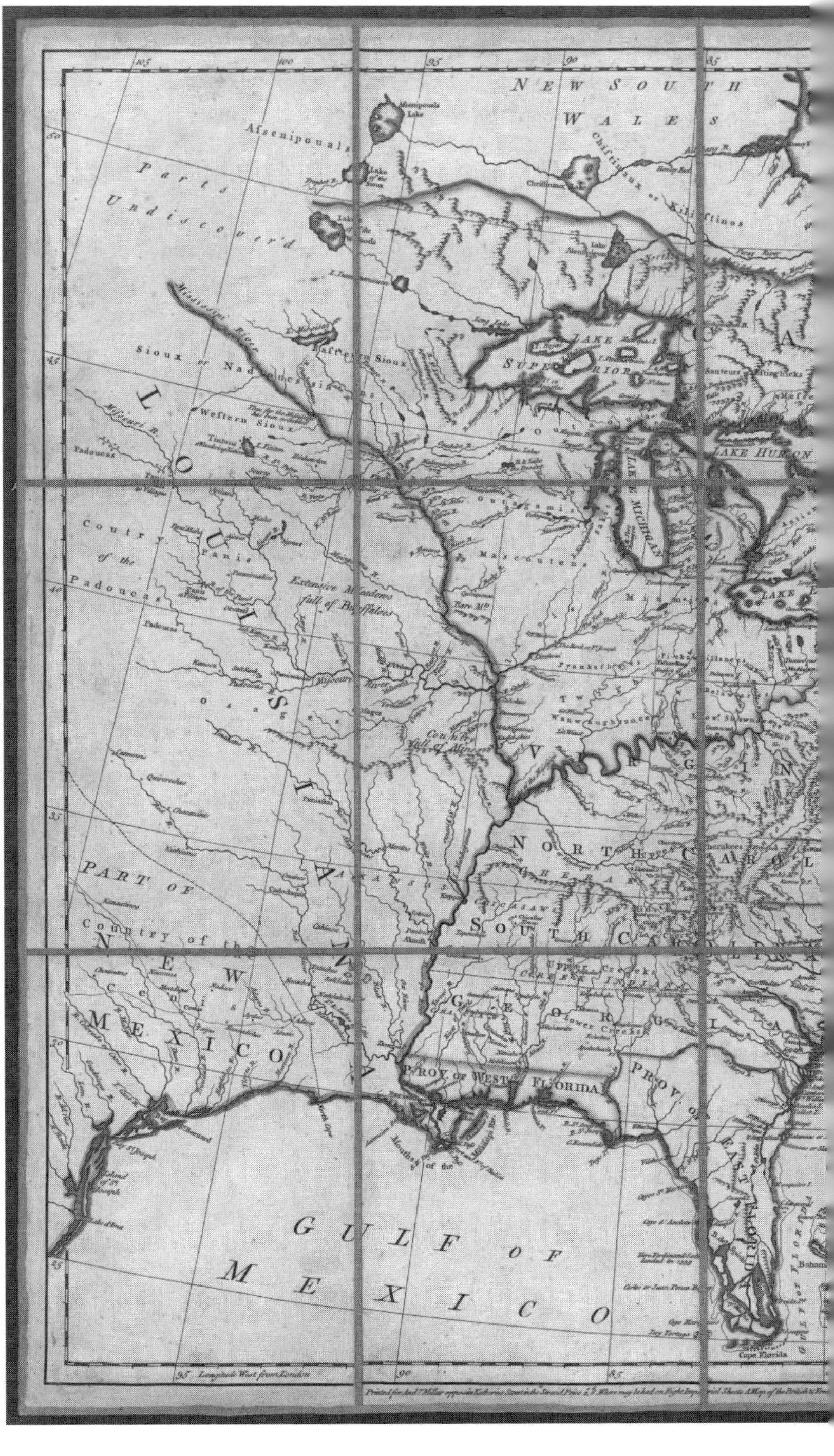

フレンチ・インディアン戦争を正式に終結させた1763年のパリ条約直後、同年にイギリスの地図作家トマス・キッチンが描いた北米統合後のイギリス地図。『新改訂版アメリカ併合イギリス地図』と名づけられ、フレンチ・インディアン戦争によってフランス領を取得し、広大な領土となったイギリス植民地が描かれている。

ジョージ３世は歴史の世界ではあまり好意的に扱われていない。22歳という若さで経験もないまま王位につき、植民地の情勢不和を解決するという重責と、国内の統治の両方を求められたのが、そもそもの不運のはじまりだった。王家と議会が絶対的権限を持つというかたくなな信念が破滅を招いた。この肖像画はトマス・フライのメゾチント版画（銅版画の技法のひとつ）をウィリアム・ペザーが引き継ぎ、1782年に完成させたもの。

民地人は〈列挙品目〉（砂糖、タバコ、綿、藍など）に指定された商品は、イギリス本国かその植民地以外に出荷してはならないと定められた。そのうえ、アメリカとの貿易には、これら列挙品目全般に五パーセントの税を賦課した。イギリス以外からの輸入品はイギリスの港に入港させてから関税を徴収するという制度も加わり、植民地人の負担はますます増えた。さらにジョージ三世は、フランスやオランダと貿易しようとする植民地船への攻撃や拿捕を私掠船に命じるとともに、捜査令状や〈援助令状〉（関税徴収に関する捜査協力令状）を発行し、密輸行為の疑いで植民地人の私邸や倉庫を捜索する権限を本国の税関吏に与えたのだった。この措置に、植民地の指導者らは許しがたき行為だと憤慨した。

　追い打ちをかけるように、フレンチ・インディアン戦争の経費の一部を植民地人に強制的に負担させる措置も講じられた。一七六四年、ラム酒の主原料であり、火薬製造には欠かせず、植民地人にとって重要な品目である糖蜜に課税する新法案が国会で可決された。一七三三年に制定された砂糖・糖蜜法では、課税額は一ガロンあたり六ペンスだったのに対し、砂糖法の課税額は一ガロンあたり三ペンスであり、実質的には減税である。ところが砂糖法の施行とともに、これまで非課税だったぶどう酒、砂糖、藍、海軍の軍需品が課税対象に加わった。これが砂糖・糖蜜法との大きな相違点である。また、砂糖法であらたに加わった規定が、植民地人の猛烈な反発を招くことになる。砂糖法違反の裁判は顔なじみの判事や陪審員がいる地元の法廷ではおこなわれず、イギリスから派遣された一面識もない海事裁判所の判事が審議することになったのだ。

砂糖法に対する植民地人の猛烈な反抗に憤りを感じたイギリス議会は翌年、さらに厳しい懲罰的法案を通過させる。新聞、法的文書、暦、小冊子《パンフレット》、トランプなどの日常必需品には印紙を購入し、貼付することを義務づけるという、いわゆる印紙法で、その負担は植民地人のほぼ全員におよんだ。印紙法への反発は、砂糖法通過にともなう抗議行動とは比較にならないほどの騒動へと展開していった。

ボストン、ニューヨーク、そしてフィラデルフィア。〈自由の息子たち〉と呼ばれる秘密結社が暴動の主導者となり、イギリス人印紙販売者への示威行動やイギリス人植民地官吏邸の焼き討ち、さらには忌まわしき印紙を破り捨てるという行為が横行した。抗議行動があまりに激化したため、植民地船の所有者らは取引先のアメリカから船を引き上げ、イギリスへと戻りはじめた。

やがて貿易取引高は急落し、航海法の施行で私腹を肥やしていたイギリス人商人は大打撃を受けた。影響力の強い団体からくり返し印紙廃止の請願を受け、イギリス議会は一七六六年、やむなく印紙法の廃案を決定した。代わりに、イギリスには植民地への法的権限があることを今まで以上に強調した。原則として非課税での取引を長く続けてきた植民地人は、相次いで施行される新しい課税政策に激しく抵抗した。

一八一八年、ボストン市民の指導者的立場にあるウィリアム・チューダーに宛てた書簡で、ジョン・アダムズは「糖蜜がアメリカの独立には必要不可欠であると、なぜ堂々と言えないのか」と述べている。アダムズら植民地人のリーダーにとって、新たな課税制度は植民地人の金銭的負担が増えるだけではすまない問題

ベンジャミン・フランクリン

アメリカ独立宣言と合衆国憲法の起草者のひとりベンジャミン・フランクリンは、多彩な人物として知られている。啓蒙思想の哲学者、政治作家、政治活動家として、アメリカ建国で重要な役割をはたした。アメリカ草創期に外交家としての才覚を発揮し、ヨーロッパ各地の科学者や知的階層の尊敬を集めた彼は“最初のアメリカ人”と呼ばれた。この肖像画はフランスの主席宮廷絵師ジョゼフ＝シフレデ・デュプレシが1785年に描いたもの。

ジョン・ポール・ジョーンズ

スコットランド出身、アメリカ海軍の父と呼ばれるジョン・ポール・ジョーンズは、アメリカ海軍史上最大の英雄といっても過言ではない。20代のころイギリス商船に乗っていたジョーンズは、反抗的な船員が引き起こした事件で乗組員数名を殺害したため、1775年、アメリカへの移住を余儀なくされる。その後まもなく、発足したばかりのアメリカ海軍に志願した彼は、イギリス沿岸で大胆な奇襲作戦を成功させ、旗艦《ボノム・リシャール》でイギリスの戦艦《セラピス》を制圧、大勝利をおさめて名をあげた。この銅版画はフランスのジャン・ミッシェル・モロー、1781年の作。

ジョン・ハンコック

ニューイングランドの裕福な商人であり、独立革命のリーダーとして大活躍したジョン・ハンコックは、独立宣言書に堂々たる署名を残したことでも知られる。この肖像画は1775年、C・シェパード作のメゾチント版画。この年ハンコックは大陸会議議長に就任した。

トマス・ジェファーソン

園芸学者、建築家、考古学者、古生物学者、作家、発明家、ヴァージニア大学創設者、アメリカ独立宣言の起草者――と、トマス・ジェファーソンはさまざまな顔を持っている。だが彼の最大の功績は、高き理想で世界初の共和国政府の成立を導いたことだろう。この肖像画は、ヘンリー・ロビンソンが1840～51年ごろに制作、印刷したリトグラフ。

アメリカ建国の父たち

アメリカを独立に導いたかずかずの事件では、さまざまな分野で個性豊かな英雄を輩出した。この8人はおのれの大義に身を捧げ、世界初の独立革命という舞台で重要な役割を果たした。

サミュエル・アダムズ
1743年、ハーバード大学在学中のサミュエル・アダムズは、修士論文に「イギリス連邦から保護されていない場合、執行官に反抗することは合法か」という題名を付けた。マサチューセッツの愛国主義者の先頭に立ち、反乱の火ぶたを切るアダムズの未来をまさに予見させるテーマである。ジョン・シングルトン・コプリーによるアダムズの肖像画（1772年）。

ジェームズ・オーティス
イギリス政府による“援助令状”の発行がきっかけで、ボストンの弁護士ジェームズ・オーティスは、関税法違反を起訴するイギリス政府管轄の海事法廷の主任法務官を辞任し、援助令状に反対するボストンの商人団体を擁護する側に回った。1761年2月24日の裁判中、彼が述べた「代表なくしての課税は暴政である」は、アメリカ独立革命のスローガンとなる。サミュエル・アダムズの盟友としても知られるオーティスは、やがて植民地議会の主導者となり、マサチューセッツ通信連絡委員会の会長を務めたが、1760年代後半に精神の病のため公職を退いた。この絵はアイザック・ビッカースタフ（ジョナサン・スイフトのペンネーム）の『ボストン暦』1770年版に掲載されたもの。

ポール・リヴィア
〈真夜中の騎行〉で有名なポール・リヴィアは、イギリス軍勢を正確に捕捉する諜報活動の中心人物として、アメリカ独立革命で重要な役割を果たした。アメリカでも指折りの銀細工師としても知られている。後年、彼の工房は大規模な金属加工業へと成長し、100基を超える鐘の鋳造を手がけた。鐘の第1号は1792年、ボストンで制作された。この肖像画もコプリーの作（1768年）。

トマス・ペイン
トマス・ペインはイギスの出身で、1774年アメリカ植民地に移住まもなく革命の立役者なる。物議をかもすパフレット発行者としまた急進的な知的階級して、イギリスからの立を公然と主張した。広い層に愛読されたパフレット『コモン・セス』は、激動の革命期出版された中でも強い響力を持っていた。ペンはフランス革命でも要人物として活躍し、作『人間の権利』は、蒙思想の理念を明確記して いる。この絵はイギリスの画家ジョジ・ロムニーが1792に描いた肖像画を、オギュスト・ミリエール1880年に模写したも

『大銀行家、または 1763 年から 65 年にかけてのイギリス経済、1763, 1764, 1765)』と題した諷刺漫画。ジョージ３世とジョージ・グレンヴィルが制定した租税法を揶揄するもので、1765 年にロンドンで発行。この絵では、財務大臣と首相の両方を務めた初の政治家グレンヴィルが“負債”と“貯蓄”と書いた天秤を持っている。負債のほうの皿が重すぎて地面に落ちている。税金を払うため列をなす平民のほか、アメリカの象徴として、“代表なき課税”と書いた飾り衿を付けてひざまずく先住民の女性の姿もある。

植民地人、特に商人から猛烈な反発と威嚇があり、印紙法は結局廃止された。1765 年 10 月 31 日号の『ペンシルヴェニア・ジャーナル・アンド・ウィークリー・アドヴァタイザー』のロゴ右上に、公式納税印紙に骸骨マークをあしらった諷刺画を、左上には“恐ろしく、気が滅入り、憂いに沈み、陰気で、しかも文無しの時代”というメッセージを配している。同紙の第１面に、発行人のウィリアム・ブラッドフォードの声明文が掲載されている。「読者諸兄に残念なお知らせがあります。かのいまわしき印紙法が 11 月 1 日より施行され……負担に耐えかね、本紙発行人は、一時休刊もやむなしと考えております……」

The TIMES are Dreadful, Dismal, Doleful, Dolorous, and DOLLAR-LESS.

Thursday, October 31, 1765. THE NUMB. 1195.

PENNSYLVANIA JOURNAL; AND WEEKLY ADVERTISER.

EXPIRING: In Hopes of a Resurrection to LIFE again.

I AM sorry to be obliged to acquaint my Readers, that as The STAMP-ACT, is fear'd to be obligatory upon us after the First of November ensuing, (the fatal To-morrow) the Publisher of this Paper unable to bear the Burthen, has thought it expedient to stop awhile, in order to deliberate, whether any Methods can be found to elude the Chains forged for us, and escape the insupportable Slavery, which it is hoped, from the last Representations now made against that Act, may be effected. Mean while, I must earnestly Request every Individual of my Subscribers, many of whom have been long behind Hand, that they would immediately Discharge their respective Arrears, that I may be able, not only to support myself during the Interval, but be better prepared to proceed again with this Paper, whenever an opening for that Purpose appears, which I hope will be soon. WILLIAM BRADFORD

怒れる群衆が印紙を貼った書籍を路上で焼いている姿を描いた絵はがき。1903 年ごろに再製造。

“糖蜜がアメリカの独立には必要不可欠であると、なぜ堂々と言えないのか。”

——ジョン・アダムズ、1818年にウィリアム・チューダーに宛てた書簡

だった。

ジョージ三世やイギリス議会は、政府に抗議すらできない人民になぜ課税を求めるのだろうか。〝代表なくして課税なし〟という植民地人のキャッチフレーズは、国民の大半が議会代表権をもたないイギリスにも広まっていった。植民地で上がりつつある不満の声に呼応したサウスカロライナの愛国者、クリストファー・ガズデンは一七六五年、サウスカロライナの官吏、チャールズ・ガースにこのような書簡を送った。「もうニューイングランド人でも、ニューヨーク人でもない。われわれはみなアメリカ人だ!」

印紙法が廃止され、ほっと胸をなでおろしたのはアメリカだけではない。ウィリアム・ピット首相など、アメリカ独立支援派のイギリス人たちも同じ気持ちだった。一七六六年三月開催の国会の席上、ピットは「印紙法の廃止ほど達成感を感じたことはない」と述べた。しかしアメリカでは、印紙法の影響がすでに深刻化していた。この時期を境に、アメリカ独立に向けた紛争の発端となる一連の事件が急速に進展する。

一七六七年、財務大臣チャールズ・タウンゼンドの軽挙妄動により、ガラス、塗料、錫、紙、そして茶など、日用品への課税を定めたタウンゼンド法が成立した。植民地人はイギリスからの輸入品不買運動を再開。一七六八年、ボストン駐在のイギリス税関は、新たに課税対象となった品目の密輸の疑いで、植民地のリーダー、ジョン・ハンコック所有の船舶《リバティ》を差し押さえた。これを機に暴徒の威嚇行動が激化、税関から、ボストンはすでに謀反の街となったと宣言する特急便がロンドンにつかわされた。

イギリス兵がボストンの民間人５名を殺害した罪に問われたボストン虐殺事件は、ジョン・アダムズが法定で弁護人をつとめ、この事件は植民地人の暴動が引き起こしたと断じた。だが裁判から３年後、アダムズは日記にこう書き残している。「だが、あの夜ボストンで虐殺が起こった理由もわからなければ、ボストンに彼らを送りこんだ知事や大臣に有利な論拠もなかった。ただし、常備軍が危険な存在であることがまさに立証されたのだ。」今も 人びとの記憶に残る事件の様子を、ポール・リヴィアは版画で再現して印刷した。それが『1770年に第29歩兵連隊がキング・ストリートで起こした血なまぐさい凶行』である。事件から１週間後に版画家のヘンリー・ペラムが制作した初版を、ポール・リヴィアが忠実に再現した。

1768年、ボストンに上陸するイギリス軍兵士の様子を、愛国者のポール・リヴィアが1770年に制作した版画。そのころすでに反抗的な姿勢を示していたボストン人にとって、目前に迫るイギリス軍や自宅や建物への押収令状は、単なる威嚇行為だとすますことができず、大勢の人びとが命を落とす事件の幕開けとなった。

イギリス軍はボストンの現状に対処するべく兵四千名を派遣し、治安維持にあたった。植民地人はこの出兵を制圧行為とみなし、上陸を阻止。緊張関係が頂点に達した一七七〇年三月五日、イギリス軍第二九歩兵連隊が暴徒に発砲。死者五名を出す。俗にいう〈ボストン虐殺事件〉である。これにより本格的な暴動の火ぶたが切って落とされた。

　大西洋を挟んだ英米両国が、初の死者が出たことに激しい衝撃を受けていれば、最終的決裂はいい意味で先延ばしになったかもしれない。いわゆるボストン虐殺事件がらみの動乱の影響により、イギリス議会は一カ月後にタウンゼンド諸税を廃止したが、茶葉への課税は継続された。茶葉の課税をめぐっては、一七七〇年三月に開催された国会の場で、新首相のフレデリック・ノースが、このような持論をぶちあげている。「しかし茶葉はイギリスの生産品ではない。茶葉こそ課税に最もふさわしい品目である……。和解を求めてアメリカに追随することになっても、議会は茶葉への課税を貫く姿勢を絶対に変えはしない。」

　両国間の状況はタウンゼンド課税の撤廃から二年ほど、比較的穏やかだった。だが一七七二年六月、宗主国に対する植民地人の反逆の炎をあおる事件が勃発する。船舶による密輸品の持ちこみを監視するという名目で、ロードアイランドのナラガンセット湾に、イギリスの密輸を取り締まるスクーナー《ギャスピー》が

ナラガンセット湾で密輸に関与した船舶を追走していたイギリス海軍のスクーナー《ギャスピー》焼き討ち事件は、ボストン茶会事件や虐殺事件ほど知られてはいないが、植民地人がイギリスの圧政に猛然と抗議したという点で意義深い事件である。『ハーパーズ・ニュー・マンスリー・マガジン』1883年8月号では、この事件の模様を絵で再現した。

数カ月間停泊中だった。その乗組員たちがひんぱんに上陸しては農場から家畜を強奪するため、沿岸地域住民はことさらに怒りをつのらせていた。

一七七二年六月九日、地元船舶を追跡中の《ギャスピー》が座礁。夜になり、ボートに乗った八人のロードアイランド人が移乗し、《ギャスピー》の船長にけがを負わせ、乗員を船から立ち退かせると、船を全焼させた。事件の一報を聞きつけたジョージ三世は、事件の首謀者をイギリスに送還して裁判に処す、特別委員会の結成を命じた。当局は主犯を特定できなかったものの、イギリス政府が犯人を自国に連行して裁くつもりだとわかると、植民地一帯に警戒が走った。特にマサチューセッツとヴァージニアでは、植民地の自由をおびやかす可能性がある情報の全植民地への伝達を目的に掲げた、常設の通信連絡委員会が設立された。

一七七三年の終わりまでに、アメリカ植民地のほぼ全域に通信連絡委員会が発足した。その任務は情報交換にとどまらず、イギリスの新しい政策に反発する意見を調整する機能も果たしていた。その結果として、新税制への反対意見をとりまとめる通信連絡委員会が植民地全域に結成された。抗議集団が決起し、イギリス製品の不買運動へと発展した。さらに深刻なことに、イギリスが課した新税制に対する危機感の拡大は、ほんの少し前では予測できなかった方向に展開していったのだ。

南はジョージアからカロライナ、マサチューセッツ、北はメインにいたる植民地人の立ち居ふるまいから生活様式、政府への働きかけかたが、がらりと変わった。自分たちの自由がおびやかされているとの認識によって、植民地人がようやくひとつにまとまったのである。ヴァージニア植民地議会の議員八十九名が署名したのちに解散した一七七四年五月の宣言書に、このような一節がある。「イギリスの独断的な税制への服従を強いられ、ある植民地が攻撃された。この攻撃は、イギリス領アメリカ全土に向けられたに等しい。」

一七七三年、インディアン風の簡易な扮装をしたボストン市民が茶箱三四二個を港内の海中に投棄した、いわゆる〈ボストン茶会事件〉で、イギリスの政策に対する植民地人の反発は頂点に達した。両者の緊張関係はもうあと戻りができないところにまで来ていた。

和解はまず不可能だった。アメリカ独立革命というドラマの結末を大西洋世界のあらゆる国々が興味津々で注視する中、一七七四年三月、依然として高圧的なイギリス議会は、ボストン茶会事件への報復策として、植民地人が〈耐えがたい諸法〉、〈報復法〉、〈強制法〉と呼んだ法案をつぎつぎと通過させた。いずれも投棄した茶箱の弁償を完了するまでボストン港を閉鎖することを目的としていた。マサチューセッツ湾の議員、補佐官、判事といった公職の選挙は全面的に禁止され、王かその側近が指名する者が就任した。

これは植民地人にとって最後通牒ともいえる措置だった。D・W・メイニグは、『アメリカ国家の形成：

『ボストン人、はたして租税を払うか、それとも税吏をタールと羽根まみれの刑に処すか』と題したイギリスの政治諷刺画。ボストン茶会事件直後、ボストン市民が同市の税関監督官、ジョン・マルコムをタールと羽根まみれの刑（中世以降におこなわれた刑罰で、熱いタールを塗られてやけどを負うことがよくあった）に処し、さらに煮えたぎった茶を無理矢理飲ませる場面を再現したもの。背後の木には“印紙税”と書いた紙が逆向きに貼られ、首つり用のロープが下がっている。イギリスの租税制度やその他の政策への反発が植民地全体に広がり、ニューイングランド、特にボストンは革命の温床となった。この諷刺画の原画は1774年、ロバート・セイヤーとジョン・ベネットの作。1830年にペンドルトンの工房でリトグラフとして再現したのち、ボストンで発行されたもの。

『苦悩するボストン人たち』と題するこの作品は、ボストン港閉鎖から数ヵ月後にあたる1774年11月、ロンドンで発表された。檻に入れられ、植民地の反乱を象徴する“自由の木”に吊されているボストン人の姿が描かれている。“契約書”と書かれた紙の束と引き替えに、3人のイギリス人の船乗りが檻の中のボストン人に魚を与えている。木のまわりと背後に見えるのはイギリス兵と大砲。

国王派
（ロイヤリスト）

植民地人がすべてアメリカの独立に賛成していたわけではなかった。王制支持者は全体のおよそ15～25パーセントを占めていた。国王派（トーリー派、王制派ともいう）と呼ばれる層はおおむね年齢が高く、聖公会の信者やイギリスとの結びつきが深い商人が多かった。独立戦争後、国王派の大半がアメリカに残り、普通の生活を再開した。カナダやイギリス、英領西インド諸島に移住した国王派は5万5000～7万5000人にのぼった。

1774年8月、ヴァージニア代表団はイギリスとの貿易を禁止する協会を設立した。1カ月後、フィラデルフィアで開かれた大陸会議の席上、ヴァージニア人はイギリスからの輸入の全面的ボイコットを宣言。輸入の一時停止が言いわたされ、地元に保安委員会を結成し、ボイコットを決行した。協力を拒んだ商人たちには追求や監査の手が伸び、さらにはタールを塗って羽根まみれにされた後、さらし者にするという刑に処された。1775年にロンドン で発表された、国王派の商人に対する迫害は野蛮であると批判する諷刺画。ウィリアムズ=バーグことロバート・セイヤーとジョン・ベネットの作。棍棒で脅され、ボイコットに同意する協会文書への署名を強制されているヴァージニアの商人たちが描かれている。背後の柱には、処罰に使うとおぼしき袋詰めした羽根や、タールが入った樽がぶら下がっているのが見える。

イギリスのロバート・ダイトン作の諷刺画。客が国王派とわかるや、ひげそりの最後の仕上げを拒む床屋を描いている。『ニューヨークの愛国床屋、または当惑する船長』と題するこの絵の下には、「愛国者はおのれの立場を守り / アメリカの大地も守り / 革命の大義を忘れない / 町をぶらつく船長が気にくわぬ / とりあえずひげを剃り / イギリスに送り返せばいいのに」とある。1775年2月、上述のセイヤーとベネットが発表した作品。

植民地民兵軍のジョージ・ワシントン司令官は、時と場所を問わずに奇襲をかけるという戦略を取った。おなじみのこの絵画は、1851年、エマニュエル・ロイツェの作。まず脆弱な民兵を団結させ、続いて建国まもないアメリカの結束を固めたワシントンが、1776年のクリスマスの日にデラウェアを経由し、ニュージャージーのトレントンで野営中のヘッセン（イギリス軍が雇ったドイツ人傭兵）に奇襲をかけたときの様子を描いている。

アメリカ独立戦争では海での戦いもあった。中でも有名なのが1779年9月23日から24日、フランスが商船を改造してアメリカに貸与した《ボノム・リシャール》と、重武装のイギリス艦《セラピス》の戦いである。北海での3時間におよぶ苦闘のすえ、英米ともに半数の戦死者を出しながら、アメリカ海軍の英雄ジョン・ポール・ジョーンズ率いる《ボノム・リシャール》の乗員が《セラピス》に乗り移り、制圧した。リチャード・ペイトン作の絵画を、1780年ごろ、バルタザル・フリードリッヒ・ライツェルトが版画で再現したもの。

アメリカ独立戦争時の軍隊

独立戦争開戦当時、アメリカには正規の陸海軍が結成されておらず、植民地が独自に民兵団を結成していた。1775年6月の大陸会議で結成された植民地正規軍は、戦争と同時進行で軍としての構成をととのえていった。戦時中、のべ25万人ほどのアメリカ人男性が正規軍か民兵として従軍したが、一度の戦闘に投入された兵力は9万人に満たなかった。終戦時のイギリス兵の総数は約6万5,000名、3分の1がドイツの傭兵だった。

1775年4月18日、イギリス軍は兵士700名を送りこみ、マサチューセッツの都市、コンコードの植民地民兵部隊の武器庫を接収しようとした。同時にコンコードから数キロ東部の町レキシントンで、反乱軍の主導者サミュエル・アダムズとジョン・ハンコックを拘束するという極秘計画も遂行する予定だった。翌日、レキシントンに入ったイギリス軍を待ち受けていたのは70名の武装した民兵だった。銃撃戦のすえ、民兵7名が死亡した。アメリカ独立戦争の勃発である。レキシントンの戦いを描いたこの版画はフランソワ・ゴドフロワの作。1784年ごろにパリで発表された。

1775年6月17日に起こったバンカーヒルの戦い（正確にはブリーヅヒルの戦い）で、イギリス軍は多大な犠牲を払って勝利をとげた。3名の犠牲者を出したすえ、ようやく植民地人の塹壕を撃破したが、戦いも終盤にさしかかると、犠牲者の数は1000名を超えた。イギリス軍のヘンリー・クリントン将軍はその後、日記にこのような本音を書き記している。「こんな勝ち方を続けていたら、イギリスのアメリカ支配は終わってしまうだろう。」E・パーシー・モランが1909年に描いたバンカーヒルの戦いの様子。

茶葉の積荷をボストン港に投げ捨てるボストン人。中にはアメリカ先住民に擬装した者もいた。愛飲し、重要な収入源でもある紅茶に重税を課すのは植民地人にとって許しがたい行為だったが、紅茶を海に投げ捨てることも、イギリス人にとっては屈辱的な行為だった。1846年、ナサニエル・カーリアによるリトグラフ。

第一巻、アトランティック・アメリカ――一四九二〜一八〇〇（*The Shaping of America: Vol.1, Atlantic America, 1492-1800*）』（一九八六年）で、「大西洋世界のイギリス人はふたつに分かれた。両者の間には、海よりも広い隔たりが生まれた」と述べている。一七七四年秋、「包括的かつ統一感のある防衛案を協議し、植民地共通の権利を守るため」、十三の植民地から選出された代表者がフィラデルフィアに集まった。この席上で独立宣言が採択され、八年にわたるアメリカ独立戦争の火ぶたが切って落とされたのである。

植民地人による大陸会議は、アメリカはもちろん、大西洋の対岸への警戒心がしだいに強まり、ジョージ三世の専制政治に幻滅していたイギリスの自由擁護者たちにも大きな影響を与えた。アイルランド人のホイッグ党員エドマンド・バークはイギリスの新聞を利用し、例のごとく雄弁な筆致で植民地人の大義を擁護しただけではなく、

『アメリカ国家の形成』（1986 年）の著者で歴史家のＤ・Ｗ・メイニグは、「独立宣言は国家が成熟したと宣言するものだ。〔植民地人が〕“列強と対等な立場の独立国”となることを熱望していたのは、孤立を求めてもがき苦しんでいるのではなく、成熟した国家という大同盟の一員として認められたかったからだ」と述べている。この版画はジョン・トランブルが独立宣言調印式の様子を描いた絵画（1817 ～18 年）を、アッシャー・Ｂ・デュランが1820 年に版画として再現したもの。

一七七五年の国会でのスピーチでは、過去に例を見ない激しさで、次のように英国王室を攻撃した。

植民地の住民はイギリス人の末裔である。諸君、イギリスは今も尊き国家であるが、かつてはこの国の自由を崇敬していた。イギリスの自由が極みにあったころ、植民地人は新大陸へと移り住み、イギリスの手から離れると同時に、自由に向かって突き進んだ。植民地人が自由を尊ぶのはそのためだ。彼らの自由とは、イギリス流の理念と主義に根ざしている……残念ながら、我らが植民地を支配する気質と気骨を人の手で変えることなど、できはしない。私は思う。この熱意ある人びとの生まれ故郷を偽ってはならない。自由という血潮が身体に流れる者が住む、イギリスという国の末裔では

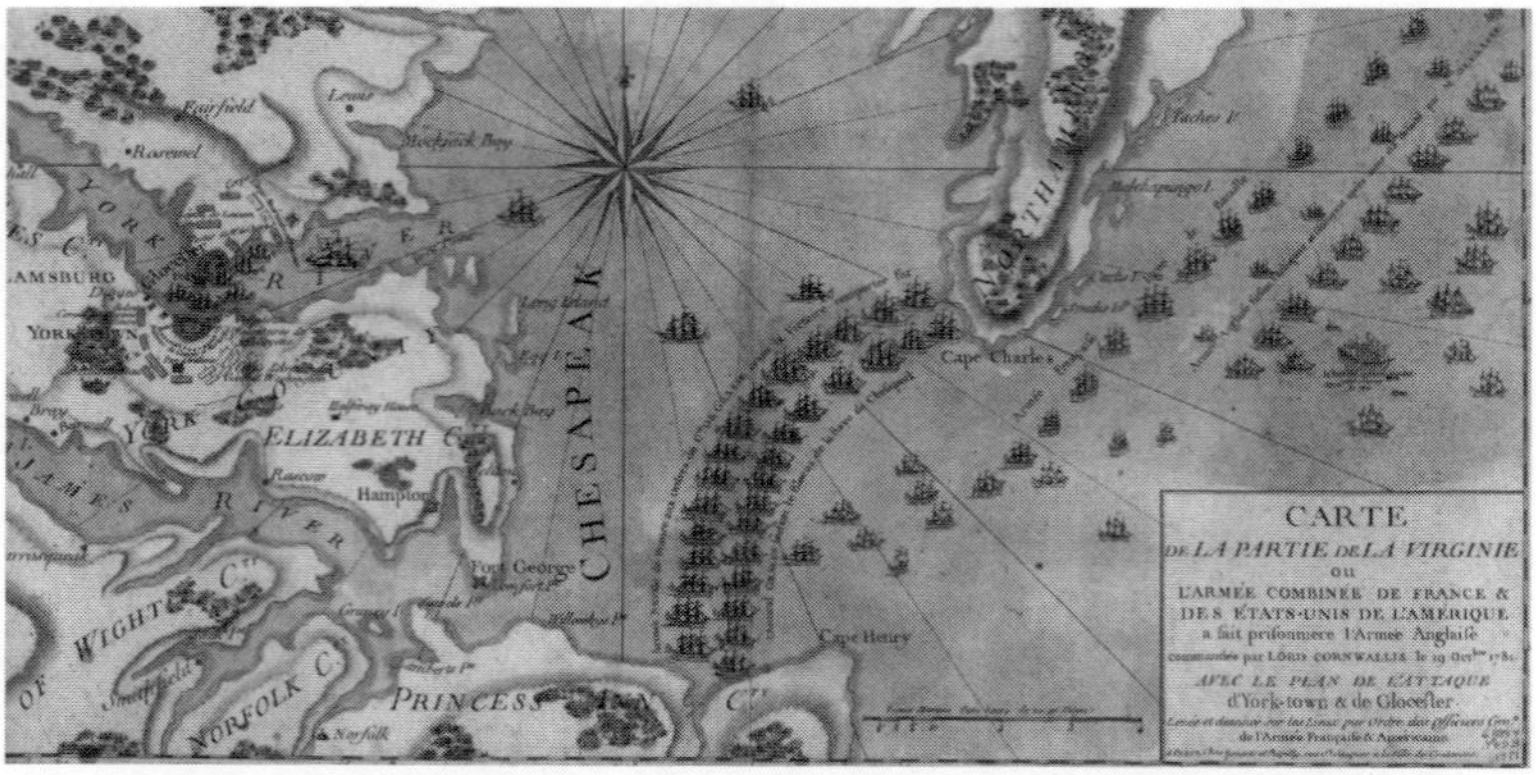

ジョージ・コーンウォリス将軍がジョージ・ワシントン将軍とデ・ロシャンボー伯率いるアメリカ＝フランス連合軍に降伏し、イギリスは戦後処理と、北米大陸で覇権を握っていた領土の明け渡しに関する交渉に入った。1781 年ごろにエスノーツとラピリーがパリで発表した地図の拡大図には、1781 年９月５日のチェサピーク湾の海戦（別名ケープの戦い）の船団が描かれている。海軍少将サー・トマス・グレーヴズ率いるイギリス艦隊は、海軍少将グラス伯率いるフランス艦隊よりも数の上では勝っていた。この海戦によって兵力と武器の供給が遮断されたため、コーンウォリス陣営は降伏することとなる。

ないのだと説き伏せてはならないのだ。

アメリカ独立戦争を端的に言うと、イギリスにとって、司令官や軍隊には未知も同然の戦場に十分な資金を投じ、紛争を解決しようという熱意が欠けていたことを如実に示す戦いだった。また、敗北寸前におちいりながらも、少数精鋭の奇襲作戦でイギリス軍の圧倒的勝利を阻んだアメリカ軍最高司令官ジョージ・ワシントンの才覚も印象に残る。また、間一髪のところでフランス陸海軍が援軍に入り、アメリカの勝利で戦いが終結したということも忘れてはならない。

一七八一年秋、ヴァージニア植民地ヨークタウンでコーンウォリス将軍率いるイギリス軍が降伏した際、軍楽隊が名誉革命のころに流行った『世界がひっくり返った（*The World Turned Upside Down*）』を吹奏したといわれている。真偽のほどはさだかでないが、この戦いが終わりと始まりの両方を導いたと考えると、じつにふさわしい曲だ。イギリスがアメリカの大部分を支配していた時代が終わり、自由を求める戦いに勝ち、その後、大西洋世界の社会全体にはかりしれない影響力をもつ政府を築く、過去に類を見ない新国家、アメリカが始まったのである。

“自由を、平等を、博愛を、さもなくば死を！”
——フランス革命のスローガン

7

アメリカ独立革命が与えた影響

政治体制の新しい模範として

イギリス人海洋画家ウィリアム・クラークソン・スタンフィールドが1836年に描いたトラファルガー海戦。大西洋からイギリスに侵攻しようというナポレオンのもくろみを頓挫させた1805年10月のこの劇的な海戦から31年後の作品。

アメリカ独立革命は、北米植民地とイギリスとの分離だけではすまない重大な影響をもたらした。独立の父たちが築いた新生アメリカ合衆国政府は、独立をかちとる戦いに値する意義があった。自由と統治者の合意からなる民主主義政府という、過去に類をみない政治形態がそれである。政教分離がおこなわれ、法文化された憲法に権限をゆだねる。アメリカ合衆国政府は、長い歴史をもつヨーロッパ諸国や、彼らの植民地である南アメリカやカリブで、独立自治の新たな理想の実現を願う人びとに希望を与える手本となった。

アメリカ合衆国の成立から五年もたたぬ間に、新生国家の立憲主義が大西洋沿岸の諸国全体に広がっていく。一七八九年にフランスで採択された人間と市民の権利の宣言は、一七七六年のヴァージニア権利宣言そのものを手本とし、西欧世界全体の改革への希望を強く支えた。ウィム・クルースターは、自著『大西洋世界：奴隷制度、移民、機略に関する随想（*The Atlantic World: Essays on Slavery, Migration, and Imagination*）』（二〇〇四年）の序文で、「一八一一年のチリ憲法（一八一一年七月四日に成立したチリ国会が作成）では、『人はみな、幸福、繁栄、健康が約束されて神が授けし、決して奪うことのできない権利をもつ』という文言ではじまる」と指摘している。クルースターはさらに、「アルゼンチン（一八一九年）、コロンビア（一八二一年）、メキシコ（一八二四年）の各憲法では、アメリカ合衆国が定めた権力の分立を規範として採用している」とも述べている。

啓蒙思想

アメリカ革命もさることながら、各国の活動には、いわゆる啓蒙思想とよばれる知的運動も影響を与えた。啓蒙思想は、十六世紀初期のヨーロッパで本格的に始まった科学革命と同様に、独自の思想として道筋を開き、哲学、政治、経済、倫理学、数学、物理学、医学などの分野で、新たな認識が無限に思えるほど急速に発展する時代の到来を告げた。大西洋の両岸で増加傾向にあった上流階級や中流階級の知識人たちが熱心に取り入れたこともあり、啓蒙思想は文明社会のほぼ全域に普及した。

啓蒙思想は理性を重んじる運動である。理性は美学や倫理学、論理学に応用できるほか、なにより政府では、因習や不条理、迷信、専制政治による抑制から社会を開放する手段として機能する。市民と君主や国家との適切な関係を定めることを考察するのが啓蒙思想の核心である。シャルル＝ルイ・ド・モンテスキュー、フランソワ＝マリー・アルエ（ヴォルテール）、ジャン＝ジャック・ルソー、ディヴィッド・ヒューム、ジョン・ロック、トマス・ジェファーソンといった哲学者らが探究した結果、社会とは、個人と集団・国家との契約であり、人はみな生まれながらの権利、のちに〈人権〉と呼ばれるものをもつという、確固たる概念が成立した。

フランス革命

啓蒙思想界では大論争がくり広げられたが、中でも貴族階級が旧体制に甘んじていた十八世紀末のフランスでは、ひときわ激しい議論が交わされた。当時のフランスは、そうなるのもやむを得ない状況にあった。国王ルイ十六世の宮殿では、古代ローマ時代以後には思いもよらなかった、贅沢きわまりない生活が営まれていた。イギリスとの覇権をめぐる戦いで敗北を喫したばかりだというのに、フランスは、過去に類をみない繁栄の域に達しつつあった。表現の世界では芸術家、建築家、工芸家がすぐれた才能を発揮し、ヨーロッパでも一、二を争う最高水準の道路や水路が建設されていた。人口も貿易取引高も、年々右肩上がりの

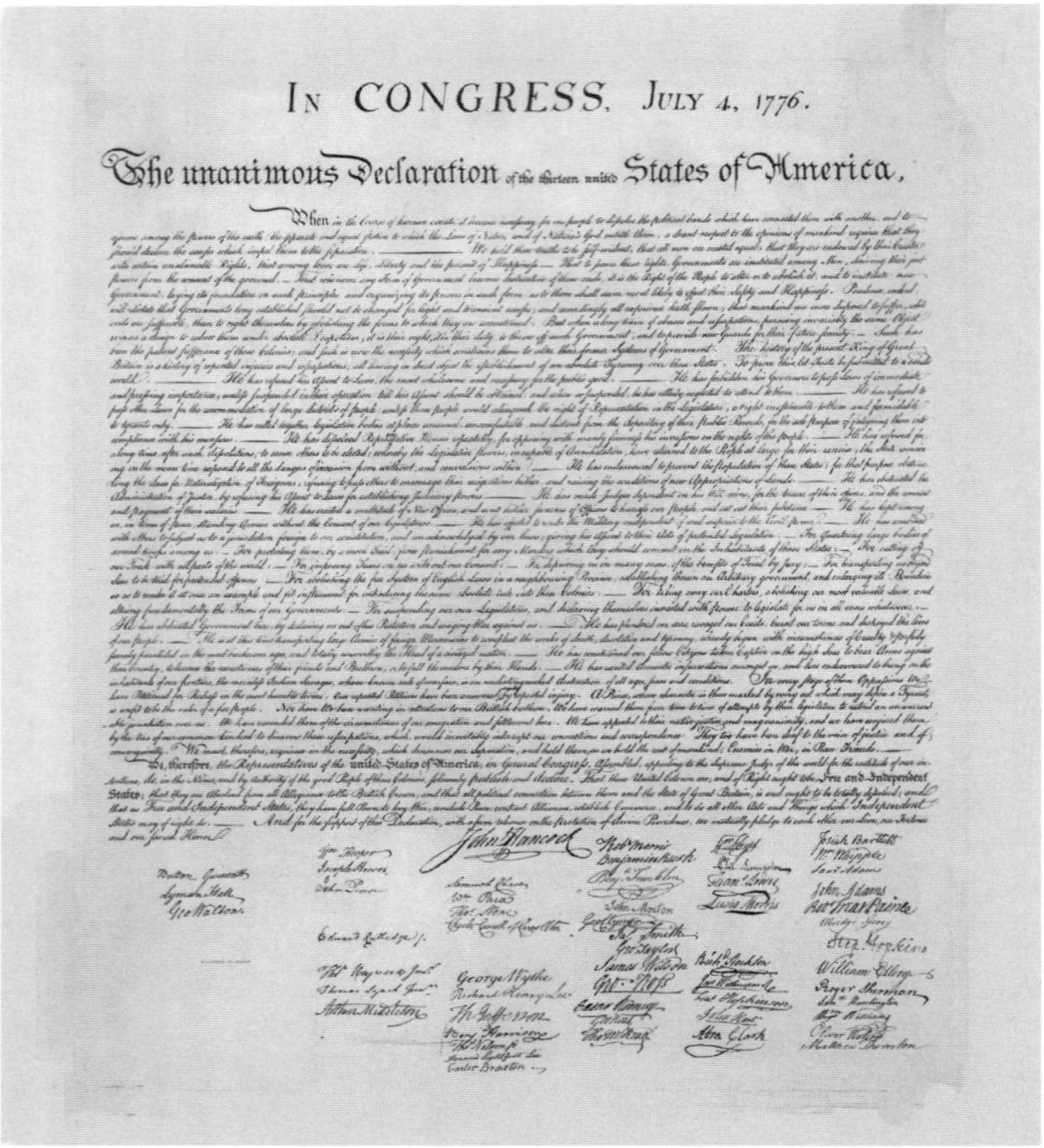
IN CONGRESS, JULY 4, 1776.

The unanimous Declaration of the thirteen united States of America,

アメリカ独立革命、そして、アメリカ大陸に新たに誕生した国家の政府は、ヨーロッパやラテンアメリカでの革命の指導的人物らに、反乱の成功によって共和政体は確立するという最初の教訓を提供した。ヴァージニア権利宣言は、1776年5月にジョージ・メイソンが起草し、その後トマス・ルドウェル・リーが修正した。トマス・ジェファーソンの独立宣言（上）冒頭の数段落、ジェームズ・マディソンの『アメリカ権利章典』（1789年）、フランスのラ＝ファイエット侯爵の『人間と市民の権利の宣言』（1789年）は、ヴァージニア権利宣言を参考にしている。メイソンはこのように述べている。「すべての人は等しく自由と独立のもと生まれ、誕生の瞬間から主張するべき権利を持つ……財産を手に入れて自分のものとし、幸福と安全を追い求め、獲得するための手段を得て、人生と自由の喜びを得ることも、そのひとつである。」こうした人物全員が影響されたのが、17世紀イギリスの哲学者ジョン・ロックである。ロックは著書『市民政府論』（1690年）で、「人はすべて公平に、生命、健康、自由、財産（所有物）を有し、他の者の権利に関与する権限はない」と述べている。

上昇を見せた。化学者のアントワーヌ＝ローラン・ラヴォアジエ、天文学者のピエール＝シモン・ド・ラプラス侯爵、博物学者のビュフォン伯ジョルジュ＝ルイ・ルクレールは、世界中の科学者から羨望のまなざしを浴びていた。歴史家のブルース・ランカスターが『伝統のアメリカ独立革命史（*American heritage history of the American Revolution*）』（一九七一年）に書いているように、イギリスの政治家エドマンド・バークは、こうしたフランスの功績はすべて「創造力に畏敬の念を抱きつつ、意のままに動かすという偉業である」と述べる。一方、彼の祖国イギリスは「うわべだけの国だ。商いがなかったら何が残る？」と断じた。

フランスの前途洋々たる未来に疑問をさしはさむ余地はないも同然と思われていたのだが、水面下では不満が渦を巻いていた。繁栄国家フランスの恩恵にまったく浴することのない大勢の庶民の間で、革命運動の火ぶたが切られようとしていたのだ。

フランス革命の直接の原因は、王室の支出が制御不能となり、深刻な財政危機をもたらしたからだと言われているが、実はフランス国家自体が財政的に不安定な状態にあったのだ。七年戦争とアメリカ独立戦争への軍事介入による赤字もふくらんでいた。緊迫した財政負担の緩和を試みるため、シャルル・アレクサンドル・ド・カロンヌ財務総監は、長期的解決策として地租の一律課税を提案する。カロンヌは、王がこの案を受諾するものと踏んでいたが、名士会から、新税制の導入は全国三部会などの代表議会のみが可能であると阻まれた（しかも全国三部会は一六一四年以降、国王を議会に招集していなかった）。カロンヌでは財政問題を解決に導けないと確信した王は、トゥールーズ大司教のエティエンヌ＝シャルル・ド・ロメニー・ド・ブリエンヌを次の財務総監に任命する。ブリエンヌは改革に着手し、プロテスタントに信仰の自由を与えるなど、さまざまな層に公民権を与えた。また、五年以内に王が三部会を召集するとの公約も掲げた。その一

シャルル＝ルイ・ド・スゴンダ・モンテスキュー

シャルル＝ルイ・ド・スゴンダ・モンテスキュー男爵は、影響力のある啓蒙思想家のひとりだ。著作『法の精神』（1748年）は、人として当然の権利を強調し、フランス社会に多大なる影響を与えただけではなく、アメリカ植民地指導者がイギリス支配に立ち向かう際の啓蒙書に取り上げられた。この肖像画は18世紀、フランスで描かれたもの。

ヴォルテール

哲学者、作家で随想家、理神論者でもあり、ペンネームでヴォルテールと名乗る彼は、まさにルネサンス的教養人である。ヴォルテールの著作は幅広い層に読まれ、フランスの政治社会体制とカトリック教会の教義の両方を非難している。ヴォルテールを描いたこの銅版画は、自著『哲学書簡』（1764年）の1843年版の口絵に使われたもの。

ジャン＝ジャック・ルソー

啓蒙思想家の例にもれず、ジャン＝ジャック・ルソーも多彩な人物である。音楽の世界では作曲家や楽理学者として活躍した。小説『ジュリ　または新エロイーズ』（1761年）は、18世紀にベストセラーとなり、『告白』（1770年頃完結）は、近代自伝文学の誕生といわれている。心血を注いで書きあげた論文『社会契約論』（1762年）で、自由のもと生まれてきた人間が奴隷になるのだろうかと問題提起をしている。何かを訴えかけるような表情をしたルソーの肖像画は、スコットランドの画家、アラン・ラムゼイの作（1766年）。

ディヴィッド・ヒューム

哲学者、エコノミスト、歴史家の顔を持つディヴィッド・ヒュームは、スコットランド啓蒙思想界の重鎮である。まず歴史家として名をあげ、全6巻の『イングランド史』（1754～62年）は、その後約70年間、イギリス歴史書の定番となった。真の知とは、体験しなければ得られないという信念が核にあり（“感覚の印象”）、体験以外で得た知は“意味がない”とするヒュームの哲学的視点は、後年、アルベルト・アインシュタインが相対性理論を発見した際に多大な影響を与えたと評価されている。この肖像画はルソーと同じく1766年、ラムゼイによるもの。

啓蒙思想の哲学者たち

啓蒙主義を境に、思想の原点が教義から理性へと変わったと考える歴史家は多い。思想家や作家が既存の理念打破は罰せられるとの懸念を持たず、今まで以上に真実を追究するようになったことが、啓蒙思想家の重要な功績である。ここにあげた5人の思想家は、アメリカ、フランス、ラテンアメリカの革命における思想の土台作りに貢献した。

ジョン・ロック
偉大なる思想家にして啓蒙運動の中心人物、ジョン・ロック。この版画は19世紀の作。ロックの思想はアメリカの愛国者を革命にかり立てたのはもちろん、政府に関する著作はヴォルテールやルソーにも大きな影響を与え、1690年に発行された名著『人間知性論』は、経験主義の模範となった。

トマス・ホッブズ
イギリスの政治哲学者トマス・ホッブズのもっとも有名な著作は、1651年刊の『リヴァイアサン』である。その中で彼は、指導者（君主と考えられている）は主権を握り、状況を問わず指導者に従う政府を支持すると論じている。また、君主の代理をつとめ、かつ腐敗した政権から国家を守る代表者を人民から選ぶ必要性を説いている。ホッブズは絶対的支配の持つ危険性を認識しつつ、紛争が絶えない世の中よりも、君主が統治する社会体制のほうがずっと望ましいと論じている。ホッブズが提唱する理論への反発は多かったものの、『リヴァイアサン』は啓蒙思想や、その後世に出たあらゆる社会哲学書の路線を定める貴重な一冊となった。この肖像画はジョン・マイケル・ライト作（1669年頃）。

方で、カロンヌが提案した地租の一律課税を推し進めようともした。

　パリ議会が地租課税に反対すると、ブリエンヌは議会を解散し、議員から承認を得ぬまま税を徴収しようとした。そのため各地で大規模な紛争が巻き起こり、フランス財務省の日常の取引に短期貸付が欠かせないことから、債権者たちのあいだに動揺が走った。ブリエンヌは辞任し、一七八九年、王はやむなく三部会を召集する。三部会とは、第一身分（聖職者）、第二身分（貴族）、第三身分（中産階層と農民）で構成される、フランスの立法府である。

　五月五日にヴェルサイユで三部会が開催されると、各身分にどの程度の権力を与えるべきかをめぐって大

近代化学の父といわれたアントワーヌ＝ローラン・ラヴォアジエは、フランス革命期以前の有名な化学者である。彼は、ものが燃えるとき酸素が果たす役割や、水が水素と酸素の化合物であること（このふたつの元素の名付け親でもある）など、重要な発見を数多く残した。ラヴォアジエは化学者であると同時に、王家に収める税金を集める徴税請負人でもあった。税制改革に乗り出し、革命を肯定する側だったにもかかわらず、生理学者でジャコバン派のリーダー、ジャン＝ポール・マラーの恨みを買っていた。マラーはフランス科学アカデミーへの入会を希望していたのだが、1780 年に申請を却下されている（ラヴォアジエはアカデミー会員であり、マラーの入会を認めなかった）。このときの遺恨から、ラヴォアジエはフランス革命時の 1794 年にギロチン刑に処された。この版画はラヴォアジエの処刑直後にフランスで制作されたもの。彼の肖像画の下に逮捕の瞬間が描かれている。

1775年の即位のころからルイ16世の評判はかんばしくなく、多くのフランス市民から、まさに専制政府の象徴だとみなされるようになる。この肖像画はフランス革命が勃発した1789年、アントワーヌ＝フランソワ・カレの手によるもの。フランスの王制が1792年に廃止されると、歴代の国王を意地の悪いあだ名で呼ぶ風習にならい、人びとは“最後のルイ”と呼んであざ笑った。

下：球戯場《テニスコート》の誓いで集まった577名は、ひとりを除いた全員がフランスの第三身分に属していた。誓約の場で彼らは「我々は決して離れない。やむなき事情があれば必ず集う。王国憲法が確固たる基盤のもと成立し、承認されるまで」と誓った。球戯場の誓いの直後に制作されたピエール・ガブリエル・ベルトーの版画。

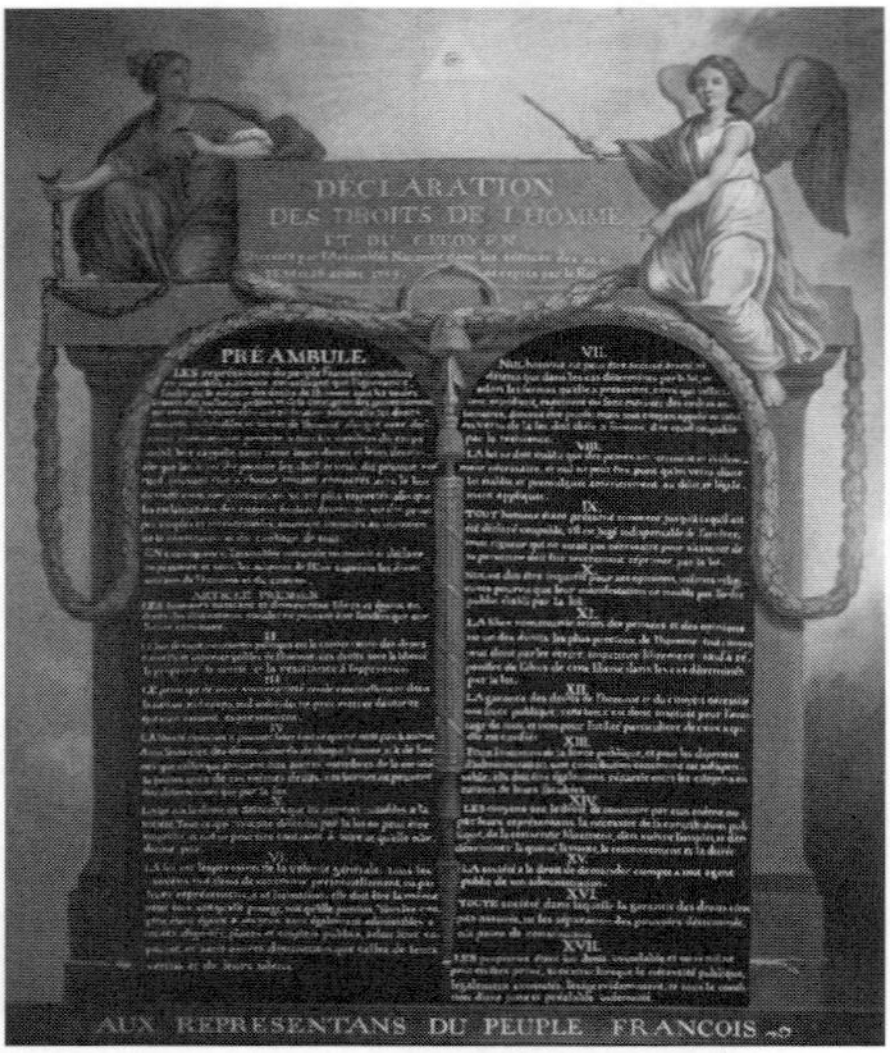

人間と市民の権利の宣言を寓話的に表現した18世紀の絵画。ちぎれた鎖を持つフランス人女性が自由と理性をあらわし、右側の守護天使は全能の目を指し示している。全能の目は石工を連想するものとしてよく使われ、1782年に作られたアメリカの国璽の裏面にも描かれている（国璽のほうは“プロビデンスの目”と呼ばれている）。宣言書の上にふたりの人物を配する構図は、十戒を刻んだ石板を模している。

フランス第三市民を諷刺する、1791年の政治漫画。聖職者と貴族、そして第三市民が、“新憲法”や“国家の希望”と書いた紙の束を結んだ縄を引っ張り合っている。紙の束を高く掲げる女性は自由の象徴。フランス語のキャプションは「この書類——宝にひとしい大事な書類が日の目を見るとは、なんてすばらしいことだろう」という意味。

論争が巻き起こった。五月二十八日、三部会で影響力をもつ革命家の聖職者《アベ》シエイエスは、第三身分が権利を行使する意志があることを公けに宣言し、彼らが主導権を握るべきだと提案した。六月十七日に権利行使を宣言した第三身分は急進的な過激派となり、自らを国民議会――すなわち身分ではなく〈国民による〉議会の成立を宣言した。第一、第二身分も国民議会に加わったが、第三身分が主導権を握るのは火をみるよりも明らかだった。

　国民議会の動きに激怒したルイ十六世は、会議場の閉鎖を命じた。一七八九年六月二〇日、歯止めを失った民衆の一部がヴェルサイユ宮殿の無人の球戯場に再集結し、フランスに憲法が制定されるまで民主化運動を継続すると宣言した。これがいわゆる球戯場《テニスコート》の誓いである。歴史に名を残す決起の知らせが第一身分の聖職者たちの耳に届くと、大多数が集会に加わった。ほどなくして貴族階層から四十七名が参加。六月二十七日、国王は国民会議の召集を認めるも、パリ近郊で国王軍の召集を開始した。

　七月九日、パリやフランスその他の都市からの激

後日大げさに誇張された報告とは異なり、バスティーユ牢獄の囚人は数百名もいなかった。その実情は、偽造犯４名、“気のふれた”囚人２名、性犯罪者１名の合計７名にすぎなかった。だがバスティーユ牢獄への突撃は、フランス革命の衝撃をいつまでも印象づける象徴的な事件となった。フランスで描かれたこの政治的諷刺画は、銃やつるはしを手にバスティーユに押し寄せる民衆を描いた絵（上）と、つるはしの鋒に刺した“反逆者”の生首をかかげてねり歩く絵（下）の二部構成である。

1792年8月10日、チュイルリー宮に火を放つパリの群衆。ジャン・デュプレッシ=ベルトーが1793年、混乱と血なまぐさい事件の光景を描いたもの。

フランス革命が進むにつれ、当初は革命後の理想世界を描いた画風が、その結末を辛辣に描く作品へと着実に変わっていった。1793年1月21日のルイ16世の処刑を、暴力と破壊のお祭り騒ぎに見立てて描いたイギリスの政治的諷刺画。処刑台に立った悪魔がギロチンの刃を落とした瞬間。王のまわりで悪魔が空を舞いながら、「処刑はまだ続くぞ」と歌っている。この版画は王の処刑から4日後、ウィリアム・デントがロンドンで発行した。

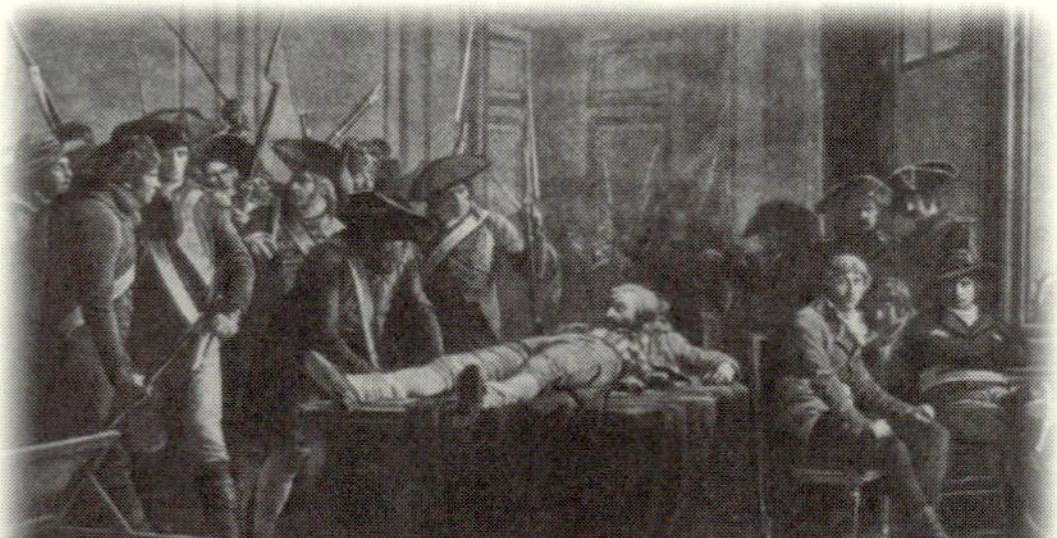

1792年12月3日の国王裁判の席上、マキシミリアン・ロベスピエールは、ルイ16世にふりかかる運命に関する私見を述べた。「残念だが、これはまさに真実としか言いようがない。死すべきは幾多の高潔な市民ではなく、ルイ16世である。国家を存続させるには王に死んでいただかねばならない。」1794年7月28日、ロベスピエール本人もギロチン刑に処された。怒りにかられ、処刑を待つジャコバン派のリーダーを取り囲む尋問者たちを描いたこの版画は、19世紀の画家ルシアン＝エチエンヌ・L・メレンゲが彩色した1900年頃の作。ジョージ・バリー・アンド・サンがフィラデルフィアで発行。

19世紀フランスの画家ジャン・デュプレッシ＝ベルトーは、1791年6月25日にヴァレンヌへの脱出に失敗し、あっさりとパリに連れ戻されるルイ16世とその家族を描いた。王の一族は召使いの姿に変装するほど労を惜しまず逃亡準備を進めていたのに、簡素な馬車に乗るのを拒み、側近を連れた2台の壮麗な馬車で逃げたという奇妙な逸話が伝わっている。

励の声に支えられ、国民議会は憲法制定議会と改称。二日後、国王は枢密院の保守派や王妃マリー・アントワネットの助言に動かされ、改革派のジャック・ネッケル財務大臣を解任し、内閣の抜本的改造にとりかかる。この内閣改造を王室側の反乱の始まりと決めつけ、一部軍隊をふくむ大勢のパリ市民が蜂起し、暴動が勃発した。一七八九年七月十四日、激しい街頭戦の末、反乱軍は王制下のあらゆる悪事の象徴、バスティーユ牢獄に押し寄せた。だがバスティーユには当時、囚人は数名しかおらず、大量の弾薬や兵器を在庫する武器庫として使われていた。暴徒は牢獄の司令官と護衛数名を殺害する。血なまぐさい殺戮はパリ市役所に帰還後も続き、市長を捕らえて、裏切り者と糾弾した末に、殺害した。

暴動の激しさに身の危険を感じたルイ十六世とその援軍は退却した。ラ＝ファイエット侯爵がパリ国民軍の司令官に、球戯場の誓いで国民議会の議長を務めたジャン＝シルヴァン・バイイがパリの新しい市長に指名された。この和解はどう考えてもその場しのぎだと恐れた貴族らは、大挙して地方に疎開を始めた。貴族の中には内乱をはかる者もいた。七月も下旬になるころ、今度は農村部で大恐怖《グラン・プール》と呼ばれる農民たちの反乱が発生。多くのシャトーが破壊された。

一七八九年八月二十六日、国民議会はアメリカ独立宣言を下敷きとした、人間と市民の権利の宣言を発布する。アメリカ独立宣言と同様に法的拘束力をもつ憲法ではなく、宣言の核心部分は基本的人権について述べている。「人間は等しく自由で、人としての権利をもって生まれる……政治団体はすべて、人間が生まれながらにしてもつ不可侵の権利の保護を目的とする。人権とは、自由、所有、安全、弾圧への抵抗である。」国民議会は同時に、本来の目的に掲げたフランス新憲法の起草作業にもかかわっていった。

議会内で生まれたさまざまな党派のあいだで議論や討論を重ねて起草を進めるというのが、フランス憲法成立過程の特徴である。ところが市民が候補者を決めてからも、国王が指名した議員を上院に強く推す議員がいた。貴族の多くが、上院は上流階級出身の議員による貴族政治となるよう望んでいた。とはいえ最終的には、庶民の議員派閥が多数派を占めた。フランスは一党派議会を成立させなければならない。王の権限はもはや〈停止権〉を残すのみとなる。国王は法の執行を遅らせることはできても、全面的に差し止めることはできなかったのだ。

一七九〇年末、ルイ十六世の側近が率いる少数の反革命派メンバーが蜂起、王制の全権復古を目指し、いたずらに軍の支援をとりつけようとした。だが、反革命派の運動はことごとく失敗に終わった。このころ、ルイ十六世とその家族は、身の危険と今後の行く末を真剣に案ずるようになっていた。一七九一年七月二〇日、王の一族は召使いから借りた衣服で変装し、ヴェルサイユ宮殿から逃亡をはかった。だが翌日、フランス東部のヴァレンヌで身元が確認され、一家は拘束されたのち、護衛とともに召使いのみすぼらしい衣服のままパリへと連れ戻された。国民議会はルイ十六世の身柄を一時保留とし、王妃マリー・アントワネットとともに、護衛付きの人質として、かつての居城チュイルリー宮への軟禁を命じた。

王が囚われの身となり、憲法制定の準備がととのうと、今度は、新政府での王制の位置づけが火急の問題となった。国民議会内の各党派はすみやかに討議をおこなった結果、ある妥協策をうちだした。王に憲法への忠誠を誓わせ、名目上の君主にすぎない立場とする。王が宣誓した内容をくつがえすか、武力に訴えて国

画家で政治・社会批評家のアイザック・クルクシャンクが1794年に制作したエッチング。ピストルを手にしたフランス革命期の女性が、地面に倒れた男に発砲している。首にはミニチュアのギロチン、服にはどくろと交差した骨の模様。背後には斬首され血を流しているルイ16世の生首と、その下でどくろを投げて遊んでいる男たちの姿が見える。この絵には「共和主義の美女——1794年、パリの光景」というキャプションが添えられている。

上：1812年初頭、ロシアの皇帝アレクサンドルは国内の商人や地主から、5年におよぶフランスとの不平等な同盟関係を解消するよう圧力をかけられていた。ナポレオンが命じたイギリスとの貿易規制を撤回したかったのだ。6月、ナポレオンは大陸軍を率いてロシアに侵攻。1812年9月7日、モスクワからおよそ110キロ西のボロジノで、歴史に残る凄惨な戦いがくり広げられた。合計25万あまりの兵を投じたボロジノの戦いは、ナポレオンにはとうてい割の合わない戦であった。ナポレオン戦争の中では規模も死傷者の数も過去最大であり、単一日の戦闘では歴史に残る激戦となった。ボロジノの戦いで、フランス軍は3万人、ロシア軍は4万5千人を超える死傷者を出した。決死の征服作戦で思いどおりの成果が出せず、意気消沈するナポレオンの姿を描いた19世紀ロシアの絵画。

右上：ボロジノの戦いののち、ロシア軍の司令官は全軍をモスクワに退却するよう命じ、ナポレオン軍を一歩、また一歩とロシアの内地へとおびき寄せていった。首都を陥落し、ロシア人に力ずくで平和条約を結ばせるつもりでモスクワに到着した9月14日、ナポレオンは瞬時にして、ロシア軍がモスクワに火を放ったことを知る。その惨状は、19世紀のロシア人画家が描いたこの絵のとおりである。ロシアの厳冬が足早に近づいた1カ月後、ナポレオンはモスクワ、さらにはロシアからの撤退を軍に命じた。2カ月におよんだ撤退は甚大な損害と屈辱をともない、遠征最盛期、フランス軍の犠牲者は57万5千人におよぶと言われるほどの悲劇的結末を招いた。

上：ナポレオンのロシア撤退に勢いづいた連合国（反ナポレオンを表明する国々）は、その数を増やし続け、1813年秋の時点で、連合国はイギリス、ロシア、プロイセン、スペイン、ポルトガル、スウェーデン、オーストリアという陣営となった。1813年10月16日から19日にかけて、連合軍は諸国民の戦い（別名：ライプチヒの戦い）で、ナポレオン軍を撃破。50万を越える兵を投入し、第一次世界大戦以前のヨーロッパで最大の戦闘となった 。ナポレオンはその後も敗退を喫し、フランス軍が祖国に撤退するころ、兵の数は10万人を切っていた。1814年4月、連合軍から退位を迫られ、ナポレオンはイタリア沿岸の孤島エルバ島に流刑となる。その後1年たらずで脱出に成功し、35万を超える兵を挙げ、連合軍に一矢報いようとした。この版画は、ナポレオンが現在のベルギーにあるワーテルローで最後の抵抗を試みた1815年6月18日の様子を描いている。カーリア・アンド・アイヴズ発行（1835～56年頃)。このときナポレオン軍はイギリス軍に完敗を喫した。収監され、南大西洋の孤島、セントヘレナに追放されたナポレオンは、かつて手にした栄光をすべて奪われ、晩年の6年間をこの島で過ごした。

ナポレオンを劇的に描いた代表
として名高い『サン・ベルナー
峠を越えるナポレオン』は、
ランス革命の熱心な支持者で
ある画家のジャック＝ルイ・
ヴィッドの作品（1801 ～ 0
年）。1800 年 6 月、北イタリ
のマレンゴの戦いで、ナポレオ
がオーストリア軍を破った軍功
たたえて描かれたもの。馬にま
がり、軍勢を率いて雪積もる稜
を越えるナポレオンの姿が描か
ているが、ナポレオン軍は、実
足元の確かなラバでアルプスを
えたというのが真相だと述べる
献も多い。1805 年、ナポレオ
はイタリア王国の王となる。

ナポレオン

皇帝として、王として、そして征服者として、ナポレオン・ボナパルトはおよそ20年にわたって、世界情勢の中で圧倒的な存在感を見せつけた。この間、長く続いた戦争はナポレオン戦争の名で呼ばれ、彼の指揮するフランス軍は、ほぼすべてのヨーロッパ列強と戦いをくり広げた。ヨーロッパ大陸全土の制覇をとげたころ、ナポレオンの全盛期は終わりを告げた。

左下：27 隻のイギリス艦隊がフランス＝スペイン連合艦隊 37 隻を撃破したトラファルガーの海戦（1805 年 10 月 21 日）は、ナポレオン戦争最大の海上決戦であった。イギリス軍司令官、名将ホレイショー・ネルソン提督（左の肖像画：イタリアの画家レオナルド・グッチャルディ作。1799 年頃）は、イギリス海軍史上最高の英雄としての座をゆるぎないものにした。制海権を握った時点で、イギリスの勝利は確定した。ナポレオンはイギリス侵攻計画をあきらめ、すでにドイツのアウステルリッツの戦いでイギリス連合軍を打ち負かすほうに力を注いでいた。ルイ＝フィリップ・クレパンが描く激しい海戦模様。この戦いではネルソン提督を含め、8,000 名あまりの死傷者を出した。

ナポレオン・ボナパルトは、パリから数キロ西、セーヌ川をのぞむ王室のかつての居城、シャトー・ド・サン＝クルーでクーデターを起こした。この絵は 1840 年、画家のフランソワ・ブーショが、クーデターでナポレオンが登場する最大の山場を描いたもの。

民議会の転覆をはかろうと挙兵した場合、あるいは外部からの同様の武力行為を許可した場合、国民議会の面前で退位させるというものだ。王の反逆行為への制裁条項は、神聖ローマ帝国皇帝レオポルト二世、プロイセンのフリードリヒ・ヴィルヘルム二世、ルイ十六世の弟のアルトワ伯が一七九一年、国王に味方し、もしルイ十六世に自由が与えられず、国民議会が解散しない場合はフランスに侵攻するという宣言への、対抗措置である。皮肉なことに、フランスの民衆は外国王家の介入に激しい怒りを覚え、彼らの宣言はルイ十六世の立場をかえって危うくする結果を招いたのである。

その後、事態は急展開を迎えた。一七九二年八月十日深夜、暴徒がチュイルリー宮を襲撃、国王一家を拘束した。大勢の自警団が牢獄に突入し、犠牲者は一四〇〇人にのぼった。八月十三日、ルイ十六世は逮捕され、タンプル塔に連行された。タンプル塔はもともと要塞だったのだが、当時は牢獄に転用されていた。十二月十一日、国民議会に召集されたルイ十六世は、反逆罪と国家に不利益を与えた複数の罪で正式に起訴された。一七九三年一月十五日の票決の結果、六九三対〇で王の有罪が確定し、六日後、国王ルイ十六世は、怒声を浴びせる群衆の面前で処刑された。それから九カ月後、反逆罪で有罪となった王妃も、断頭台の露と消えた。

だが、フランス革命がらみの粛正はこれで終わりではなかった。一七九三年七月、公安委員会の一員であるマクシミリアン・ロベスピエール一派が会を支配し、政治結社ジャコバン党を開いた。公安委員会の保護のもと、ロベスピエールとジャコバン党は、その後ほぼ二年にわたって、思いのままに〈恐怖政治〉をくり広げ、一万八〇〇〇人を超える人びとを処刑した。革命にわずかでも疑念をもつことすなわち死を意味し、ギロチンで首をはねられるか、群衆になぶり殺しにされたのだ。

一七九四年になると、ロベスピエールは過激派や中道派のジャコバン党員の処刑をも命ずる。だが、彼自身も虐殺の魔の手から逃れることはできなかった。一七九四年七月二十七日、ロベスピエールは公安委員会の対抗勢力に逮捕され、処刑された。

それでも虐殺は続けられた。政府の管理下に置かれてからも、ジロンド派は独自に〈白色テロ〉を結成し、ジャコバン党員であってもロベスピエールの失脚を支援する者たちを処刑した。

混沌と大殺戮のさなかにあったにもかかわらず、国民議会が一七九五年九月、新しい政体を中心とする憲法の完成にこぎつけることができたのは、画期的な出来事だといえるだろう。フランス史上初の二院制議会、立法府の誕生である。国会は五〇〇名の下院議員と二五〇名の上院議員で構成された。議員の中から選ばれた五名の総裁による総裁政府が執行権を握った。

だが新政府は発足直後、議員以外のジャコバン党員や、王政復古の熱心な擁護者である王党派からの反発にあった。総裁政府の独裁主義は一七九六年から九七年にかけて勢いを増し、内乱のさなかだというのに、フランスは諸外国との紛争、特にプロイセンとオーストリアの対立に介入していた。その間、兵力はめきめきと力をつけ、国外で戦功を重ねて勢いを強めた司令官ナポレオン・ボナパルトは、かつてないほどの尊敬を集め、おのれの野心をつのらせていた。一七九九年十一月九日と十日、クーデターによって総裁政府は崩壊。首謀者のナポレオンが総裁に就任した。五年後、ナポレオンは自らを皇帝と称した。

混迷と騒乱のフランス革命をめぐり、歴史学者の評価は今もなお定まってはいない。〈恐怖政治〉や〈白色テロ〉を例にあげ、近代の全体主義の前兆だったと考える学派がある。一方で、全体主義の前兆であるという要素は認めつつも、アメリカ合衆国の誕生によって成立した、選挙、代議政治、憲法という民主主義制度をのちの世代に継続させた功績を評価する声もある。とはいえ、フランス革命が大西洋世界の歴史できわめて重要な転換期だったというのは、否定しようのない事実である。史上初の大規模な社会革命として、フランス革命は、貴族制政治の時代から、市民が主権を握る時代へと変化をとげるきっかけとなった。失策もあったが、フランス革命がアメリカ独立革命と同様に、大西洋全域の他の諸国に大きな影響を与えたことも、また事実である。

革命による新時代の到来によって、大西洋世界のほぼすべての社会が大規模な変革をとげた。特にラテンアメリカ諸国では、短期間で劇的な変化を体験することとなる。イギリスをはじめとする諸国も、ゆゆしき事態ではないにしろ、ゆるやかな変化が起こりつつあった。事実イギリスでは、アメリカ独立戦争直後に国状が変わりつつあった。王家と貴族階級の両者が新世界の植民地を失った衝撃はあまりに強く、革命前の優位性をとり戻すことは二度となかった。十九世紀が終わりを告げるはるか前からアメリカの大義を支援してきたイギリスの中産階級の多くが、革命前では想像もつかなかった権力を手に入れていた。歴史家のＪ・Ｈ・プラムは『十八世紀のイギリス（*England in the Eighteenth Century*）』（一九五〇年）で、このように説得力のある見解を述べている。「アメリカは自由を手に入れた。イギリスは特権階級の権威が失墜した社会へと移行していった……大英帝国は貿易と富がすべてではないこと、この国は関税だけではなく、人権で複雑な問題をはらんでいることに、ようやく思いいたったのだ。」

アメリカ＝イギリス（米英）戦争

十九世紀の訪れとともに、〈第二次独立戦争〉と呼ばれる戦争がアメリカで起こった。独立戦争の正式な

1812年8月19日、ノバスコシア海岸沖でのイギリス艦《ゲリエール》との戦いのさなか、アメリカ艦《コンスティテューション》のデッキで水兵や司令官に囲まれ、小型望遠鏡で戦況を見守る海軍将校アイザック・ハル。この戦いはアメリカ軍の勝利に終わった。アメリカのルーファス・ゾグバウムが1898年頃に描いたもの。

終結からわずか二十九年後の一八一二年、イギリスとアメリカはふたたび戦闘状態に突入したのだ。イギリスがアメリカ人水兵を強制的に自国の海軍に徴用し、さらには中立国との貿易に制約を課したことが紛争の一番の原因とされているが、イギリスがネイティヴ・アメリカンと同盟を結び、開拓地の拡大を手がけるのではと危惧されたことも原因となっていた。このアメリカ＝イギリス戦争（一八一二～一八一五年）は、陸海の両方で戦いがくり広げられた。陸上戦では、イギリスが強制徴用政策をとりやめ、アメリカの中立国との交易権を認めるまでカナダを占領することが、アメリカ側の目標だった。しかし、まともな訓練を受けていない、わずか七千名の兵によるアメリカのカナダ侵攻計画は、時を経ずして失敗に終わった。

印象に残る海戦が展開されたのも、二〇隻に満たない軍艦、戦艦にいたっては一隻も所有していなかったアメリカ海軍がかなりの戦績をあ

1813年6月1日、アメリカ海軍のフリゲート《チェサピーク》の攻撃を受け、捕獲されたイギリス海軍のフリゲート《シャノン》。ボストン港へ向かう途中の出来事だった。この戦闘の直後、イギリスのロバート・ドッド制作の版画。

げたのも、みな大西洋上での出来事だった。この戦争は、世界最大の制海権をめぐる戦いでもあった。一八一二年八月十九日、ノバスコシア海岸沖でイギリス海軍の《ゲリエール》に大勝し、一躍有名になった艦が、アメリカ海軍の《コンスティテューション》（愛称：《オールド・アイアンサイズ》）である。《コンスティテューション》はこの年の冬、アフリカ沖で敵のフリゲート《マセドニアン》を打ち破り、十二月末にはブラジル沖

エリー湖の戦いで攻撃を受けた旗艦《ローレンス》から《ナイアガラ》へと乗り移り、はしけの船首に立つオリバー・ハザード・ペリー代将。パーシー・モランの1911年ごろの作品。ペリー代将率いる9隻の小型艦は、敵方イギリス艦隊6隻（うち2隻は戦艦）を降伏に追いこみ、エリー湖の制水権を確保した。ペリーはアメリカ陸軍大将（のちに第9代アメリカ大統領となる）ウィリアム・ヘンリー・ハリソンに宛てた書簡で、イギリス軍の降伏を報告している。その中に、今も語り継がれている一節がある。「我々は敵と対峙し、すべて我がものとした。」

1816年にフィラデルフィアで発表された版画。「イギリス艦隊の砲撃を受けたボルチモア近郊、マクヘンリー要塞の風景……1814年9月13日の朝に始まった砲撃は24時間におよび、夜間には連絡船乗り場に続く通路に1,500から1,800発の砲弾が撃ちこまれ、多大なる損害をこうむった」という注釈が添えられている。

でフリゲート《ジャバ》に壊滅的な打撃を与えた。そして一八一三年九月十日、総司令官オリバー・ハザード・ペリー率いる艦隊がイギリス海軍の艦艇を破り、これがアメリカ軍勝利の決定打となった。

イギリスは当初からアメリカの大西洋沿岸封鎖と、私掠船にイギリス商船を襲撃させたアメリカへの報復措置として、港湾への襲撃遂行を主要戦略に掲げていた。一八一四年八月、イギリス軍はワシントンD.C.に上陸、州議会議事堂や海軍工廠のほか、政府関連施設を焼き討ちした。その後、チェサピーク湾へと進み、ボルチモアのマクヘンリー要塞に大規模砲撃を実施した。過酷な砲撃に耐えるアメリカ軍の姿を目の当たりにした詩人のフランシス・スコット・キーは、のちにアメリカ国歌となる『星条旗』の歌詞を書く。一八一四年のクリスマス・イヴの日、ガン条約が締結された。ただしイギリス軍の強制徴用や中立国との交易権についてはなんら言及はなく、アメリカ＝イギリス戦争は、膠着状態のまま終結した。

ラテンアメリカ諸国の独立運動

一八二六年から三一年にかけて執筆した旅行記『旅の絵』で、ドイツの作家ハインリッヒ・ハイネはこう述べている。「だが、我らが時代の課題とは何か？　解放である――アイルランドやギリシャ、フランクフルトのユダヤ人、東インド諸島の黒人、その他虐げられた者たちだけではない。全世界の解放だ。」

南北アメリカのフランスやスペインの植民地では自由独立に向けての運動が盛んで、しばしば暴力を伴うことも珍しくはなかった。

運動の口火を切ったのは、イスパニョーラ島の西側の三分の一を占めていたフランス領カリブ植民地、サン＝ドマング（現在のハイチ）である（東部の三分の二はスペイン領で、サントドミンゴと呼ばれていた）。ハイ

“だが、我らが時代の課題とは何か？　全世界の解放である”

——ハインリッヒ・ハイネ、『旅の絵』1826～31年

チは長年フランスが海外に所有していた宝の島だった。南北アメリカ大陸随一の豊かな植民地で、欧米に出荷される砂糖とコーヒーの半分がこの地で産出されていた。また、カリブ諸島のあらゆるヨーロッパ植民地と同様、ハイチも奴隷労働で富を得ていた。

祖国フランスから強制的にハイチに移住させられた農園主や職人、兵士、行政官らは、フランス革命がしだいに勢いを増していくのを一心に見守っていた。大勢の白人はずっと恐れおののいていた。住人の圧倒的多数を占める奴隷たちは以前からむごい仕打ちにあっており、ハイチでは暴動がいつ起こってもおかしくない状態にあったのだ。人権、自由、平等というスローガンが話題になるころ、事態は悪化の一途をたどっていた。

そしてまもなく、ハイチ独立運動の火ぶたが切って落とされた。一七九〇年、フランス革命で国民議会が発表した〈人間と市民の権利の宣言〉に突き動かされたハイチのムラート（白人と黒人の混血）や黒人の自由民たち、そして一部の奴隷所有者らが、この宣言書で定める市民権をハイチ国内にも求めた。この要求が即座に却下されると、裕福なムラートだったヴァンサン・オジェ率いる三〇〇名ほどの集団が反乱を起こした——しかしオジェは白人の前に屈し、投獄の末に処刑された。そんな中、ハイチの白人住民の思惑とは裏腹に、一七九一年五月十五日、フランス国民議会は、自由民の両親から生まれた（比較的少数派の）自由黒人とムラートに政治的権利を与えた。ところがこの措置が火花を散らし、革命の気運が燃えあがった。一七九一年八月二十二日、武装集団が蜂起。支配層の十倍にあたる奴隷十万人が、自由黒人グループの一員として暴動に加わった。

アメリカ独立革命とフランス革命の理念を模範とし、新世界スペイン領のいたるところで自由を求める気運が巻き起こった。メキシコ農夫の窮状を赤裸々に描いた、革命の象徴ともいえる版画（制作年不明）。

ハイチの自治領支配に成功し、さらに国内の幾多の対抗勢力を破ったトゥサン・ルヴェルチュールは1801年、隣国のサン=ドマングを支配。奴隷制度を全廃させた。これは19世紀制作の銅版画。

革命期にハイチで起こった紛争では、1802年2月23日のスネーク・ガリーの戦いが知られている。トゥサン・ルヴェルチュールに率いられ、自由のために蜂起したアフリカ系住民は、シャルル・ルクレール率いるフランス軍の前に敗れた。この挿絵はフランスの歴史家ピエール・ランフレの著作『ナポレオン1世の歴史』（1805～08年）に掲載されたもの。

ハイチ独立指導者で、独立後に初代統治者に就任したジャン=ジャック・デサリーヌは、1804年1月に終身総督となった。8ヵ月後にみずから皇帝を名乗り、新国家を強圧的に支配したが、1802年、デサリーヌ側にいたアンリ・クリストフとアレクサンドル・サベ・ペチョンの反乱によって失脚、1806年に暗殺される。この版画はデサリーヌの肖像画、制作年不詳。

アメリカやフランスの革命とは異なり、ハイチ暴動の主役は、全人生とは言わないまでも、その大半を奴隷としてのおぞましい待遇に耐えてきた人びとだった。自由を望む気持ちと報復の思いの両方にかりたてられた末の蜂起だった。また、想像を絶するほど残虐な戦いがくり広げられた。暴動の最初の三週間で、奴隷たちはハイチの農園という農園を焼き尽くし、フランス人は見つかるやすぐに殺され、なんとか生きのびた者は沿岸の町へと逃げ、救援を求める電報を祖国に送った。

その後、奴隷、白人、自由国民、フランス、スペイン、イギリスというさまざまな国や人種を巻きこみ、十三年という歴史上類をみない、長期にわたる混迷の革命期が続いた。その革命がようやく終わり、西部世界で初の黒人による独立国、ハイチが誕生する。

それまで奴隷だった男が、長い苦闘をくり広げたハイチ独立運動の偉大なる英雄となり、やがて革命時代を代表する偉人のひとりとして欧米全域で認められた。フランソワ＝ドミニク・トゥサン＝ルヴェルチュールは、ハイチ独立革命の当初から参加していたわけではなかった。一七九一年、自由黒人のトゥサン＝ルヴェルチュールは衛生兵として反乱軍に入隊し、またたく間に出世していった。彼の辣腕がなければ、ハイチ革命は間違いなく窮地におちいっていただろう。

まず造反派の奴隷を軍事と政治の両方で統合させること。次に、ハイチの支配復活を望むフランス、そして、革命はサトウキビとコーヒーの産出量が豊かな領地を制圧する格好の機会とにらむスペインとイギリスという、ヨーロッパの敵対する大国の覇権争いを革命の終結までうまく利用すること。このふたつの問題に上手に対処しなければ、革命は成功しないという現実を心得ていたところが、トゥサンが名将といわれるゆえんである。

カリスマ性と知性の両方に恵まれた指導者のトゥサンは、暴動を鎮圧しただけではなく、ヨーロッパ列強どうしの戦いを煽った結果、フランスと手を結ぶのが一番だと判断した。フランスとの合意に達すると、ハイチは名目上フランス領という立場を維持しながらも、総督権はトゥサンが支配し、およそ十年間、解放奴隷とフランス人との微妙な関係を守った。

だが、トゥサンの支配は長くは続かなかった。一八〇二年、ハイチのフランス支配の再開を決断した新皇帝ナポレオン・ボナパルトは、義弟のシャルル・ルクレール率いる二万の兵をハイチに送りこみ、トゥサン政権を転覆させた。ルクレール軍にゲリラ戦を仕かけて和平交渉に持ちこんだものの、トゥサンは事実上ハイチの支配から手を引くことになった。引退からわずか一年後、交渉の席上、フランスの策略にはまり、トゥサンは逮捕され、フランスに送られた。一八〇三年四月、ハイチ蜂起の真の立役者、トゥサンは獄中でその生涯を終えた。

トゥサンが死んでも、彼が長年つちかってきた大義の火は消えなかった。フランスの支配下にあったハイチでは、もと奴隷のジャン＝ジャック・デサリーヌがトゥサンの活動を引き継いだ。その後起こった大虐殺は、第二次世界大戦に匹敵する非戦闘員の死者を出したと語る歴史家がいるほどの惨劇だった。勝利をあせったルクレールは、視界に入った黒人を次々と処刑していったのだ。デサリーヌは残虐な手段を講じて多勢のフランス軍に応戦。司令官がルクレールから、アメリカ独立革命時のフランス軍指揮官ジャン＝バティスト・ド・ロシャンボーの息子、ドナティエン＝マリー＝ジョゼフ・ロシャンボーに代わり、両軍で殺戮がくり返された。この熾烈な戦いも一八〇三年十一月十八日、一縷の望みであったナポレオンからの援軍が来ず、ロシャンボーはヴェルティエルの戦いでやむなく降伏する。一八〇四年一月一日に終身総督に就任したジャン＝ジャック・デサリーヌは、ハイチの共和国宣言をおこなった――西半球で二国目、世界初の黒人による共和国の誕生である。

トゥサン＝ルヴェルチュールや、彼に続いた革命家らのハイチでの活躍は、世界中に大きな反響をもたらした。カリブ海諸島の明るいニュースに、弾圧を乗り越え自由と平等を手に入れようとしていた政治思想家や活動家の士気は上がった。まもなく、ホセ・デ・サン＝マルティンやシモン・ボリバルによる活動の影響がさらに広い範囲におよび、スペイン帝国の新世界での覇権は崩壊へと向かった。

ホセ・フランシスコ・デ・サン＝マルティン・マトーラスは、一七七八年にアルゼンチンの小さな町、ヤペユーに生まれた。スペイン軍人の息子サン＝マルティンはスペインに留学し、マドリッドの陸軍学校を卒業後、陸軍に入隊。師団長まで昇進する。一八〇八年のバイレンの戦いでは、イベリア半島に侵攻していたナポレオン軍を下し、軍功を挙げた。

この戦いが終わり、カディスに滞在中だったサン＝マルティンに人生の転機が訪れる。そこで出会った南アメリカ人士官の革命への信念と熱意に強く心を揺さぶられたのだ。彼はすぐに、独立推進を目的に結成された秘密結社に参加するようになる。ことに、生まれ故郷のアルゼンチンでは熱心に活動した。一八一二年、革命の精神に強く共鳴していたサン＝マルティンは軍を離れ、結成直前の革命軍に加わるため、海路アルゼンチンへと渡った。

サン＝マルティンは、またたく間に革命の中心人物となっていった。アルゼンチン到着と同時に、革命軍屈指の精鋭集団、機動騎兵隊の指揮官に任命され、一八一三年二月三日には、サンロレンソの戦いでスペイン軍を破った。アルゼンチン独立における紛争での初勝利である。革命暫定政府から将軍に任命されたの

ホセ・デ・サン＝マルティンはスペイン軍に入隊、バイレンの戦い（1808年7月）やアルブエラの戦い（1811年5月）に従軍し、ヨーロッパで輝かしい軍功をあげたのち、ラテンアメリカ独立運動最大の功労者となる。1848年頃、パリで撮影されたサン＝マルティンの珍しい銀板写真。

チリ独立後初の元首、ベルナルド・オイギンスの正装した堂々たる姿。19世紀のペルー人画家、ホセ・ジル・デ・カストロの作。

下：『アトランティック・ヒストリー』（2005年）の著者で歴史家のバーナード・ベイリンは、シモン・ボリバルをこう表現している。「生まれも育ちもベネズエラの首都カラカス……ヨーロッパで教育を受け、欧米の啓蒙主義に傾倒した。まさに、大西洋にはぐくまれた人物（アトランティスト）である。」19世紀にホセ・ジル・デ・カストロが描いた肖像画。

サンロレンソの戦いは、アルゼンチン独立戦争初の兵器戦であった。この戦いで、フアン・バウティスタ・カブラル軍曹がみずから犠牲となり、馬の下敷きとなったサン＝マルティンを救ったと言い伝えられている。この絵は1903年、アルゼンチンの画家、アンジェル・デッラ＝ヴァッレが1813年のサンロレンソの戦いを描いたもの。この戦いから3年後、アルゼンチンの独立宣言が起草された。アメリカ独立宣言と合衆国憲法の理念を体現したアルゼンチン独立宣言は、自由を求めるラテンアメリカの活動家に多大な影響を与えた。

ち、アルゼンチンのクージョ地域の総督に迎えられ、結果として、弾圧を受け、スペインから隣国チリに逃げこんでいた大勢の亡命者と接触することとなる。チリ難民とのつながりは、サン＝マルティンが南アメリカの偉大なる人物のひとりとして敬愛される第二の転換期となる。

確実に襲う苦難や危険には目もくれず、サン＝マルティンは軍勢を率いて、高く危険なアンデス山脈を越える作戦を立てる。一八一七年一月、サン＝マルティンは兵およそ四千、馬十二頭、大砲二十二基の〈アンデス軍〉をみずから指揮し、アンデス山脈を目指した。重装備と大人数の部隊を率いてアンデス越えを決行したサン＝マルティンの行為は、ハンニバルやナポレオンがおこなったアルプス越えに匹敵する偉業であった。一カ月にわたる行軍が終わりに近づくころ、チャカブコという谷で襲撃される。だがベルナルド・オイギンス将軍の大活躍により、サン＝マルティンの騎兵隊はスペイン軍を一掃する大勝利をとげた。数日後、サン＝マルティンと解放軍の一行は、チリの現在の首都、サンチアゴに入る。

チリ国民の感謝のしるしとして執政官に選出されたサン＝マルティンは、その任をオイギンスに譲った。おのれの寛大さを誇示したわけではない。サン＝マルティンにはさらなる野望があった。彼の関心はそのころ、新世界でただひとつのスペイン領、ペルーに向いていたのだ。

一八二〇年八月二〇日、連合軍を乗せたチリ海軍の船団が、バルパライソからペルー南岸のパラカス湾へと向かった。九月七日、パラカス湾から上陸した軍勢は、湾岸の都市ピスコを制圧。ペルー独立では、アルゼンチンやチリと同じ軍事作戦ではなく、できるだけ外交的手段に訴える戦略を打ち出すことにした。多くの前線で、スペインのチリ支配にすでに異議が唱えられていた、という実情も踏まえた上での戦略というわけだ。そのころシモン・ボリバルはチリ北部でスペイン勢力をくつがえし、軍勢とともに首都リマに向かう途中だった。ペルー反政府軍の司令官らも各地の重大な戦闘で勝利をとげ、ペルーの港湾はいくつかが閉鎖される。全国規模で地主たちが血気さかんな民衆蜂起に加わっていたころでもあった。

こうして革命運動が勢いよく展開していくのに勇気づけられ、革命軍幹部はペルーの独立交渉に入ることになる。サン＝マルティンはスペイン高官たちとの会合に参加したが、スペイン側は全員、歴史に残る合意交渉の相手としては権威に欠けると主張した。業を煮やしたサン＝マルティンは軍勢をひきつれ、海路リマの隣港アンコンへと向かった。兵はそこから南岸と東部丘陵地へと派遣され、首都リマの孤立化に成功する。一八二一年七月二十一日、サン＝マルティンはリマに凱旋し、（戦いは終結していなかったが）七月二十八日にペルー独立が正式に宣言され、サン＝マルティンは新独立国家の〈摂政〉に選出された。

その数日前、サン＝マルティンはシモン・ボリバルとエクアドルのグアヤキルで面会している。ここで話し合われた内容は今も明かされていない。ラテンアメリカの今後について語り合ったに違いないとする歴史家もいる一方、ボリバルは、ペルーの独立承認を拒むスペイン軍の残党との闘いに加わって欲しいとサン＝マルティンに頼んだのではないかという説もある。ペルーで国会が召集された直後、サン＝マルティンは除隊してペルーを去り、アルゼンチンに帰国後は農夫として生計を立てたという事実だけは確認されている。一八二四年、サン＝マルティンはフランスに移住し、余生をそこで過ごした。スペインの一士官がアルゼンチンとペルーの自主独立の立役者となり、ペルーの独立運動でも重要な役割を果たすという功績を残したサン＝マルティンに匹敵するラテンアメリカの英雄は、シモン・ボリバルただひとりである。

サン＝マルティンの幼少期について述べた記録はあまりないが、シモン・ボリバルは、彼が掲げた革命の精神とはほど遠い子供時代を送った。フルネームは、シモン・ホセ・アントニオ・デ・ラ・サンティシマ・トリニダー・ボリバル・イ・パラシオス。一七九三年七月二十四日、ベネズエラの首都カラカスで誕生した。両親は裕福な貴族階級で、ボリバルはえり抜きの家庭教師から英才教育を受けた。アメリカ独立革命の功績や、革命の指導者がうち立てた政府の話に熱心に耳を傾ける教え子の姿に、家庭教師らも目をみはった。

　九歳で両親を失ったあと、ボリバルはスペインのおじにあずけられ、十六歳までスペインで教育を受けた。ヨーロッパへ向かう途中にメキシコシティに立ち寄ると、ニュー・スペインの総督との面会を求めた。年端もいかない少年がスペインとアメリカの独立について熱く語るのに衝撃を受けつつも、総督は、ボリバルの行く末を警戒するようになる。

　一八〇七年にベネズエラに帰国したボリバルは、翌年からレジスタンス活動に参加するようになった。スペイン総督が一八一〇年に追放されると、カラカス独立暫定政権の支援を得ようと、外交使節団としてイギリスに赴くが、失敗に終わる。ベネズエラの独立が宣言された一八一一年七月を機に、本格的な紛争が始まった。一年後、暫定政府の指導者フランシスコ・デ・ミランダは軍の降伏を余儀なくされ、ボリバルはヌエバ・グラナダ（現在のコロンビア）にあるカルタヘナへと逃れた。彼はそのとき、スペイン支配から脱するには、隣国ヌエバ・グラナダからの支援を得るのが一番だと確信した。一八一三年、ベネズエラの独立を支援すればヌエバ・グラナダにも自由が訪れる。革命の指導者らをそう説得すると、ボリバルは、ヌエバ・グラナダの大軍勢の指揮を任される。一八一三年五月十三日、ボリバルはベネズエラに侵攻し、二十三日には都市メリダを制圧した。三カ月後にカラカスでスペイン軍に敗北を喫するも、ボリバルはみずからを解放者《エル・リベルタドール》だと宣言した。以後、ボリバルの名に〈解放者〉という称号が付せられるようになる。だが、ベ

1817 年、イギリスの地誌学者サミュエル・ルイス作成の南米地図。ラテンアメリカ最大の英雄シモン・ボリバルは、ベネズエラ、コロンビア、エクアドル、パナマ、ボリビアの人びとから称えられている。ボリバルはこれら諸国の独立運動すべてにかかわった。シモン・ボリバルは、世界中の尊敬を集めるに値する功績をあげた。

カラカスにある騎乗するボリバル像（1913年頃撮影）。写真に添えられたキャプションには「南米のジョージ・ワシントンこと、シモン・ボリバル像」とある。

ネズエラの二度目の独立は短命に終わり、一八一四年六月に共和派が政権を奪還する。

それでもボリバルの熱意がくじけることはなかった。一八一四年、彼はヌエバ・グラナダに戻る。ヌエバ・グラナダでは共和政府が樹立したが、短期間のうちにスペインに忠誠を誓う勢力にくつがえされていた。ボリバルはコロンビア愛国者軍の司令官として、都市ボゴタを奪還するが、国を追われることとなる。コロンビアの独立を誓いつつ、ジャマイカに続いてハイチにおちついたボリバルは、ハイチのアレクサンドル・サベ・

ペション大統領に軍事支援を要請し、自由を獲得した領土の奴隷全員を解放すると約束した末に、ペション大統領の同意を得る。

援軍とともにハイチから帰還したボリバルは連戦を勝ち抜き、一八一九年のボヤカの戦いで決定的な勝利をとげた。その後は現在のベネズエラ、コロンビア、パナマ、エクアドルの連邦国家、大コロンビア《グラン・コロンビア》の建国を支援し、同国の大統領に就任する。

ボリバルの活躍はさらに続く。五年ほど前のサン＝マルティンのように、ボリバルはペルーに着目し、軍勢とともにアンデス山脈を越えると決断した。だが一八二四年、フニンとアヤクーチョで、ペルーの独立を阻止しようとするスペインの残党に敗北を喫した。

一八二五年、いまだ健在だった貴族階級を弱体化させ、ボリバルの栄誉を称えるため、旧高地《アルト》ペルーにボリビア共和国を建国した。ボリバル生涯の夢であった南アメリカの独立と共和制国家の成立の両方が実現したようだった。彼が新国家のために起草した憲法は、権力の分立、信仰の自由、財産権、法施行の規則をさだめ、憲法として模範的な内容だった。ただ、ボリバルのもうひとつの夢、南アメリカの統一の達成はかなわなかった。一八二七年になると新国家の指導者層の個人的な争いが混乱を呼び、派閥闘争を招き、一八二八年にはボリバルの暗殺計画がもちあがった。肺結核にかかっていた彼は、みずからが大いなる影響力をふるった南アメリカを離れ、引退後はヨーロッパで暮らすつもりでいた。ところが船出を目前に控えた一八三〇年十二月十七日に体調が悪化し、帰らぬ人となった。

奴隷制度への対抗

トゥサン＝ルヴェルチュール、ホセ・デ・サン＝マルティン、シモン・ボリバルの革命運動は大きな影響を与えた。新たに自由を手に入れた国家には混乱や予想外の展開がつきものだが、かつて弾圧と専制政治が横行していた場所に、新国家建設のしるしとして、建国当初から独立の気概と立憲主義が生まれる。この過程で、大勢の奴隷が自由を獲得していった。世界のこれほど多くの国が自由と平等の問題にかかわるようになると、奴隷制度への関心がにわかに高まってきた。バーナード・ベイリンは自著『アトランティック・ヒストリー』（二〇〇五年）で、「奴隷制度は十九世紀になっても続いたが（ブラジルの奴隷廃止は一八八八年だった）、奴隷制度はそれまで、道徳上許されざる問題であるとか、キリスト教社会に根深く残る矛盾と考えられることはなかった。独立以降、アメリカでは奴隷制度への抵抗や批判は一度として起こらず……悪しき運命との認識もなかった」と述べている。

すでにフランスは一七九四年に奴隷制を廃止しており、一八〇七年にはイギリスが海外との奴隷貿易を違法と定めた。そこで同じく一八〇七年、アメリカ国会は奴隷の輸入禁止令を可決する。こうした一連の状況と、自由と平等の理想をかかげたアメリカ憲法が手を結び、アメリカの奴隷制度は違法ではないかと説く多くの奴隷廃止論者の信念をあと押しした。だが、奴隷を扱う業者らも手を結び、解放への希望を打ち砕こうと策をめぐらせていたのである。

白人農園主がハイチ暴動で暴虐行為に苦しめられたと聞き、アメリカの奴隷所有者たちは心底ふるえあがった。似たような暴動が起こりかねないと、アメリカの奴隷たちは徹底して厳格な支配下に置かれた。産業革命の始まりとともに、繊維産業が世界規模で発展した時期でもあった。南部のプランテーションで栽

奴隷が自由を獲得したハイチの動向に危機感をいだいた奴隷所有者と奴隷制の擁護者は、こうした生活に「満足している」奴隷たちを描いた絵をアメリカに広めた。この絵は 1841 年ごろの作品。北部ホイッグ党の奴隷制擁護者エドワード・ウィリアムズ・クレイの手による、背後で「幸せな」奴隷たちが踊っているポスター。長老格奴隷はこう語る。「わしらの衣食をまかなう旦那さまに神の祝福を！　病気になれば世話をしてくださり、年老いて働けなくなったわしらを養ってもくれる！」

アメリカの奴隷制度廃止の日は訪れたが、南北戦争（1861 ～ 65 年）という途方もない代償を伴った。このアメリカ史上最悪の内戦は国家を二分し、死者は 60 万人、負傷者は 40 万人にのぼった。1861 年 3 月 23 日付『ハーパーズ・ウィークリー』の表紙に、サウスカロライナのサムター要塞に駐留する司令官 9 名の写真がとりあげられた。この要塞は、1861 年の時点で北部諸州が南軍に残した 4 つの砦のひとつである。サムター要塞はそれから 20 日後に爆撃を受け、南軍が占領した。南北戦争の火ぶたを切った戦いであった。

ジョン・グリーンリーフ・ホイッティアーのブロードサイド版詩集『鎖につながれし我らが民』の挿絵に使われた、鎖につながれた男の奴隷を描いた木版画。奴隷解放運動の象徴として大々的に配布されたブロードサイド版のオリジナルには、このような引用が含まれていた。「イギリスの奴隷 80 万人が解放された。アメリカには 225 万人の奴隷がいるが、解放される気配はまったくない！」

HARPER'S WEEKLY.
A JOURNAL OF CIVILIZATION
NEW YORK, SATURDAY, MARCH 23, 1861.
[PRICE FIVE CENTS.
SUMTER.

イーライ・ホイットニー製作の綿繰機の原特許。この書類には 1794 年申請と記載されている。綿繰機の出現で、綿の生産と奴隷の労働力はいっそうの利益を生み、アメリカの奴隷制度廃止の望みは絶ち切られた。ホイットニーは、特許出願書にこのようなコメントを残している。「〔これまで〕1 日 100 人がかりで処理していた綿花が、ふたりで片づきます。」

培する綿花で大もうけできるとなると、どんなに情け深かろうとも、手持ちの奴隷を解放する農園主はいないに等しかった。

一七九〇年の第一回国勢調査の結果、アメリカには六九万七八九七名の奴隷がいることが明らかになった。一八一〇年には、綿花をはるかに容易に処理できる綿繰機の発明が決定的な理由となり、奴隷人口は一二〇万人に増大。一八五〇年になると、二五〇万人を超える奴隷が南部の大農園で年間三〇〇万梱《こり》（綿花一梱はおよそ一八〇キログラム）の綿を生産していた。綿花の需要は、ヨーロッパやその他先進国だけにとどまらなかった。綿織物はニューイングランドの繊維産業発展の礎《いしずえ》となり、アメリカ最大の産業に成長したのである。

奴隷制度は南部と北部の経済にとって大いに重要な役割を果たしていたが、〝あの邪悪な制度〟を廃止に追いこもうとする派閥もあった。奴隷廃止運動の初期に評判を呼んだひとつが奴隷体験記だ。解放奴隷や逃亡奴隷が、囚われの身にあったときの悲惨な生活をつぶさに描いたものである。奴隷体験記はあっという間に北部で大人気を博し、フランス語、ドイツ語、オランダ語、ロシア語に翻訳された。

クエーカー教徒などの宗教団体や、弁のたつ熱心な黒人牧師が奴隷解放に立ちあがった。奴隷解放組合が地域・国家規模で生まれ、奴隷解放の推進と逃亡奴隷の支援に乗りだす。彼らはおのおの出版物を世に出し、奴隷制度は道徳と政治の両面で邪悪であると糾弾した。中でも奴隷解放運動の指導者で、奴隷廃止運動の新聞『リベレーター』の激しく断固たる姿勢は、他の追随を許さなかった。同紙の発行者、ウィリアム・ロイド・ギャリソンは一八三一年、『リベレーター』創刊号でこう書いている。「〈奴隷制度〉を〝穏健に〟など考えられようはずがない。話したり書くこともそうだ。穏健でいられるはずがない！　屋敷が火に包まれた人には〝穏健に〟注意をうながすがいい。妻が陵辱された夫には〝穏健に〟助け出せと言うがいい。火の中に落ちた赤ん坊を救おうとする母親には〝穏健に、少しずつ助けてやりなさい〟と言ってやるがいい。しかし今の奴隷解放という大義のもと、私には〝穏健などもってのほかだ〟と檄を飛ばして欲しい。私は本気だ。言を左右にしない。言いわけもしない。一インチも退きはしない。私の言葉は、いつか国民の耳にとどく。」

ギャリソンの発言はまさに人民の耳にとどいた。南部では追いつめられた勇敢な奴隷たちが蜂起したものの、悲劇に終わった。拘束された奴隷たちを救うための秘密結社、〈地下鉄道〉が発足した。熱情的な嘆願が続いた。だが、綿花はあまりにもうかる作物で、南部の風土はあまりに保守的だった。だが西欧世界のいたるところでわきあがった民主主義運動に触発され、アメリカでは、全国に大打撃を与えた南北戦争が起こり、農園内で労働を強いられていた数百万の奴隷に自由がもたらされたのだった。

“文明の物語とは……自然の所業を人間の役に立たせるための、長きにわたる厳しい奮闘の物語である。”

——L・スプレイグ・ディ・キャンプ『古代のエンジニア（*The Ancient Engineers*）』1963 年

8

産業革命

機械化と大西洋世界

1890 年ごろの写真製版プリント。イングランドのケント州における重要な産業中心地、ダートフォードにあったバローズ・ウェルカム・アンド・カンパニーの製薬工場。

KEPLER
EXTRACT
OF MALT
KEPLER
SOLUTION OF
CODLIVER OIL
IN EXTRACT
OF MALT

十八世紀後半から十九世紀前半にかけての政治革命は、大西洋世界全体にきわめて重要な影響を与えた。さらに、ほぼ同時期に始まったもうひとつの変化も、のちのちまで影響を残す劇的なものであり、先史時代に人類が狩猟採集から農業へと移行し、遊牧民的な生活を放棄した新石器時代の変化とよく比較される。産業革命は、天啓を受けた大勢の発明家や職人が成しとげた業績であり、ほぼ世界全土に永続的な変化をもたらした。繊維産業の機械化と、製鉄技術の発展に端を発したこの革命は、イギリスから広がった。

イギリスが産業時代の先がけとなった理由はさまざまに考えられる。海外の植民地から得ていた膨大な収入や、アフリカおよびカリブ諸国との奴隷貿易による大きな利益は、この歴史的な変容の引き金を引く財源をイギリスにもたらしたといえよう。石炭、鉛、鉄、錫、銅、石灰岩といった豊かな資源もあった。北イングランド、イングランド中部、南ウェールズ、スコットランド低地の全体にわたり、産業の発展と拡大に欠かせない水利もあった。さらに、比較的小さな国土にもかかわらず人口が多い——すなわち、革命に必要なだけの労働人口があったことも大きかった。そのうえこの国は、ヨーロッパ諸国の中でも、ナポレオン戦争の経済的打撃をあまり受けずに台頭した国のひとつでもあった。多くの商船はほとんど無傷のままで、すでに確立された市場ももち、早くからイギリスの家内工業商品を輸送する経験を積んでいた。

繊維生産

十八世紀前半、英国の活発な繊維生産の礎《いしずえ》となったのは家内工業だった。羊毛を中心に、個人が自宅や小さな作業場などで、糸を紡ぎ布を織った。木綿や亜麻も同じように加工されたが、手順がむずかしく、英

アイルランドの家庭内の様子。繊維生産の産業革命が起きる前、ヨーロッパではこうした風景が一般的だった。画家の説明によれば、女性たちは「糸巻き車を回して糸を巻いたり、紡ぎ糸を煮たりしている。」アイルランドの画家ウィリアム・ヒンクスの版画で、1791年にロンドンでシリーズの1枚として発表されたもの。

国の繊維生産量としては微々たるものだった。だが、カリブ諸国や米国南部の綿花の生産量が大量に増えたため、技術は着々と進歩し、英国の繊維産業全般、特に綿花商品生産に機械化の波がやってきた。

技術進歩の初期段階で生まれた機械のひとつとして、ルイス・ポールとジョン・ワイアットが一七三八年に特許をとった軸紡績機がある。異なるスピードで移動する二組の巻軸が特徴で、動力はロバだった。ポールとワイアットはこの発明でもうけることができずに破産したが、エドワード・ケイヴという人物がこの機械を五機購入し、操業を始めたばかりのノーサンプトンの工場に設置した。これが世界初の綿紡績工場だ。

次の進歩を生み出したのは、スタンヒルの村に住む地元の織物業者、ジェームズ・ハーグリーヴズだ。

ヒンクスの描いた、アイルランドの初期の亜麻布製織工場の内部。男性たちが「新しく改良された整経機に糸を巻き、整経し、布を織っている。」

ハーグリーヴズの業績が生まれるきっかけは、娘がたまたま紡績機をひっくり返してしまったことだと言われている。巻軸が回転し続けるのを見たハーグリーヴズは、ひとつの糸巻き車でいくつかの軸を動かすことができるのではないかと考えたという（どことなく昔の都市伝説らしくもある）。

少なくとも一七六四年ごろにハーグリーヴズが、のちにジェニー紡績機として知られる機械をつくったことは確かだ（ランカスターの織物業者、トマス・ハイズのつくった試作品を精錬しただけだという意見もあるが）。この紡績機は、通常の紡績機に付いている巻軸を八本備えている。つまり、ひとつの車を回転させることにより、八本の糸を同時に巻きとることができるのだ。このすばらしい発明は、ほかの先駆的な産業発明家からの反応も引き出すことになった。ハーグリーヴズがこの新しい紡績機を売り出したこと

この図版の説明文に、ヒンクスはこう記している。「この遠近法の図版は、亜麻を潰す（溝の付いた）ローラーと、亜麻を叩く軸棒に固定された刃とが、どちらも輪で回転させて動かす方式の亜麻打ち機を描いている。亜麻を潰して打つ手法は大きな発展をとげた。」

で、近隣の紡績工たちはこの機械に仕事を奪われることを恐れ、ハーグリーヴズの家を襲って機械を破壊した。しかしハーグリーヴズはひるまず、ノッティンガムに移り住んで、そこに小さな紡績工場をつくった。残念ながら一七七〇年までこの紡績機の特許を取らなかったせいで、ハーグリーヴズのアイデアはほかの人間に借用され、機械は着々と改良されていった。ハーグリーヴズが亡くなる一七七八年までには、ジェニー紡績機が同時に巻ける糸の数は八本から八〇本に増え、英国全土で二万機以上が使われるようになっていたという。

初期の発明品も、あとに続いた発明も、それぞれ個々に歴史的な意義があるが、とりわけ、イギリスのある事業家集団の存在、とりわけ、生まれた発明を最大限に生かしたひとりの人物の存在なしには、ここまでの影響力を生み出すことはできなかっただろう。そのリチャード・アークライトの率いる事業家集団は、大勢の発明家を激励し、そのアイデアに出資して、特許を取ることで発明品を保護した（実際にはいくつか発明を盗用したケースもある）。優れた産業経営者であったアークライトは、初期のさまざまな機械生産プロセスをひとつ屋根の下に集結させ、初めて真の工場をつくった人物だ。そして、動力利用の堅実な発展――馬力から水力へ、そして蒸気動力への進歩――に尽くした人物とも言えるだろう。

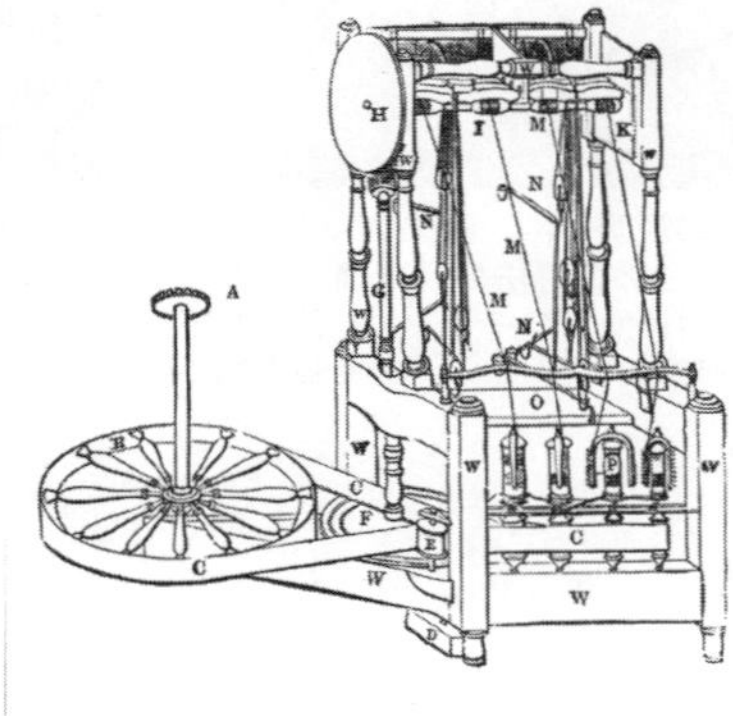

リチャード・アークライトは、自分の工場に雇った従業員が家族ごと近くの村に移り住むことを奨励した。その報奨として１年に１週間の休暇が与えられたが、村を去らないと約束することが条件だった。ほかにもさまざまな規則があり、たとえば工場内で口笛を吹いた労働者は１シリングの罰金を取られた。この肖像はジェイムズ・ポッセルホワイトが 19 世紀に製版したもので、原画はジョゼフ・ライトの作品。
下の図はアークライトの精紡機。ロンドンで出版されたリチャード・マースデン『綿糸紡績：その発展、原理、実践』（1884 年）に掲載されたもの。こうした機械が生産性を高めたおかげで、1800 年代前半頃には、綿製品はイギリスの主要な輸出品となり、綿製品の供給で世界をリードしていたインドに取ってかわることになった。

事業家としての技量のみならず、アークライトには発明家の能力もあった。ただし、アークライトのものとされる発明の多くは、彼が協力していた誰かの発明品だった。アークライトは十三人きょうだいの末っ子で、プレストンの古いイングランド人コミュニティで、一七三二年に生まれた。両親には息子を学校にやれる経済力がなく、彼はいとこのひとりから読み書きを教わった。若き野心家のアークライトは、しばらくのあいだ床屋の徒弟となったあと、自分でかつらづくりの事業を始め、国中を旅して回るようになった。

一七六七年に仕事で旅に出たとき、アークライトの人生は劇的な転換点を迎えた。トマス・ハイズとともに巻軸システムの改良版紡績機を試作したジョン・ケイと出会ったのだ。かつらづくりの事業で大いに稼いでいたアークライトはケイに感銘を受け、発明資金が底をついたと聞くと、機械を完成させるため、ケイを雇うことを申し出た。この発明家の野心的な計画には人手が必要だと考えたアークライトは、地元の職人たちを雇い入れ、のちに精紡機として知られるようになる機械をすぐに完成させた。ペアになった三組の巻軸が異なるスピードで回るこの機械は、ハーグリーヴズのジェニー紡績機よりずっと強靭な糸を生産することができた。

繊維生産の大きな前進に勇気づけられたアークライトは、ノッティンガムの銀行から資本を調達して事業を拡大し、ジェデダイア・ストラットとサミュエル・ニードというふたりの事業家とパートナーシップを組んだ。精紡機は手動で動かすには大きすぎると考えた彼らは、最初は馬力を使おうとした。これがうまくいかなかったため、ダーウェント川の近くに大きな工場を建て、巨大な水車をつくった。これにより、まもなくこの機械は水力紡績機として知られるようになる（アークライトは自分の発明として特許を取ったが、一七八五年に法的に無効とされた）。

野望と先見の明にあふれるアークライトは、なおも手をゆるめなかった。次の目標は、さらにいくつもの工場を建てて事業を拡張することだったが、一七八一年にニードが亡くなり、ストラットが急激な事業拡大に反対して手を引いたため、独力でやらざるを得なくなった。アークライトは計画を進め、ランカシャー、スタフォードシャー、スコットランドに工場を建て、やがてどの工場も膨大な利益を上げるようになった。その後、ジェイムズ・ワットとマシュー・ボールトンが開発したばかりの革命的な蒸気機関を、個々の設備の動力に採用してもいる（本章の「蒸気動力」の節参照）。一七九二年にリチャード・アークライトが亡くなったとき、そのもとで働いていた従業員は一九〇〇人以上、その多くは子供の労働者であり、アークライト自身は、イギリスで最も財を成した人物のひとりになっていた。

製鉄

繊維生産の進歩と同じように、製鉄の世界でも力強い革命が起きようとしていた。ダグ・ピーコックによるイギリスのウェブサイト『コットン・タイムズ（*Cotton Times*）』には、「繊維が産業革命に燃料を与えたとすれば、鉄は革命の足場をつくった」とある。繊維生産の機械や、それを設置する工場の枠組をつくるのは鉄だ。無数のさまざまな機械の改良をかり立てたのも、製品や人間を鉄道や船で世界中に移動するというかつてない手段が実現されたのも、鉄があってこそのことだった。

鉄の生産は、イギリスになじみのない産業ではない。紀元前五世紀か六世紀にはケルト人が鉄を生産していたとみられ、その後ローマ人の支配（紀元四三年～四一〇年）を受けた時代に、塊鉄炉と呼ばれる炉が使われるようになった。最初の大きな発展は、ふいごによって炎に空気を送りこむ方式の溶鉱炉がイギリスに入ってきた十五世紀後半のことだ。しかし製鉄に本当の変化が起きたのは、薪のかわりに石炭が使われるようになってからのことと言えよう。一六七八年、サー・クレメント・クラークらが、キューポラと呼ばれる石炭式の反射炉で鉄の精錬をおこなった。この反射炉は、炎の熱を天井から下向きに偏向させて鉄鉱石を間接的にあたため、酸化物を金属に還元し、同時に石炭の不純物が鉄に混じるのを避ける仕組みとなっている。

このことも大きな前進だったが、さらに重要な進歩はこの先に待っていた。そしてこの進歩には、ある一家が大きく貢献している――製鉄業者のダービー一家だ。クエーカー教徒の農民の息子だったエイブラハム・ダービー一世は、一六七八年頃にダドリーの近くのレンズネストで生まれた。一七〇四年、彼はオランダ訪問中に金属の生産に関心をもち、オランダ人の専門家を何人かイギリスに連れ返って、ブリストルに真鍮の鋳造所をつくった。一七〇九年には製鉄にも興味を抱き、シュロップシャーのコールブルックデールに

歴史家や考古学者によれば、最初に鉄が使われたのは紀元前 4000 年頃、古代エジプトやシュメールでのことで、隕石から採取した鉄で槍の先や装飾品がつくられていた。この図版は中世の金精錬の様子。ドイツの科学者で鉱山学の父と呼ばれるゲオルギウス・アグリコラの著書『デ・レ・メタリカ（金属素材について）』に掲載されたもので、アグリコラ死後の 1556 年に出版された。

コールブルックデールのドラマティックな夜の風景。イギリスの画家フィリップ・ジェイムズ・ド・ラウザーバーグの1801年の作品。コールブルックデールは初期の製鉄業そのものをあらわす地名と言ってよく、こうした風景は産業革命時代を象徴している。コールブルックデールで主要な操業をおこなうかたわら、ダービー一族は南ウェールズやスコットランド、スタフォードシャーにも製鉄の拠点を確立した。

この時代の最も巨大な鉄製建造物だったアイアンブリッジ。この橋とその近隣に発達した村は大きな話題を呼び、“近代社会の驚異”として多くの訪問者を魅了した。橋の装飾がこの写真にも見てとれる。現在はアイアンブリッジ峡谷ミュージアム・トラストの一部となっている。

“繊維が産業革命に燃料を与えたとすれば、鉄は革命の足場をつくった。”

——ダグ・ピーコック『コットン・タイムズ（*Cotton Times*）』2008年

移り住んで、そこで鉄工所を手に入れた。コークス（真空状態で石炭を極度の高温で熱すると生じる固く乾燥した物質）を使った鉄精錬という歴史に残る技術が完成されたのは、まさにこの鉄工所でのことだ。コークスは石炭とは異なり、不純物を含んでいない。それを使うことで、ダービーの溶鉱炉は最高級の鉄を生産できるようになった。こうしてコールブルックデールは、製鉄産業発祥の地とまで呼ばれるようになる。

一七一七年、エイブラハム・ダービー一世は三十九歳で亡くなり、コールブルックデールでの鉄工所経営はエイブラハム・ダービー二世の手に委ねられた。従業員たちによれば、鉄鉱石をコークスで精錬して鉄にする方法を発見したのはこの息子であり、そのおかげで鉄は、鍛えやすく伸ばしやすい金属となった。ダービー二世はこの発見の記録を何も残さず、特許も取らなかったため、発見者の栄誉はのちの製鉄業者、ヘンリー・コートに与えられている。

一七六三年にダービー二世が亡くなると、エイブラハム・ダービー三世が事業を引き継いだ。彼は製鉄技術の改良という一家の伝統を守ると同時に、産業革命時代の最も情け深く寛容な雇い主としても知られるようになる。ほかの工場主よりも高い賃金を払い、並はずれたいい条件の住まいを労働者に提供し、食料不足の折には農場を買いあげて充分な食事を与えた。

ダービー三世が残した最も偉大な業績は、一七七九年に建設された世界初の鋳鉄橋だ。セヴァーン川に架けられた長さ約三十メートルの鉄橋（前ページ写真）で、その近隣はアイアンブリッジという名で知られるようになった。ダービー三世は四十一歳で亡くなったが、ダービー一家が経営するコールブルックデール・カンパニーは一八四九年まで存続する。鉄の利用を広めるというダービー一家の伝統は引き継がれ、住宅から歩道まで鉄で製造されるようになった（アイアンブリッジの村の縁石は現在でも鉄製だ）。そして、コールブルックデールで生産された鉄が、初期の蒸気機関の開発を可能にしたのである——この蒸気機関こそ、産業革命期の最も重要な発明であった。

蒸気動力

『ニューヨーク・ミラー』紙の論説委員が、一八二八年に次のように書いている。「蒸気、すなわち、やかんの口からシューシューと出てきたり、シェービングマグから立ちのぼってくる細い糸のようなあれだが、この蒸気が突然に躍進をとげ……時間と空間を消滅させようとしている。」この記述は的確だ。蒸気はここまで発明された中では一番効率のいい動力源であり、まさに躍進を遂げ、産業革命時代に関連するほとんどすべての事物を変貌させた。

蒸気機関動力の恩恵を最初に受けたのは、繊維産業だった。小型の機械を使っている工場のオーナーは風力や水力に頼り続けたものの、大型の機械を動かすのに蒸気を使ってみた工場主たちは、その生産力の増大ぶりにすぐさま感銘を受けた。さらに蒸気機関は、製鉄産業、とりわけ石炭の採鉱にめざましい影響を与えた。製鉄業の勃興とコークスの導入によって需要が増大した石炭も、蒸気機関が発明される以前は、露天掘り、すなわち地表近くか完全に地表に出ている鉱脈で採掘するのが一般的だった。土壌の条件がよければ、時には山や丘陵の斜面に穴を開け、深めの採掘がおこなわれることもあった。立坑方式の採掘もあったが、

人間と市民の権利の宣言を寓話的に表現した 18 世紀の絵画
（本文 244 ページ）

『新改訂版・大英帝国北米領土詳細地図』（1775 年）
（本文 204～205 ページ）

A NEW AND ACCURATE MAP OF THE ENGLISH EM
Representing their Rightful Claim as confirm'd by Charters, and the formal Su
Likewise the Encroachments of the FRENCH, with the several Fo

コロラド州クリアクリークの＜鉄の道＞（本文 314 ページ）

ピッツバーグ、バーミングハム、アレゲーニー·シティの鳥瞰図（本文 314 ページ）

上：ドナルド・マッケイの手になる快速帆船《フライング・クラウド》（本文 329 ページ）

左：快速帆船《ホワイト・スワロー》の宣伝カード（本文 330 ページ）

丸2年（1851～53年）北極で氷にとじこめられた《インヴェスティゲイター》
（本文340ページ）

ロシアでのユダヤ人迫害を諷刺した漫画（1904年頃）（本文367ページ）

アンクル・サム――アメリカ合衆国を擬人化したキャラクター（1880年）（本文369ページ）

「この移民、得になるか、損なるか」（1903年頃）（本368ページ）

《グレート・イースタン》（1858 年）（本文 352～53 ページ）

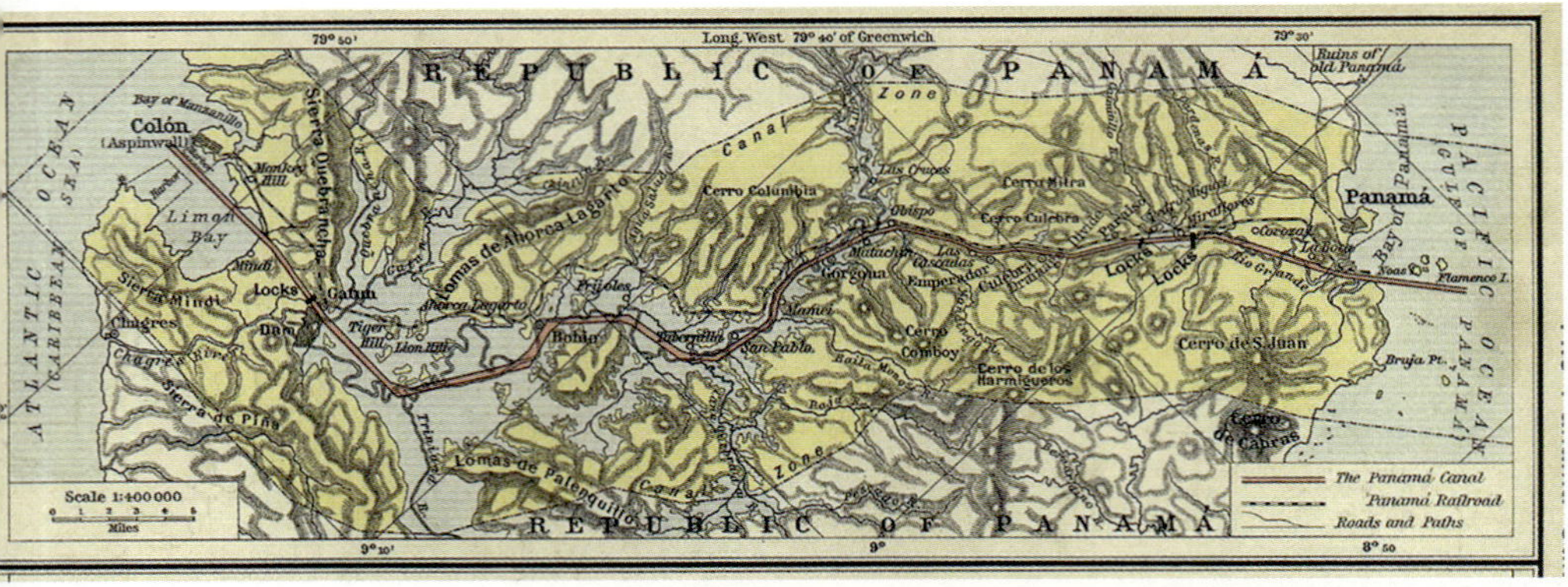

上：パナマ運河地図
（本文 412 ページ）

下：1920 年頃の旅のポスター
（本文 428 ページ）

アトランティック・トランスポート・ラインのポスター（1920 年頃）
（本文 428～29 ページ）

《ノルマンディ》のポスター（1935 年）
（本文 429 ページ）

フロリダキーズ全米海洋自然保護区の岩礁
（本文 448 ページ）

地下水や大雨で流れこんだ水を立坑から取り除くのに手間がかかるため、あまり実施されなかったのだ。蒸気機関の動力は、この問題を解決したばかりか、立坑をもっと深く掘り進めることを可能にしたため、石炭の採掘はさらに深い鉱床でもおこなわれるようになる。こうしたさまざまな恩恵に加え、蒸気機関はやがて輸送革命をもたらすことにもなる。この革命もまた、産業革命と同じぐらい深く広範な影響を残していく。

最初に産業用として動作する蒸気機関をつくったのは、デヴォンシャーの有名な一家の一員として知られるトマス・セーヴァリーだ。軍事工学の教育を受けたセーヴァリーは、頑固な職人肌の人物で、風のない日に船を進ませるユニークな外輪の配列を考案してのち、真剣に発明を試みるようになった。セーヴァリーの最も偉大な業績は、坑道からの排水のむずかしさに直面し、五〇〇頭の馬にバケツで水をくみ上げさせることまでしていた、英国の石炭採掘人たちの需要にこたえようとしたものだった。

セーヴァリーは実験を重ね、みずからは〈鉱夫の友〉と名づけ、のちに〈火力機関〉と呼ばれるようになる機械を開発した。一六九八年にはウィリアム三世の宮廷で機器のモデルを披露し、大いに感銘を与え、すぐさま特許を取得した。坑道の排水をおこなう機器ではあったが、そのほかの用途にも使えることは当初から示唆されていた。特許状にはこうある。「トマス・セーヴァリーの新発明に対し、独占的権利を承認する。この機器は、燃焼の強力な力によって水をくみ上げたり、機械のあらゆる動きを促すもので、水力や風力の恩恵がない場合でも、坑道の排水、町への水の供給、その他あらゆる機器の動作に役立つものである。」

セーヴァリーの機関は大きな進歩ではあったが、特許状に書かれたほどの強力さはなかった。とはいえ、この機関がほかの発明家に充分な足場を提供したのは事実だ。本当の画期的な発明は、一七一二年に生まれ

産業革命によって、大西洋両岸諸国の経済が拡大されたばかりではなく、人びとの日々の生活——家庭内の雑事——も、あらゆる面から楽になった。旧式の生活様式は、しだいに新しいものに追いやられた。ジャン=フランソワ・ミレーの絵画『パンを焼く農婦』（1854年）には、昔ながらのかまどで焼かれるパンが描かれている。20世紀になるころには、産業化された国の多くで、自家製にかわってパン屋のパンが出回るようになった。

アメリカの印刷業者ルイス・プラングが、1874年頃に発表したクロモリトグラフ。ここに描かれているキッチンのように、19世紀の終わりにさしかかるころには、都市近隣の中流階級家庭の大半で水道が開通した。大型で凝った装飾の薪使用の鉄製こんろが目をひくが、20世紀前半になるとすぐ、一般家庭にもガスこんろが普及する。

変わりゆく土地と人びと

産業革命は、人びとの労働、移動手段、暮らしに、これまでにない変化をもたらした。この変貌の最も顕著な痕跡は、徐々に産業革命時代に巻きこまれていった各国の風景——そして住宅——の様子に見られる。

産業革命よりも前、工場システムが登場する以前のヨーロッパの画家が描く風景は、一般に平和で牧歌的なものが多かった。ジョン・コンスタブルの1826年の作品、『とうもろこし畑』。イギリスの田園風景を描いたもの。

ドイツの画家カール・ブレッヒェンの『エーベルスヴァルデの工場』が描かれた1830年頃には、工場は人里離れた田舎にもお目見えしていた。

1850年代後半には、イングランドのシェフィールドのような町が産業の中心地となり、この1856年頃の版画に描かれているジョン・マーティン・アンド・カンパニー社のような、製鋼と鉄の輸出企業の本拠地となった。

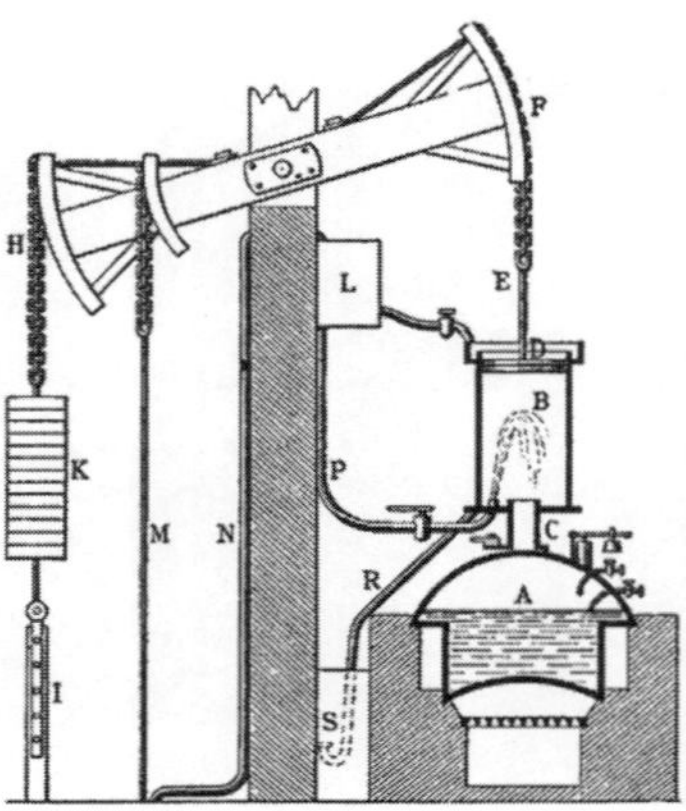

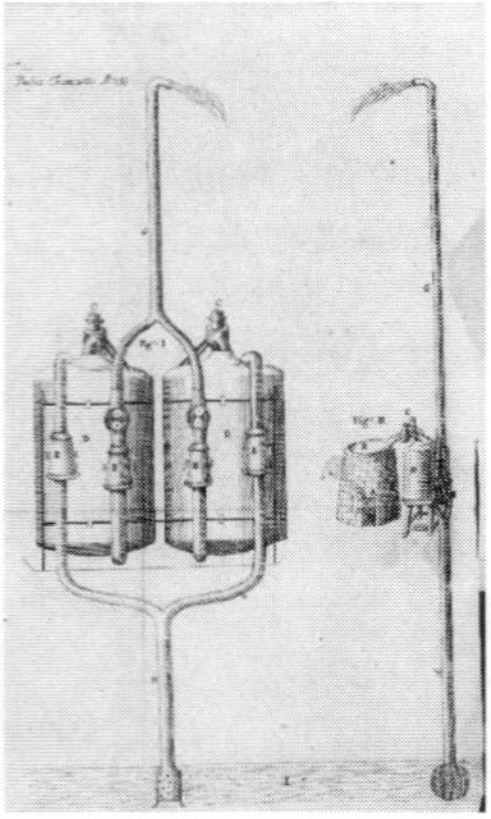

右：トマス・セーヴァリーの〈鉱夫の友〉の図版。英国王認協会の定期刊行物『哲学紀要――世界各地域における独創的な発明の現況、研究、努力の解説』の1699年版に初めて登場した。
左：トマス・ニューコメンの蒸気機関はヨーロッパ中の注目を集めた。この革命的な機器の図解は、19世紀のドイツの百科事典『マイヤーズ百科事典』に掲載されたもの。

た。鍛冶屋で配管工で板金屋で平信徒の説教師だったトマス・ニューコメンが、彼の一時期のパートナーでもあったセーヴァリーの機関よりずっと強力な蒸気機関をつくったのだ。一馬力程度の動力しか出ないセーヴァリーの機関とは異なり、ニューコメンの機関にはピストンやシリンダーが備わっていて、五倍の動力が生み出せた。一七二五年頃には、ニューコメンの機器が英国の採鉱地一帯に普及し、一〇〇以上の機関が使われるようになった。坑道の排水は、その後五〇年近く、その主要方式を変えることなく継続した。

だが、最も偉大な発明は、さらにその先に待っていた。労働の世界を丸ごと変えてしまうほどの重大な進歩であり、その発明が「人類に近代社会を与えた」と表現する歴史家もいるほどだ。スコットランド人のジェームズ・ワットが生んだこの発明は、蒸気機関を石炭の採掘場から工場へと連れ出し、繊維生産にも革命をもたらし、工場が水力に頼ることなくどこでも稼働できるようにした。ワットの蒸気機関は輸送革命を引きおこし、ほどなくして機関車や汽船のかたちであらわれることになる。

ジェームズ・ワットは一七三六年、スコットランドのグ

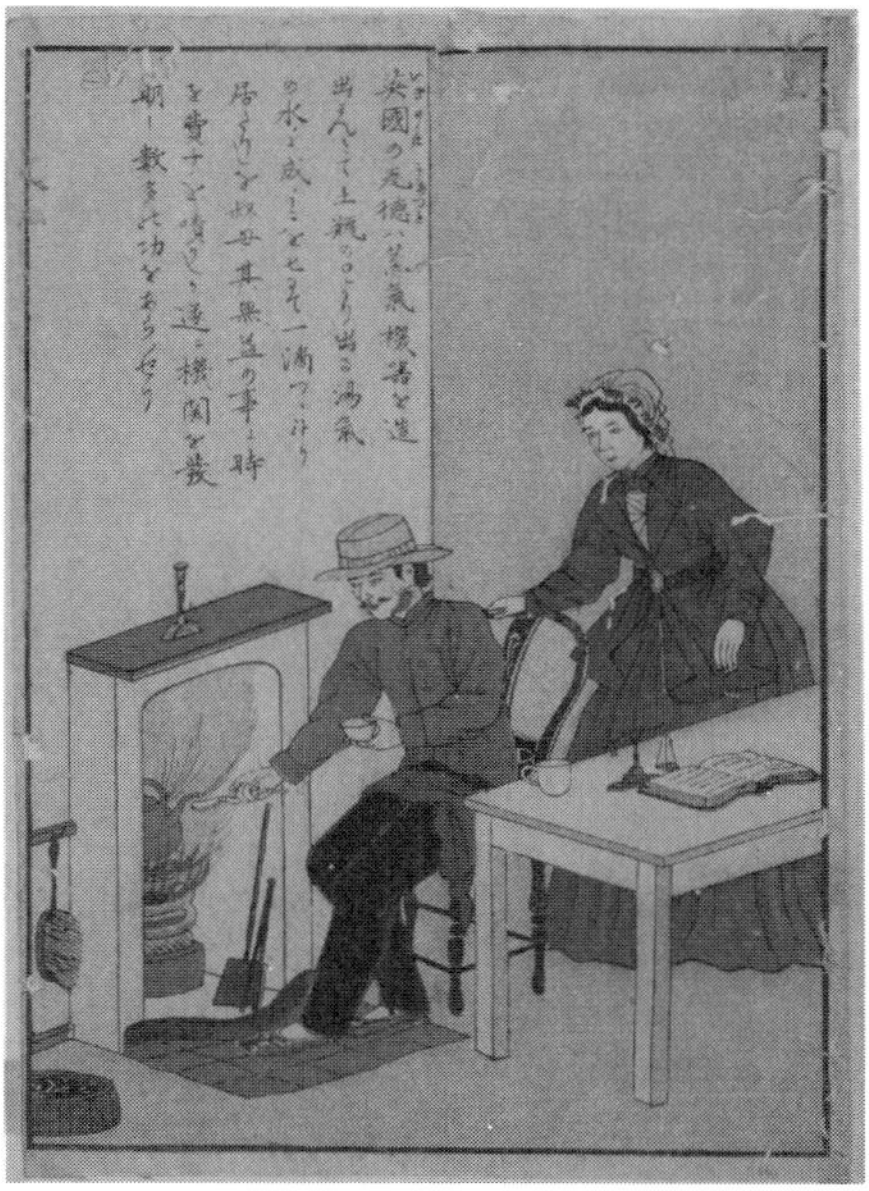

右：ジェームズ・ワットの発明した蒸気機関は世界を変貌させ、彼に国際的な名声をもたらした。ワットが発明を思いつく場面を描いた1850年頃の日本の版画。おばが「馬鹿げたこと」ととがめるのも聞かず、沸騰したやかんの口から蒸気を集めるワット。

下：ジェームズ・ワットの二重蒸気機関の図。スコットランド人発明家・物理学者のジョン・ロビソンが、『機械原理体系』（1822年）の中で再現したもの。ロンドンのウェストミンスター大聖堂にあるワットの像には、以下のような碑文が刻まれている。

故国の資源を拡大し
人の力を増強し
高みへと押し上げた
卓抜した科学の信徒にして
世界に真の恩恵をもたらしたる人物

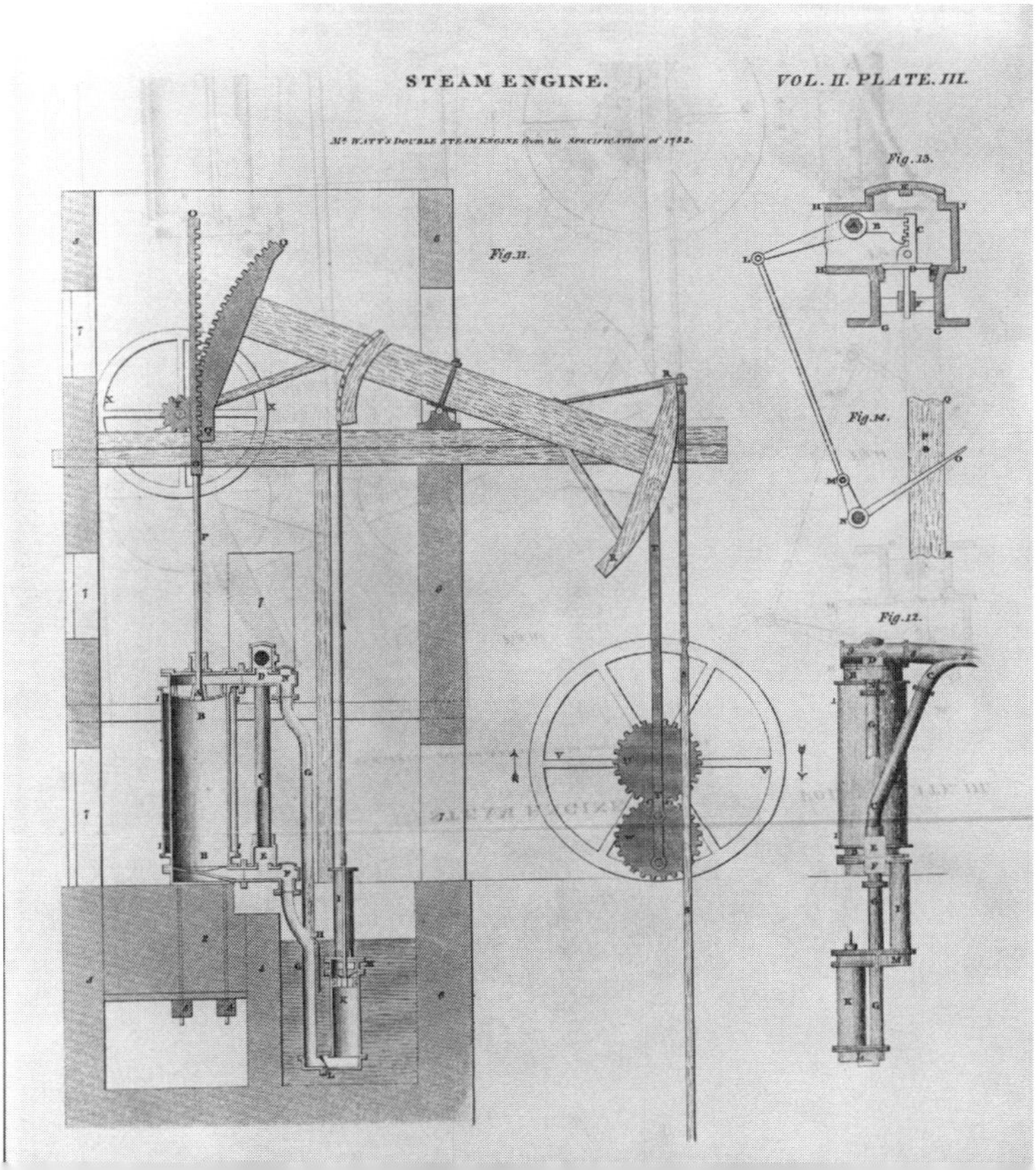

リーノックで、商人の息子として生まれた。十九歳のときにグラスゴーに移り、そこで機器の製作を学ぶ。一七五七年、ワットは自分の事業を立ちあげ、非常に優れた革新的な技師としてすぐに評判を得る。そして一七六三年、ワットの人生に劇的な事件が起きる。ニューコメンの蒸気機関の修理依頼がやってきたのだ。修理に取りくんだワットは、それを直しただけでなく、自分ならもっと改良できるということにも気づいた。数カ月のあいだ、さまざまなアプローチの実験をくり返したワットは、主要シリンダーとは別に付けた冷却器の中で使用済みの蒸気を冷やす、通常よりずっと効率的でパワフルな機関を考案した。

ワットは自分が重要な発明にかかわっていることに気づいていたが、これを開発して新しい機関を生み出すためには、膨大な資金が必要なこともわかっていた。結局バーミンガムの実業家、マシュー・ボールトンから資金の提供を受けることになり、その後十一年にわたってボールトンの工場で蒸気機関を生産し、石炭鉱山のオーナーに販売した。ニューコメンの機関を長年使ってきたオーナーたちは、この新しい機関に四倍の能力があることを知って驚いた。

だが、ワットの最も輝かしい業績がやってくるのは、さらにこのあとだ。一七八一年、その後も実験を続けていたワットは、革命的な回転動作式の蒸気機関を考案した。大半が鉱山の排水に使われていた以前の発明とは違い、今度の機関はほとんどすべての機械の動力に利用できるものだった。この新しい機関の重要性に最初に気づいた人物のひとりがリチャード・アークライトであり、彼は一七八三年までに、この回転式機関を自分の全工場に設置した。ほかの工場主たちもすぐアークライトに続き、一八〇〇年ごろには五〇〇以上が英国全土で使用されるようになった。

ワットはこの発明の特許を議会から承認され、ボールトン・アンド・ワット・カンパニーはその後二十五

“まさに現代の典型！ 活動と活力の象徴！ 大陸の脈搏よ！”
——ウォルト・ホイットマン『草の葉』1900年

年間、新蒸気機関の生産と販売をほぼ独占的におこなった。この機関は、商品の生産や人の移動の手段に変化をもたらしたばかりでなく、産業革命時代の別の重大な局面をも可能にした——蒸気機関を含めた機械装置の助けなしではつくれないような、工作機械の製造も実現したのである。

鉄の馬

これまで生まれた機械の中でも、歴史の転換期をこれ以上ないほどにドラマティックに総括し、時代の象徴となった驚異的な機械製品といえば、やはり機関車だろう。採鉱や製鉄の進歩、蒸気動力の誕生、そして機械の発展なくしては、詩人のウォルト・ホイットマンも『草の葉』（一九〇〇年）のなかで、「まさに現代の典型！　活動と活力の象徴！　大陸の脈搏よ！」と詠ずることはなかったに違いない。これらのテクノロジーの前進に加え、頑固な、時としてとりつかれたような人びとの創意工夫や技能が無数に結集して、この〈鉄の馬〉は生まれたのだ。まず言及すべき人物はリチャード・トレヴィシックだろう。一七七一年にコーンウォールで生まれた大男のトレヴィシックは、その身体能力でも名を知られた人物だった。鉱山の技師として働きはじめ、早い時期から鉱石や廃棄物を鉱山から運びあげるための高圧機関を開発した。しかしトレヴィシックの本当の夢は、蒸気で動く乗り物をつくることだった。そして一七九六年には、熱した鉄をボイラーの下の管に挿入して水をあたためため、その蒸気で機関を動かす仕組みの、小型機関車の試作品をつくることに成功した。

さらに一八〇一年、トレヴィシックは本格的な大きさの蒸気式陸上輸送車をつくりあげた。そ

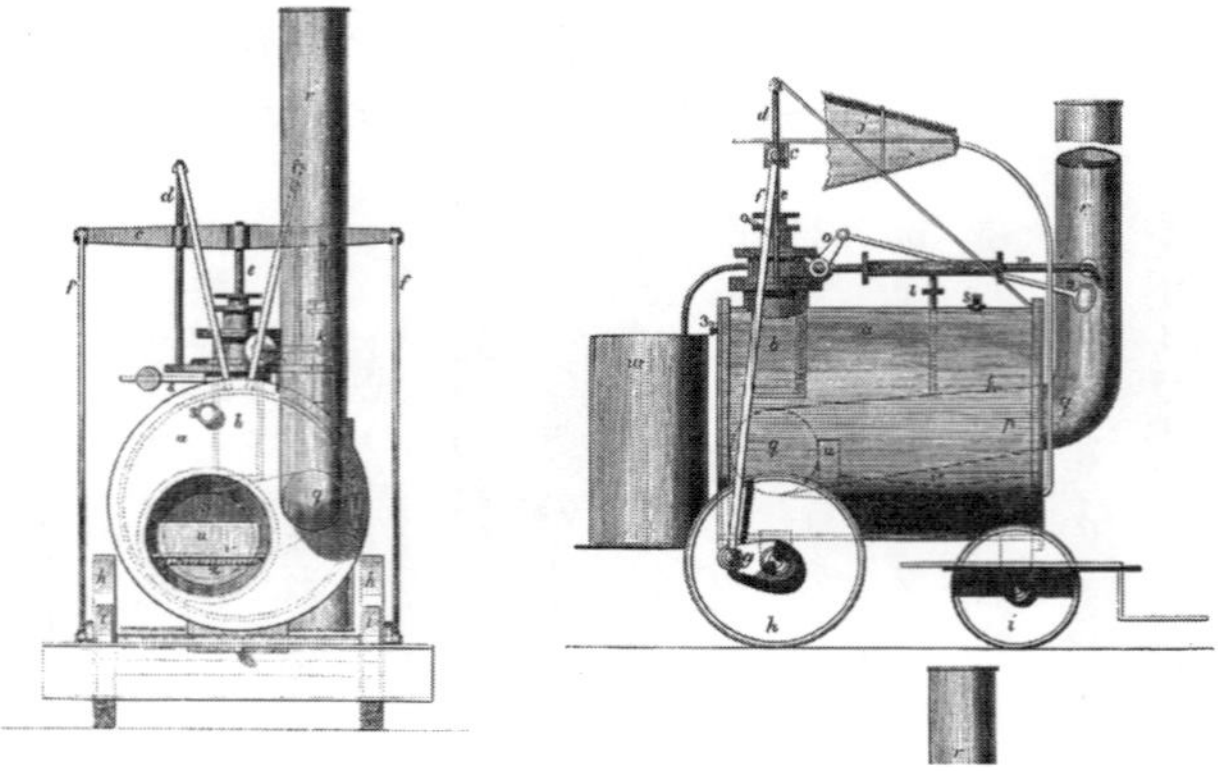

リチャード・トレヴィシックが1801年につくった、史上初の一般道向け乗用機関車の図面。蒸気機関車の側面図と正面図が示されている。２つの前輪（i）は〈ステアリング・ホイール（操舵車輪）〉と呼ばれ、棒で向きを変えて機関車を動かす。後輪は〈ドライヴィング・ホイール（推進車輪）〉。この図は彼の息子フランシスの著書『リチャード・トレヴィシックの人生――その発明の解説』（1872年）に掲載された。

の年のクリスマス・イヴ、《パフィング・デヴィル（煙吹きの悪魔）》と呼ばれる乗り物が彼の友人たちを乗せ、丘をのぼり、近くの町まで行くと、見物人はみな度肝を抜かれた。《パフィング・デヴィル》は三日後にはオーバーヒートで壊れてしまい、さらに二年後につくった大型の蒸気ドラム式輸送車もコストが高くて商品化できなかったが、これが乗用車の歴史的な先がけであったことは多くの歴史家が認めている。

　蒸気輸送車の失敗にも臆することなく、トレヴィシックはふたたび実用可能な機関車の開発に挑んだ。そして、裕福な鉄工所のオーナーの支援のもと、蒸気機関を世界で初めて線路の上で走らせることに成功した。この機関車は、火で熱した気体がボイラーを通って排出され、煙突から蒸気を吐くタイプとしても世界初のものだ。一八〇四年二月、トレヴィシックの新しい機関車は、一〇トンの鉄と七〇人の乗客と五台の貨車を鉄工所から約十五キロ離れた運河まで運ぶという、当時としては驚くべき偉業を成しとげた。その旅

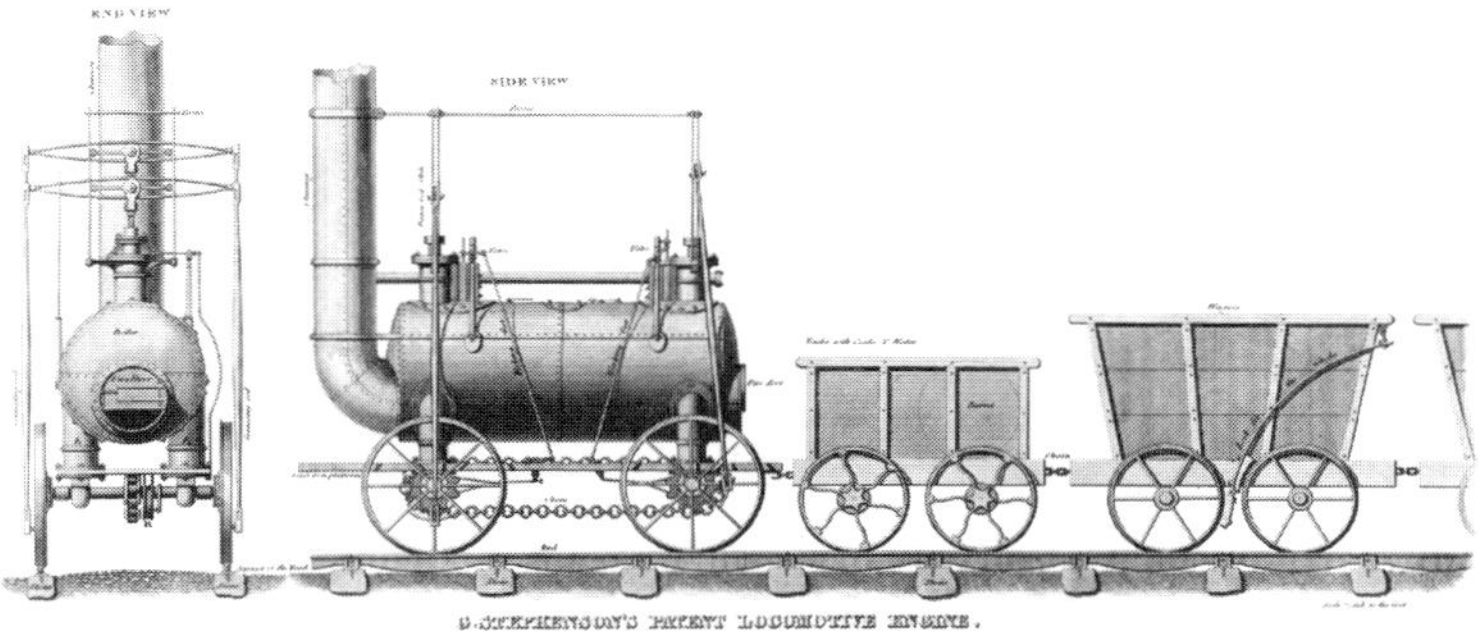

1826年の版画。ストックトン～ダーリントン間を走っていた、ジョージ・スティーヴンソンの蒸気機関車および貨車の背面図と側面図。アメリカの著名な建築家で技師のウィリアム・ストリックランドが、1826年の『運河、鉄道、道路、その他ペンシルヴェニア協会内部改革促進に貢献した建設物に関する報告書』にこの図を掲載している。その前年、ストリックランドはペンシルヴェニア協会の代理人としてヨーロッパに派遣され、内陸の運輸システム、特に鉄道の建設に関する情報を集めた。協会の1826年の年次報告書の中には、協会からストリックランドに宛てた次のような指示の手紙が掲載されている。「機関車の仕組みはきっと君の目をひくことだろう。合衆国ではまったく未知の機械であり、協会は君に権限を委任して、現地で最も定評のある機関車のモデルを入手してきてもらいたいと考えている。費用は協会が負担する。」

程で機関車が出せたスピードは時速二〇キロ近くで、これも当時としては前代未聞の速さだ。しかしそれもただ一度の成功だった。トレヴィシックがもう一度同じ旅をしてみようとするたび、七〇トンの蒸気機関が鋳鉄の線路を破壊するようになった。

トレヴィシックは最後にもう一度、壮大な試みを企てた。一八〇八年の夏、《キャッチ・ミー・フー・キャン（つかまえてごらん）》と名づけた新しい機関車を完成させ、さらに円形の線路をつくり、一周一シリングで機関車に人を乗せる商売を始めたのだ。改良が功を奏し、機関車のスピードは時速十二マイル（約十九キロ）まで出るようになっていた。だが、機関車が円形の線路を二カ月走ったのち、またいつもの問題が起きてしまった。

またしても線路が破損しはじめて落胆したトレヴィシックは、別の目標への方向転換を

アドルフ・フォン・メンツェルの絵画『ベルリン～ポツダム鉄道』（1847年）に描かれた、ベルリンを出てドイツの田園地帯に入っていく列車。スティーヴンソンのつくった機関車が、1835年の初めにニュルンベルクを始点とする鉄道を走るようになってから、ドイツの鉄道システムは急速に発展した。1843年、ライン鉄道がプロイセンのケルンとベルギーのアントウェルペンのあいだに、世界初の複数国間鉄道を開通させた。

“蒸気乗用車の自由走行”といういかにも実現不能な空想は、皮肉と嘲笑の的となった。イギリスの画家H・T・エイケンが描いた『ホワイトチャペル・ロードのながめ』（1831年）では、《悪魔の挑戦》と《忌まわしき復讐》と名づけられた2台の大型蒸気乗用車が登場している。

強いられることになった。自分の夢を実現はできなかったが、それでも彼の築いた土台は、連結機関車を使った鉄道の実現に大きく貢献した。多くの運輸業界では、トレヴィシックは〈機関車の父〉とみなされている。

だが、〈鉄道の父〉という肩書きは、別の人物に贈られることになった。一七八一年にニューカースル・アポン・タインの近くで生まれた、ジョージ・スティーヴンソンだ。スティーヴンソンの父親は石炭採掘企業(いわゆる炭坑施設)の機関管理人であり、若きスティーヴンソンもあらゆる機械に強い関心をもった。正規の教育を受けることができなかった彼は、夜間学校に通って読み書きを学び、早くからトレヴィシックやワットの機関について学んだ。

一八〇二年、スティーヴンソンは炭坑の技師となり、余暇の時間をすべて機関の分解にあて、仕組みを研究した。一八一三年には鉱山の経営者を説得し、機関車をつくらせてもらうことになった。こうして生まれたのが《ブルーチャー》だ。のんびりしてあてにならない機関車ではあったが、二本の垂直シリンダーをボイラーに立て、時速六キロで三〇トンの荷物を引いて斜面をのぼることができた。何より重要なことは、歯車の付いたラック・アンド・ピニオン方式ではなく、フランジ付きの車輪で成功した初の機関車だったということだ。

その後の数年にわたり、スティーヴンソンは新たな機関車をつくり続け、その数は十六台にものぼった。車輪を直接操縦する二本の棒と前後の車輪をつなぐ鎖とを接続するなど、絶えずさまざまな改良が加えられた。炭坑のオーナーはスティーヴンソンに敬服し、ヘットンからサンダーランドまでを結ぶ約十三キロメートルの鉄道の建設まで任せるようになった。

一八二一年、議会はエドワード・ピーズ所有の会社に権限を与える法案を通過させ、三十二キロ離れたダーリントンとストックトンのあいだを結ぶ馬車鉄道が建設されることになった。スティーヴンソンはピーズと面談し、稼働中の《ブルーチャー》を見せて、馬車鉄道ではなく、機関車の鉄道をつくるべきだと説き伏せた。スティーヴンソンにとって幸運なことに、ピーズの賛同を得て間もなく、ジョン・バーキンショーというベドリントン鉄工所の技師が、新しい圧延方式による錬鉄でつくったおよそ五メートルの長さの線路を紹介した。線路が以前よりもずっと強靱になったことで、スティーヴンソンの計画がトレヴィシックのような運命をたどることはあるまいと誰もが確信した。

スティーヴンソンと、その息子で父親とともに働いていたロバートがつくった機関車は、最初《アクティヴ》、のちに名前が変わって《ロコモーション》と呼ばれるようになった。一八二五年の初走行で、この機関車は五〇〇人以上の乗客を乗せ、約三〇トンの貨物を牽引した。平均時速は十三キロメートル、最高時速は三十二キロメートルに達した。これが世界初の蒸気機関による乗用鉄道であり、歴史的な快挙となった。この出来事はセンセーションを巻きおこし、現場に立ち会ったジョン・サイクスは、一八三三年の著書『地域の記録――ノーサンバーランドで起きた非凡な出来事の歴史的記述と……才能、奇行、長命の人びとの伝記的スケッチ（*Local Records; Or, Historical Register of Remarkable Events: Which Have Occurred in Northumberland... with Biographical Sketches of People of Talent, Eccentricity and Longevity*）』で、その様子を次のように生き生きと描写している。

その光景の目新しさ、その日の意義深さに膨大な群衆が引き寄せられ、鉄道の両側の野原は文字どおり馬上の紳士淑女におおわれ、ありとあらゆる種類の通行人でごったがえした。ジョージ・スティーヴンソンのつくった機関車に車両が連結されていき、次のような順番となった。（1）技師（ジョージ・スティーヴンソン氏）と助手の乗った機関車。（2）石炭と水を積んだ炭水車。そのあとに石炭と小麦粉を積んだ六台の貨車、鉄道の委員や経営者たちを乗せた優雅な屋根付きの客車。さらに一般乗客用の二十一台の客車。そして最後に石炭を積んだ六台の貨車が並び、列車は全部で三十八両編成となった。この行列が歓喜にわくストックトンに到着するころには、少なくとも六〇〇人ほどの人びとが貨車にぶらさがっていた。

ダーリントン～ストックトン間の鉄道の成功により、ジョージとロバートのスティーヴンソン親子には、一八二九年にさらに大きな仕事がめぐってきた――英国最大の港町のひとつリヴァプールと、最大の産業地域マンチェスターとを結ぶ、五十八キロメートルの鉄道の建設だ。ロバート・スティーヴンソンがこの鉄道のために設計した機関車《ロケット》は、《ロコモーション》一号の二倍のスピードで、当時の機関車としては最も安定して扱いやすいものだった。

テクノロジー・ブーム

スティーヴンソン親子は、その功績により、世界で最も名を知られ尊敬される鉄道施工者となった。彼らの業績の噂は大西洋を越え、自国産業の可能性を重要視しつつあったアメリカに伝わった。革新的なテクノロジーの伝搬は、スティーヴンソン親子の成功のはるか以前から始まっており、知識はさまざまな方法で

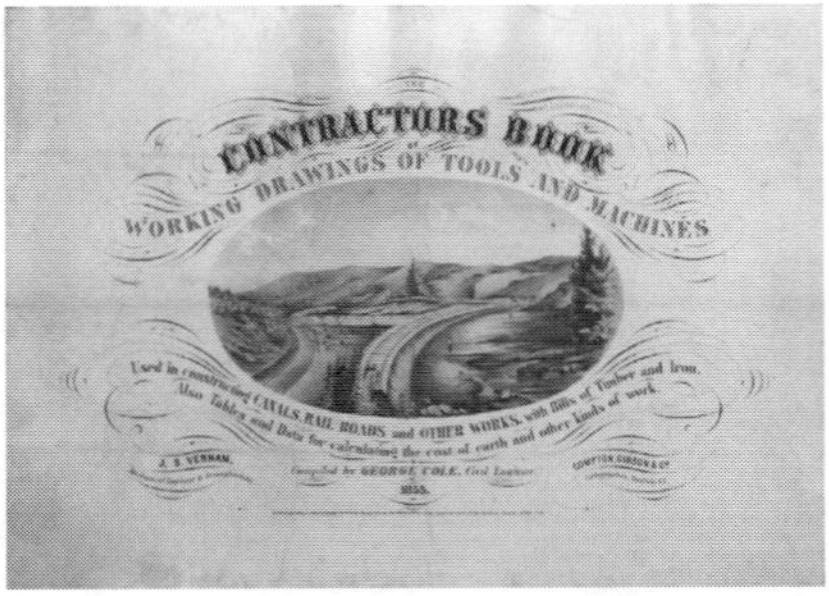

ヨーロッパから渡った知識に触発され、合衆国やドイツなどで起きた第２次産業革命は、出版された書籍や手引書に支えられたものでもあった。この『建設業者の心得──運河、鉄道、その他建設工事における道具や機械の図面作成』は土木技師のジョージ・コール編集による書籍で、1855年にニューヨーク州バッファローで出版された。

共有された。技能に優れた労働者が、ある雇用主から別の雇用主へ、あるいはひとつの場所から別の場所へと移動すれば、身に付いた新しい技能も広まっていく。同じように、産業革命時代全体を通じ、個人やグループがひとつの製造施設から別の製造施設へと移動して、技能を学んだり技術的な知識を集めたりすることもあった。いくつかの国、特にフランスやスウェーデンなどでは、公務員や技術者の研修旅行に援助金が支払われていた。

最先端のテクノロジーは、非公式な自然科学団体のメンバーによっても広められていった。最も有名な例はバーミンガムのルナー・ソサエティで、この団体のメンバーには、ジェイムズ・ワットやマシュー・ボールトン、電気分野の先駆者のひとりでもあったジョゼフ・プリーストリーなどが名を連ねていた。ルナー・ソサエティと活発に手紙をやりとりしていたメンバーの中には、リチャード・アークライト、ベンジャミン・フランクリン、トマス・ジェファーソンなどがおり、誰もが新しいテクノロジーの知識に関心を寄せていた。

何より大きかったのは、新しい発明や技術手法について、出版物が献身的に記述したことだろう。エイブラハム・リースの『百科事典（*Cyclopaedia*）』やジョン・ハリスの『レクシコン・テクニカム（*Lexicon technicum*）』には豊富な情報がおさめられている。最も広く読まれた著作のひとつはドニ・ディドロの『百科全書（*Encyclopédie*）』で、海外の諸国がどんなふうに生産をおこなっているかを、美しい図版で詳細に示

“我々がさらに生産力をつけるまでは、7月4日を我が国の独立記念日として祝うなど滑稽な話だ。”

——『ボストン・ガゼット』**1788年**

している。

一八〇〇年ごろになると、こうした情報源に加え、テクノロジーや生産に関する定期刊行物が登場し、新しく承認された特許や、研修旅行の報告などが書かれるようになった。

知識の絶え間ない移動は世界に大きな影響を与え、歴史家のアンソニー・ウォーレスが著書『ロックデール——産業革命初期におけるアメリカの村の成長（*Rockdale: The Growth of an American Village in the Early Industrial Revolution*）』（一九七八年）で言うところの、「機械技師たちの国際的な同胞愛」をもたらした。さらに第二次産業革命（一八六五～一九〇〇年頃）と呼ばれる時代が到来し、イギリス以外の諸国も産業化の波を受け、テクノロジーの主導権は、英国からアメリカやドイツへと渡っていくことになる。

イギリスという国に第一次産業革命が起きる条件がそろっていたのと同様に、十八世紀後半のアメリカでもすべての要素がひとつにまとまりはじめ、第二次産業革命の主導権を手中におさめることになる。この広大な国は、東西の海岸に向かって勢力を広げている最中だった。地面の下には途方もない鉱床が眠っている。これほど雄大な川や港に恵まれた国はほかに類をみない。交易や製造においても、アメリカほど政府の制約を受けない国はなく、この利点は当時の合衆国財務長官、アルバート・ギャラティンも注目していた。一八一〇年の下院向け報告書で、彼は次のように述べている。

他国の社会状況の価値を減じ続けている国際的な制約や独占システムの欠如などよりも、

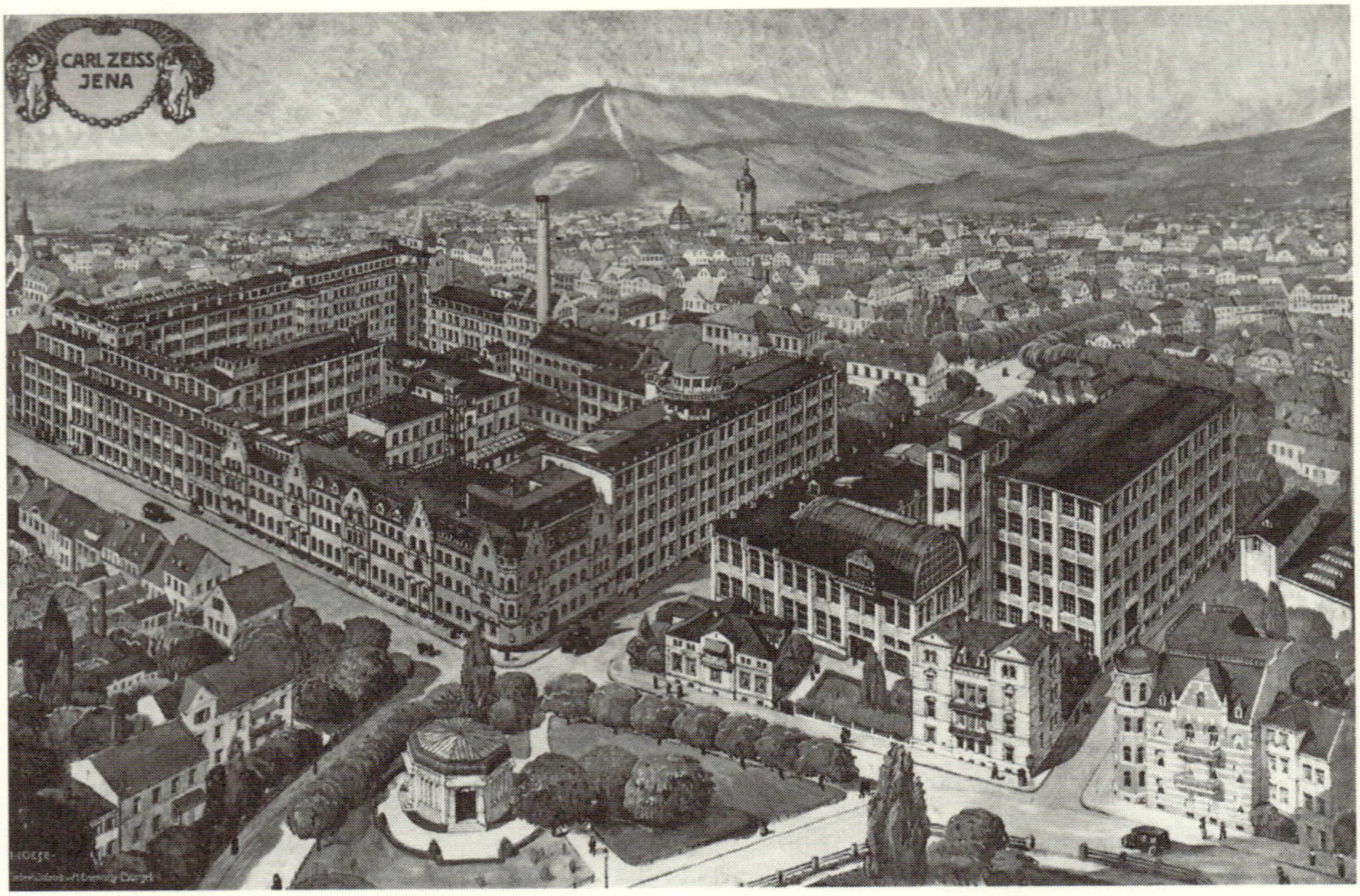

イギリスで発展した工場を手本にすることで、膨大な資本や労力や時間を節約し、科学や学術的研究に大きく投資した結果、第2次産業革命期のドイツは、英国にかわるヨーロッパ随一の産業国に躍りでた。この絵は1910年に描かれたもので、イェーナにあるツァイス社の光学レンズ工場の複合施設。

運河建設は、産業革命時代に欠かせない事業だった。運河によって、外洋からの船に積んだ原料を工場まで運んだり、完成した商品を船積みする作業が容易になるからだ。この1823年の作者不詳の風景画に描かれているのは、混み合うロンドンのリージェント運河。この運河によって、さらに早い時期につくられたグランド・ジャンクション運河がテムズ川までつながった。

かつてのヨーロッパ同様に、アメリカの風景も産業革命によって変化していった。この立体写真は1927年にキーストン・ビュー社が撮影したもので、ロードアイランド州ポータケットに建てられた最初のスレイター工場——アメリカ初の水力織物工場——の様子がわかる。合衆国財務長官ルイス・マクレーンの1833年の報告書、『合衆国内の製造にかかわる文書』におさめられたサミュエル・スレイターの小論には、次のようにある。「もしこの国の人びとが洗練された力強い人民となりたいのであれば、文明と権威の要素を形成する生活技法を養い促進しなければならない。牧歌的な農業だけの国家は、活力のある洗練された共同体とは決してなり得ない。」

合衆国全体の繁栄こそが、おそらくはすべての点において奨励されるべき目的であろう。直接的にせよ間接的にせよ、特定の職業や場所を人に押しつけたり、いかなる場合であれ、市民が自分の追求したがっている道から排除されるような法律は、我が国には存在しない。産業とは、あらゆる点においても完全に自由で解放されたものであり、どんな種類の交易や通商も、芸術や職業や生産も、以前の通常徒弟制度、承認、免許の有無にかかわりなく、すべての人間に等しく開かれたものでなければならない。

これらすべての利点や、いまだ若い国が成しとげたすべての進歩をもってしても、産業化でかつての母国に遅れをとっていることを非難するアメリカ人は大勢いた。一七八八年、『ボストン・ガゼット』は声高にこう書いている。「我々がさらに生産力をつけるまでは、七月四日を我が国の独立記念日として祝うなど滑稽な話だ。」

だが、こうした論調もすべて変わっていく。皮肉にも、きっかけはある男の二枚舌だった。『ボストン・ガゼット』が嘆きの記事を出したのと同じ年のこと、ずんぐりした体型とブロンドの若きイギリス人、サミュエル・スレイターが、製織機の設計で一〇〇ポンドの賞金をもらった男のことを報じたフィラデルフィアの新聞記事を目にした。スレイターはこれを大きなチャンスと考え、勝負に出ることにした。スレイターは、リチャード・アークライトのパートナーだったジェデダイア・ストラットのもとで製織業の徒弟を務めた経験があり、アークライトの商売の秘訣を教わっていた。英国の法律では技師の移住が禁じられていたが、スレイターはためらわなかった。計画書も図案も必要ない。アークライトの商売のこつは、安全に頭におさめていたからだ。

ただの農民のふりをして税関を通りぬけ、アメリカへ渡ったスレイターは、ロードアイランド州プロヴィデンスのはずれに繊維工場をつくろうとしていたクエーカー教徒の商人、モーゼズ・ブラウンに雇われた。スレイターは、記憶にとどめていたアークライトの設計をもとにして、工場建設を監督した。そうして一七九三年、アメリカ初の水力稼働の繊維工場が完成する。一七九八年にはブラウンのパートナーとして二つ目の工場を建て、その後は独立して、さらに大きな工場をつくった。これが〈スレイター・システム〉として知られる十三の繊維工場ネットワークのはじまりで、この結果、プロヴィデンスや近隣のブラックストーン・ヴァレーは〈アメリカ製造業の苗床〉として有名になった。

サミュエル・スレイターが周到な計画の持ち主なら、優れた展望の持ち主だったのがオリヴァー・エヴァ

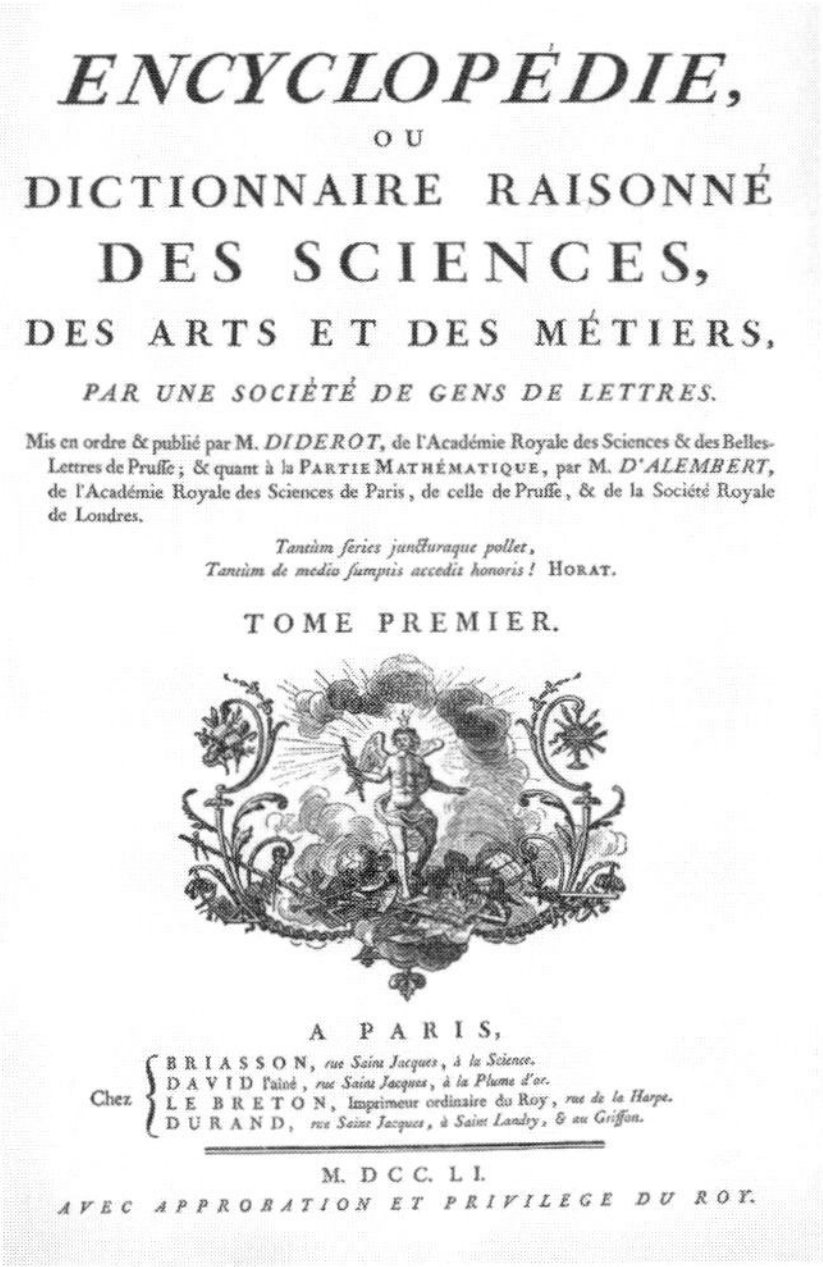
ENCYCLOPÉDIE,
OU
DICTIONNAIRE RAISONNÉ
DES SCIENCES,
DES ARTS ET DES MÉTIERS,
PAR UNE SOCIÉTÉ DE GENS DE LETTRES.
Mis en ordre & publié par M. DIDEROT, de l'Académie Royale des Sciences & des Belles-Lettres de Pruſſe; & quant à la PARTIE MATHÉMATIQUE, par M. D'ALEMBERT, de l'Académie Royale des Sciences de Paris, de celle de Pruſſe, & de la Société Royale de Londres.
Tantùm ſeries juncturaque pollet,
Tantùm de medio ſumptis accedit honoris! HORAT.
TOME PREMIER.
A PARIS,
Chez BRIASSON, rue Saint Jacques, à la Science.
DAVID l'aîné, rue Saint Jacques, à la Plume d'or.
LE BRETON, Imprimeur ordinaire du Roy, rue de la Harpe.
DURAND, rue Saint Jacques, à Saint Landry, & au Griffon.
M. DCC. LI.
AVEC APPROBATION ET PRIVILEGE DU ROY.

フランスの著述家ドニ・ディドロは、1751年から1772年にわたり、『百科全書――もしくは科学、芸術、工芸の体系的事典』の膨大な編纂作業にあたった。この『百科全書』は17巻の本文と11巻の図版からなり、1757年までディドロの共同編集者だったフランスの科学者・数学者、ジャン・ル・ロン・ダランベールを含め、140人以上によって執筆された7万2000項目が、1万8000ページ以上にわたっておさめられている。ヨーロッパ全土で生み出されてきた技術革新に関しても、多数の詳細な項目が見受けられる。ただしディドロの事典は、むしろ参照文献の色合いが濃い。優れた啓蒙思想家でもあったディドロにとって、この事典は、ヴォルテール、ルソー、モンテスキューらの思想家に支えられた啓蒙活動思想と信条を総括したものであり、フランス革命の勃発を促すものともなった。

機関車と同様に、機械時代と産業発展のきわだった象徴となったのが農業用機械だ。特に、1834 年にサイラス・マコーミックが特許を取った刈取り機と、同年にハイラム・ムーアが特許を取ったコンバインは注目を浴びた。このクロモリトグラフ（1859 年頃）は、アメリカ人芸術家のエドウィン・フォーブズの作品。オハイオ州スプリングフィールドのラゴンダ農作業場で、新しい刈取り機を使っている農民たちが描かれている。下のほうにある小さな挿絵はコンバイン。

ミシンの発明はイライアス・ハウの功績ではない——その栄誉はウォルター・ハントに与えられるべきものだ。とはいえ、ハウが加えた改良により、ミシンが歴史上最も優れた発明品のひとつとなり、衣類の製造技法や種類に大きな変化をもたらしたことは間違いない。この凝った図柄の広告は 1870 年頃のエンパイア・ソーイング・マシン社のもので、進歩のしるしを示すようにミシンを使う裁縫師や、蒸気機関車の姿が描かれている——手作業のお針子や馬車が、これらと対照をなすように並べられている。

産業革命の到来とともに、工場は水力に頼る必要がなくなっていった。アンソニー・F・C・ウォーレスは、『ロックデール——産業革命初期におけるアメリカの村の成長』の中で、いったん「安全な蒸気動力の工場が……大都市の港近くの鉄道沿いに建設できるようになると、……原野に工業地をつくる必要性は失われた」と述べている。チャールズ・ハートの 1881 年のこのクロモリトグラフはウィリアム・ポーターの原画によるもので、コネティカット州のロングアイランド海峡沿いの街ブリッジポートにある、イートン・コール＆バーナム社の工場施設が描かれている。この会社は真鍮や鉄の備品や道具を製造していた。

ピッツバーグの製鋼工場で働く労働者たちを描いた、アルフレッド・ルドルフ・ウォードの版画。『ハーパーズ・ウィークリー』1876年３月25日号に、ベッセマー製鋼法を紹介する記事とともに掲載されたもの。イギリスの技師サー・ヘンリー・ベッセマーが1855年に特許を取った製法で、液化した金属に空気を吹きこみ、炭素などの不純物を除去することで、銑鉄から鋼鉄を大量生産する。ベッセマーは『王認協会会員サー・ヘンリー・ベッセマー——自叙伝』（1905年、彼の死後出版）の中で次のように書いている。「熟慮を要する問題への対処において、私は世の多くの人びとと比べて非常に有利な立場にあった。なぜなら、私には古いならわしによる固定観念というものがなく、束縛され片寄った思考にとらわれる必要もなかったため、常識には逆らうなという通念に惑わされずにすんだのだ。」のちにベッセマー製鋼法は、イギリスの冶金学者ロバート・フォレスター・マシェットによってさらに洗練され、マシェットは1857年、ダービー駅に初の鉄鋼線路を敷いた。

ンズだ。エヴァンズはトマス・ニューコメンもジェームズ・ワットも知らなかったが、これまでで最も優れた蒸気機関を発明した。この機関によって、米国は鉄道開発の分野で英国を追いぬき、自動車導入の足かがりを手に入れることになる。

エヴァンズは一七五五年にデラウェア州ニューポートで生まれ、十四歳のときに車輪職人の見習いになった。エヴァンズの最初の発明は、一七七七年につくった梳毛機の改良版だ。それから間もなく、彼はさらに重要な発明を成しとげる。バケツ昇降機とコンベヤーベルトを使った、オートメーションの製粉工場を誕生させたのだ。

だが、エヴァンズの最も偉大な業績といえば、やはり一八〇四年に特許を取った高圧蒸気機関だろう。この機関はこれまでのどの機関よりも強力で、なおかつ軽くて運搬も楽だった。エヴァンズの胸中には、この蒸気機関がいずれは人びとの陸上移動をかりたて、想像もできないほどの速さで遠距離輸送を可能にするだろうという明確な展望があった。「時は来る」と、ペンネームによる著作『特許権抑圧の露見（*Patent Right Oppression Exposed*）』（一八一三年）の中で彼は書いている。「蒸気で動く乗り物が、鳥のように速く、時速十五マイルか二〇マイル（約二十五～三十二キロメートル）で走る日がきっと来る。」

一八〇五年には、エヴァンズの発明の中でも最も興味深いものが誕生する。新発明の蒸気機関を使って採泥機をつくるよう、フィラデルフィア衛生局の委任を受けたエヴァンズは、巨大な装置をつくり上げ、〈オルクトル・アムフィボロス（水陸両用掘削機）〉と名づけた。全長約十メートル、重さ十五トンの乗り物で、エヴァンズの五馬力の機関で稼働する。採泥機としてはあまり効率的とは言えなかったが、エヴァンズはこれを運転してフィラデルフィアの一般道を通り、港まで移動した。こうして〈オルクトル・アムフィボロス〉は、アメリカ初の自家動力陸上乗用車となった。

とはいえ、サミュエル・スレイターやオリヴァー・エヴァンズの業績は、その後も雪崩のように押し寄せ続けた発明や改良のほんの一部分でしかなく、これらの進歩が、産業大国アメリカ合衆国の台頭を特徴づけることになる。一八〇〇年代前半、自分のマスケット銃工場に交換可能な標準部品を導入し、流れ作業による大量生産の先駆者となったイーライ・ホイットニーや、一八四六年にミシンの改良版を生み出し、服飾生産に革命を起こしたイライアス・ハウなどもここに含まれる。

アメリカ産業の発達が最も顕著にあらわれた例として、農業、特に、ミシシッピ川流域の広大なプレーリー地帯での農業形態の変貌ぶりがあげられる。ジョン・ディアやサイラス・マコーミックのような発明家の存在や、刈取り機、脱穀機、結束機、コンバインなどの機器の驚異的な発展により、かつては一日に千平

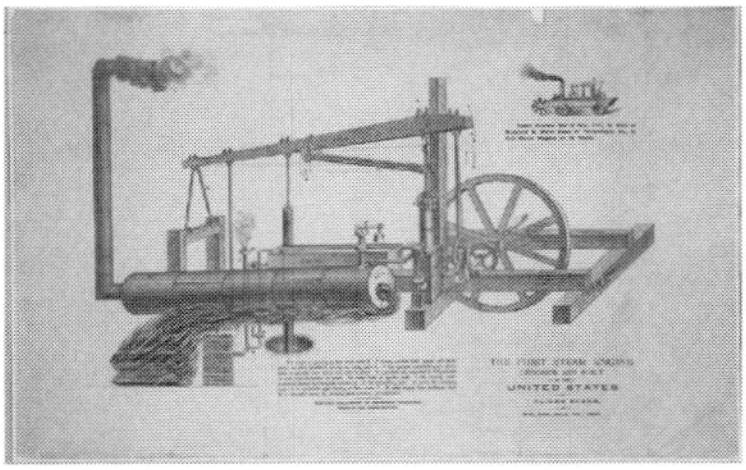

上：トマス・アーノルド・マッキビンのリトグラフ。右下に、「ペンシルヴェニア州フィラデルフィアのオリヴァー・エヴァンズによる、アメリカで設計され製造された初の蒸気機関」という銘文がある。エヴァンズは、自分の発明家としての地位に見合うだけの充分な栄誉――そして資金――が与えられていないという不満、そして特許権侵害へのいらだちをもらしていた。『若き蒸気機関技師のためのできそこないの手引書』（1805年）という陰気なタイトルの付いた２冊目の著書の中に、この時期の本人の言葉とみられる次のような引用句がある。「学術と科学の進歩について学び記す者は、まだ見ぬ時代に恩恵をもたらすために働いている。なぜなら、おそらく同時代の人びとから注意を向けられることはないからだ。」

下：オリヴァー・エヴァンズの〈オルクトル・アムフィボロス〉は、1830年代には世界初の蒸気機関陸上乗用車として認知されていた。この図版は『ボストンの職人と有益な科学技術刊行物』の1834年７月号に掲載されたもの。

方メートルの土地を耕すのにも苦労していた農家が、一八八〇年代には四〇万平方メートル以上の種まきや刈り入れができるようになったのだ。

十九世紀の後半には、アメリカは鉄道開発の世界的なリーダーとなった。一八二八年、誕生したての企業だったデラウェア・アンド・ハドソン運河会社が、ジョージとロバートのスティーヴンソン親子の会社から、三台取り寄せることになる機関車の最初の一台を注文し、それを使ってペンシルヴェニア州カーボンデールの鉱山から石炭を牽引して、建設中の会社がある約四十五キロメートル離れた運河そばの敷地まで運ばせた。一八六〇年頃には、全米に敷設された線路は約四八〇〇〇キロに及んだ。その九年後には国全体が鉄道で結ばれ、哲学者のヘンリー・デイヴィッド・ソローが『森の生活』(一八五四年)の中で次のように言っている。「その機関車が雷のような鼻息で丘をこだまさせ、その足で大地をふるわせ、鼻の穴から火と煙の息を吐くのを聞くと、……地球がやっとそこに住むのにふさわしい種族を手に入れたのだ、という気がする。」

ジョージ・ウェスティングハウスやアレクサンダー・グラハム・ベル、そしてあの比類なきトマス・エディソン、その他多くの十九世

製鋼法の完成によりさまざまな建造物が可能になり、セントルイスとイリノイ州のイースト・セントルイスを結ぶ道路と鉄橋の併用橋、イーズ橋がミシシッピ川に架けられた。初めて主要素材に鋼鉄が使われたこの橋は 1874 年に完成し、当時の世界では最も長いアーチ橋となった——両端の進入通路も含めると、全長 1,963.5 メートルに達する。このクロモリトグラフは 1874 年にプリントされたもの。

紀終盤のアメリカの発明家たちは、産業や運輸の世界のみならず、通信の世界にも革命をもたらした。十九世紀の幕開けにイギリスやヨーロッパの生産商品や技術に頼りはじめたアメリカは、機械生産の商品や革新的な発想の世界最先端にのしあがることで、この世紀の幕を引くことになった。

アメリカにおける産業革命は、大西洋の向こうで起きたものとはまったく様相を異にしていた。今度の革命は、古くさい信条や古来の伝統にとらわれず、創意工夫を歓迎し、たいていの変化を受容する、若い国家で起きた現象だった。D・W・メイニグは『アメリカ国家の形成（*The Shaping of America*）』第二巻（一九九三年）の中で、「真のアメリカ的な製造システムとは、機械を生産するための機械を効率的に使うということにとどまらず、新しい生産の尺度や、資本主義的な事業にあらゆる点で適合した環境を生み出す工夫、寛容さ、熱意ある国家の結束というものまで含まれている」と述べている。歴史学者のトマス・コクランが著書『経済変革のフロンティア――アメリカ初期工業史・一七八五～一八五五年』（一九八一年）に書いた次の一文は、何より的確な指摘のように思われる。「ヨーロッパでは、産業主義の方をその種々の文化に適応するように修正したのに対して、アメリカ

1869 年には、アメリカ合衆国の両海岸は鋼鉄製の線路で結ばれていた。どんな僻地であれ、どんなに建設が困難という場所であれ、鉄道建設者たちが臆することはなかった。建設された線路で最も壮観なもののひとつに、コロラド州のクリアクリークに架けられたジョージタウン・ループがあげられる。1884 年に完成したこの線路は、山地や切り立った渓谷の上を高低差 195 メートルで上がっていく。驚異的な工法のこの線路は、のちに観光の目玉となり、現在も使われている。この人工着色写真は 1899 年頃のもので、ループの息を呑むような風景が写し出されている。

ピッツバーグのコネルズヴィル地区でおこなわれた、H・C・フリック・コークス・カンパニーの工事を描いた 19 世紀後半の版画。この地域には高品質のコークス鉱床があり、コークス生産の中心地となった。当時の製鉄や製鋼に使われることが増えてきていたコークスは、溶鉱炉までの長い距離を船や鉄道で運ばれていった。

版画家オットー・クレブズによる、1874 年のリトグラフ。ペンシルヴェニア州のピッツバーグ、バーミングハム、アレゲーニー・シティの鳥瞰図を、モノンガヒーラ川とアレゲーニー川の合流地点から描いたもの。工場、橋、蒸気船が見られるこのリトグラフは、アメリカが産業の強国として軌道に乗りはじめた時期の 1874 年に描かれたもの。

においては、文化の方が進んでみずからを変革して新しい情勢に適合しようとしたといってよいであろう。」

上：1892年から93年にかけてシカゴで開催されたコロンブス記念世界博覧会。産業の発展と、クリストファー・コロンブスの新世界発見400年を祝うための博覧会だった。1851年のロンドン万博でイギリスが世界の産業リーダーであることを印象づけたのと同様に、シカゴ万博の243万平方メートル以上の会場では、産業新興国アメリカの展示が誇らしげにおこなわれた。シカゴ万博を特徴づけたのは、一般に紹介された電気動力の建物だった。この万博会場の鳥瞰図のリトグラフは、1892年頃にカーリア・アンド・アイヴズ印刷工房が制作したもの。

右：どんな博覧会や国際展示会の中心にも機械の展示が置かれたが、コーリス蒸気機関ほど壮大な展示はほかにはなかっただろう。アメリカの技師ジョージ・ヘンリー・コーリスが1849年に特許を取得した、高さ24.5メートルのとてつもない二重蒸気機関は、1876年の100周年記念博覧会（合衆国建国100年を祝ったフィラデルフィア万博）で披露された。「コーリス機関は説明の域を超えている」と、アメリカの作家で文芸評論家のウィリアム・ディーン・ハウエルズは、『アトランティック・マンスリー』1876年7月号のエッセイに書いている。「その途方もない、ほとんど沈黙したままの雄大な仕組みを理解できる人間の知識の助けを借りるしかない。この機関は、巨大な構造物の中心にそびえ立つ、鋼と鉄の運動選手のようだ……そう、我が国の天才が鉄や鋼を通じて自在な言語を語るとき、機関はその中でただじっとしている。」1876年5月、『ハーパーズ・ウィークリー』に復刻されたこの図版は、セオドア・R・デイヴィスのスケッチをもとに製版されたもので、ユリシーズ・S・グラント大統領とブラジルの皇帝ペドロ1世が博覧会の初日に巨人のような機関を始動させ、観客がその様子に見入っている。

万国博覧会

家内工業から無数の工場へ。商品欠乏の時代から、いまだかつてない大量生産の時代へ。こつこつと歩むだけの陸上移動から、1分間に1.5キロ以上も進む鉄道の旅へ——産業革命は世界を変えた。“進歩”は大西洋の両岸で合い言葉となり、その最も顕著な証は、業績の完成や進行を展示し讃えるためにおこなわれた、大規模な博覧会や展示会のなかに見ることができる。

1851年頃のリトグラフ。水晶宮のホールの中で展示をじっくりながめる観覧客。

産業の発展を祝うために企画された初の万国博覧会は、1851年にロンドンのハイドパークで開催された。巨大な鉄骨と35万平方メートル以上ものガラスでできた水晶宮で催された万博では、世界最新鋭の織機、封筒製造機、洗練された道具類、新しく開発されたキッチン器具、製鋼を紹介する展示、農業機械など、さまざまな産業発展の驚異を含めた1万3000の展示が並んだ。620万人の見物人が水晶宮に足を運んだこの博覧会は、その後、19世紀後半に続けて開催される同様の博覧会の先がけとなった。

フィリップ・ヘンリー・ドラモットが撮影した、1854年頃の写真。シドナム・ヒルに移された巨大な水晶宮の姿（1936年に火災で焼失した）。

“交易が危うくなれば、それを守らないかぎり滅亡するのみだ。”

——チャタム伯ウィリアム・ピット（大ピット）の下院での演説（1739 年）

9

新たな船、新たな通商

大西洋交易の新時代

カーリア・アンド・アイヴズ印刷工房による 1879 年の図版。雄大な 2 隻の蒸気船、《エジプト》と《スペイン》。

EGYPT

一八一八年一月五日午前一〇時、激しい雪嵐の中、四二四トンの帆船《ジェイムズ・モンロー》がニューヨーク港を出港した。リヴァプール行きのこの船には、一五〇〇樽のリンゴと八六〇樽の小麦粉、約七〇梱の綿花と十四梱の羊毛、それに雌鶏、豚、乳牛、羊などのさまざまな家畜、さらに郵便物の大袋が積まれていた。表向きは通常の航海のようでもあり、植民地時代からずっとにぎわってきたニューヨークの港を離れる何万という船とさして変わらない。だが、雪をものともせず見物にやってきた群衆にとっては、この出航は特別なイベントだった。この日の朝出たニューヨークの新聞の広告に、誰もが好奇心をそそられたのだ。

クエーカー教徒商人のアイザック・ライト、それに彼のパートナーであるジェレマイア・トンプソン、フランシス・トンプソン、ベンジャミン・マーシャルらは、ブラックボール・ラインのリヴァプールまでの大西洋航路を新たに創設し、風や波の状況にかかわらずスケジュールに従って出航すると宣言していた。なおかつ——何より驚いたことに——貨物や乗客が定量や定員に満たなくても、定刻に出発するというのだ。

型破りな話だった。どんな商船でも、船倉が埋まって乗客が定員に達するまでは、待つのが当たり前だった時代だ。それに、風や潮や気象条件が悪ければ出航はしない。遅れが半月になることはざらで、それ以上延びることもあった。

このやりかたは大胆で冒険的だったが、その後の三〇年間で大きな成功をおさめる——初めてスケジュールに従った輸送が可能になり、大西洋両岸の商人や製造業者も、この海運の新たな局面を受け入れていく。時間に追われる乗客は、出発や到着の予定を当てにできるようになり、便数の増えた船に群がるようになっていった。

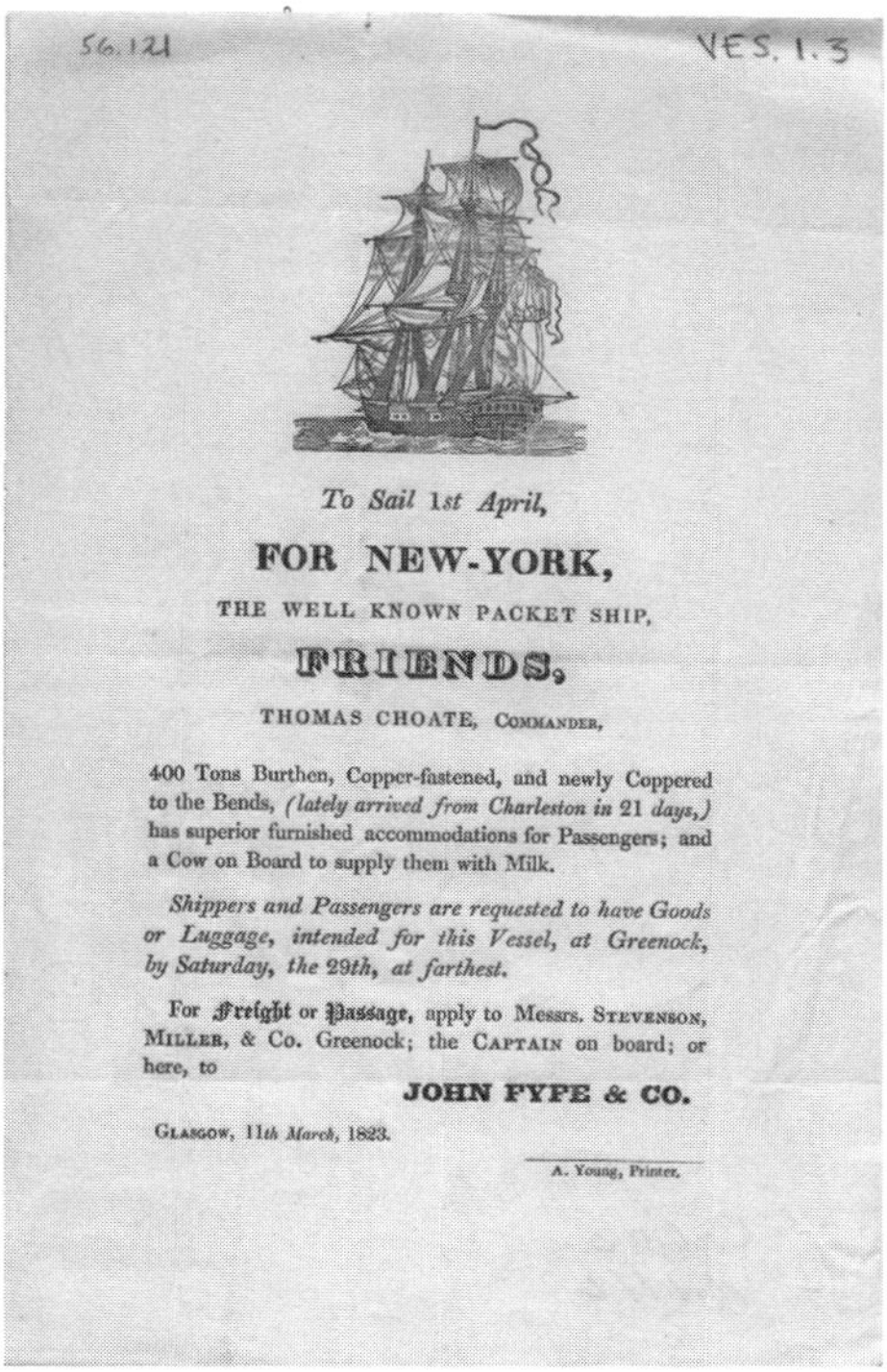
56.121 VES. 1.3

To Sail 1st April,

FOR NEW-YORK,

THE WELL KNOWN PACKET SHIP,

FRIENDS,

THOMAS CHOATE, Commander,

400 Tons Burthen, Copper-fastened, and newly Coppered to the Bends, *(lately arrived from Charleston in 21 days,)* has superior furnished accommodations for Passengers; and a Cow on Board to supply them with Milk.

Shippers and Passengers are requested to have Goods or Luggage, intended for this Vessel, at Greenock, by Saturday, the 29th, at farthest.

For Freight or Passage, apply to Messrs. Stevenson, Miller, & Co. Greenock; the Captain on board; or here, to

JOHN FYFE & CO.

Glasgow, 11th March, 1823.

A. Young, Printer.

スコットランドのグリーノックを1823年4月1日に出航し、ニューヨークへ向かう「有名な定期船《フレンズ》」の船上設備を宣伝するポスター。乗客は「上等の家具付きの船室」を与えられ、「同乗する乳牛からしぼりたての牛乳が飲める」。

潮の状態がよくなかったり、船荷が少なければ出航しないという考えかたは、歴史学者のメルヴィン・マドックスの言葉を借りれば、「混乱の時代においては、驚くほど単純な考えかただった」(『大西洋横断』、1981年)。どんな条件のもとであれ、航海にはしばしば深刻な問題がつきまとう。この図版はイギリスの画家サミュエル・ウォルターズの絵画をもとに1839年に製版したもので、リヴァプール近くの海でハリケーンに巻きこまれた定期船を描いている。

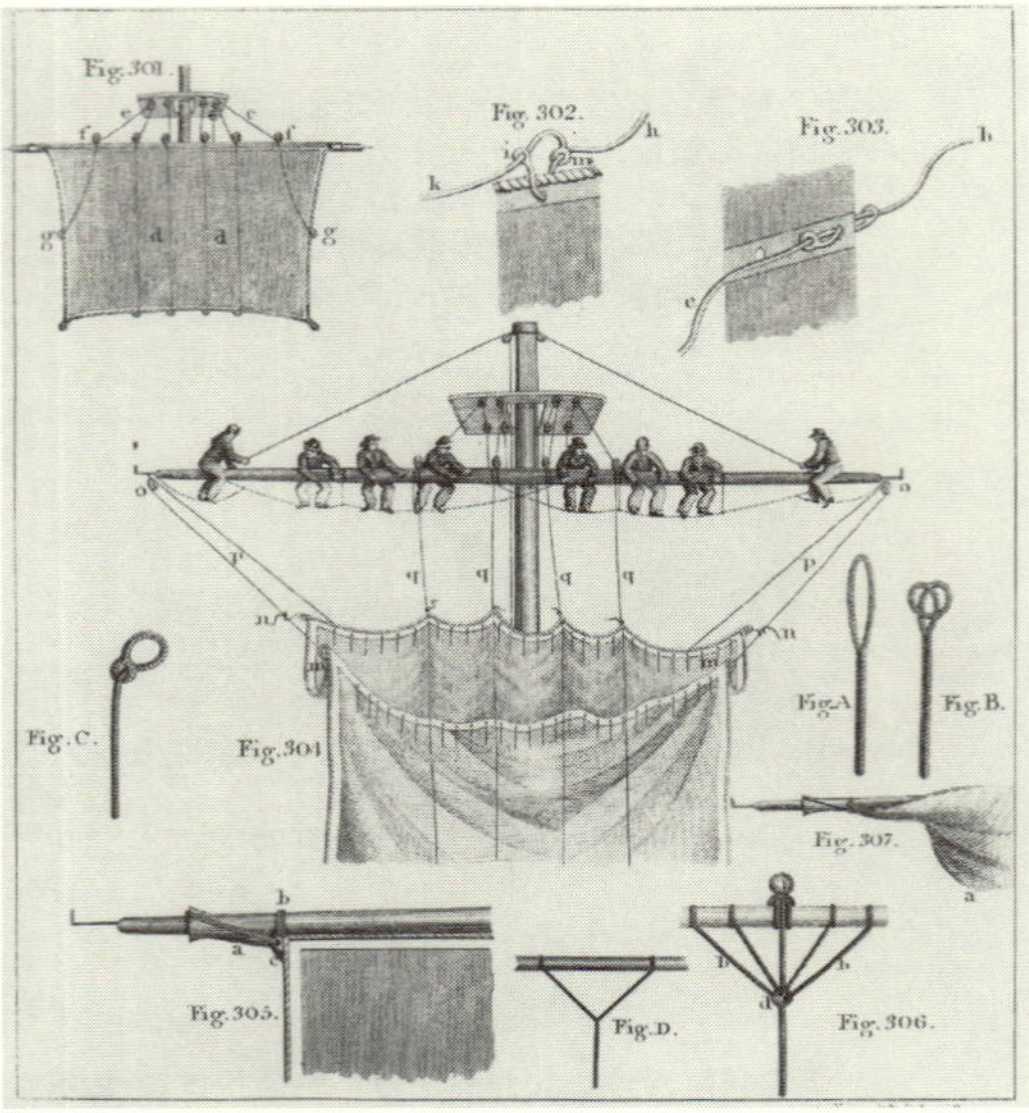

定期船交易の急激な成長と、それにともなう船の増加で、船の乗組員の数が不足するようになった。英国の海事専門家ダーシー・リーヴァーの『若き船員のための指南書――艤装指導と実践的操船術の要点』（1808年）の挿絵は、この著書にもあるように、「多くの人間にこの職業を学んでもらおうとする」ものだった。

1856年4月12日版の『フランク・レスリーズ・イラストレイテッド・ニュースペーパー』。その2カ月前に起きた定期船《ジョン・ラトリッジ》と氷山の衝突事故の記事が掲載されている。この事故の生存者はわずかに1名だった。

ニューヨーク・シティのサウス・ストリート沿いの埠頭は、“定期船通り”として有名だった。1842年にこの界隈を訪れた作家のチャールズ・ディケンズは、『アメリカ紀行』（1842年）のなかで、定期船のバウスプリット（船首斜檣）が「家々の窓にまで突き刺さらんばかりだ」と書いている。にぎわうニューヨークのサウス・ストリート・シーポートを描いたこの図版は、19世紀の作品。

定期船

初年度の一八一八年の操業が終わるまでに、ブラックボール・ラインは四隻の定期船を手に入れ、それぞれがニューヨーク＝リヴァプール間を三回往復した。この革命的な航路は、最終的には海運の伝説になるほどに急成長し、一世紀たったのちもなお、帆船の見張りが「ブラックボール・ラインの定期便だ、起床！」と叩き起こされていたほどだ。当然ながら成功は競争を引き起こし、一八二一年にはレッドスター・ラインとスワローテール・ラインという二つの海運業者が大西洋航路に参入した。その後二〇年のうちにほかの海運業者も追随するようになり、特にエドワード・コリンズのリヴァプール・ラインは、劇作家や俳優の名の船を使った〈ドラマティック・ライン〉として知られるようになった。

歴史学者のメルヴィン・マドックスは、著書『大西洋横断（*The Atlantic Crossing*）』（一九八一年）の中で次のように書いている。「こうした船たちは、その本来の名称、人びとが呼んだ名称にまぎれもなくふさわしかった。〈定期船《パケット》〉という名称――それまでは〔郵便物を含め〕小荷物《パケット》にまとめられた船荷を運ぶさまざまな船をひとまとめに指していた総称――は、スケジュールどおりに航海する船のことを意味するようになったのだ。」通常の定期船は、全長約四〇メートル、幅が約八・五メートルあった。三本のマストが可能なかぎりのカンバス地の帆を張り、船倉の深さはおよそ四メートル、三五〇〇樽以上の貨物を積むことができる。それまであったどんな乗り物よりも、強靱さと容量、そしてスピードを兼ね備えた船だった。

スケジュールを忠実に実行するために、何より重視されるのはスピードだ。一八一八年に初の定期船が海を渡ったとき、《ジェームズ・モンロー》の船長のジェームズ・ワトキンソンは、二八日で船をリヴァプールに到着させた。この船の姉妹船《クーリア》は、ほぼ同時にリヴァプールを出航したものの、悪天候につ

1755年の『トゥーロン港の眺め』。ヴェルネは18世紀の卓越したフランス人風景画家として、今なお幅広い賞賛を受けている。

1757年の『セット港の眺め』。ヴェルネは次のような台詞を言ったと伝えられている。「空、大地、海をもっとよく知る人間はほかにもいるかもしれない。だが、絵の描きかたを私より知る人間はほかにはいない。」

クロード・ジョゼフ・ヴェルネ

大西洋世界全般にわたり、ほかの何よりも芸術家の目をとらえたのは、船や海の物語や冒険譚であったに違いない。定評ある画家たちのなかでも、この抜きんでた人気テーマを扱う才能に最も恵まれた大家といえば、18世紀フランスの画家クロード・ジョゼフ・ヴェルネだろう。ヴェルネの父親も優れた装飾画家であり、その父のそばで絵を描くようになったのは、わずか14歳のときだった。だが、ヴェルネがその後の人生を捧げる海洋画家としてのキャリアは、マルセイユの海岸やティレニア海の港へ旅したときから始まった。イタリアの海洋画家ベルナルディーノ・フェルジョーニのアトリエに雇われ、そこで大きな注目を集めたヴェルネは、やがて独立する。その後20年間はローマに住み、船や海の絵を描いて賞賛を浴びるようになった。1753年に王室の命によってパリに呼び戻されてのちは、フランスの港をテーマに一連の作品を描き続け、その名声を不動のものとした。

上：1734年の『凪』は、地中海沿岸で働く漁師たちを描いたもの。ヴェルネの作品について、1911年版の『ブリタニカ百科事典』には次のように書かれている。「風景や海を描いた画家の中でも、人間をここまで完璧に風景の一部として描写し、作品の重要な要素とした画家はほかにはいないだろう。」

下：1754年の『マルセイユ港内部』は、ヨーロッパ海運の中心地である埠頭のにぎやかな風景を描いたもの。フランスの港を描いたヴェルネの一連の作品は、庶民からもフランス貴族からも高い人気を得た。

“乗組み員はひどい重労働を強いられる。できるだけ快速を出し、速度の評判を維持しようとするのだから、操帆の仕事は並大抵の難儀じゃないという。”

——ハーマン・メルヴィル『レッドバーン』1849年

かまり、命からがらニューヨークにたどり着いたのは六週間後だった。そのわずか六年後、ピトキン・ページ船長が十三日と十四時間の大西洋航海を成しとげた。さらに一八四〇年、ナサニエル・B・パーマー船長の《シドンズ》が、西回りの大西洋航海を十五日間で成しとげた。風や潮の条件のせいで、本来ならヨーロッパからアメリカへ渡るほうが長旅になることを考えれば、当時としては驚異的な記録だった。

これらの偉業は、船そのものの能力に加え、定期船の船長の技能や勇敢さに負うところも大きい。どんな危険を賭してでも、定刻までに港へ入ろうとする定期船の船長たちは、大西洋の両岸で英雄的な扱いを受けた。新聞は東西航路の記録に喝采を送り、船長の名前を船名よりもずっと大きく取り上げた。アラン・ヴィリエの著作『人、船、そして海（*Men, Ships, and the Sea*）』（一九六二年）には、「《クイーン・オブ・ザ・ウェスト》は人類、そしてその司令官の最も高貴なる仕事の賜物……神の最も高貴なる賜物である！」という新聞の煽り文句が記されている。定期船の乗組員が並はずれた試練に直面していたことも忘れてはならないだろう。

ハーマン・メルヴィルは、著書『レッドバーン』（一八四九年）で次のように綴っている。「乗組み員はひどい重労働を強いられる。できるだけ快速を出し、速度の評判を維持しようとするのだから、操帆の仕事は並大抵の難儀じゃないという。」一八三九年にキャビンボーイとして定期船に乗り組んだ経験を持つメルヴィルなら、「ひどい重労働」のなかには、激しい嵐のあいだも満帆を保つという危険な仕事も含まれるのだと付け加えたい気持ちもあったかもしれない。

こうしたことはすべて、高い犠牲を払っておこなわれていた。スピード最優先に固執する風潮は、船にも人間にも過酷な試練を課すことになる。一八四七年、ブラックボール・ラインの《コロンビア》の乗員が、冬の猛烈な嵐の中で全員死亡した。六年後には、《コンステレーション》の窮屈で不潔な船上でコレラが蔓延し、航海中の九二二人の移民のうち一〇〇人近くが水葬にされるという悲劇も起きた。ただふっと消息を絶った定期船もあり、その船名は海事欄に〈行方不明〉という不穏なタイトルで記された――《オーシャン・クイーン》、乗客九〇名、乗員三三名。《ドライヴァー》、乗客・乗員三七二名。

そんな危険をはらみながらも、定期船は、海運業の本質や大西洋の交通を何もかも変貌させた。そしてやがて、もっと速い船のための時代がやってくる――海の猟犬、快速帆船の登場である。

快速帆船（クリッパー）

速さと利益――産業革命のさなか、商船には不可欠の要素だ。この時代、快速帆船（クリッパー）ほどこの両要素を実現できた船はほかになかっただろう。定期船が海上での速さを渇望する状況で、ごく自然な発展から生まれてきたのがこの快速帆船だ。この時代には完璧といえる船だった――貨物や人を記録的な速さで運ぶこの船は、成長途上の中国との新たな交易権を競うのにも、アメリカ西部で発見された金鉱を目指す熱狂的な宝探しツアーの旅人を運ぶのにも、うってつけだった。

厳格なスケジュールのために一定の目的地にしか行けない定期船とは異なり、快速帆船は、利益を生む場所ならどこへでも行くことができた。これまでで最も速い船というばかりでなく、最も美しい船としても広く知られた。ナイフのような舳先をそなえた最長約六三・五メートルの船体、そして何より人目を引くのは、帆を張りそびえ立つマストだ。人びとはその高さに敬意を表し、〈月の熊手〉、〈雲払い〉、〈空の汚れ落とし〉、〈星の監視人〉などとあだ名をつけた。船体の美しさ、操縦や制御に求められる高い技能への崇敬の念から、快速帆船には類をみない賞賛が与えられた。一時間ごとに次の船が出航するのも、まれではなかった。たとえば、《グレート・リパブリック》が一八五三年に処女航海に出る際には、三万人以上の見物人がイースト・ボストンの埠頭に群がり、ある新聞が報じたところによれば、船は「大砲のとどろきと楽隊の音楽と群衆の歓声の中」を出発したという。

ドナルド・マッケイは、ニューヨークの著名な造船技師アイザック・ウェッブに、年端もいかないころから弟子入りしてキャリアを築いた。厳しい雇い主のもと、マッケイは1週間に6日、70時間も働かされたが、そのときに得た知識は、のちの貴重な財産となった。南北戦争時には、北部諸州側の海軍のために何隻か船をつくった。この日付不明の肖像はW・G・ジャックマンの作品。

《グレート・リパブリック》は最大の快速帆船で、全長102メートル、幅16メートル、船倉の深さは12メートルあった。造船技師のドナルド・マッケイにとっては不運なことに、この船は初めて大西洋を横断してリヴァプールへ向かおうという前日の1853年12月26日、ニューヨークの停泊地で水線近くまで焼けてしまった。マッケイはこの船を復元したものの、造船と修復のコストをカバーするだけの利益をあげることはできなかった。この図版はナサニエル・カーリアによる1855年頃のもの。

多くの快速帆船の船長にとって、最大の難関は危険なホーン岬を回ることだった。この図版は、1854年8月に氷だらけのホーン岬の水域を通過し、オーストラリアからリヴァプールまで羊毛を輸送する《レッド・ジャケット》を描いたもの。ナサニエル・カーリアによる1855年の図版。

ドナルド・マッケイの快速帆船の中でも最も有名な《フライング・クラウド》は、絶えずスピード記録を破っていた。1851年には、ニューヨークからサンフランシスコへの25,750キロの航海を89日と21時間でやってのけ、この記録は1989年まで破られることはなかった。当時としては非常に珍しいことに、《フライング・クラウド》の航海長は女性だった。航海長のエレノア・クリーシーは、マサチューセッツ州マーブルヘッドで過ごした幼少期から、海流や天候のパターンや天文学を学んだ。夫のジョサイア・パーキンズ・クリーシーは、この船の船長だった。ナサニエル・カーリアによる1852年のこの《フライング・クラウド》の図版は、完成前にこの快速帆船を買いとったグリネル・ミンターン・アンド・カンパニーのために描かれたもの。

快速帆船の発明は、特定の人物の業績ではない。アメリカの独立革命前にチェサピーク湾でつくられ、一八一二年の米英戦争では、英国のボルティモア封鎖をスピードで突破したトップスル・スクーナーが、その原型と見られている。最初の快速帆船がつくられた時期は歴史学者によって意見が異なるが、ジョン・W・グリフィススが設計し、ニューヨークの造船技師スティーヴン・スミスとジョン・ディモンが一八四五年に造船した、三本マストを備えた七五〇トンの流線型の船《レインボウ》が始まりとする説が有力だ。

この時期になると、前代未聞のスピードで原料や製品を輸送できる船は、以前よりずっと需要が高まり、その後も十年ほど続く。ウィリアム・ウェッブ、ジョージ・スティアーズ、サミュエル・ホール、ジェイコブ・ウェスターヴェルト、そしてデイヴィッド・ブラウンのような、大胆で革新的なアメリカの造船技師たちが、続々と船をつくりあげた。だが、その全員をしのぐほど優れた技能をもち、その名が快速帆船の代名

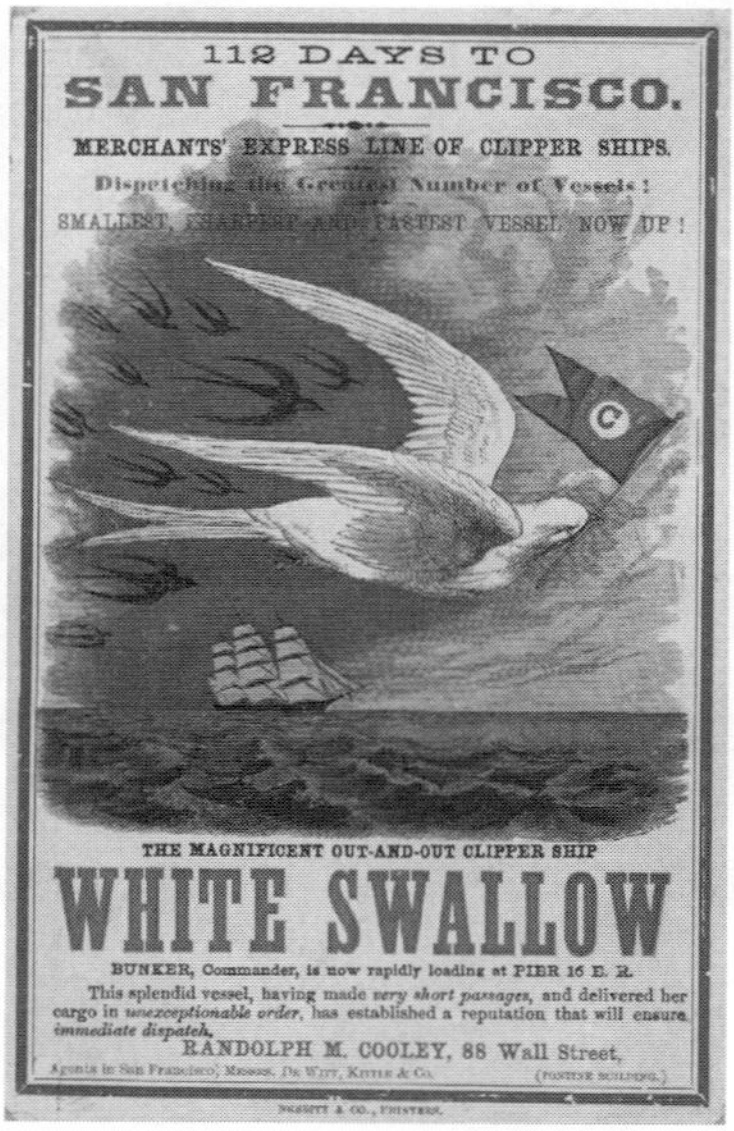

1850年代のこのカードは、ニューヨークからサンフランシスコへ向かう“堂々たるすばらしき快速帆船”《ホワイト・スワロー》の112日間の航海を告知している。快速帆船の評判が広がるにつれ、ヨーロッパ、特に羊毛や紅茶の輸送に船を使うイギリスの造船技師も、自分たちで快速帆船をつくるようになった。

“前回の航海では世界を驚かせました。……今度の航海では、神を驚かせますよ。”

――ジェームズ・ニコル・〈ブリー〉・フォーブズ船長の言葉、
バジル・ラボック『植民地時代の快速帆船』（1921年）より

“溝の底の輝く何かがおれの目をとらえた。……手でそれをつまんだ。心臓がドキンとした。間違いなく金だったんだ。……その後、もうひとつ見つけた。”

――カリフォルニアの鉱夫、
ジェームズ・マーシャル（1848年7月28日）

詞のように語られる、あるひとりの名匠の存在を忘れてはならないだろう。

その人物とは、ドナルド・マッケイだ。一八一〇年にノヴァスコシアで生まれたマッケイは、若いうちからニューヨーク・シティの造船技師に師事した。一八四一年、マサチューセッツ州ニューベリーポートに自分の造船所を開き、その後一八四四年の後半にイースト・ボストンへ移り、これまでで最も速くて美しい、三二隻の名高い快速帆船をつくった。確かな造船技術の才に恵まれたマッケイは、常に自分の船に決して満足しない完璧主義者だった。すでに世界中に自分の船の品質や性能を見せつけていた一八六四年、マッケイは『ボストン・デイリー・アドヴァタイザー（*Boston Daily Advertiser*）』に次のように語っている。「自分の理想にかなった船など、これまで一隻もつくったことがありません。どの船にも何かしら、もっと改良したいと思う点が見えてしまうのです。」

マッケイ自身の得た途方もない名声とともに、マッケイの快速帆船もその時代の伝説となった。四五五五トンの《グレート・リパブリック》のマストがあまりにも高かったので、当時の水夫たちはよく、「初めてそのマストにのぼった若い水夫は、よぼよぼ爺さん

快速帆船が運んだのは、カリフォルニアの金鉱をめざす熱狂的な宝探しの乗客ばかりではなく、その地域に流れこんだ何万もの人びとが生きていくのに必要な、大量の貨物もあった。快速帆船の船主たちは、乗客がいくらでも貨物を供給してくれるとみて、船賃を大きくつり上げた。この漫画図版は、1849年頃にナサニエル・カーリアが発表した『カリフォルニアに行く人びと』。つるはしやシャベルを抱えた山師でにぎわう埠頭から、出航する船になんとか飛び乗ろうとする男たちが描かれている。頭上には混みあう飛行船や人のまたがるロケット機の姿も見える。

の足どりでおりてくる」という冗談を口にしたという。どの船もマッケイ自身の高い理想に見あうことはなかったものの、そのほかの人間にとってはまぎれもなく理想的な帆船だった。

一八五一年、のちに〈快速帆船の女王〉として知られるようになる《フライング・クラウド》が、処女航海でホーン岬を回り、八九日と二一時間という前代未聞のスピードでゴールデンゲート海峡を通過すると、大西洋両岸の水夫たちは度肝を抜かれた。しかもこれは真冬のことで、激しい突風に見舞われながらも十八ノットで進んだ結果だった。さらに一年後、マッケイの《ソヴリン・オブ・ザ・シー》は、暴風と雪という悪天候の海にもかかわらず、一〇三日という短時間でカリフォルニアにたどり着いた。

もと快速帆船の船長で海洋歴史学者のアーサー・H・クラークは、『快速帆船の時代（*The Clipper Ship Era*）』（一九一〇年）の中で、この船に対してマッケイがどんな意見を述べたか回顧している。「とてもすばらしい船ですが、これ以上の船をつくることも可能だと思います。」そしてマッケイは、その言葉をその後、何度も実行した。一八五四年三月一日、マッケイの《ライトニング》は、帆船の一日の最長移動距離である六九キロメートルを記録した。この記録は今も破られていない。

速度の新記録をつくったのは、マッケイの快速帆船ばかりではなかった。《シー・ウィッチ》は、モンスーンに遭遇しながらも、中国からニューヨークまでわずか八一日で戻ってきた。《ドレッドノート》も周期的に大西洋横断の記録を塗りかえた。ジェームズ・ニコル・〈ブリー〉・フォーブズ船長の《マルコ・ポーロ》は、リヴァプールからメルボルンまでを七六日で航行した。バジル・ラボックの著書『植民地時代の快速帆船（*The Colonial Clippers*）』（一九二一年）によれば、フォーブズは船の乗客に向かってこう宣言したという。「前回の航海では世界を驚かせました。……今度の航海では、神を驚かせますよ。」

一八五〇年代に入ってからは、世界最大級の商船も含め、快速帆船は世界のいたるところでそのスピードを披露するようになる。中国との交易に加え、ボストンやニューヨークからサンフランシスコへ、さらにそこから香港へも航行し、香港では紅茶をロンドンへ運びたい英国の商人が船賃をはずんでくれた。英国船を含むほかの快速帆船は、果物やコーヒーを、西インド諸島や南米から合衆国やイギリスへと輸送した。さらに快速帆船のスピードは、卑しむべき活動にも利用されるようになる。当時すでに非合法となっていた奴隷貿易をおこなううえで、外洋上の当局の目をごまかしたり逃げたりするのに、快速帆船は理想的な船だったのだ。密輸業者や、インドから中国へアヘンを運び、帰りの船に銀貨を積んで戻る売人にとっても同様で、中国交易というものにまったく別の意味合いが含まれるようになる。

続々と生まれるスピード記録により、快速帆船の威光は充分に保たれていた。だが、まったく予期せぬ出来事が起きたことで、その評判にますます弾みがつくことになった。一八四八年七月二四日の朝、カリフォルニア州のサンフランシスコという活気のない小居住地で、ジェームズ・マーシャルという名の鉱夫が丘を採掘していたとき、何か光るものが目に映った。「溝の底の輝く何かがおれの目をとらえた。……」マーシャルはそう述懐している。「手でそれをつまんだ。心臓がドキンとした。間違いなく金だったんだ。……その後、もうひとつ見つけた。」マーシャルの金鉱発見の噂は米国全土に広まり、大西洋をも越えた。ひと山当てようという人間が、大挙してカリフォルニアに押しよせた。

マーシャル・B・デイヴィッドソンの著書『アメリカでの生活（*Life in America*）』（一九五一年）によれば、一八四八年に『カリフォルニア・スター』紙の記者が次のように報じている。「畑は耕されず放りだされ、家は建てかけのままになり、シャベルとつるはしの製造以外はすべてが放置された。」

宝が尽きる前に金鉱にたどり着こうと考えた山師たちは、漁船や捕鯨船、時にはみすぼらしい連絡船にまで乗りこんだ。金銭に余裕のある人びとは、海上で最速の乗り物である快速帆船にも船賃を惜しまなかった。このころの快速帆船は、これまで以上にスピードが出るつくりになっていた。より大規模で高性能になり、よほどひどい例外的ケースを除けば、ホーン岬周辺の危険な水域でも大きな揺れに耐えられるようになっていて、そこを通るのが金塊にたどり着く最短ルートでもあった。船長は船を限界までかりたて、定期的に乗客や道具を運び、記録的な速さでカリフォルニアへたどり着いた。一八六四年頃に金が尽きるまでには、一八四〇年代前半に約二〇〇日かかっていた航海は、一〇〇日未満にまで短縮されていた。

定期船や快速帆船は、まさに帆船時代の象徴だった。しかし同時に、少しロマンティックさには欠けるものの、ほかにも世界の海を行き来する船は存在していて、船主や船長に何度となく莫大な富をもたらし、十九世紀後半の人びとの生活に大きく貢献していた。この過程において、大西洋世界に関する自然科学知識は、格段に広がっていくことになる。

捕鯨船

一八一五年から一八六〇年頃、つまりアメリカの捕鯨黄金時代には、男というよりは少年と呼ぶべき捕鯨船員が多数存在し、捕鯨船で命を危険にさらしながら、地球上で最も巨大な生物を追いかけていた。十九世紀においては、鯨は膨大な利益をもたらす獲物だった。鯨の脂肪層からは、あらゆるランプに明かりを灯し、すべてのタイプの機械の潤滑剤となる油がとれる。鯨ひげは、女性のスタイリッシュな装いを保つコルセットの素材になる。そのほか、洗濯ばさみや馬車のフレーム、パイ切りナイフなど、さまざまな製品に加工された。

一般的な捕鯨船は、全長約三〇メートル、三〇〇トン以上の積載能力を備えていた。こぎれいにみせたり、ほかの船よりもスピードでまさろうという設計はされていない。むしろ、巨大な鯨を切り分けたり煮たりする充分なスペースを確保して、油は樽につめ、鯨ひげは束にまとめて、できるだけ船倉に保管できるような設計になっている。海上の捕鯨船は、きわだったスピードの遅さ、高いマストに立つ見張り番、船体の横にぶら下がった捕鯨ボート、そしてよく煙のあがっているレンガづくりの鯨油精製炉、〈トライワーク〉を特日付不明、グリーンランドを出発する捕鯨船。1600年代の終わりには、オランダ、そしてフランスやイギリスからも加わった漁師たちが、“グリーンランド・フィッシャリー”として知られる漁場で捕鯨をおこなっていた。1850年頃には、アメリカが随一の捕鯨国となり、とくにボストンの南約80キロにあるマサチューセッツ州の町ニューベッドフォードが拠点となった。ボストン生まれの著述家で哲学者のラルフ・ウォルドー・エマソンは、『ボストン』と題したエッセイの中で、ニューベッドフォードの捕鯨船の漁師について「彼らはまるで兄弟のように油樽を抱きしめる」と書いている（エマソンの死後の1893年に出版された『知性の博物誌』より）。

19世紀後半のカーリア・アンド・アイヴズの図版。漁師が銛をセミクジラに打ちこもうと構えている。捕鯨史学者のエヴェレット・S・アレンは、著書『光の子どもたち――ニューベッドフォードの捕鯨の盛衰と北極船隊の最期』（1973年）で次のように書いている。「人類史上、鯨を追う人間、あるいは捕鯨船ほど、沈まずにいることを要求されるものはない。」

このパノラマ的な1871年の図版は、捕鯨船が北極海でセミクジラ（またはヒゲクジラ）を捕獲し加工するさまざまな段階を描いた、ベンジャミン・ラッセルの絵画を下敷きにしたもの。左遠方には鯨を船に引いていく小型ボート、中央左には脂肪層を積みこむ捕鯨船が見える。中央右には帆を張って帰途につく船、右の前景には鯨に銛を突く漁師たち。その後方では鯨の頭が船に積みこまれており、さらに右後方の船では捕獲した鯨を煮ている。

1864 年の貴重な写真。ラブラドール沿岸の捕鯨キャンプ

徴としている。捕鯨船が漁を成功させたところなら、ほかの船の水夫たちが「捕鯨船が来るのは目よりも鼻でわかる」と言うほど、あたりに鯨油の匂いをただよわせているはずだ。

一八六〇年代の初めごろまでは、油の豊かなマッコウクジラの生息する太平洋が、最も捕鯨船でにぎわっていた。しかし一八五九年、ペンシルヴェニア州タイタスヴィルの地中で原油が見つかった。世界中のランプに火を灯し、機械の潤滑剤となっていた鯨油は、地中深くから採掘される原油に役割を譲ることになった。とは言うものの、ほかの鯨製品の需要はまだ大きかった。御者用の鞭、馬車の車輪、パイ切りナイフ、洗濯ばさみ、そして何よりもコルセットの素材になる鯨ひげは、非常に貴重なものだった。鯨油の需要が弱まると、捕鯨船のターゲットは、大量の鯨ひげが採れる北大西洋のホッキョククジラに絞られるようになった。

オランダ、イギリス、フランス、そしてアメリカの捕鯨船は、初期のころから世界中で捕鯨をおこなっていた。日本の港に最初にやってきたのはこうした船であり、長年国際的に孤立してきた国が開国するひとつのきっかけともなった。アフリカからブラジル、アゾレス諸島からチリへと鯨を追っていった捕鯨船の漁師たちは、四〇〇以上の島を発見することになった。そして、メキシコ湾流に関する知識を最初に世界に紹介

最終的に北西航路は非現実的なルートだということになったものの、そのほかにも数々の歴史的な発見があった。この図版は、1831年6月1日、イギリスの海洋探検家のジェームズ・クラーク・ロスとその部下が磁北極を発見し、喜びにわく姿を描いている。ロスは有名なスコットランド人北極探検家のサー・ジョン・ロスの甥であり、1829～33年の過酷な探検の際におじに同行していた。版画は1835年のサー・ジョンに関するロバート・ヒューイッシュの著書『英国海軍ジョン・ロス勲爵士の北極圏への最後の航海……』（1835年）に掲載されたもの。ジョン・ロスの最後の北極への航海は、実際には友人のジョン・フランクリンの捜索に参加した1850年のこと。

し、海流や潮汐にまつわる古くからの秘密を解き明かしたのも彼らだった。作家のリチャード・エリスは、著書『人間と鯨（*Men and Whales*）』（一九九九年）で次のように書いている。「放浪の鯨漁師たちは、〔鯨を〕求める航海の中で世界を切りひらいていった。インド諸国の財宝を求めた十六世紀の探険家たちと同じように。」

北西航路とジョン・フランクリンの捜索

北極海で熱のこもった探索を敢行したのは、ホッキョククジラを求めて乗りだした捕鯨船ばかりではなかった。同じ時期、また別の特殊な集団が、十六世紀の探険家と同じ目的で北極海の探検に出ていった。四〇〇年以上ものあい

北極探検に参加した者なら誰でも、少なくともひと冬は氷に閉じこめられて過ごす可能性があることを認識していた。時には動けないまま二度目、三度目と冬を過ごすことになる場合もある。ジョン・フランクリン（と北西航路）を探す任務にあたった英国船《インヴェスティゲイター》も、丸2年（1851～53年）足止めされた。氷に動きを封じられた船を描いたこのドラマティックな絵は、画才のあった乗組員、サミュエル・クレスウェル大尉の1851年8月の作品。

1874年頃の版画。ペンシルヴェニア生まれの技師で発明家のロバート・フルトンは、初めて商業用に使える蒸気船をつくった。

だ、ジョン・カボットを皮切りに、マーティン・フロビッシャー、ジョン・デイヴィス、ルーク・フォックス、トマス・ジェームズ、ヘンリー・ハドソンらの伝説的な探険家を排出してきたイギリスが探し求めたのは、北極海を抜けて豊かな東方へと出るための北西航路だった。

一八一九年初め、イギリスはこれまで以上に熱を入れた探検を計画し、十九世紀の大半にわたって伝説の航路を探した探検隊は三〇以上にのぼった。世界一著名な探険家のジョン・フランクリンの率いる遠征隊が行方不明になり、イギリスが一八五〇年代のなかばに史上最大規模の捜索と救出活動をおこなったときの探検隊も、これとほぼ同数だった。最終的に、フランクリンとその部下たちは生きて帰れなかった。そして、北西航路における重要な連絡路はいくつか発見できたものの、この航路は一年の大半にわたって凍結する場所であり、現実的な東へのルートではなかった。それでもなお、捕鯨船の漁師たちと同様、勇敢な航路探索者たちは次々と発見を続け、自分たちで作成した地図や海図や報告書などを通じ、これまで知られてこなかった大西洋の過酷な領域について世界に知らせ続けた。

捕鯨船の漁師と北西航路の探険家は、さまざまな点でよく似ている。世界一困難な水域をものともしない並はずれた勇気や覚悟はもちろんだが、どちらも広大な北極海域に関する最初の情報収集に貢献した。かつての捕鯨船員が航路探索の遠征隊で乗組員や士官を務めるケースも多く、捕鯨船長のウィリアム・ペリーは、

北西航路の探険家たちは誰しも、北極海に入ったところで最初に出会うものに驚愕させられた。氷山の雄大さや信じがたいような美しさに驚いた者も多かった。探険家のイライシャ・ケント・ケインは、著書『米国グリネル探検隊のサー・ジョン・フランクリン捜索――私的叙述』（1854年）に次のように書いている。「氷山は、ちっぽけな人間に謙虚さを教えようとするための、神の建造物のようだ。」しかし、不安にとらわれずにはいられない者もいた。アメリカ人医師で極地探検家のアイザック・ヘイズは、自身の回顧録『極点の公海――北極に向かう発見の旅の記述……』（1869年）で、氷山について次のように書いている。「どこまでも無数にひしめき合って続き、近くで見ると海の上に形づくられた完全無欠の天蓋のようだ。……シュヴァルツヴァルト［ドイツ南西部の森林地帯］の中心にいたとしても、これほど完全に陽射しをさえぎられることはあるまい。水平線の端がわれわれのうしろにそびえ立つ氷山のあいだに消えていこうというとき、（詩的なところがある）賄い長が船尾展望台からやってきて、少しのあいだ立ち止まり、その山あいに視線を漂わせ、それから『われを過ぎんとするものは一切の望みを捨てよ』と［ダンテ『神曲』の］『地獄篇』の一節をつぶやき、甲板の昇降口をあわてておりていった。」この至近距離の氷山を描いた版画は、ベストセラーになったケインの著書『第二次グリネル探検隊のサー・ジョン・フランクリン捜索、1853・54・55年』（1856年）に掲載されたケインのスケッチにもとづいたもの。

《レゾリュート》と《イントレピッド》の乗員たちは、1853年の春、動けなくなった《インヴェスティゲイター》の乗組員を救出するために、橇をたずさえて上陸した。このときの話は、海洋史上最もすばらしい実話のひとつとして語られている。《レゾリュート》は自身も氷に閉じこめられ、1854年に無責任な指揮官によって放棄されてしまう。しかし船は最終的に氷から抜け出し、1,930キロ東のデイヴィス海峡に流れついたところで、1855年9月にアメリカの捕鯨船の船長に発見され、合衆国まで引かれていった。船体は修復され、アメリカ政府は1856年、この船を贈り物としてイギリスに返還するという粋なはからいをした。その後、《レゾリュート》が航海から引退したとき、ヴィクトリア女王は、船体の木材の最も上質な部分を使って格調高い机をつくらせ、1880年、当時の米国大統領ラザフォード・B・ヘイズに寄贈した。この机はその後ずっとアメリカの大統領たちに愛用され、現在も大統領執務室に置かれている。

ほとんど3D画像のような、1890～1900年頃の人工着色写真。イングランドのヤーマスを出ていくヨット。

ヨット遊び

大西洋ほど、商業的な活動や、商業活動の制海権争いを経験した海はないだろう。だが、大西洋は古くから非商業的な活動の場でもあり、その中には、定期船会社と快速帆船会社のあいだのライバル関係と同じくらい競争の激しい活動も含まれている。ヨット遊びは17世紀にオランダで始まったといわれ、1800年代後半には大西洋世界の全般にわたって人気を博し、大西洋クルージングや、距離の長短を問わないヨットレースがさかんにおこなわれた。

1851年8月22日、ワイト島周辺でロイヤル・ヨット・スコードロンが開催した100ギニー・カップで、ニューヨーク・ヨットクラブのスクーナー《アメリカ》が、14艘の英国ヨットを打ち負かした。以来、このレースはアメリカズ・カップと呼ばれ、すべての帆船レースを代表するものとなった。この版画は1851年8月30日版の『イラストレイテッド・ロンドン・ニュース』の記事に添えられたもの。

カーリア・アンド・アイヴズによる図版（初版は1872年）。世界のヨットの中心地とされる、ロードアイランド州ニューポートのヨット隊を描いたもの。

「風や流れに逆らって水の上を動き、火と煙を吐き出す怪物。」ジョージ・ドッドの著書『鉄道、蒸気船、そして電信』（1867年にエディンバラで出版）によれば、1807年8月17日、ロバート・フルトンの《クラーモント》がなしとげたハドソン川での32時間の歴史的な航行を、見物人のひとりがそう表現したという。1909年7月の『ニューヨーク・イヴニング・サン』の記事によると、別の目撃者は家まで駆け戻り、妻に「製材のこをつけた悪魔がオールバニーに向かっていった」と話したと伝えている。この版画はジェームズ・D・マッケイブ・ジュニアの1871年の著書『大いなる幸運はいかにして生まれたか、または独立独歩の人物の苦闘と勝利』に掲載されたもの。

英国海軍の遠征隊を指揮し、ジョン・フランクリンとその部下の最期に関する重要な発見を成し遂げている。

蒸気船

定期船や快速帆船の黄金時代は、海洋史の中に独自の章を記した。だが、一八〇〇年代の最後の二〇年にさしかかるころには、その時代も終息に向かい、鉄と蒸気の時代がやってきた――どちらも産業革命をかりたて、革命の象徴となった発明だ。まったく新しいタイプの外洋航行船舶は、すぐに海上路を支配するようになった。捕鯨船の一部や北西航路の探検船までもが、最終的には蒸気動力の船に変わっていった。

“〔蒸気は〕……地球を小さくしてしまうだろう。人類は、ひとつの人種、ひとつの国家、ひとつの知性、ひとつの心となるだろう。”

――『ニューヨーク・ミラー』の論説委員（1810年）

トマス・セーヴァリーやトマス・ニューコメンが初期の蒸気機関を発表する以前から、いずれ船は蒸気動力になっていくだろうと予見する人物はいた。そのひとりはフランス人のサロモン・ド・コーで、彼は一六〇〇年代の前半から、蒸気が水を管に吸い上げるだけの充分な力となれば、いずれは船の動力にもなるだろうと理論づけていた。また、ウスター侯エドワード・サマセットの著書『発明の世紀（*The Century of Inventions*）』（一六六三年）にも書かれているように、一六一八年、イギリス人のデイヴィッド・ラムジーとトマス・ワイルドグースが、ド・コーの理論が発表されて間もなく蒸気についてのアイデアを思いつき、「新しい適性のある力」の利点を生かして、「船が強風の中ですべての帆を張ったときよりも、風のない水上で速く進み、嵐のなかで安全に移動できるようにする」ための特許を取った。

実際に蒸気動力船の航海というものが現実味をおびるのは、一七六五年にジェームズ・ワットが性能のいい蒸気機関を開発し、ジェームズ・ピッカードが一七八〇年にロッドとクランクを使ったシステムを発明し、一八〇七年にロバート・フルトンが最初の蒸気船をハドソン川で航行させるのに成功してからのことだ。とはいえ、そこまで来れば、歴史の転換点が訪れたことは明白だった。

「蒸気はわれわれをどこへ導くのだろう?」と、『ニューヨーク・ミラー』紙の論説委員が一八一〇年に書いている。「これまで人間は、牡蠣や樹木と同じように、ひとつの場所に縛りつけられてきた。……〔蒸気は〕これまでのどんな変化よりも驚異的な水準で、人

蒸気船が誕生したのはアメリカ東部の川だが、1815年には『シンシナティ・ガゼット』の論説委員は次のように断言する。「蒸気船という発明品は、われわれのためにつくられた。東部の細々とした川はまるで小川だが、実験には最適で、だからこそわれわれに有益な船が生まれたのかもしれない。」この1884年頃のカーリア・アンド・アイヴズの図版には、ニューオーリンズの港に停泊するミシシッピ川の蒸気船が描かれている。こうした船がミシシッピ川を往復しながら運んだ貨物の量は、1846年ごろには年間1000万トンにおよんだ——合衆国全体の外国交易の2倍だ。1860年頃になると、外国行きの蒸気船が運んだ重量500ポンド（227キログラム）の綿花の梱は1300万個以上になり、その多くは英国やフランスに輸送されたものだった。

類の環境を変える。……蒸気とは結合なのだ。蒸気は知性を結びつける。……地球を小さくしてしまうだろう。人類は、ひとつの人種、ひとつの国家、ひとつの知性、ひとつの心となるだろう。」当然ながら、蒸気船はそこまで高尚なことを成しとげたわけではないが、それでも特にアメリカでは、蒸気船が内陸の水場での物資や人の輸送手段となるのに時間はかからなかった。

一八二七年、『ニューヨーク・ミラー』の論説委員は、ハドソン川を行き来する蒸気船の数に驚き、次のように書いた。「わが国では、ある重要な商業地から別の商業地への往来が、このところ驚くべき水準で増加しており……〔ハドソン川の〕蒸気船の数が増えたことで、一隻当たりの乗客も、減るどころか増えているように思われる。新しいそれぞれの蒸気船はすぐに満員となり、古い蒸気船の甲板にもさらに多くの乗客が群がっているようだ。」

アメリカ西部のミシシッピ川やそのほかの大きな川における蒸気船は、人びとの主要な移動手段であると同時に、大量の物資の輸送手段でもあり、西部の川を行き来する船舶が運んだ貨物量は、何十年もしないうちに英国の全商船の貨物量を超えてしまった。これは歴史に残る成長ぶりだ。そうは言っても、蒸気動力だけで動く船が大西洋を横断できる日も近いと考える人間は、まだそう多くはなかった。しかしそれは現実化した。

一八二八年四月二三日、ニューヨークの埠頭の近辺にいた人びとは、驚くべき光景に遭遇した。英国の蒸気船《シリウス》がぶ厚い煙を噴きあげ、アイルランドからの十九日間の旅を終えて、ニューヨークのにぎやかな港に突然あらわれたのだ。「蒸気動力船《シリウス》が到着したというニュースは、野火のように広まった」と、『ニューヨーク・タイムズ』紙が書いている。「〔ハドソン川には〕文字どおりぽつぽつと、〔見知らぬ船と」好奇心を示しあう船たちがあらわれた。万国共通の祝福の声が交わされたと見え、どの顔も喜びで輝いていた。」

しかしこの騒ぎは序の口だった。ニューヨーカーたちが《シリウス》の姿に目を奪われているあいだに、別のとんでもない出来事がもちあがった。《シリウス》の到着から一時間もしないうちに、別の蒸気船が港に入ってきた。しかも、《シリウス》のような小型船ではなかった。この船は《グレート・ウェスタン》といい、重量は一三二〇トン、《シリウス》がアイルランドのコークから大西洋に出航した四日後にイングランドのブリストルを出て、十五日間の旅をしてきたところだった。

「[《シリウス》の騒ぎが]まだ続いているあいだに」と、『ニューヨーク・タイムズ』は報じている。「突然ガヴァナーズ・アイランドの向こうに見えてきたまっ黒な煙が、空に向かって広がりながら、別の一隻の到着を告げた。船は非常な速さでやってきて、三時ごろには群衆の前に完全に姿をあらわした。蒸気船《グレート・ウェスタン》だった。……この動く巨大な塊は、入江の水辺を敏速につっ切って進んだ。そしてすばやく優雅に《シリウス》のそばを回りながら挨拶をかわし、停泊地のイースト・リヴァーの中へ入っていった。《シリウス》の到着だけでも興奮していた群衆は、この華麗なる《グレート・ウェスタン》の姿に狂喜し、酔いしれていた。」

確かに華麗な船だった――全長八〇メートル、鉄材と木材を束ねたような船体は、水線より下がすべて銅で覆われている。船に四つついた途方もないボイラーに圧力を加え続けるためには、一日三〇トンの石炭が必要なため、巨大な燃料庫には八〇〇トンの石炭が保管できる。まったくもって革命的な船であり、海上で出会えるどんな船とも違っていた。カナダ人ユーモア作家のトマス・チャンドラー・ハリバートンは、ベストセラー短編集『蒸気船での生活――グレート・ウェスタンの手紙袋（*Life in a Steamer: The Letter-Bag of the Great Western*）』（一八四〇年）で、乗客の視点から船の乗り心地を想像して描写している。「このすばらしい蒸気船が、どれだけふらふら、ぐらぐらともがきながら進んでいくことか！　まるで狂ったみたいにがむしゃらで……イルカのようにあえぎながら泳ぎ、セイウチのように波を胸に受け、そしてときには、鳥のように海面をすべっていくのだ。」

《グレート・ウェスタン》は、その当時、あるいはほかのどの時代に生きた人びとのなかでも、最も魅惑的な人物のひとりが生みだした船だ。天才であり、真の先見の明を持っていたイザムバード・キングダム・ブルネルは、《グレート・ウェスタン》を設計する以前にも、英国の鉄道システムをつくりあげ、すばらしい橋を建設してきた人物でもあった。だが、蒸気船のパイオニアとしてのブルネルは、最も大きな成功、そして最も大きな失敗を経験することになる。

一八四五年、ブルネルのつくった二隻目の航海用蒸気船は、《グレート・ウェスタン》をもしのぐ革命的な設計の船だった。全長九八メートルの《グレート・ブリテン》は、世界初の大型スクリュープロペラ付きの蒸気船だった。さらに人びとが驚いたのは、この船が初の鉄製蒸気船として、大西洋横断に挑もうとしていたことだ。「鉄でできた巨大な船？　岩のように沈んでしまうに決まっているだろう」と、ブルネルの批判派は断言した。しかし船は沈まず、イギリス諸島とオーストラリアのあいだを三〇年間行き来し、乗客と貨物を運び続けた。その後はフォークランド諸島で石炭を保管する巨大施設として利用され、引き揚げられて務めを終えたのは、進水から一〇〇年近くあとのことだった。

だが、ブルネルの最もけたはずれの企ては、さらにそのあとだ。ブルネルが《グレート・イースタン》と

上：《グレート・イースタン》は1860年の流行ブランド名となり、《グレート・イースタン・タバコ》として広告に大々的に船を使うニューヨークの企業も登場した。

左：1800年代の後半に入るころには、定期的な大西洋渡航の蒸気船サービスは現実のものとなり、多くの海運会社が利益をあげるようになった。この1889年頃のステイト・ラインのカード広告は、合衆国とグラスゴー、ベルファスト、ダブリン、ロンドンデリー、リヴァプールを結ぶサービスを宣伝している。枠内の絵には、船のエレガントなダイニングルームや、月明かりの甲板でくつろぐ乗客の様子が描かれている。

呼んだ船は、その時代の驚異となった――全長二一一メートル、重量は二万二五〇〇トンあった。これほどの巨大な物体を推進するために充分な蒸気を提供できる手段がなかったため、ブルネルはこの船に、一〇〇〇馬力の機関で動く直径約十八メートルの外輪と、一六〇〇馬力の機関で回る約七・三メートルのプロペラを取りつけた。そびえ立つ六本のマストには、六五〇〇平方ヤード（約六四〇〇平方メートル）の帆が張られた。

前代未聞のこの船は、造船だけでも六年以上かかった。進水までには、さらに試練が待っていた。あまりに船体が大きく

《グレート・イースタン》は当時の通常の船の5倍はあった。最初は巨大な海獣《リヴァイアサン》の名で呼ばれていたが、この船は大きすぎて浮かばないだろうと考えていた連中からは《打ち上げられた海獣（リーヴ・ハー・ハイ・アンド・ドライアサン）》と侮蔑的なあだ名をつけられていた。グレートシップ・カンパニーから1858年に再融資をうけたのち、名前を《グレート・イースタン》に変えた。この図版はカーリア・アンド・アイヴズの1858年頃のもの。

大西洋海底ケーブル

《グレート・イースタン》の最も優れた業績は、旧世界と新世界をつなぐ初の大がかりな通信設備、大西洋海底ケーブルの敷設に大きな役割を果たしたことだ。ケーブル敷設の立役者となったのは、アメリカ人の事業家で融資家のサイラス・ウェスト・フィールドだった。1858年、フィールドのアメリカン・テレグラフ・カンパニーは、アイルランドとニューファンドランドのあいだに初の大西洋電信ケーブルを敷くことに成功したが、完成後3週間でケーブルは故障した。1865年、フィールドは新しく設立したアングロ＝アメリカン・テレグラフ・カンパニーとともにふたたび敷設に挑戦し、広い内部にある船室や社交室を取り払った《グレート・イースタン》に4800キロメートル以上の太いケーブルを運ばせた。今度のケーブルはもちこたえた。最初のケーブルを経由して大西洋をわたった初メッセージは送信に17時間を要したが、この新しいケーブルは、ケーブルの製法とメッセージ送信方式の進歩が功を奏し、1分間で8単語を送ることができた。

「世界8番目の不思議」と銘打った、大西洋海底ケーブルの開通を祝う寓意的な図版は、海の神ネプトゥーヌス（ネプチューン）が前景にたたずみ、英国を象徴するライオンがケーブルの端の片方を、米国のシンボルである鷹がもう一方の端を持っている。上部にあるのはサイラス・フィールドの肖像。キンメル・アンド・フォスターの1866年の作品。

大西洋横断ケーブルの成功は、海の両岸で喝采を浴びた。これは『大西洋電信ポルカ』というタイトルのついた歌の1枚刷り楽譜の表紙で、《グレート・イースタン》がケーブルを敷くのを助けた《ナイアガラ》と《アガメムノン》の2隻が描かれている。J・H・ビュフォードによる1858年頃のリトグラフ。

て船尾から水面におろせないため、《グレート・イースタン》は進水予定の川と平行に造船された。だが、一八五七年十一月三日、最初の進水を試みようとしたとき、船体を滑降させるレールが曲がってしまい、揚錨機が壊れ、太い鎖が小枝のようにプツプツと切れてしまった。

三カ月間進水を試みたのち、船は極端な高潮の日にやっと水面に浮いたが、すぐに次の災難が降りかかってきた。試運転をしているあいだに、《グレート・イースタン》の巨大なボイラーのひとつが爆発し、五人の死者が出てしまったのだ。この船の造船と進水に八年もの苦難を味わってきて、すでに健康を害していたブルネルは、この悲劇的な頓挫に消耗しきってしまった。事故を知って間もなくブルネルは発作に襲われ、一八五九年九月十五日に他界した。

それでも《グレート・イースタン》は進むのをやめなかった。一八六〇年には初めての大西洋横断に乗りだし、《シリウス》と《グレート・ウェスタン》のようにニューヨークにセンセーションを巻きおこした。だが、ブルネルのつくった船は時代のはるか先を行きすぎた感があり、四千人の乗客を運べる設計の船が航海に求められるのは、さらに半世紀先の話だった。しかし運命は、この船にまったく別の役割を用意していた。大西洋海底ケーブルを敷設するのに使われ、ヨーロッパとアメリカのあいだに初めての大がかりな電気通信接続を実現させたのだ。《グレート・イースタン》は、きわめて重要な船の一隻として歴史に名を残すことになった。

一方、客船として豪華につくられた外洋航行用の蒸気船が、定期的に大西洋を行き来するようになった。《シリウス》と《グレート・ウェスタン》の航海から十年もたたないうちに、リヴァプール、ニューヨーク、ボストン間の航路は、イギリスのキュナード・ラインが支配権を握るようになっていた。これを初めておび

帆船時代はすぐに蒸気船時代に変わった。とはいえ、この1884年頃のカーリア・アンド・アイヴズの図版に描かれたキュナード・ラインの《オレゴン》のように、定期船として使われた帆船も多数あった。帆は船のスピード能力を上げるばかりでなく、ボイラーに事故や故障があったときの代替品としても使われた。大型豪華快速客船の登場までは、熾烈な競争にうち勝ったイギリスのキュナード・ラインが、大西洋横断蒸気船の交易を支配した。キュナードが多くの定期航路で成功をおさめることができたのは、高級船員たちが全員受けていた優れた訓練の賜物だった。「キュナードの船員は、自分を箱船の船長ノアだとは思っていない」と、マーク・トウェインは言ったという。「会社が船員を低い階級からひとつずつ昇進させ、10年は必死に働かせるのだ。」

上：この1889年頃の『モニターとメリマックの戦い』は、シカゴのカーツ・アンド・アリソンによる図版。ヴァージニア州の海岸沖で2隻の装甲艦が初めて対決した、1862年3月8～9日のハンプトンローズ海戦（“装甲艦の戦い”としても知られる）。

左：1863年1月9～11日、ヴィックスバーグ方面作戦の一環としてアーカンソー川の河口近くで起きた、ハインドマン砦の戦い（アーカンソーポストの戦い）には、連合国の装甲艦が5隻参戦した。1864～1907年頃の、カーリア・アンド・アイヴズの図版による戦いの場面。

やかしたのが、アメリカのエドワード・コリンズの海運会社、コリンズ・ラインだった。

一八三八年にはすでに、コリンズの〈ドラマティック・ライン〉の定期船は、アイザック・ライトのレッドボール・ラインをしのぐ勢いになっていた。だが、ブルネルの《グレート・ウェスタン》が蒸気を上げながらニューヨークにやってきたとき、コリンズはそこに未来を感じた。作家のルーファス・ロックウェル・ウィルソンの著書『ニューヨーク、古さと新しさ——その物語、ストリート、ランドマーク（*New York: Old & New: Its Story, Streets, and Landmarks*）』（一九〇二年）によれば、コリンズは友人に対し、「今後、帆船ビジネスにはもうチャンスはない——時代を勝ち進むのは蒸気船だ」と語ったという。その後一〇年にわたり、コリンズは所有の定期船をすべて売却し、蒸気船の航路を築いていった。キュナード・ラインとの競争力をつけるため、コリンズは四隻の船——《アトランティック》、《アークティック》、《バルティック》、《パシフィック》——を造船した。どれもキュナードの船より速くて豪華な客船だった。

だが、幸運の女神はエドワード・コリンズに味方しなかった。一八五四年、《アークティック》がニューファンドランド沖で衝突事故を起こして沈没した。亡くなった三二一人の乗客には、コリンズの妻と二人の子供も含まれていた。二年後、《パシフィック》が航海中に消息を絶った。こうした悲劇に加え、コリンズの船に対する国の郵便船助成金の継続もむずかしくなり、コリンズの海運会社は破綻に追いこまれた。その後の半世紀は、キュナードやほかの英国海運業者、さらにフランスやその他の欧州諸国が、大西洋横断蒸気船サービスを支配した。こうしたサービスは、物資や、娯楽とビジネスを求める大西洋両岸の乗客ばかりでなく、種類の異なる乗客も運ぶようになった——一世紀以上も前に新大陸へ入植しようとした人びとと同じように、すべてを捨てて新しい人生をやり直すため、四千八百キロ以上もの旅を決意したヨーロッパ移民だ。

合衆国艦《モニター》の甲板の上で誇らしげなポーズをとる北部諸州側の士官たち。1861～65年頃の写真。

装甲艦

蒸気船の登場は、輸送の世界ばかりでなく、海戦の性質にも革命をもたらした。製鉄技術の進歩にともない、蒸気動力は〈装甲艦〉と呼ばれる船を生みだした。

海洋歴史学者のリチャード・ヒルは、著書『装甲艦時代の海戦（*War at Sea in the Ironclad Age*）』（二〇〇六年）にこう書いている。「〔装甲艦には〕大きな特性が三つある。金属でおおわれた船体、蒸気による推進力、そして爆発性のある砲弾を撃つことのできる大砲を擁した主要軍備だ。この三つの特性すべてをそなえた戦艦だけが、装甲艦と呼ぶべき船である。」

装甲艦同士の初めての海戦は南北戦争中の一八六二年のことで、南部連合艦《ヴァージニア》（もと合衆国艦《メリマック》）と合衆国艦《モニター》が交戦した。装甲艦をふくむ艦隊同士が初めて戦ったのは、アドリア海における一八六六年のリッサ海戦で、オーストリア＝ハンガリー帝国海軍とイタリア海軍の戦いだ。オーストリアはこの戦いに七隻の装甲艦を使い、イタリア艦隊は十二隻の装甲蒸気船を擁していた。《ヴァージニア》と《モニター》の戦い、そしてこのリッサ海戦が、近代海戦の幕あけとみる歴史学者は多い。

“私たちが持ちこんだのはひしゃげた旅行かばんと夢だけではなかった。旧社会を背負ってきたのだ。”

——ポーランド系移民ルイス・セイジの回想（1950 年のインタビューより）

10

押し寄せる移民の波

文化の歴史的転移

エリス島へ到着した移民たち。1911 年ごろ。

「もしアメリカという存在がなかったら、私たちは生きのびるために、代わりの国をでっちあげたことだろう。」十九世紀後期のイタリア系移民の切実な言葉である（レスリー・アレン『自由――自由の女神とアメリカン・ドリーム（*Liberty: The Statue and the American Dream*）』（一九八五年）。ほかの何千人もの人びとと同様、人類史上かつてない規模の民族移動に彼が加わる要因は実現までに時を要した。

おもな原因はヨーロッパの人口の爆発的な増加である。一七五〇年の一億四千万人から一八四〇年には二億五千万人へと、百年足らずで急増した。これにより、農民一家は地主から小さな区画にしばりつけられるようになり、地主は膨張する都市の人口を養うために、農地を拡張して利益を吸い上げようとした。まもなく膨大な農民たちは食べていけないことがわかってきた。彼らは職人たちによる誓いで結びついており、職人たちは代々受け継いできた専門技術のおかげで生活の糧を得、社会的にも一目置かれていたのだ。ところが今や、彼らが巧みな手細工で制作した商品は、産業革命がもたらした機械で量産されるようになってしまった。何千もの職人が職を奪われ、都市に出て工場で働くことを余儀なくされた。そこにあるのは低賃金、単調な重労働であり、個人の主体性などはなく、生活の質《クオリティ・オブ・ライフ》など望むべくもなかった。

大規模な脱出

状況は深刻だったが、このあと一八四〇年代初めにヨーロッパ諸国を襲った飢饉は、これと比較にならないほど悲惨であった。どこよりも崖っぷちに立たされたのはアイルランドだった。一八四五年、貧困層にとって唯一の主食だったジャガイモが、ジャガイモ疫病菌の被害で大凶作になり、飢饉が起こったのだ。疫病が猛威をふるいはじめた一八四九年までに、百万人を超える老若男女が餓死した。スーザン・キャンベル・バートレッティは、二〇〇一年の著書『黒いジャガイモ――アイルランドの大飢饉、一八四五～五〇年（*Black Potatoes: The Story of the Great Irish Famine, 1845-1850*）』の中で、こう書いている。「あるアイルランド人の巡回司祭によると、『哀れな人びとは荒れはてた庭の柵にしゃがみこみ、食べものが何もないと、天を仰ぐように訴えていた』という。」

飢饉に襲われたのはアイルランドだけではなかった。アメリカへの移民の波が一段落してから数年後のこと、あるイタリアの町長は、なぜ大勢のイタリア人が祖国を離れて大西洋を渡る危険まで冒したのか、それを説明するような書類はあるかと質問され、「書類だって！　飢え死にするから出ていったまでさ」と答えたという（『物語：イタリア系アメリカ人の歩んだ五〇〇年（*La Storia: Five Centuries of the Italian American Experience*）』、ジェレ・マンゴイネ、ベン・モレアレ共著、一九九二年）。アイオワ州歴史協会の資料の中に、ポーランド系の若者の個人的な記録が残っている。「私たちは飢饉を乗り越えました。（だから）アメリカに来たのです。母は食卓にパンなど影も形もないのを嘆いていました。あとは死を待つばかりだったのです。」

大規模な国外脱出が起こった重大な理由はほかにもあった。アメリカの独立やフランス革命で生まれた自由と平等の精神をよそに、ロシア、ドイツ、トルコのような圧政をしく国では、信教の自由や言論の自由などの権利を否

ブリジェット・オドネル（挿絵の貧しいアイルランド女性）は悲劇の体験者だが、残念ながら飢餓に苦しむアイルランドでは特別なことではなかった。この絵は1849年12月22日の『イラストレイテッド・ロンドンニュース』に以下の引用文付きで掲載された。「私たちは11月に解雇され、部屋代がたまっているのに熱でずっと寝ていました……あの人たちが家をたたき壊しはじめ、途中で私は近所の２人に運び出されました。小屋の中に押し込まれて８日間放っておかれました。家族全員が熱で倒れていたとき、13歳の息子は貧しさと飢えで死んでしまいました。」

悪天候と干ばつ、政府の政策、農業技術の遅れなど、多くの要因が重なって1891～92年ロシアで壊滅的な飢饉が起きた。被害者は数百万人に及び、約40万人が飢餓や病気で死んだ。この版画は、1892年の『イラストレイテッド・ロンドンニュース』に掲載された。説明文には「飢饉に襲われた村では、村人たちが家を出てサンクトペテルブルクを目指す」とある。

下の版画「立ち退き——ある日のアイルランド」は、貸家から強制退去させられる住民たちの絶望を描いている。土地の所有者はほとんどが英国の不在地主であった。1871年頃の作品で、アメリカの芸術家ウィリアム・ヘンリー・パウエルの初期の作品の複製品。

自然災害により数十万人が故国を追われた。1908年12月28日、シチリア島とカラブリア州のあいだのメッシナ海峡でマグニチュード7.5の大地震が起き、イタリアの死亡者は約20万人に上った。ここでは地震で家を失った避難民が援助を待っている。イタリア国内のほかの町に移住した人もいるが、多くはアメリカに移住した。

1914から1918年にかけて、オスマン帝国の政府は、国内のアルメニア系住民に対して組織的な大虐殺をおこなった。60万～150万人のアルメニア人が死亡したという。食糧の与えられない強行軍を強いられたり、追放されて強制収容所に送られたりして、極度に消耗して病気になったためだった。この写真（1915年前後）は、国外追放されたアルメニア人親子の絶望の表情である。当時、何万ものアルメニア人が、アメリカ合衆国に移住した。

ヨーロッパ諸国で起こったユダヤ人迫害は、世界から注目された。1903年4月、ロシア帝国キシニョフ（現モルドバ共和国キシナウ）で起きた虐殺（ポグロム）は世界的な批判を巻きおこした。ユダヤ人の死亡者は49人、重傷者92人、負傷者約500人と言われ、住宅700棟、商店600棟が略奪や破壊の被害にあった。これは1904年頃、諷刺漫画雑誌『ジャッジ』に載った作品で、アメリカの政治漫画家エミル・フローリがキシニョフの事件について描いたもの。「圧迫」という巨大な重荷を背負うユダヤの老人が、ロシア兵の襲撃を受けた村からユダヤ人仲間と連れ立って逃げ出している。岩の上に立つのはセオドア・ルーズベルト大統領で、怒ってロシアのニコライ2世を責めている。絵の下には「残酷なユダヤ人弾圧をやめろ」と付記されている。

『ジャッジ』誌は、1903 年頃、ギラム・ヴィクターの諷刺漫画を掲載した。絵の下の見出しには「この移民。得になるか損になるか」とあり、移民に対するさまざまな立場からの見方を象徴的に描いている。右奥の政治家は「票かせぎにつながる」ともくろみ、中央右側の労働者は「賃金が下がってしまう」と恐れ、帽子をとって一礼している実業家は「安上がりな労働力になる」と考えている。

W・アレン・ロジャーズによるアメリカの雇用問題についての漫画。1888 年 9 月 29 日の『ハーパーズ・ウィークリー』(19 世紀のアメリカで最も読まれた雑誌のひとつ)の表紙を飾った。下の枠には「輸入品。免税。アメリカ人労働者と競争するためトラスト・モノポリー(信用・独占)社が提供」と書いてある。

メディアの中の移民たち

アメリカを目指す人びとの中には、ひと足先に移住した親類から手紙を受け取っている人もいたが、やはり圧倒的多数にとっては右も左もわからない土地であった。それでも、祖国の状況から逃れるためなら何でもしたいという気持ちだったのだ。

新入りの移民たちは到着後まもなく、米国では国にとって移民の大量受け入れは是か非か、世論が分かれていることを知るようになる。

1800年代の後半から1910年前後まで、この問題は新聞でもよく取り上げられ、特に諷刺漫画家たちは、彼らの断固たる意見を表した。

AMERICAN CIT

We appeal to you in all calmness. Is it not time to pause? Already the enemies of our dearest institutions, like
They are disgorging themselves upon us, at the rate of HUNDREDS OF THOUSANDS EVERY YEAR! They

A PAPER ENTITLED THE

AMERICAN

CONSTITUTION AND LAWS.

IN FAVOR OF

The protection of American Mechanics against Foreign Pauper Labor.
Foreigners having a residence in the country of 21 years before voting.
Our present Free School System.
Carrying out the laws of the State, as regards sending back Foreign Paupers and Criminals.

OPPOSED TO

Papal Aggression & Roman Catholicism.
Foreigners holding office.
Raising Foreign Military Companies in the United States.
Nunneries and the Jesuits.
To being taxed for the support of Foreign paupers millions of dollars yearly.
To secret Foreign Orders in the U. S.

The PATRIOT is Published by J. E. Farwell & C
And for Sale at the Periodical Depots in this plac

1852年、『アメリカン・パトリオット』という新聞の発刊広告。同紙は多くの新聞と同様、「外国人」の受け入れに断固反対していた。広告文では、なぜ移民はアメリカ生まれのアメリカ人にも国家そのものにも脅威を与えうるのか、編集者の考えを列挙している。

アメリカ合衆国を擬人化した架空の人物アンクル・サムが初めて登場したのは、1812年の米英戦争の最中であった。ただ、例の白い髪と髭に赤、白、青のスーツを着てシルクハットをかぶっている姿が最初に出てきたのは1852年のことで、フランク・ベルーがニューヨークの『ランタン』誌に諷刺漫画に描いたときである。この1880年の『パック』誌に掲載されたジョゼフ・ケプラーの政治漫画では、アンクル・サムは「合衆国の避難の箱舟」の入り口に立ち、遠くの戦火のほうから逃れてきた各国の移民たちを温かく迎え入れている。

定し、改革につながるような暴動に対しては厳しい弾圧を加えてきた。ロシアとポーランドでは〝ポグロム〟と呼ばれるユダヤ人虐殺が勃発した。領土内の少数派、特にユダヤ人を対象に、排斥運動が計画されたのである。両国とも、政府が公に実行したものもあれば、政府黙認のもとにおこなわれたものもあった。

「私たちの町にもポグロムの嵐がやってきたので、屋根裏に身をひそめ、暴走する群衆から逃れました」と、ロシア系ユダヤ人の若い作家ソフィー・ターピンはのちに書いている。「当時、父はチーズ商売にかかわっていて……長いチーズナイフを持っていました。一家が殺される前に、攻撃者が何人かかってこようが、力の限り殺してやるつもりでした。まさにあの屋根裏で、父はおびえた家族に向かい、家族みんなで憎いロシアを離れてアメリカに行って、心機一転やりなおそうと約束したのです。」（アイオワ州歴史協会の保存資料より）

このように一家は絶望におしつぶされ、約束の国アメリカに引かれるようにしてやってきた。アメリカは一八四〇年代初めまでは自由とチャンスの黄金の地と謳われ、トマス・ペインが、一七七六年に早くも政治パンフレット『コモン・センス』（一七七六年）で、アメリカを「自由と信教の自由を愛する、ヨーロッパ中の迫害された人びとのための避難所」として描いていたのである。彼らは波のように次から次へとやってきた。タイムライフブックスの『移民：新しいアメリカ人（*Immigrants: The New Americans*）』（一九九九年）によると、一八四〇～八〇年の間に五〇〇万人以上が到着した。これは一七九〇年の米国の全人口を少し上回る人数である。多くは北ヨーロッパや西ヨーロッパからの移民だ。スカンディナヴィア人はアメリカのミッドウェスト地域に定住した。ドイツ人はニューヨークやボルティモア、シンシナティ、セントルイス、ミルウォーキーなどに居住地を作り、英国人やアイルランド人はボストン、ニューヨークをはじめとする北東部の町になだれこんだ。

一八八〇年の初め、それまでにも増して大きな移民の波が、東ヨーロッパや中央ヨーロッパ、南ヨーロッパ、つまりロシアやポーランド、オーストリア＝ハンガリー、ギリシャ、ウクライナ、イタリアから殺到した。一八八〇年、ニューヨークのユダヤ系二五万人のうち二〇パーセント近くは東ヨーロッパからの移民である。次の四〇年間で一四〇万人にまで増え、ニューヨーク市全体の人口の四分の一を占めるまでになった。二〇世紀の第1四半期には、二〇〇〇万を超えるイタリア人が入国した。この流れが一九一四年の第一次世界大戦によって遮断されるころには、母国を逃れて大西洋を渡って心機一転やりなおそうと覚悟を決めた移民たちは三三〇〇万人にまでのぼった。

生きるか死ぬかの旅

試練の旅は大西洋に出会うより前に、親戚や友人たちとの痛ましい生き別れから始まった。「ピンスク（ベラルーシの町）での最後の一週間はあわただしくて、抱き合ったり泣いたり……気持ちが高ぶっていたのを覚えています」と、ロシア系移民ゴルダ・メイア〔後に、イスラエル第5代首相、一九六九～七四年〕は自叙伝『ゴルダ・メイア回想録』（一九七五）で書いている。「アメリカに行くことは月に行くようなものでした……。私たちは未知の土地、何から何までわからない国に向かっていったのです。」

移民たちのほとんどは海から遠い内陸に住んでいたので、船はおろか、海さえ見たことのない人が多かった。大いなる旅は、まず国内を徒歩か馬車で、運が良ければ列車で移動することからはじまる。奥地の貧しい村をあとにし、英国ならリヴァプール、ベルギーならアントウェルペン、フランスならルアーヴル、ドイ

飢饉、貧困、迫害、宗教的・政治的な自由の否定——これらのために何百万ものヨーロッパ人が祖国を去ってアメリカに移住した。人びとにとって、一連のつらい経験の中でも特に心が痛んだのは親類や友人と別れることだった。誰もがもう一生会えないとわかっていたのである。「私はあのときの別れを決して忘れません」とポーランド系移民のリリアン・クレームスは著者に語る。アメリカに住んで何年もたつのに、「あのつらい思い出は生涯ずっと残るでしょう」と。この絵は、ドイツの画家クリスチャン・ルートヴィヒ・ボケルマンの描いた絵を 1883 年頃印刷したもの。

上：ドイツ、ブレーメンの港。1900 年頃撮影されたフォトクローム。数々の移民たちがこの光景をヨーロッパの見納めに、アメリカへ渡っていった。

左：1850 年代前半に移民が本格的に始まったころ、新聞界はすでに、旧世界から新世界への人びとと、文化、生活様式の移動が興味深い物語になることを理解していた。この絵「古きイングランドからアメリカへ」は、1870 年 1 月 22 日の『ハーパーズ・ウィークリー』に掲載された。

「史上最大の移民の波」のニューヨーク到着をカメラマンは待ちかまえていた。写真は東ヨーロッパからの移民が蒸気船《アムステルダム》のデッキで身を寄せ合っている様子。著名な米国初の女性フォトジャーナリスト、フランセス・ベンジャミン・ジョンストンが1899年に撮影した。

報道写真の名匠アルフレッド・スティーグリッツの作品。今日までに撮影された写真の中でも最も魅力的な1枚と言われ、特にアメリカのカメラマンに好まれた。「三等船室」(1907) という題で、スティーグリッツが《カイザー・ヴィルヘルム2世》の一等船室に乗って家族旅行をしていたときに撮ったものだ。一等船室の仲間に嫌気がさした彼は思い切って倉庫室に降りてみたところ、強制送還される途中の移民たちの大群に出くわし、このときの1枚が歴史的な作品となった。

何十万もの移民たちにとって、大西洋の船旅は、灯りを点けても薄暗い船尾側の窮屈な倉庫室に詰め込まれ、生涯で最も恐ろしい経験となった。特に、航海につきものの嵐に襲われたときなどはそうだった。「ものすごい嵐でした」と、イングランド系の移民アグネス・バワーベンドは語る(『エリス島オーラル・ヒストリー・プロジェクト』)。「2人が亡くなりました。どういうふうに亡くなったのかよくわかりませんが、父が甲板でやった葬儀に出ている姿はよく覚えています。全員参列していました。私がふり返ると皆が棺桶を船から海に投げ込みました……はっきり覚えています」1855年5月10日、『フランク・レスリーズ・イラストレイテッド・ニュース』はこの劇的な挿絵を「嵐の荒海を進む汽船——甲板のはざまで」という見出しをつけて掲載した。

ツならハンブルクというように、まず港町までたどりつくのだ。あるイタリア系移民は『物語：イタリア系アメリカ人の歩んだ五〇〇年』で次のように回想している。「父は長年飼っていたラバ『ティティ』の背中に私の小さい鞄を乗せ、鉄道の駅に向かった。まだまっ暗な早朝のことで、通りには人っ子ひとり見えない……父は列車に乗るまで黙っていた。そんな状況でいつ言葉を聞いたのか不思議なのだが、父は『勇気を持つんだよ』と言った。私が父を見たのはそれが最後となった。」

移民たちが船に乗りこむときの波止場の光景だけは、ドラマの最高潮の様相を呈した。ある者にとっては希望に満ちあふれる瞬間である。「さあ！　やっとアメリカに行くのよ。本当に、本当にやっと。」当時少女だったロシア系のメアリー・アンティンは、のちに著書『約束の地（*The Promised Land*）』でこう書いている。「境界線は砕け散り、天空の橋はそびえたつ。百万の太陽がすべての星を照らしはじめる。風が宇宙の外から吹きこみ、私の耳にごうごうと鳴り響く。アメリカ、アメリカ、アメリカ」

またある者にとっては、同郷を去ることは悲劇の幕開けだった。ミネソタ州の歴史学者セオドア・C・ブレゲンは著書『ノルウェー人のアメリカ移住記：一八二五〜一八六〇年（*Norwegian Migration to America, 1825-1860*）』でこう書いている。「みんなが船に乗る。老人が岸辺で船を見つめたまま立ちつくしている。母なるノルウェーがわが子の旅立ちを嘆いているように。」また多くの者にとっては困惑がつのる瞬間だった。ロシア系移民の作家ショーレム・アレイヘムは一九〇〇年前後に発表した短篇で、登場人物にこう言わせている。「さあ、アメリカに出発だぞ。それがどこにあるのかなんて知らん。遠いってことは確かだ。」

一八五〇年代より前は、故郷をひきはらってアメリカに渡る人たちが乗るのはほとんど帆船であり、しかも郵便船を移民輸送用に改造したものが多かった。だが一八六〇年代には蒸気船が普通になっていた。もっとも、帆船であれ蒸気船であれ、大西洋を渡るのは、生きるか死ぬかの長く恐ろしい旅であった。

圧倒的多数は貧しくて、一等船室はもちろん、二等船室の切符も買えなかった。代わりに彼らがつめこまれたのは、甲板から最も離れた、うす暗くて湿気の多い最下等の三等船室だった。その船室について、米国移民委員会はウィリアム・H・タフト大統領に提出した報告書（一九一一年）で触れ、控えめに言っても背筋が寒くなるような状態だったとして、次のように記している。

「船酔いによる嘔吐、不潔な体から発する臭い、食べ物の腐ったにおい、トイレのすさまじい悪臭、三等船室の空気はこれらが渾然一体となり、人間はここまで耐えることができるのかと驚くほどである。」また、こうも記している。「移民の多くは旅のあいだ、ほとんど寝台に横たわったまま過ごす。空気が悪くて頭がぼんやりしてしまうのだ。食あたりも珍しくない。……この中でひとりだけ清潔を保とうとしても不可能である。あまりにもつめこまれているせいで、状況は悪化するばかりである。」

移民たちをさらに惨めにしたのは、大西洋の旅につきものだった猛烈な嵐である。バルカン半島出身のある移民は、千人近くも蒸気船につめこまれて嵐にあったことを思い出す。「暗闇が吠え声をあげ、波は山のように高く、白い波がしらが怒り狂う竜のようになって、くるくる回る船に突進してきた。」（『エリス島オーラル・ヒストリー・プロジェクト（*Ellis Island Oral History Project*）』）

また、若いアイルランド系移民バーサ・デヴリンも、おぞましい体験を思い出す。「私は船酔いして惨めな気持ちでした。まわりじゅう酔っていましたよ。あのぼろい船のことは思い出したくもなかったわ。ある晩、波がどんどん激しくなるので、どうか嵐がおさまりますようにと、お祈りしました。あんまり具合が悪かったので、嵐がどうなろうが気にしていられないほどだったけど。ほかのみんなも同じでしたよ。」

希望の島、涙の島

移民の波が押し寄せるようになった最初のころから、アメリカの大きな玄関口といえばニューヨークだった。一八五五年までは、上陸すれば検査も規制もされず自由に入れた。だが、アイルランド系移民がジャガイモ飢饉を逃れて大挙してやってきたとき、大多数はニューヨーク港から上陸したのだが、ニューヨーク州もニューヨーク市も、先住民が「外国人」に汚染されないよう、なんらかの手を打つ必要があると認識していた。その結果、マンハッタンの先端のキャッスル・ガーデンに入国管理所《デポ》を設置した。一八五五〜九〇年のあいだ、約八〇〇万人の移民（新来者のほぼ七割）がここで審査を受けた。だが一八九〇年、依然として増え続ける入国希望者にその小さな施設では対応しきれなくなると、連邦政府は対策を講じ、エリス島に巨大な出入国管理局を開設して管轄下においた。ここで一二〇〇万人以上の移民が心身の検査や法的審査を受け、アメリカ入国にふさわしいかどうか、また（よくあることだったが）次の船で故国に送還されてしまうかどうかが決定された。

アメリカ合衆国の法律は、入国を認めない人間についてははっきりしていた。一八七五年、売春婦と囚人（ただし政治犯として告発されている人は除く）と「クーリー」（中国人の契約労働者）の入国を禁止する法律が可決された。一八八二年の〈移民法〉では、「狂人」（精神障害者）と「生活保護者」（非常に貧乏な人）も禁止リストに追加された。また一八八二年には〈中国人排斥法〉が――労働者の移民には十年の猶予が与えられたが――通過した。三年後、〈外国人契約労働者法〉が契約労働者を閉め出した。（プロの歌手や俳優、芸術家、教師、聖職者、家政婦など、何か熟練した専門技術を持つ人は例外だった。）そして、一八九一年には一八八二年の移民法が改正され、特に「忌まわしい病気や危険な伝染病にかかっている人」や一夫多妻主義者、その他「不道徳行為」で告訴されている人が除外された。

島の入口を通過した何百万もの人びとにとって、エリス島で経験したことは困惑と恐怖そのものだった。ほとんどの人は英語が話せず、何が起こっているのか知るのにも、激務に疲れた通訳に頼らなければならない。制服姿の検査官たちを見ると、とくに恐怖感がつのった。「検査官の姿にはぞっとしました」とポーランド系移民のルイス・セイジは言う。「祖国からはるばるやってきたのは、私たちの生活をめちゃめちゃにした制服姿の連中から逃げるためでしたから。」そして、審査に落ちたら、せっかく逃げ出してきた地獄にまた送り還されてしまうという切実な恐怖が頭から離れなかった。

審査の最初は健康診断である。健康上の問題でアメリカで職探しができない者や、社会的に負担になる者を排除するのが目的だった。医師は、肉体的な奇形や歩行困難、息切れなど、見て明らかにわかる検査から始めた。だが、最も忘れがたい検査は目の検査だった。移民たちの中には、トラコーマという眼病が南ヨーロッパから東ヨーロッパにかけて数年間流行したころに生まれた人が多かった。当時はまだ伝染しやすいうえに、失明にいたる場合も多かったので、出入国管理局は特に警戒していたのだ。出入国管理局の長官は年次報告書（一八九五年）の中で、仮にトラコーマが移民を介して米国に入ったとすると、将来アメリカ人は皆「盲目」になり、米国は「世界中の国の病院」になってしまうと警告していたほどであった。

健康診断がすむと、エリス島のさらに別の巨大な登録所に集められ、精神異常や神経症など、精神障害の兆候を発見するテストを受けさせられた。「質問はとても簡単だったし、パズルもやさしかった。でも隣りにいたやつは哀れなほどまごまごしていたから、あの恐ろしい関所を通過できるんだろうかと心配したよ」

移民たちで埋めつくされた蒸気船《パトリシア》の甲板。1906 年 12 月、アメリカに向かう遠洋定期船で海洋写真家エドウィン・レヴィックが撮影した。「移民は皆受け入れればいい」と、哲学者であり作家でもあるラルフ・ウォルドー・エマソンは 1845 年の日記に書いている（没後、『エマソンの日記』として出版された）。「アイルランド人、ドイツ人、スウェーデン人、ポーランド人……すべてのヨーロッパの民族のエネルギーが集まれば、新しい人種、新しい宗教、新しい国家、新しい文学が生まれるだろう。」

とスロヴァキア系の移民エイブラハム・クレイムズは回想する。イギリスからの移民フローレンス・ノリスは、心理テストに対する受け止め方が違う。「(検査官は)ばかな質問ばかりしました。だって私にアメリカのことを聞くんですよ。アメリカについて全部知っているかどうか。私は何も知りませんでした。」(『エリス島オーラル・ヒストリー・プロジェクト』)

大方は恐怖と不安でいっぱいだったが、一方では、質問されるや、はるばる故郷から保ってきた気力がくじかれそうになった人もいた。ポーランド系のポーリン・ノトコフは次のように回想する。「私たちがされた質問は、『二+一はいくつですか? 二+二はいくつですか?』でした」(『エリス島オーラル・ヒストリー・プロジェクト』)。「隣りにいた同じポーランド系の女の子は『階段は上から掃除しますか、下から掃除しますか?』と聞かれて『私はアメリカに階段の掃除にきたんじゃありません』と答えていたわ。」

困惑した人も反発した人も、ほとんどの移民は心理テストをなんとか切り抜けたが、最後に待っていたのが最大の難関、法的な審査だった。落とし穴が多く、ここでアメリカ入りを拒否される例が一番多いのだ。検査官は一連の質問を始める……お名前は? どこに行きますか? アメリカに親戚はいますか? 仕事の予定はありますか? 前科はありますか? 無政府主義者ですか? 一夫多妻主義者ですか?

このような質問を三〇人ごとに二分弱というスピードでこなし、終わると法律の検査官が各自の審査に入る。入国を許されるには、少なくとも二五米ドルを所持していなければならなかった。ほとんどの人は前もって聞いていて、この必要不可欠の現金だけは服のどこかにしっかりしまいこんでいた。薄情なようだが、現金を持っていないと入国を断られた。だが、ここでもエリス島にまつわる伝説が生まれた。アメリカ入国を許されたあと何年もたってから、当時の打ち明け話をする人もいる。自分の所持金を証明したあと、行列

1886年10月28日、大勢の人がニューヨーク港の蒸気船に乗って、自由の女神像の除幕式を祝った。女神像は船の煙突から出る煙や開会の花火で華々しく彩られた。写真は蒸気船《パトロール》から撮影したもの。

移民にとって、自由の女神の姿はアメリカに着いたことを最初に実感させてくれるものだった。『エリス島オーラル・ヒストリー・プロジェクト』には、この瞬間にまつわる思い出話が多い。あるイタリア系移民はこう語る。「自由の女神の大きさに圧倒され、みんな黙っていました。自分たちの新しい祖国となる強大な国のシンボルだと知っていたからです。」一方、まったく知らない者もいた。ドイツ系移民のエステル・ミラーは回想する。「ニューヨーク港に着いて弟たちと女神像を見に出かけたとき、『あれがコロンブスだよ』と言っている人がいました。」この版画は1887年7月2日、『フランク・レスリーズ・イラストレイテッド・ニュース』に掲載された。

自由の女神

　移民たちがニューヨーク港に入ってまず驚いたのは、たいまつを片手で高く掲げて堂々とそびえ立つ女性像である。自由の女神像はフランス国民からアメリカ国民に贈られた、自由主義に対する誓いのシンボルであった。作者のフランスの彫刻家F・A・バルトルディがつけた正式名称は「世界を照らす自由」である。高さ65フィート（19.8メートル）の基盤の上に89フィート（27メートル）の台座があり、その上に151フィート1インチ（約46メートル）の像が立っている。1886年10月28日に除幕式がおこなわれた。

女神像は船で運ばれ、ニューヨーク港に設置される前、一部分だけほかの場所で展示された。この立体写真は最初に完成したたいまつと腕の部分で、フィラデルフィアで1876年におこなわれた100周年記念祭の呼び物となった。

バルトルディは高名なフランスの技師ギュスターヴ・エッフェルの援助を受け、12年かけて完成させた。フランスで仮組みされたものを分解し、214個の巨大な木箱に入れてニューヨークに送った。この銅版画は1884年1月19日の『ハーパーズ・ウィークリー』の記事の挿絵で、足場がはずされる前の完成間近の女神像。分解する前にいったんフランスで展示され、人びとの称賛を呼んだ。女神は1884年6月に完成し、1年後にニューヨークに到着した。

右：エリス島の施設の戸口に立つロシア系移民（R・F・ターンブル撮影、1895年前後）。ルイス・セージは回想する。「あそこで何が待っているのか見当もつきませんでした。わかっていたのは、アメリカに入るにはあそこに行くしかないということでした。」

左：この日付のない写真は、長旅の途中、エリス島で入国審査を受ける移民一家の待ちくたびれた表情をとらえている。父親がかついでいる荷物が一家の全財産だ。

エリス島の待合所は、不安で途方にくれた表情であふれかえった。自分たちがこれから先どうなるのかまったくわからなかったし、ほとんどの人は英語を話せなかった。

上：キャッスル・ガーデンに着いて登録をする移民たちの混乱した様子。1866 年 1 月 20 日の『フランク・レスリーズ・イラストレイテッド・ニュース』に登場した。

右：キャッスル・ガーデンと呼ばれる中央手前の大きな丸い建物）はもともと 1812 年の米英戦争の際にニューヨーク港を守る砦として造られたが、1855 年 8 月 1 日から 1890 年 4 月 18 日までは入国管理所となった。1824 年に文化センターや住宅つき歌劇場や劇場になり、1896 年には最初のニューヨーク水族館になった。城（米国の国立公園制度の一部）は、1946 年国定史跡になった。城とニューヨーク港を見渡すこの鳥瞰図は、1892 年頃、連邦政府がエリス島を整備した数年後、カーリア・アンド・アイヴズによって刊行された。エリス島は自由の女神像の右下の黄色い建物がある小さな島である。

“質問はとても簡単だったし、パズルもやさしかった。でも隣りにいたやつは哀れなほどまごまごしていたから、あの恐ろしい関所を通過できるんだろうかと心配したよ。”

――スロヴァキア系移民エイブラハム・クレイムズ

のうしろに戻るときに、所持金のない人にこっそり渡していたのだという。「確かにそうでした」とロシア系移民のシャーマン・バーガーは、一九五〇年のインタビューで語っている。「誰かの二五ドルが移民たちの手から手へと渡されていって、持っていない人を救ったのです。すばやく渡すわざが必要でしたよ。」

意外なようでもあるが、法的審査の中で最も破壊力を秘めた質問は、「あなたは米国で仕事がありますか」という素朴な質問だった。一八八五年の〈外国人契約労働者法〉は、〈労働騎士団〉のような組合労働者のグループの圧力により、大多数の票を得て通過した。彼らは、アメリカで生まれ育ったアメリカ人の仕事が移民に奪われるのを阻止しようとしていた。組合労働者のおもなターゲットは、大西洋渡航費の支払いが済んでいることを条件にアメリカの雇用主と雇用契約を交わした外国人である。

この法律は、ただでさえ混乱している移民たちをますます混乱させた。検査官に自分は仕事に就けそうもないと思われたら、入国を拒否されかねない。ただ、雇用者と交わした契約書があることを示したら、やはり拒否されるかもしれない。

多くの人は祖国を出る前、このような矛盾があることを聞かされていた。また、「お前を待っている仕事なんてないよ。自分の道は自分で稼ぐんだ」と警告もされていた。だが、移民たちの中には、その意味がよくわからない者もいたし、わかった者も、そうする理由がないうちは説得力を感じられなかった。だがその結果として、自分には仕事が待っていると楽観し、自分だけはなんとかなるだろうと思っていた何千

日付のないこの写真は、移民たちが緊張して審査の順番を待っているところ。アイルランド系のソフィー・コナングトンはこう語る。「自分の名前が呼ばれているのに気付かなかったらどうしようと、それが一番不安でした。そうしたらあの建物から二度と出られなかったでしょう。」(『エリス島オーラル・ヒストリー・プロジェクト』)

出入国管理局で、付き添いのいない女性には入国許可がおりないことを伝えている。何千もの女性たちが、男性の親類か身元引受人に出頭して保証してもらうまで、時には1年も待たされた。

エリス島の審査官がトラコーマの検査をしている（1907年）。審査官や医師たちには過酷な仕事だった。忍耐強く同情的に対処しようと努めたが、米国出入国管理局の通訳フランク・マルトッチや法務官たちは「押しよせる人波にうんざりしてしまうこともよくあった」という（『エリス島オーラル・ヒストリー・プロジェクト』）。

エリス島で最も悲惨な場所は留置所だ。審査を通らなかった移民はここで強制送還されるのを待つ。この写真（1902年）は、強制送還される人びとが屋上に出て外の空気を吸っている。長旅を始めた出発点に強制送還された人びとについて、エリス島の長官（1923～26）だったヘンリー・H・カランは自叙伝『あてどなく（*From Pillar to Post*）』（1941）に書いている。「私には彼らが去っていくのを見守る以外できなかった。来る日も来る日もフェリーで連れ戻されていく。蒸気船に戻され、大西洋に戻され、その先はどこだったのだろう。」

圧倒的大多数は審査を通り、入国を許された。エリス島の施設から解放されると、この一家のように期待と少なからぬ不安を胸に、ニューヨーク市行きのフェリーを待つ。

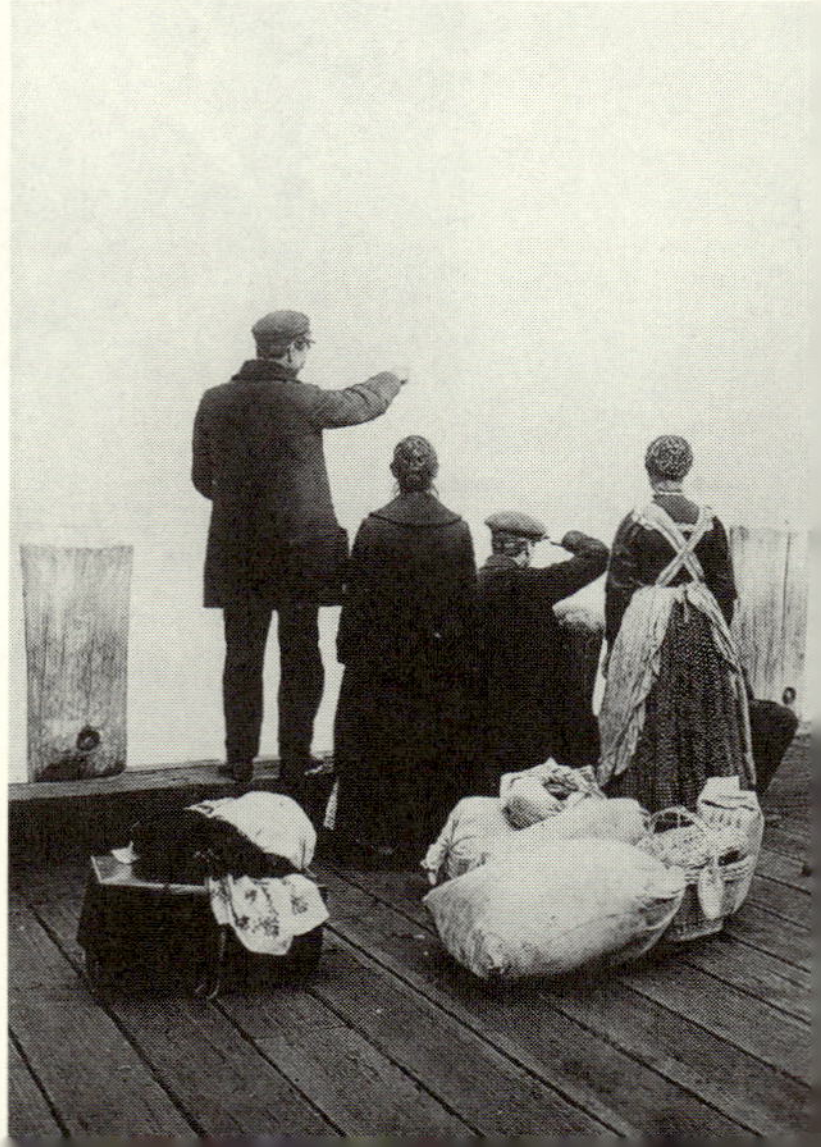

もの移民たちは、逃げ出してきた祖国へとすぐに送還されてしまった。

最終的には、エリス島を通過した移民たちの九八パーセントは米国入国を認められた。入国を拒まれた二パーセントは一見、取るに足らないようにみえるが、パーセンテージというものは誤解をまねきやすい。審査を受けた移民が一〇〇〇万人だとすると二パーセントは二〇万人以上になり、それほど大勢の人にとって、希望の島ではなく涙の島となったのだ。

入国管理所《デポ》の閉鎖から数年後、そこを国の名所旧跡として復旧する工事が始まったとき、作業員が、塗り重なったペンキの合い間に、厳しい入国審査を通過した人が書いた文字を見つけたのも不思議ではない。それはこう書いてあった。「なぜ地獄の火責めに遭わなければいけないのか？　私はエリス島の苦しみを生き抜いた。」

いざアメリカの中へ

移民たちは危険な大西洋を渡り、エリス島の試練を乗り越えることができたが、今度は最大の課題が行く手を阻んでいた。『移民：新しいアメリカ人』によると、何百万という移民のうち、ニューヨークに落ち着いたのは三分の一にのぼる。彼らのほとんどは大都市に行ったことがなかった。まして世界最大の都市のことだ。エリス島からフェリーに乗って、人であふれる大都会に降りたった瞬間から、移民たちは出会うものすべてに衝撃を受けた。

「ビルを見て呆気にとられたものです。」リリアン・バーガーは一九五〇年のインタビューで当時を思い出す。「山のように見えました。本当にあの中で人間が暮らしたり働いたりしているのかしらと思いました。

それと橋。あの上には片脚だけでも怖くて乗せられませんでした。一番驚いたのは騒音でしょうか。トラックがキーッと音をたてて通りのまん中を突っ走っていくのです。それから人ごみですね。歩いていても人とぶつかりそうでしたから。」

さらに大きな衝撃が彼らを待ちかまえていた。移民たちの多くは非常に貧しかったため、雑居ビルを間借りするしかなかったが、そのビルは毎日移民が大挙してやってくるのをいいことに、あこぎな地主が建てたものだった。そのようなビルはテネメント（安アパート）と呼ばれ、なるべく大勢をつめこむようにできているので、五階建てから七階建てくらいのものが典型的で、次から次へ、ブロックからブロックへと建てられていった。細かく仕切られた部屋は、広くても三・三メートル四方しかなく、暗く殺伐としたビルは、どれも最高三二もの家族を収容した。『移民：新しいアメリカ人』によると、一八九〇年代までに、三万九一三八棟あるテネメントに一三三万五〇〇〇人が住み、ニューヨークの移民地区は世界一の人口過密地となっていた。

移民たちにとって、テネメントは、それまで信じていたアメリカ生活と似ても似つかないものだった。貧乏な点では祖国と変わりないし、逃げ出してきた農村のほうは木々の緑、新鮮な空気、それに太陽の光があふれていた。ロシア系移民の若者アンズィア・イェズィールスカは、ニューヨークシティのロア・イーストサイドのテネメントに家族で入居した。イェズィールスカはテネメントを脱出して作家になることができたが、著書『飢えた心（*Hungry Hearts*）』（一九二〇）の中で、困難だった子供時代を回想している。

「またもや私の身に影が覆いかぶさってきた。アメリカで得たのは日の当らない部屋。寝るため、食べるため、料理するための部屋。人びとを閉め出すドア、日光をさえぎるドア。幸せになるために、私は太陽が

移民たちは祖国で大都市の中心に行ったことがなく、ほとんどは路面電車も見たことがなかった。ニューヨークの巨大なビル群には誰もが息をのんだ。移民のリリアン・ベルガーは当時の興奮を思い出す。「まったく別世界でした。自分がそこに行くなんて想像もできなかったわ。」写真は 1900 年前後のもの。デイ・ストリートからにぎやかなブロードウェイを臨む。

ニューヨークのテネメントにいるイタリア系の母親と赤ん坊。デンマーク系アメリカ人の草分け的なフォトジャーナリストであり社会改革者でもあったジェイコブ・リースが1890年頃撮影。リースの最初の著書『もうひとつの社会（*How the Other Half Lives*)』(1890) は、テネメントやスラムの状況を社会に伝え、のちに住宅改良運動を促すきっかけとなった。この写真は出版後まもなく再版されたときにつくられた複製品である。技術に限界があったため、リースの写真や小さくぼんやりしたハーフトーンの複製品を模倣した版画が多く含まれていた。

移民にとって救いだったのは、移民の生活状況に衝撃を受け、福祉に関心をもつ個人と社会があったことだ。ラドロウ・ストリートのテネメントの地下室で安息日を過ごすユダヤ系移民。撮影したリースもデンマークからの移民である。

リースの撮影によるこの象徴的な1枚は、1899年頃、ラドロウ・ストリートのテネメントの「搾取工場」で移民たちが縫製作業をしている様子である。「私たちはやらなければならないことをやりました」とルイス・セージは回想する。「私たちは数百万人もいたので、はい上がるには必死で働くしかなかったのです」

上：ニューヨーク市の歩道でゲームをする少年たち。1908 ～ 15 年頃の写真。

左：家の裏の瓦礫の散らばる「庭」で遊ぶ子供たち（1912 年 2 月）。撮影したルイス・ハインは、1904 年、ニューヨーク市で設立された児童労働の撤廃を求める全米児童労働委員会（NCLC）所属の写真家として高く評価されている。ハインの写真は児童労働を禁止する流れに影響を与えたが、全米児童労働委員会は公正労働基準法が可決される 1938 年まで順調ではなかった。その年以来、雇用の最低年齢と労働時間が連邦法によって定められた。

右：1912 年 3 月、ハインが撮影したエリザベス・ストリートのテネメント。ここには多くの家族連れが住み、子供たちは両親と一緒に、衣類産業の最終加工作業に携わっていた。

左上から時計回りに：
左上：アパートの台所で靴下止めを作るユダヤ人一家。
右上：トンプソン・ストリートの狭い屋根裏に住むセルー一家は、造りものの葉をつくっている。
右下：ボストンのアパートの玄関先で、近所の人たちが家族で値札をつくっている（ほとんどは子供）。
左下：コットーネ一家が仕立ての仕上げ作業をしている。多いときは週に２ドル稼ぐ。

ないとだめなのだろうか？　アメリカのどこに私の遊び場はあっただろう？　裏道を見おろすと、青白い顔の子供たちがどん底からはい上がろうとしている。『どこがアメリカよ？』心が叫ぶ。」

　夢を追いかけるスタート地点として、これほど困難な環境はなかっただろう。だが、移民体験談は、人びとの心に最も訴えかける話のひとつになっていった。移民のほとんどは、むさ苦しい生活環境や、アメリカ生まれのアメリカ人からよく受けたいやがらせなど、数え切れないほどの差別や苦労を乗り越えた。彼らは生き残るためなら、そして子供たちによりよい生活をさせてやるためなら、何で

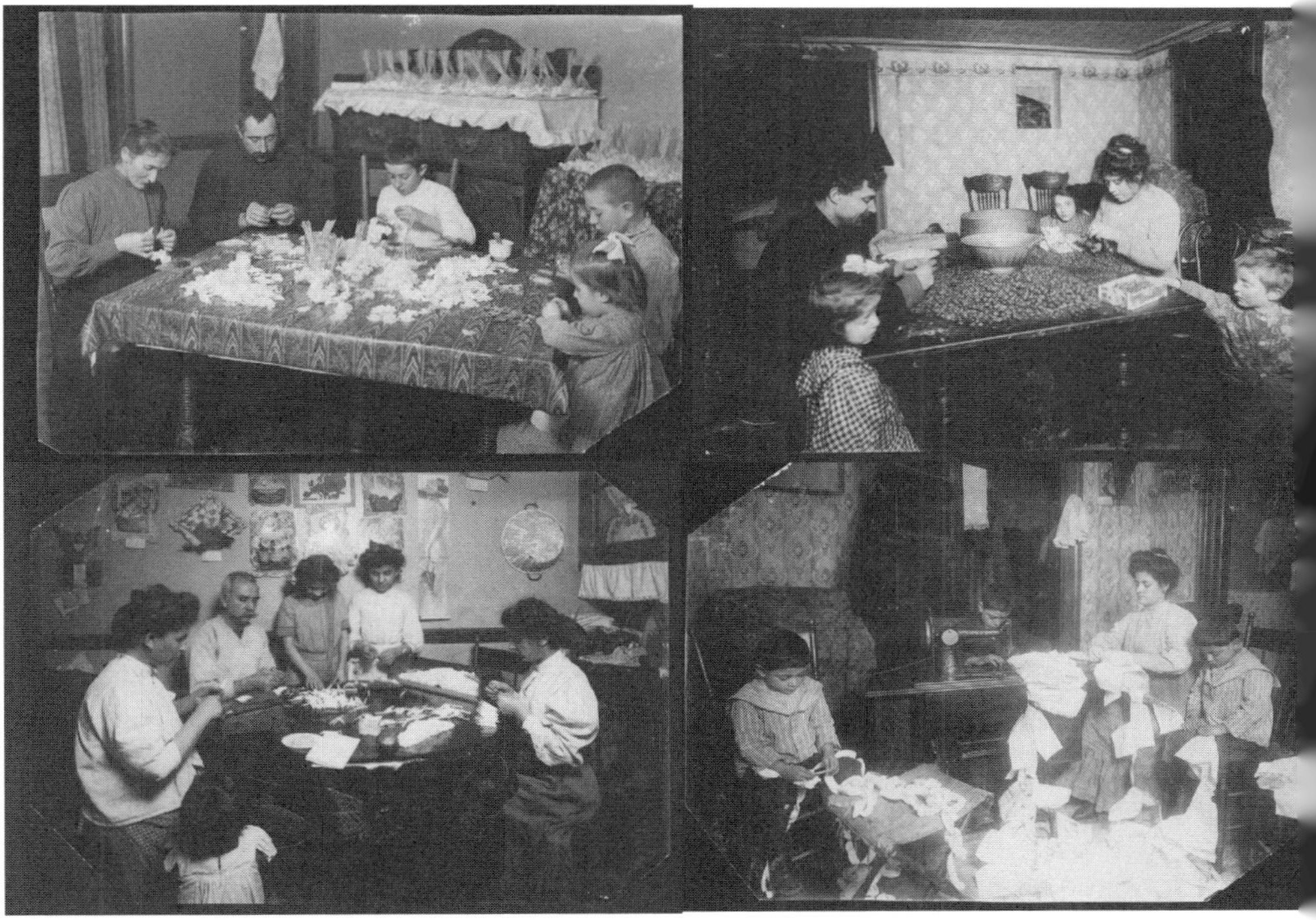

ハインはニューヨークをはじめ米国の各地を旅し、働く子供たちを撮影した。写真はどれも家庭内の搾取工場で働く家族を写した作品である。（すべて 1908 ～ 12 年に撮影）。イタリア系移民のステファノ・ヴィラーニは『エリス島オーラル・ヒストリー・プロジェクト』でこう述べている。「長く単調な重労働でしたが、私たちはやりました。たった６歳だったジョゼフも一緒に。私たちには、なんとかやり抜いて子供にはましな人生を与えてやりたいという覚悟がありました。」

左上から時計回りに：
左上：ニューヨークのサリヴァン・ストリートに住むマレスター家が食卓で、１グロス６セントの造花を作っている。男の子は学校から戻ると夜 11 時まで働き、土曜日も働く。
右上：ロマナー家は、トンプソン・ストリートで人形のドレスを作っている。
右下：汚れた地階の部屋でナッツを選別している一家。
左下：家でタバコを巻いている一家。

もした。

何千もの移民たちが、ニューヨークの衣類産業の集積地区にある、搾取工場として悪名高い小さな工場で、最低賃金で長時間、身を粉にして働いた。また中には、ささやかな生活費をやりくりして定員オーバーのテネメントの部屋を「家庭内工場」につくり変える者もいた。そこで、家族総出

テキサス州デニソンのハンドル工場で危険なボーリングマシンを動かす少年（1913年、ハインの撮影）。機械の事故で怪我をした手は、このときまだ治りきっていなかった。

1913年、ハインが撮影。サウスカロライナ州ブラフトンの缶詰工場で働く子供たち。手前の7歳の少女は、1日に3壺分のカキの殻を開ける。

朝5時、ピッツバーグのガラス工場に働きに出かける2人の少年。ハイン撮影（1913年）。

労働と人間らしさ

19世紀後半に何百万もの移民たちがアメリカに渡ったのは、ちょうど産業の転換期と重なっていた。多くの人は輝かしい新世界に歩み出す矢先に起きたことを歓迎したが、技術者であり歴史家でもあるルイス・マンフォードのように、違った見方をする者もいた。マンフォードは著書『機械の神話』(1967～70年)でこう述べている。「西洋社会は、テクノロジーを原始的なタブーと同じくらい避けられぬものとして、疑う余地なく受け入れたが、つまり、発明を促進し、つねに新機軸の技術を生み出さなければならないだけでなく、そうした新機軸に対し無条件に屈しなければならないということも受け入れたのだが、それはひとえに、人間らしさの重要性を顧みることなく与えられたせいによる。」

マンフォードはよく理解していた。実際、人びとは産業発展に対し代償を払うことになったのだ。アメリカの工場や鉱山を見ると、そのことがはっきりわかる。貪欲なまでの労働需要と移民たちの経済的破綻が組み合わさったことで、10歳にも満たない子供たちをフルタイムで働かせることになったのである。

繊維工場で危険な機械を操作する子供たち。

ハインの付けた見出しは「搬入作業をする少年ビル……1日か1晩働いて80セント」(1908年)。ビルはインディアナ州マリオンのガラス工場で働いていた。

児童労働が最初におこなわれたのはアメリカではなく、産業革命が産声をあげたころ、リチャード・アークライトが最初に建てた工場であった。米国で産業主義が一世を風靡するころになると、写真家たち(特に改革者ハイン)は、このような憂うべき情景を次々とらえることになった。

この写真（1911 年）にハインは「昼休みの少年炭鉱夫たち。ペンシルヴェニア州サウスピッツトンのペンシルヴェニア石炭会社イーウェンにて」という見出しを付けた。ハインは 11 歳以下の少年が何人もいると書き添えている。

上：ボストンにあるワシントン・スクールで綴りの授業を受ける移民の子供たち。撮影はハイン（1909 年）。

右：リースの撮影による傑作（1892 年頃）。移民の子供たちがニューヨーク市のモット・ストリート実業学校で新しい祖国の国旗に忠誠を誓っている。この誓いを最初に暗唱したのは 1892 年、エリス島が門戸を開いた年であった。無料の公共教育によって移民の子供たちが親たちより新しい土地に適応していくことについて、『ジューイッシュ・デイリー・フォワード』紙のコラムニストは「アメリカでは子供が親を養い育てる」と評した。

で服を縫ったり、安物の宝飾品や造花をつくったり、葉巻を巻いたりしたのだ。彼らがアメリカに来たとき、簡単に金持ちになれるという話で頭はいっぱいだった。『物語：イタリア系アメリカ人の歩んだ五〇〇年』の中で、あるイタリア系移民はこう弁解する。

「祖国では、アメリカは豊かですばらしいところだと聞いていました。大通りに金《きん》が落ちているくらい豊かだとね。私はそれを信じたのです。」

だが、ほどなくして現実が見えてきた。もうひとりの移民はこう回想する。「大通りは金で舗装されていると思っていました。でもほとんどは舗装もされていません。私たちが舗装したのです」（パメラ・リーヴズ著『エリス島：夢への玄関（*Ellis Island: Gateway to a Dream*）』一九九一年）。

移民たちは悪条件をいとわず死にものぐるいで働いた。そして子供たちにもっと良い将来を与えてやるための最良の方法を見つけた。「移民の子供たちにとって、公立の学校はアメリカ精神のふところに向かって開かれた扉そのものでした」とハワード・B・グロースは著書『外国人とアメリカ人のはざまで（*Aliens or Americans?*）』（一九〇六年）で述べている。移民たちの出身国には無料の公立学校などほとんどなく、一般家庭では子供たちを学校にやれなかったが、アメリカではすべての人に教育の場が開かれていた。

「路地の奥から出てきた少女が、学校に行こうと言った」と、メアリー・アンティンは『約束の地』で書いている。「それまで見かけたことのない、名前もきちんと言えなかったような子が、教育を受ける自由を申し出たのだ。入学願書は必要ないし審査もなし、試験もなし、学費も無料。扉は私たちひとりひとりに開かれていた。最も幼い子が私たちに道を示してくれたのだ。」

子供たちが学校に通い、英語だけでなくアメリカ式の考え方を身につけるようになると、おかしな現象が

上：ニューヨークでは大西洋を渡ってきた旧世界の痕跡があちこちで見られる。このトルコ帽をかぶった人は飾り付けた湯沸かし器（サモワール）のようなものを持ち運び、シリア風の街並みの中で飲み物を売っている（1910年頃の写真）。

左：ニューヨークやサンフランシスコのように大量の中国系移民がいる都市は、個性的な建築ですぐ居住区の見分けがつく（1929年頃）。

近所づきあい

　ニューヨークを新しい故郷に決めた多くの移民グループは互いに寄り集まって住みついたので、いろいろな意味でアメリカというよりヨーロッパに似ていた。1910年までに、ユダヤ系の作家アルフレッド・カザンはニューヨークの「リヴィングトン・ストリートはミンスクの郊外のようだ」と書いている。到着したばかりのあるアイルランド系移民は、近所に同郷人が何人もいるのを知り、「あらゆる点でアイルランドのコークのようだった」と語った（『移民：新しいアメリカ人』）。ジェイコブ・リースも『もうひとつの社会』（1890年）で、ニューヨークのイーストサイドは「黄金期のエルサレムに似ている」と述べている。ニューヨークだけでなく、ほかの都市でも同じだった。どこでも、同じ民族がある程度集まると必ず母国語の新聞が発行された。1917年までに1300を超える新聞が世に出た。

上：ニューヨークの民族の居住地域はどこであれ、旧世界から新世界に持ち込まれた音、匂い、食べ物をはじめさまざまな物産で活気があった。写真は1907年頃、ロアー・イーストサイドのユダヤ人街の青空市場。

下：ニューヨークのロアー・イーストサイドにあるシナゴーグ（ユダヤの教会堂）の前に立つユダヤ系移民。『移民：新しいアメリカ人』（1999年）によると、ある移民がこう尋ねたという。「これが私たちが探していたアメリカなのか？　それとも、ユダヤ人街の端から端へぐるりとひと周りしただけなのだろうか？」

ニューヨークのマルベリー・ストリートの活気あるイタリア系の露天市場（1905年頃撮影）。

通りは移民たちがむさ苦しいテネメントから一時避難できる場所であり、噂話、特に旧世界の情報を交換する場所だった。ニューヨークのいわゆるリトル・イタリーに住むこの女性たちは、近所の勇気あるリーダー格の人物が1908年に始めた家賃不払いのストについて話し合っている。

下：アメリカ大陸横断鉄道建設の初期は、労働者のほとんどがアイルランド系移民だった。鉄道が拡張するにつれ、旧世界の各地から来た移民たちが米国最大の雇用者のもとで働くようになったが、労働者の大多数を占めたのは中国からの移民だった。この写真はアンドルー・ラッセルの撮影で、1868 年のワイオミング州の鉄橋建設の様子。

上：デンマーク系、スウェーデン系、フィンランド系、ノルウェー系などの移民グループは自分たちの伝統的な農耕生活を選び、アメリカ平原に定住したが、さまざまな点で都市と変わらないほど多くの困難にぶつかった。写真はネブラスカ州カスター郡の家の芝生でポーズを取るシルヴェスター・ローディング一家。ソロモン・ブッチャーが 1886 年に撮った有名な作品である。牛は屋根の上で静かに餌を食んでいる。

下：1869 年 6 月 5 日の『ハーパーズ・ウィークリー』は《パシフィック鉄道》の完成、つまり《ユニオン・パシフィック鉄道》と《セントラル鉄道》の合流を祝う特集記事を載せた。

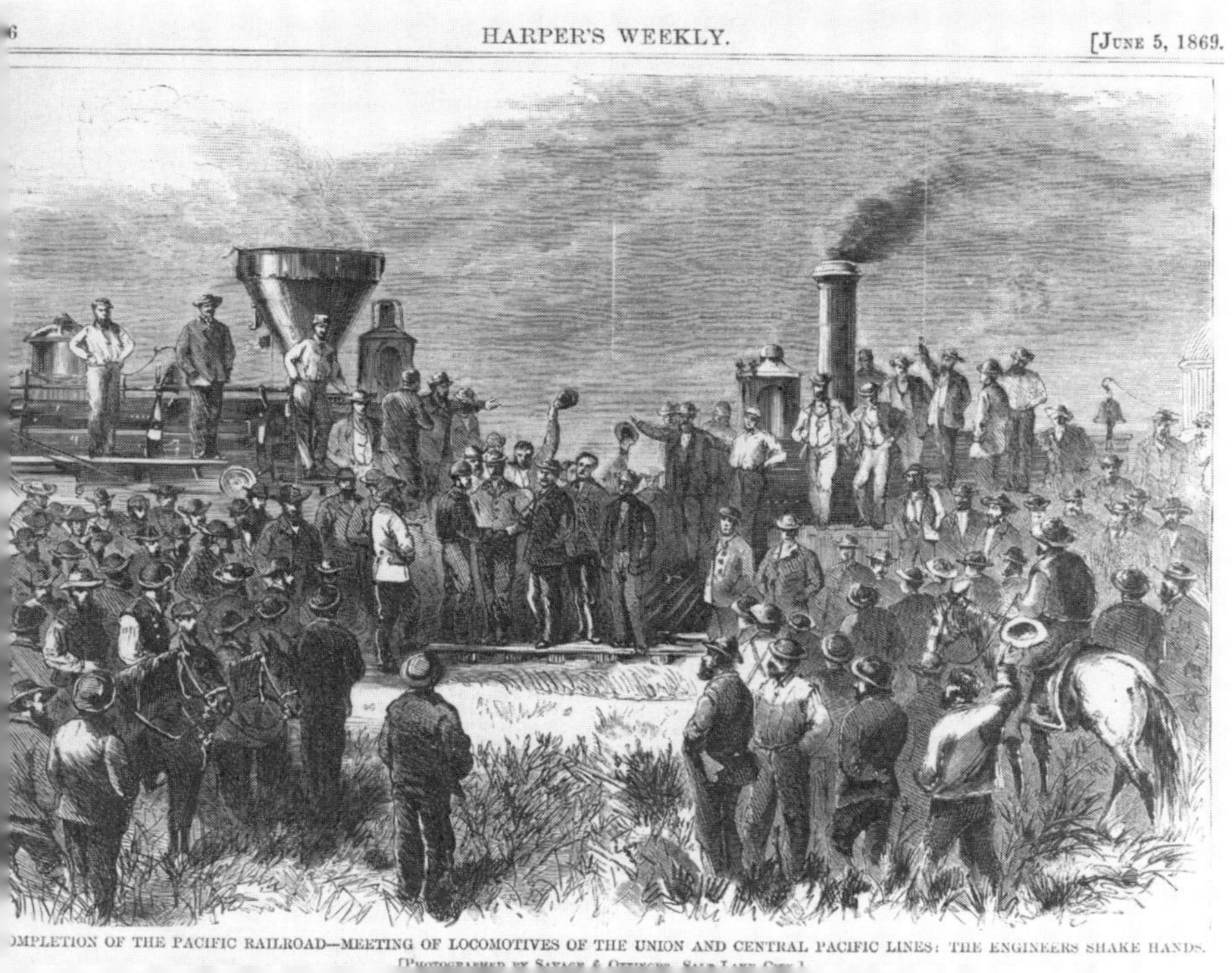

カーリア・アンド・アイヴズ社の図版（1847年）は、人びとをわくわくさせるような「アメリカの鉄道のある風景」を描いている（見出しにもそう書かれている）。

起きてきた。しだいに、親子の立場が逆転する家庭が増えてきたのだ。親たちは隣近所の枠を超えた他人や会社とわたり合うすべを知らず、親が対処しきれない責任を子供たちが引き受けるようになったのである。「私はよく石炭会社まで出かけていって、賃金に文句を言う役をさせられたものです」と、あるイタリア系の若い移民は言う（『物語：イタリア系アメリカ人の歩んだ五〇〇年』）。「家主と交渉するのも私の役目でした。私は請求書や契約書が読めたし、英語を話せましたから。実質的には子供の私が一家の大黒柱になっていったのです。」

ニューヨークを新たな故郷にした移民たちは、祖国の町から持ちこんだ言葉や食生活、伝統が異なる民族ごとに居住区をつくりだした。数百万もの移民たちは列車に乗ってアメリカ全土に散らばり、各地で自分た

20 世紀初頭の収穫脱穀機に乗った農夫の写真。歴史家オスカー・ハンドリンは『追放されて：アメリカ国民をつくった壮大な移民の物語（*The Uprooted: The Epic Story of the Great Migrations That Made the American People*）』（2002 年）の中で「一度アメリカの移民の話を書こうと思っていた」と述べている。「私はやがて、移民こそアメリカの物語そのものだということがわかってきた。大西洋を渡るほどの勇気を持ち、大きな壁を乗り越えた最初の開拓者の伝統を受けつぐことによって、19 世紀の移民たちは（かつて不毛だった大地を豊かな土壌に変えた最近の移民のように）、国家の建設に加わり、その過程でアメリカを国家の中の国家へと作り上げていったのだ。」

ちの民族居住地をつくった。たとえば、チェコ人やポーランド人はシカゴやクリーヴランドに、ギリシャ人はデトロイトやシカゴに、アルメニア人はロサンゼルスやボストンに、ウクライナ人はシカゴやピッツバーグにといった具合である。

何百万ものノルウェー系、スウェーデン系、デンマーク系、フィンランド系、ドイツ系、ロシア系の移民たちは米大陸を横断する途中で腹を決め、広大なアメリカ平原で新生活を始めた。彼らには共通点があった。旧世界で農民だったことだ。野良仕事はからだの一部で、田畑を耕すこと以外は何も知らない。また彼らには共通の夢があった。自分の土地を持つことで、これは母国ではかなわなかった憧れである。一八六二年に〈ホームステッド法〉を定めて以来、米国政府は、未開の土地に住みついて開墾する者にはその土地を無償で与えることにした。一九〇〇年までには、土地のほとんど（約三千万ヘクタール余り）に人びとが住みつくようになっていた。そのころ、米国西部に広大な土地を所有していた鉄道会社は、鉄道利用者数の伸びをもくろみ、土地の大半を二束三文でばらまいた。土地をもつことの魅力は、アメリカ合衆国が独立国家となる前から人びとのあいだにあった。フランス系アメリカ人の作家J・ヘクター・セント・ジョン・ドゥ・クレヴクールは著書『あるアメリカ農夫の手紙（*Letters from an American Farmer*）』（一七八二年）で「自分の土地をもてなかった多くのヨーロッパ人が、その幸せをつかむために大西洋を渡るのは無理もないことであった」と書いている。

ニューヨークの移民たちのように、農民の移民たちも、この国では勤勉こそが成功への道だと悟った。彼らはアメリカの大平原を世界の穀倉地帯に変えることによって応えることになる。

彼らの成功の背景には、産業革命によって多くの機械が発明されたことがある。またほかの地域にも数百万の移民がいたが、鉄道だけでなく、ちょうど米国を世界の大企業へと変貌させつつあった工場や鉱山、建設業界にとっても、移民たちの労働力はのどから手が出るほどほしかった。こうして彼らは、貴重な貢献を積みかさねていった。

一九一〇年になると、移民はアメリカの産業労働人口の半数を超えるようになった。ニューヨークの著名なサミュエル・マクミラン代議士は、一九〇八年、移民を擁護するスピーチをおこなった。「そもそも鉱山を掘ったのはだれでしょうか。大規模な製鉄業も建設業も、移民たちがいなかったらどうだったでしょう。……重労働の重荷を背負ってきたのは移民なのです。……偉大なるわが国の建設に最大限の貢献をしているのであります。」

移民の大波が最初の世界大戦によって中断させられるまで、さまざまな文化が、根の部分を故国に残して大西洋を渡り、またその先も形を変えられることになる。移民たちの背景には旧世界のさまざまな国々、階層、宗教的信念がある。十九世紀末の新聞が報道したように「ローマ帝国の野営地以来、アメリカで生まれた多様性に匹敵するものはない」（『自由：女神像とアメリカン・ドリーム』（*Liberty: The Statue and the American Dream*））。ハーマン・メルヴィルは著書『レッドバーン』（一八四九年）で「われわれは国家ではなく、まして世界ではない」と示唆に富む言葉を述べている。さらに正確にいえば、大西洋世界の発展における、もうひとつの大きな一歩なのだ。

“大西洋は我らが故郷である。”

——レナード・アウスウェイト『大西洋：ある大洋の歴史』（The Atlantic: A History of an Ocean（1957）

11

ゆるぎなき大西洋世界

20 世紀および 21 世紀

日没時、プロムナードデッキを散歩する北ドイツ・ロイド社の《ケーニヒ・アルベルト》の乗客（1905 年頃）。

右舷側から見た《カイザー・ヴィルヘルム・デア・グロッセ》全景と精巧な装飾がほどこされたその喫煙室（右）（1897年頃）。

1907年9月13日、リヴァプールからの処女航海を終えた《ルシタニア》を歓迎するためにニューヨーク市港の埠頭に集う着飾った群衆。

大型客船の広々としたデッキ（《オリンピック》と《タイタニック》のデッキは全長268メートル以上、全幅28メートル以上あった）では、散歩やジョギング、その他あらゆる種類の競技ができた。この写真は縄跳びをする子供を見守る英国郵船《モーリタニア》の乗客。

《オリンピック》の目玉は、3機のエレベーターと巨大で豪華な二等船室。《タイタニック》で生き残りオリンピックの一等女性客室係となったヴァイオレット・ジェソップは、《オリンピック》での体験を次のように記している。「すばらしい個室を通り抜けるたびにゾクゾクしたわ。いつも、それまでのどんな船の内装より完璧にしつらえていたの」（最近発見されたジェソップとジョン・マックストン・グレアム共著の回顧録『タイタニックからの生還』（*Titanic Survivor*, 1997. より）。この写真は一等のグランド・ダイニング・ルーム（1911～20年頃）。

《タイタニック》の姉妹船、《オリンピック》は、大西洋横断交易の主導権を握りたい英国のホワイト・スター・ラインがキュナード汽船の《ルシタニア》と《モーリタニア》に対抗して建造したもの。ベルファストの造船所で《タイタニック》と《オリンピック》は並べて同時に造られた《オリンピック》が先に完成した）ことがこの写真からわかる（1909年頃）。

1914年2月7日、パナマ運河通過の最初の航海で、驚異的な技術の結晶、人工の渓谷クレブラ・カット（現ゲイラード・カット）を行く汽船《パナマ》。

累積85万隻以上の船がパナマ運河を通過。国際船舶輸送の大動脈としての地位を確保している。貨物船が通過する標準所要時間は約9時間。毎年2億8000万トン以上の貨物がこの運河を通って輸送される。この写真はガトゥン閘門を通る船の様子（2000年）。

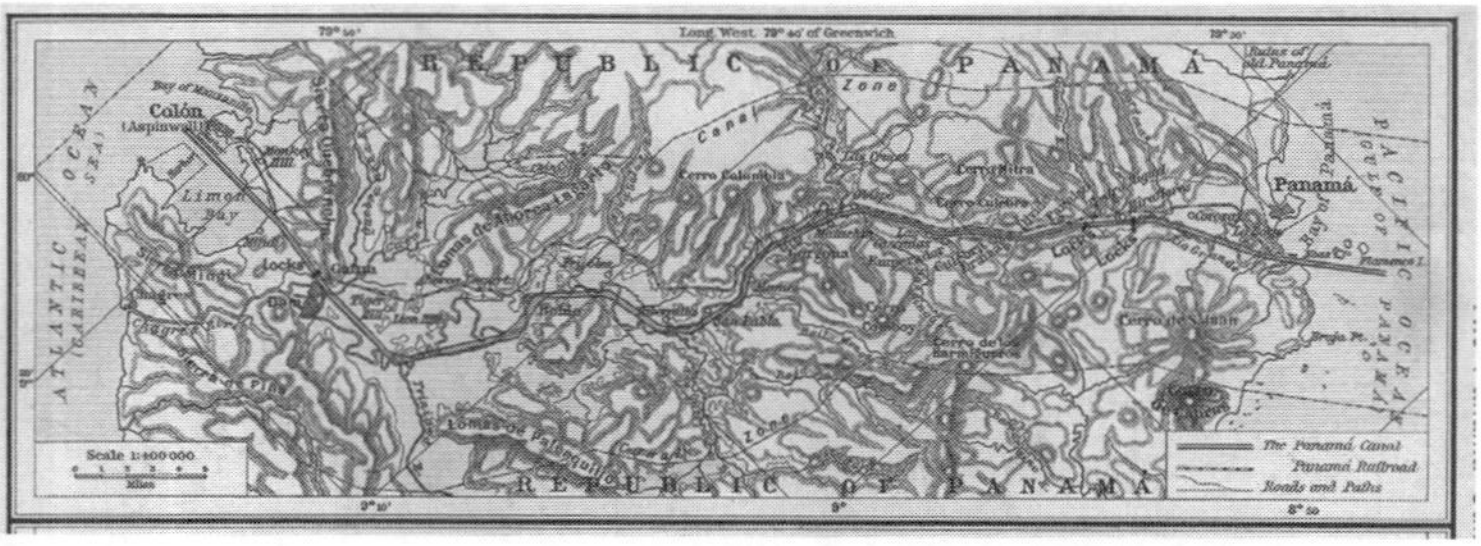

パナマ運河

20世紀初頭に起こったきわめて重要な発展として、大西洋世界の国家の船舶輸送能力を飛躍的に拡張させた大規模な建設計画がある。大西洋と太平洋を結び、マゼラン海峡あるいはより危険性の高いドレーク海峡経由の長い難航路を廃するパナマ地峡の運河開削は、1534年にスペイン王カルロス1世がエクアドルやペルーとの往復を楽にするための運河を提案して以来の願いであった。1881年、フランスの国際海洋運河会社がこの運河の建設を試みるが、ほぼ8年間でおよそ2万2000人の作業者が疫病で命を落とすという大困難を経て、17.7キロ掘り進めただけで計画を断念。アメリカがあとを引き継ぎ、セオドア・ルーズベルト大統領の確固たるリーダーシップの下、10年間の難工事——医学の進歩や予防策があったにもかかわらず5,609人の作業者が命を落としている——の末に、1914年、ついにパナマ運河が完成する。運河を自国のものと解していたパナマとアメリカ間で議論を呼びそうな関係が長期間続いたあと、1999年、アメリカは運河の管理権をパナマに引き渡した。

1904年6月4日の『ジャッジ』誌の表紙を飾ったマンガ。この号の特集はパナマ運河建設の立役者セオドア・ルーズベルト。「彼にふさわしき王冠」とのキャプション付きで、ルーズベルトが「現代における最大の交易偉業」と書かれた王冠をいただいている。運河実現への原動力となったものについて、ルーズベルトは『セオドア・ルーズベルト：自伝』(*Theodore Roosevelt: An Autobiography*)（1913年）でこう説明している。「バルボアがパナマ地峡を横断してからほぼ400年ものあいだ、地峡運河の建設についてかなりの交渉がなされてきた……が今のところ単なる話し合いで終わっている。そして誰かが決然と行動する覚悟をもたないかぎり、少なくともあと50年は話し合いに甘んじなければならないだろう。」

パナマ運河の壮大なガトゥン閘門の建設現場（1910年頃）。海抜約26メートルのガトゥン湖まで船を持ち上げるため、この閘門式運河には3組のコンクリート製チェンバーがある。

ウィリアム・R・シェパードの『歴史地図帳』（1923年）より。大西洋と太平洋を結ぶパナマ運河のルート図示（上）と運河の主要な閘門と運河沿いの町を示す図解。

"All the News That's Fit to Print."

The New York Times.

TITANIC SINKS FOUR HOURS AFTER HITTING ICEBERG;
866 RESCUED BY CARPATHIA, PROBABLY 1250 PERISH;
ISMAY SAFE, MRS. ASTOR MAYBE, NOTED NAMES MISSING

The Lost Titanic Being Towed Out of Belfast Harbor.

PARTIAL LIST OF THE SAVED.

CAPT. E. J. SMITH,

1912年4月16日の『ニューヨーク・タイムズ』第一面。《タイタニック》沈没のニュースが世界のトップ記事になった。世界最大の船が浸水したからだけでなく、乗客名簿に世界有数の資産家や著名人が名を連ねていたからである。大半が死亡した一等船室の乗客の中には、大西洋の両岸からの主要な実業家や鉄道の大立者、フランスやイギリスの王族、一流のジャーナリスト、作家、画家、航空界の先駆者、アメリカのサイレント映画スターなどがいた。

1985年9月、ウッズホール海洋学研究所の船《クノル》に乗った海洋学者ロバート・バラードが、発見困難であった念願の《タイタニック》難破船を発見する。この映像は、2003年6月、米国海洋大気庁（NOAA）とその海洋調査事務所が資金援助するロシアの学術調査船《アカデミック・ムスティスラフ・ケルディシュ》の沈没現場への特務航海より。この船は、6,000メートルの深さまで潜れる3人定員の潜水艇2隻（《ミール1》と《ミール2》）を装備していた（《タイタニック》沈没地点は3,800メートルの深さだった）。この、さびにおおわれた《タイタニック》の舳の驚くべき写真は、《ミール1》に搭載されたカメラが記録したもの。

タイタニック

1912年4月10日、英国郵船《タイタニック》が英国のサウサンプトンから処女航海に出たとき、フランスのシェルブールとアイルランドのクイーンズタウンへの寄港を予定して、ニューヨークへと向かっていた。ロバート・D・バラード著『大洋探検における冒険（*Adventures in Ocean Exploration*）』（2001年）によれば、《タイタニック》の乗客は、英国各紙が“過去最大の評判を呼んだ船”と称賛した豪華な船の旅を堪能する気でいた。この上なく小心者の乗客でさえ、技術的な驚異であり、しかも“沈没しない”船というオーナーの主張を裏付ける報道に慰めを見出せた。しかし、1912年4月14日夜、“起こりえない”事態が起きてしまう。カナダ最東部のニューファンドランドを南へ航海中、《タイタニック》は氷山に突き当たり、2時間40分のうちに波打つ海に沈没してしまったのだ。甚大なる人命の損失をともなったこの沈没で、《タイタニック》は史上最も忌まわしい海難に見舞われた船という悪名を馳せることになった。

オーナー最大の自慢のひとつに、「《タイタニック》には標準以上の数の救命ボートを積んでいる」というものがあった。言い忘れたのは、「救命ボートの数は予定される乗客全員を乗せるには十分ではない」ということだ。“沈まない”《タイタニック》が“沈む”危険にさらされていることがはっきりすると、《タイタニック》の無線通信士たちは遭難メッセージを繰り返し発した。救助に来られる可能性があるのは英国郵船《カルパチア》のみ。この不鮮明な写真は、《タイタニック》の生存者が救命ボートで《カルパチア》に向かうところ。80キロ以上離れた位置にいた《カルパチア》は《タイタニック》の遭難信号を午前0時25分ごろに受信するも、到着は午前4時となり、わずか705人の乗客を救助するにとどまった。助かったのは救命ボートまでたどり着いた乗客である。公式な死亡者数についてはゆれがあり、英国捜査当局によれば1,490人であるが、米国捜査当局の報告では1,517人とされている。

造船工学と技術開発の典型とされる《タイタニック》。全長約269メートル、全幅ほぼ28メートルという世界最大のこの客船は、ホワイト・スター・ラインのオーナーの弁によれば豪華さも最高であった。その目玉が、オークの羽目板と金メッキの手すりに縁どられた一等船室甲板の大階段。自然光を取り入れるため、天井は凝った鉄とガラスのドームになっていた。この、1912年にドイツ人画家ウィリー・ストーワーが描いた画の複製画には、救命ボートで助かった人びとが目にした《タイタニック》沈没の身の毛もよだつ光景が捉えられている。

大型客船利用者の大多数にとって、最大の喜びは、仕事や心配をよそにただくつろげる贅沢を味わえる船旅そのものにあった。この写真は、カナダ総督グレイ伯爵の娘、シビルとイヴリンがハンブルク・アメリカ・ラインの汽船《ファーターラント》のデッキを散歩する様子（1910 年頃）。《ファーターラント》は 1917 年にアメリカによって軍隊輸送船に転用され、米軍艦《リヴァイアサン》と改名されるが、大戦後ユナイテッド・ステーツ・ラインで大洋航路船となった。

ハンブルク・アメリカ・ラインの汽船《インペラトール》のデッキに並んだ乗客。日付はなし。

十九世紀の移民が旧世界から新世界にもたらした豊かで多様な文化や発想、生活様式——これらは大西洋世界の形成における最終的な一段階を象徴するものであった。二〇世紀および二一世紀初頭に起こった数々の出来事によって、大西洋の地域社会の一般に認められた概念が完全に現実のものとなった。始まりは、それまでで最大にして最高なる大西洋横断の商業船の誕生である。十五世紀、十六世紀における新世界の発見が欧州列国の競争意識の産物であったように、大西洋横断の旅と海運業をめぐる競争が、最初の大洋航路船の建造をもたらしたのだ。

大型豪華快速客船《スーパーライナー》

一八九〇年代に入ると、ドイツのカイザー・ヴィルヘルム二世は、大西洋の覇権をイギリスから奪い取るべく、世界で最初の大型豪華快速客船の建造を命じた。その結果、二〇〇〇人をわずかに下回る乗客定員をほこる全長二〇〇メートルの《カイザー・ヴィルヘルム・デア・グロッセ》が一八九七年五月四日に進水。世界中を沸かせたドイツの大型船の出現に刺激されたイギリス政府は一九〇三年、キュナード汽船に助成金を出し、イザムバード・ブルネルの《グレート・イースタン》以来最大の船舶二隻を造らせてこれに応酬する。《モーリタニア》と《ルシタニア》（ともに約三万二〇〇〇トン、全長二三二メートル）は一九〇七年に処女航海をおこなう。続く七年間、大西洋横断速度の記録を連続して破った《モーリタニア》は、《ルシタニア》とともに〈大西洋フェリー〉のあだ名を得て、二隻は互いに競いあった。二隻のキュナード船舶の成功は、大西洋の貿易をめぐる過熱した競争をますます激化させることになる。

ホーランド・アメリカラインは《ロッテルダム四》（一九〇八年就航）を、フレンチ・ラインすなわちCG

Tは《フランス》（一九一二年）を建造。イギリスのホワイト・スター・ラインは《オリンピック》級客船三隻、《オリンピック》（一九一〇年）、《タイタニック》（一九一一年）、《ブリタニック》（一九一四年）を就航。そしてドイツは、まず巨大な《インペラトール》（一九一二年）を、その後、さらに巨大な《ファーターラント》（一九一三年）を披露して対抗する。これらは巨大な船舶以上の存在であり、新たな海の驚異であった。

ブルーリボン——大西洋横断のスピードを競う誰もが欲しがる賞——をめぐる、とどまることのない競争が進み、横断日数が一週間を優に切るほどに短縮されると、大型豪華快速客船は機関車の後継として、産業革命で幕を開けた、果てしない感のある科学的・技術的進歩の象徴となった。

大型豪華快速客船は単に速いだけでなく、大洋を定期的に往復する船の中で最も豪華であった。優雅にしつらえられたダイニングルームには大理石の柱とクリスタルのシャンデリアが備わり、贅沢なコース料理が用意される。ディナーのあとは、ナイトクラブ、コンサート、ダンスホールでのダンスパーティーなど、世界最高級のホテルと同等のすばらしいサービス。屋内・屋外プール、ビューティサロン、理髪室、喫煙コーナー、ありとあらゆる種類の売店、犬小屋やエレベーターまであった。スポーツを楽しみたければ、ゴルフ、テニス、スキート射撃、シャッフルボードなどデッキでできるスポーツがあるし、そうでなくてもデッキや広い船内の散歩を楽しんだり、蔵書が豊富な図書館で快適に過ごせる。一等船室の客なら、豪華なスイートルームに戻って眠ればよい。

豪華客船は富裕層向けであり、建造費も一等船室の料金も巨額であった。しかし皮肉なことに、定期船会社がうるおったのは、一等船室客のおかげではない。ヨーロッパからアメリカへの集団移民のまっ最中というときに、定期船会社に最大の収益をもたらしたのは、余分なサービスなしの最も安価な三等船室で海を渡った何百万もの移民であった。

第一次世界大戦

一九一四年までには、大洋航路船は大西洋横断の旅の黄金時代を確立していた。だが同じ年に勃発した第一次世界大戦によって、すべてが突如として中断する。大西洋は今や、本来の大洋航行の経路ではなく、ドイツ帝国とその同盟国の船や潜水艦が、英国とその連合国の船や潜水艦と海上で死闘をくり広げる交戦地帯と化したのだ。アメリカにとっては、この時期はきわめて難局であった。アメリカの指導者や国民の大多数が、国を戦いに干渉しない立場に置こうとしていた一方で、歴史的観点からも人道的見地からも、英国側について参戦すべきだとの声もあった。大西洋世界の存在の重要性が最もはっきりしたのは、このような論争のただなかであったのだ。バーナード・ベイリンが『アトランティック・ヒストリー』（二〇〇五年）で言及しているように、アメリカの一流ジャーナリストであるウォルター・リップマンは『新共和国（*The New Republic*）』（一九一七年）に寄稿した評論で、アメリカの参戦を力説した。リップマンが示したのは、「西洋世界が共有している利害の堅い紐帯」を保持するのは決定的に重要だ、ということである。「イギリス、フランス、イタリア、さらにスペイン、ベルギー、オランダ、スカンディナヴィア諸国、そして汎アメリカ諸国はみな、最も深遠な目的と必要性においてひとつの共同体といいうる。……われわれは、この大西洋共同体を裏切るわけにはいかない。……西洋世界共通の利害のために、そして環大西洋の諸列強の安寧のために、戦わねばならない。われわれは実際に偉大なひとつの共同体であることを認め、その一員として行動すべきなのである。」

“われわれは、この大西洋共同体を裏切るわけにはいかない。……西洋世界共通の利害のために、そして環大西洋の諸列強の安寧のために、戦わねばならない。”

——ウォルター・リップマン『新共和国』(1917年)の中の評論

第一次世界大戦が始まると、ドイツは巡洋艦を世界中に配備し、ただちにイギリスの商船への攻撃を開始した。しかし、英国海軍にはその巡洋艦をすぐさま追いつめるだけの能力があった。その代表例が一九一四年十二月八日のフォークランド沖海戦で、イギリスの軍艦はドイツの全艦隊を粉砕したのである。これと同じ戦争初期、イギリスはドイツの海上封鎖も開始し、ドイツの港への補給品や軍需品の供給をストップさせるのに功を奏した。

だが、〈大西洋劇場〉において第一次世界大戦の重大な局面を決定づけた要因は、水上艦艇でも海上封鎖でもなく、ドイツによる驚くべき新艦船の導入であった。戦争初期、ドイツの勝利を確信させるほどの脅威となった。それまでで最も能力の高い軍用潜水艦、Uボートだ。イギリスの活力源である商船に壊滅的な打撃を与えるために設計されたものであり、二年以上にわたって、まさにそれをなしうるかにみえた。戦争勃発時、ドイツは二九隻のUボートを所有していたが、その後数週間のうちに、これらはかなりの数の英国商船のみならず、五隻の英国軍艦を撃沈する。そのひとつが英国海軍艦船《パスファインダー》で、一九一四年九月五日、魚雷攻撃によって撃沈した軍艦第一号となった。

この戦争の初期、中立国の民間船舶を攻撃してはならないとする戦時国際法を、ドイツは慎重に順守していた。しかし、ドイツの軍艦が奏功しない状態が続くと、カイザー・ヴィルヘルムは一九一五年二月四日、「イギリス諸島周辺の水域すべてを戦争

1913年4月、ドイツのU36潜水艦がドイツの軍艦のそばを行き過ぎる様子。Uボートはそれまでで最も致死力のある海軍艦艇であった。第一次世界大戦における大西洋の戦いの行方は、Uボートの脅威に打ち勝てるかどうかにかかっていた。

イギリス海軍の巡洋戦艦《インフレキシブル》が、1914年12月8日、フォークランド沖海戦のあと、転覆したドイツ巡洋艦《グナイゼナウ》からドイツ人船員を救助するため停留している様子。

軍服姿のドイツ皇帝・プロイセン王カイザー・ヴィルヘルム2世。(1915年頃)

1918年のベルリンのポスター。アルミニウム、銅、真鍮、ニッケル、錫を含む家庭用品すべてを回収して戦争準備に充てることを呼びかけ、その回収場所を知らせるもの。

“2月1日、われわれは無制限潜水艦作戦を開始する意向である。とはいえ、アメリカ合衆国を中立の状態に保つよう努めるのがわれわれの意図するところである。”

——ツィンメルマン電報（1917年1月16日）

水域とす。中立国の商船をも警告なしで撃沈する可能性あり」と突如として布告する。布告によれば、「一月三十一日のイギリス政府による中立旗の濫用にかんがみて、また海上戦に伴う危険性により、敵国の艦船と中立国の艦船の区別が必ずしも可能であるとは限らない」からだ。

ちょうどその三カ月後、キュナード大洋航路船《ルシタニア》がUボートに撃沈され、事態は急旋回する。五月一日、一二五七人の乗客の中にはかなり懸念するものもあったが、《ルシタニア》はリヴァプールに向けてニューヨークを発った。事前に各紙は《ルシタニア》の間近に迫った航海の広告とともに、ドイツ大使館からの警告を掲載していた。掲載文いわく、

「警告！　大西洋の航海を予定されている皆様は、ドイツ帝国とその同盟国、イギリスとその同盟国の間は交戦状態にあることをご了承ください。すなわち、イギリス諸島の周辺海域も戦争水域に含まれます。ドイツ帝国政府からの公式通達によれば、イギリスとそのあらゆる同盟国の国旗を掲げた大型船は、それらの海域において攻撃対象になります。イギリスとその同盟国の船で戦争水域を航海する渡航者の皆様についても同様であり、その危険は自分自身でご承知ください」——ドイツ帝国大使館（ワシントンD・C・、一九一五年四月二十二日）

多くの乗客のみならず《ルシタニア》の乗組員にも警告を懸念するものがあった一方で、〈ボーラー・ビル〉こと船長ウィリアム・ターナーは、憂慮しているようには見えな

かった。トマス・A・ベイリー、ポール・B・ライアン共著『ルシタニアの災難：近代戦のエピソードと外交（*The Lusitania Disaster: An Episode in Modern Warfare and Diplomacy*）』（一九七五年）に詳述されているように、警戒の必要はあるかと乗客のひとりに尋ねられたターナーは、《ルシタニア》は「ニューヨーク市の路面電車より安全」だと答えたという。彼は間違っていた。五月七日、《ルシタニア》はUボートから発射された魚雷に攻撃され、十八分のうちに撃沈してしまったのである。合計一二〇一人の死者を出したが、そのうち一二八人はアメリカ人であった。

《ルシタニア》の沈没から数カ月のうちに、願わくばアメリカに参戦してほしくないドイツの指導者たちは、無制限潜水艦作戦を事実上廃止し、徹底的な大打撃を与えて勝利することを期待して水上艦にますます重点を置いた。一九一六年五月三十一日、北海でドイツの海軍が英国大艦隊と出くわすと、ドイツはこれをチャンスと捉えた。つづく三日間の交戦は〈ユトランド沖海戦〉として知られている。およそ二五〇隻の艦船を巻きこんだこの海戦は、戦艦が全面的に衝突した唯一の海戦であり、

1915年のアイルランドのポスター。ドイツのUボートに撃沈される英国郵船《ルシタニア》を描いたもの。《ルシタニア》は202回目の大西洋横断の最中だった。ドイツ政府がアメリカの新聞を通じて乗客に発した警告と共に、船がUボートの攻撃迫るアイルランド沖に達したとき、《ルシタニア》の船長は英国海軍からいくつかメッセージを受け取っていた。評判の《ルシタニア》が沈没して多くの一般市民が命を落としたことがすぐアメリカや他の中立国の参戦につながらなかったとはいえ、これらの国々の反ドイツ世論を大いに刺激することになった。

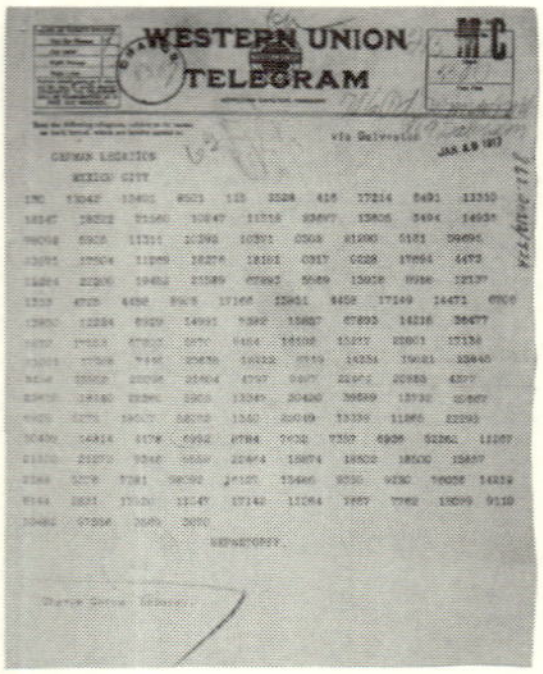

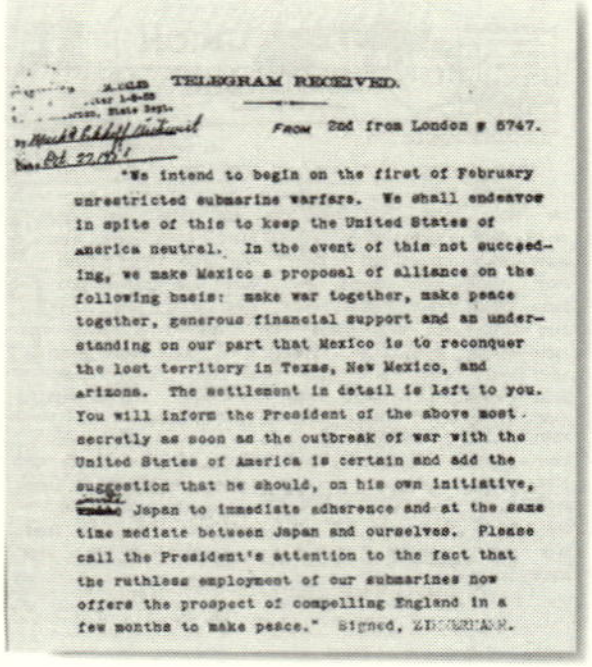

TELEGRAM RECEIVED.

FROM 2nd from London # 5747.

"We intend to begin on the first of February
unrestricted submarine warfare. We shall endeavor
in spite of this to keep the United States of
America neutral. In the event of this not succeed-
ing, we make Mexico a proposal of alliance on the
following basis: make war together, make peace
together, generous financial support and an under-
standing on our part that Mexico is to reconquer
the lost territory in Texas, New Mexico, and
Arizona. The settlement in detail is left to you.
You will inform the President of the above most
secretly as soon as the outbreak of war with the
United States of America is certain and add the
suggestion that he should, on his own initiative,
invite Japan to immediate adherence and at the same
time mediate between Japan and ourselves. Please
call the President's attention to the fact that
the ruthless employment of our submarines now
offers the prospect of compelling England in a
few months to make peace." Signed, ZIMMERMANN.

暗号化されたツィンメルマン電報（左）と解読された文（右）。メキシコのドイツ大使にこう知らせている。「メキシコ大統領に対し、ドイツが潜水艦を容赦なく駆使することでイギリスを数カ月のうちに和平へと追い込む展望が開けたことに注意を喚起していただきたい。」

イギリスの超弩級戦艦の舷側が〈ユトランド沖海戦〉で炎上している写真。海戦の一週間後の1916年6月10日、『イラストレイテッド・ロンドンニュース』に掲載されたもの。

第一次世界大戦における大西洋の戦いを通じて、Uボート（はるか遠くに見える）に船が撃沈されて死にものぐるいで船乗りが救命ボートに群がるこのような光景は、あまりにもありふれたものだった。ウェールズ人画家フランク・ブラングウィンによるこの絵柄を、米国海軍は1917年の徴兵ポスターに使用した。

上：“ビクトリー・リバティー・ローンへの投資”をアメリカ国民に求める1918年のポスター。この投資はUボートのはびこる大西洋に“海上交通路を確保する”護送船団を支援するためのもの。第一次世界大戦でUボートの形勢を不利にした護送船団方式は今に始まったことではない。最古のものは16～18世紀にイギリス、フランス、オランダの私掠船からの防護策としてスペイン財宝艦隊が採用した。ナポレオン戦争の際にもイギリスフランスの両艦隊に使われている。

左：アメリカの参戦で、イギリスとその連合国側には200万以上の軍隊が加わっただけでなく、アメリカの産業力とりわけその巨大な造船能力がもたらされた。これは、大西洋を渡り、炎に包まれた遠くの海岸として示された交戦地帯へ向かう船の上をハクトウワシが飛んでいる1917年の救急船隊会社のポスター。救急船隊会社は、第一次世界大戦中、“フランスへの懸け橋”と呼ばれたフランスへの軍隊や備品の輸送をおこなう貨物船の製造と運営を目的として米国船舶連盟の下に設置された。

1919年4月7日、第26“ヤンキー”師団を連れ帰ってボストンのコモンウェルスピアに到着する軍隊輸送船の米艦船《アガメムノン》（かつてのドイツ大型客船《カイザー・ヴィルヘルム2世》）。

海戦の中でも最大のものであった。結果は、イギリスがドイツより多くの艦船とはるかに多くの人命を失ったとはいえ、双方が勝利を宣言した。だが、そこに徹底的な大打撃はなく、英国大艦隊は依然として海の覇者としてとどまった。

なんとかしてアメリカ参戦前にイギリスとの和平にこぎ着きたいドイツは、一九一七年一月三十一日、無制限潜水艦作戦の復活を計画する。一九一七年一月十六日にドイツの外務大臣アルトゥール・ツィンメルマンは、メキシコのドイツ大使に転送するようにとの指示を添えて、ワシントンD・C・のドイツ大使に暗号電報を打った。ドイツ、メキシコ間の同盟をメキシコ大統領に申し出る権限をドイツの大臣に与えた、このいわゆるツィンメルマン電報の内容は、以下のとおり。「二月一日、われわれは無制限潜水艦作戦を開始する意向である。とはいえ、アメリカ合衆国を中立の状態に保つよう努めるのがわれわれの意図するところである。」メキシコがアメリカに対して宣戦布告した場合、その見返りとしてドイツは、メキシコが〈テキサス州、ニューメキシコ州、アリゾナ州〉をアメリカから取り返すのを支援するというものだ。

メキシコ大統領ベヌスティアーノ・カランサは、この提案を受け入れなかった。しかも、イギリスの暗号解読者が一九一七年二月初旬にこの電信を傍受して解読し、二月二十二日に、アメリカに要点を伝えた。陰謀を知ったアメリカ国民の熱狂的興奮が、参戦への支持をあおる。一九一七年三月二日の『ニューヨーク・タイムズ』は、物議によって、「二の足を踏んでいた上院議員や国会議員が、大統領およびドイツの潜水艦の驚異に対処する大統領の方策を支援することを表明できるようになった」と報じた。一九一七年三月十七日、Uボートがアメリカの商船三隻を撃沈すると、賽は投げられた。三週間後の四月六日、けた外れの造船能力を有するアメリカが、正式に参戦したのである。

“できることなら……人びとに海を楽しんでもらいたい。そうなればさぞ素晴らしいであろう。が、われわれにできるのは目下、巨大な移動性のホテルを提供することだけである。”

——船舶デザイナー、アーサー・デイヴィス（1907年）

アメリカが参戦することで、ドイツとの水中戦で連合国側が優位に立てるような新しい対Uボート戦略がもたらされた。アメリカの駆逐艦が大量に戦争準備に加えられた結果、多数の商船を駆逐艦で防御して進む護送船団方式が可能となり、その戦略によりUボートの接近がずっと困難になったのである。爆雷と呼ばれる、駆逐艦に搭載された新しい強力な爆発性の武器もまた、潜水中の潜水艦を撃沈する最も効果的な手段として重要な役割を果たした。

アメリカ海軍の力と護送船団方式が加わったことは、アメリカ参戦前に英国の息の根を止めるというドイツの大計画が悲運に終わることを意味した。一九一八年十一月十一日、Uボートの脅威が事実上失われ、地上部隊が敗北を喫すると、ドイツは正式に降伏する。世界にふたたび平和がおとずれた。

大洋航行の黄金時代

第一次世界大戦の勃発とほぼ同時に、世界中の巨大外洋船の多くが軍隊輸送船に転用され、数十万の兵士を乗せて大西洋を横断し、交戦地帯へと運んだが、戦争が終わるとふたたび故郷へと連れ帰った。海はもはや戦場ではなく、戦時中四年半も自国にとどまることを余儀なくされた旅行者や実業家が、また自由に大西洋横断の旅をできるようになったのだ。

実のところ、それは単なる再開にとどまらず、大洋航路船の新しい黄金時代の幕開

進水年の1928年頃の発動機船《クングスホルム》。そのサロン（上）とビリヤード・ルーム（右）にアールデコの影響が見て取れる。ハンブルクで建造されたスウィーディシュ・アメリカン・ラインの《クングスホルム》は、《イル・ド・フランス》の成功後、アールデコのデザイン要素が組み込まれた最初の定期船のうちのひとつ。

右：1920年代までに、旅のポスターは独特の芸術形式に進化していた。1920年頃から観光局は、古代都市やヴェネチアのようなロマンティックな都市を訪れる大西洋航海へと旅行者を誘うのにこのようなポスターを使った。

左：大洋航海は富裕層だけのものではなかった。アメリカ所有でイギリス運営のアトランティック・トランスポート・ラインは、1920年頃のこのポスターで自社を“旅行界で唯一無二”と謳った。アトランティック・トランスポート・ラインの定期船は“三等旅客”のみを対象に設計されたもので、豪華客船よりはるかに手頃な運賃設定（往復で40ポンド）。定期船のほかの宣伝文句、“長期休暇をアメリカで”に影響された低料金を求める学生たちを呼び込む作戦だった。ここでは、視野を広げるようにと大西洋航海に送り出す教授に学生が別れを告げている。

第一次世界大戦後の宣伝広告をするフレンチライン（CGT）1937 年のポスター。1855 年創業のフレンチラインは、イギリスの定期船が戦前に獲得していた利益と国家の栄光の両方を得ようと躍起になっていた。フレンチラインは利益を回復するため、みんなのための贅沢という新たなコンセプトで《イル・ド・フランス》のような新しい船を紹介。それは大げさな宣伝文句ではなかった。

汽船《ノルマンディー》を描いたこの 1935 年のポスターは、それまでで最も華々しいアールデコの船舶イメージのひとつとされている。ウクライナ出身のフランス人グラフィックデザイナーでありタイポグラファーでもあるアドルフ・ムーロン・カッサンドルのデザイン。カッサンドルはポスターデザインの草分けだった。

ニューヨーク港に入る英国郵船《クイーン・メリー》。1936年7月の処女航海時の写真と思われる。

けであった。戦争のあった十年間で姿をあらわしはじめた新しい大型船は、第一次世界大戦前の大型客船の豪華さはそのままで、いろいろな意味でなお壮麗であった。それは一九二六年の《イル・ド・フランス》の進水で幕を開ける。設計者が懸命に、はなやかなヨーロッパのホテルやルネサンス様式の宮殿の外観をもたせようと努めたこれまでの大型客船とは違い、《イル・ド・フランス》は外観の点でまったく異なるものであった。形状と装飾はパリでのアールデコ様式の紹介からひらめきを得たものだ。設計者と装飾者がこの新しい様式を取り入れたことが、まさにアールデコの世界的な大ブームの火付け役となったのである。

コストに糸目はつけられなかった。《イル・ド・フランス》のすばらしいティーサロンのデザインは、アールデコの家具デザイナーおよびインテリア・デザイナーとして名高いジャック＝エミール・リュルマンが手がけた。過去に大型客船を飾ったどんなシャンデリアとも違う格調高いシャンデリアは、世界で最も名高いアールデコのガラス製造業者ルネ・ラリック製。巨大で目もくらむばかりのダイニングルームは、アールデコ建築の第一人者ピエール・パトゥーの手によるものだ。

《イル・ド・フランス》はまたたく間に、大西洋の両側に住む富裕層の横断航海の足となり、はたして国家間の競争意識を刺激して同じような移動性の宮殿の建造へとかりたてることになった。ドイツは第一次世界大戦中に多くの大型客船を失っていたものの、一九二八年までには《ブレーメン》と《オイローパ》の建造でふたたび競争に参入していた。一年以内に、《ブレーメン》は記録破りの四日と十七時間四二分で大西洋を横断し、ほぼ二二年間《モーリタニア》の手中にあったブルーリボンを獲得する。大西洋の主権を奪還しようと躍起になったイギリスは、一九三四年、それまでで国内最大の大型豪華快速客船を進水させる。前例の三一〇メートルを超えるサイズの《クイーン・メリー》は、多くのアールデコ最良の特長と、自身の現代風デザインとが一体となったものであった。

一九三〇年代後半までには、大洋航路船は非常に豪奢になり、水夫が海に心奪われていた船とは似ても似つかなくなっていたため、不満の声が聞かれるようになっていた。早くも一九〇七年には、船舶デザイナーのアーサー・デイヴィスが次のように述べている。「大洋航海をする人びとが航海中ただひとつ忘れていたいことは、とにかく船に乗っているということだ。……できることなら……人びとに海を楽しんでもらいたい。そうなればさぞすばらしいであろう。が、われわれにできるのは目下、巨大な移動性のホテルを提供することだけである」(アラン・ヴィリエ『人、船、そして海』、一九六二年)。彼の言葉は実りのない欲求不満であった。そして一九三二年、おそらく間違いなく空前絶後の海の驚異が登場するのである。

それはフランスの大型客船《ノルマンディー》であった。フランスに移住したロシア人ウラジミール・ユルケヴィッチの設計による全長三一三・五メートルの《ノルマンディー》は、快速帆船のような傾いた船首と流線型のほっそりした船体が特徴だ。が、それ以上にみごとだったのは、その内装であった。最も豪華なスイートルームには、四つの寝室、専用浴室、専用ダイニングルームまであった。しかし、専用のダイニング施設を使った人はほとんどいない。《ノルマンディー》の一等ダイニンググルームが、世界中の海で最大のものだったからである。全長九三メートル、全幅十四メートル、高さ八・五メートルのダイニングでは、一五〇〇のテーブルで七〇〇〇人が一堂に会することができ、世界最高級のレストランのどんな豪華な食事にもまさる料理が出された。部屋を明るく照らす十二本のガラスの支柱と二つの巨大なシャンデリアは、すべてルネ・ラリック製。《ノルマンディー》が〈光の船〉の異名で広く知られるようになるまでに時間はかからなかった。それだけでなく、屋内・屋外プール、チャペル、演劇と映画の両方が楽しめる劇場もあった。画期的な科学技術上の特長としては、燃費効率の良いタービン電気エンジン、初期の型のレーダー、世界で最初に海を渡ったジャイロ・コンパス・システムなどがある。

これらの科学技術によって、八三、四二三総トンの《ノルマンディー》は平均速度三〇ノットを達成し、とどまることを知らない英国の《クイーン・メリー》とのブルーリボン競争で大西洋横断の記録をうち立てるのが可能になったのである。次なる大型豪華快速客船はどのようなものか？　残る疑問はこれに尽きるかもしれない。だがまたしても、世界的な異変により、世界はふたたび戦争に突入する。今回の原因は、ドイツの指導者アドルフ・ヒトラーの世界征服の野望によるところが大であった。

第二次世界大戦

一九一九年六月二十八日に調印されたベルサイユ条約で、第一次世界大戦は正式に終わりを告げた。その条項によれば、ドイツの海上艦隊の容積トン数には制限が設けられ、潜水艦の建造は完全に禁じられている。しかし、一九三三年にアドルフ・ヒトラーが政権を握った直後、ドイツは新たなUボートの建造を秘密裏に開始し、一九三九年の第二次世界大戦勃発時には、すべてが準備万端に整っていた。

世界最大の商船隊（およそ一九〇〇隻の外洋航海船）を有する島国イギリスは、毎週百万トン以上の食物と原料を出荷する必要があり、生き残れるかどうかは近海貿易の成功にかかっていた。かくして、第一次大戦時にそうであったように、勝利するには、この新たなる〈大西洋の戦い〉――戦争の全期間続く戦い――でイギリスを押さえつけるのが一番だと、ドイツの指導者たちは知っていた。一九三九年十月十四日、ドイツのU-四七がスコットランドのスカパ・フローの港を攻撃すると、戦いの火蓋は切って落とされる。英国海軍艦船《ロイヤル・オーク》は海に沈み、一二三四人中八三三人の乗組員が死亡した。

わずか二一年間を隔てただけの二つの世界大戦には、ほかにも特筆すべき類似点がいくつもあった。第一次世界大戦時と同様、イギリスは最初、自国の水上艦の優位性をすぐに証明してみせた。南大西洋で起こった最初の大きな海戦〈ラプラタ沖海戦〉（一九三九年十二月十三日）で、英国海軍戦艦《エクゼター》、英国海軍戦艦《エイジャックス》、英国海軍戦艦《アキレス》は、悪名高きドイツの通商破壊船《アドミラル・グラーフ・シュペー》に深刻なダメージを与えた。《アドミラル・グラーフ・シュペー》はのちに、乗組員を救うため同艦長によって自沈する。ドイツ海軍の誇りをかけた強力な四万二〇〇〇トンの《ビスマルク》も、一九四一年五月二十七日、英国海軍によって沈められた。

またしても、ドイツとその同盟国の勝利はUボートの有効性にかかっていた。毎月毎月、新しい大型船がUボート艦隊に加えられた。ドイツの大目的は、ノルウェーとフランスを早期に征服したことによっても助長された。このことで、ドイツ海軍は海底領域を大幅に拡張するUボートの前進基地を手に入れるのである。ふたつの大戦の合間に、ドイツ人はひきつづきUボートの技術改良を重ね、以前にも増して攻撃力の大きい

左上：1938年3月、ナチスドイツによるオーストリア併合を発表したあと、国会でナチ式敬礼を受けるアドルフ・ヒトラー。世界征服を決意したヒトラーは、第一次世界大戦を終結させたベルサイユ条約の規定を無視して、強大な軍事力を築いた。

左下：英国海軍の戦艦《ロイヤル・オーク》撃沈の任務を担っていた潜水艦U-37が、スカパ・フローでその使命を果たし、1939年10月23日、ドイツのキールに到着するところ。戦艦《シャルンホルスト》がうしろに停泊している。

右上：1941年5月21日、ドイツ海軍の巡洋艦《プリンツ・オイゲン》の高級船員が撮った、ノルウェーのフィヨルドで大西洋への出発準備をする《ビスマルク》の写真。この6日後、《ビスマルク》は＜ラプラタ沖海戦＞で打ち砕かれることになる。

右下：1943年6月、カナダ海軍に服して北大西洋での護送任務につく英国海軍艦船《マンスフィールド》。

第一次世界大戦で潜水艦の艦長を務めたドイツ海軍の司令官カール・デーニッツ。第二次世界大戦に先立ってUボート増強の黒幕となったデーニッツは、1936年から1943年までUボート艦隊の司令官を務め、1943年から1945年にかけてドイツ海軍の最高司令官となった。

参戦４週間前の1941年８月14日、米大統領フランクリン・D・ルーズベルトは、カナダのニューファンドランドにあるプラセンシア湾で、米軍艦≪オーガスタ≫に乗船した英首相ウィンストン・チャーチルと秘密裡に面会した。この大西洋会議の結果、大西洋憲章が生まれた。“より良い世界の未来に対する希望の礎となる各国の国政上のある種の共通原則”を列挙した共同声明である。会議中に撮られたこの写真では、ルーズベルト大統領が息子の米陸軍航空隊大尉エリオット・ルーズベルトの腕によりかかっている。左がチャーチル首相。

ものにしていた。一九四三年までにドイツの技術者たちは、最大の音量を発する地点に照準を合わせることのできる、音響式のホーミング魚雷を開発した。加えて、ドイツ海軍の司令長官カール・デーニッツは、自身で〈群狼〉作戦と命名した、Uボートが群になって夜襲をかける戦法を導入。この戦略と新しいUボートのほかの利点とが相まって、一九四〇年だけで三〇〇万トンの英国船舶が撃沈させられる結果となる。

この時期、イギリスにあまりにも甚大な被害をもたらしたため、ドイツの潜水艦乗組員は〈我が世の春《ハッピータイム》〉と公然と豪語した。夜ごとの熾烈な英国への爆撃と、大戦のあいだじゅうくり広げられた痛烈な地上戦があったのは驚くに値しないが、にもかかわらず、イギリスの首相ウィンストン・チャーチルは、のちに全六巻の傑作『第二次世界大戦』（一九四八～五四年）で、次のように述べている。

「戦争中、真に私に不安を与えたものといえば、それはUボートの危険だった」（第二巻『彼らの最良の時』）。〈大西洋の戦い〉については第五巻『圧縮される鉄環』で詳述している。「〈大西洋の戦い〉が第二次大戦を通じて決定的要因となるものであり、陸、海、空のほかの場所で起こるすべてが最終的に大西洋の戦いの結果しだいで

1942年9月、ヴァージニア州ノーフォーク上空を飛ぶ雷撃機《アヴェンジャー》の編隊。〈大西洋の戦い〉で《アヴェンジャー》は護送船団のための航空支援をおこなった。

護送船団となって大西洋を進む銃、タンカー、飛行機輸送の貨物船（1942年頃）。その多くは1941年から1945年にかけてアメリカの造船所で一斉に造られたリバティー船（大型輸送船）である。造船所のスタッフはおもに女性。およそ2751隻のリバティー船が造られた。

1942年8月、テキサス州コーパス・クリスティの米海軍航空基地。水上飛行機《カタリーナ》と、作業中の船員たち。

第一次世界大戦時と同様、第二次世界大戦においても、アメリカの参戦は大西洋支配のための戦いで勝利する重要な決定的要因となった。海上でドイツとその同盟国を敗北へと導くのに貢献したものは、またしても造船資源を迅速に結集させるアメリカの能力と手腕であった。20世紀の名高いアーティスト、トマス・ハート・ベントンによるこの『カット・ザ・ライン』（1944年）では、二つの世界大戦のあいだに発達したたくさんの戦艦のひとつである戦車揚陸艦の進水に沸く群衆の姿が描かれている。

1944年6月6日D–デイに撮影された写真。ナチスによる猛烈な機銃掃射の下、フランスの“オマハビーチ”に到着したばかりの沿岸警備隊の上陸用舟艇からアメリカ軍兵士が出て行く場面。

ナチスの潜水艦U-175を撃沈した爆雷の爆発を見守る米沿岸警備隊カッター船《スペンサー》デッキ上の沿岸警備隊員たち。U-175は大護送船団の中心に忍び寄っていた（1943年4月17日）。

あるということを、ほんの一瞬たりとも忘れてはならなかった。……多くの勇敢な戦闘と忍耐力による途方もない偉業が記録されているが、死者の行為は決して知られることはない。わが国の商船隊員はなしうる最高のパフォーマンスを見せてくれた。そして彼らのUボート打倒で見せた決意ほどきわ立った海の兄弟愛はない。」

チャーチルの恐れには充分な根拠があったが、第一次大戦時と同様に、劇的な転換が起こる。一九四一年に至るまでイギリスは孤軍奮闘していたが、戦争勃発時にはほとんど無に等しい存在だった王室カナダ海軍が、その年中に大西洋の戦いで特筆すべき役割を果たすまでになったのである。

さらに重要なことに、アメリカの参戦があった。ほぼ戦争勃発時からアメリカは、イギリスに武器と軍需品を供給し、中立とはほど遠い行動を取っていた。これは一九四〇年の〈駆逐艦基地協定〉（カナダと西インド諸島の英国領に軍用基地を建設する権利と引き換えに、船団護衛艦として使用する駆逐艦五〇隻をアメリカ政府はイギリスに与えるというもの）にもとづくものだが、これらの法規が一九四一年三月の〈レンドリース法〉につながっていく。

レンドリース法によってアメリカは、「その国の防衛が合衆国の防衛にとって重要であると大統領が考えるような国に対して、あらゆる軍需物資を、売却し、譲渡し、交換し、貸与し、賃貸し、あるいは処分する」権限を与えられた。

アメリカの援助がひきつづきおこなわれ、やがて宣戦布告なくしてドイツ、アメリカ間で海戦が開始されていることは疑う余地なしとなった。そして一九四一年十二月七日、ドイツの同盟国である日本が真珠湾を攻撃したのを機に、アメリカ、イギリス、およびその他の同盟国は日本に対して宣戦布告する。十二月十一日、ドイツの独裁者アドルフ・ヒトラーとイタリアの独裁者ベニート・ムッソリーニは、アメリカに対して宣戦布告した。

皮肉なことに、アメリカの参戦で、時を移さず大西洋の状況が一転したというわけではない。かなりの多勢でアメリカの船舶が交戦地帯に到達するより早く、ドイツは最も強烈なUボート攻撃波をしかけた。〈ドラムビート作戦〉として知られ、ドイツの潜水艦乗組員に第二の〈我が世の春《ハッピータイム》〉と言わしめたこの攻撃は、連合国の船舶ほぼ五〇〇隻を撃沈する結果となる。だが、右肩上がりのアメリカが参戦していることの影響力は否定のしようがなかった。ついに、第一次世界大戦で形勢を一変させる一翼を担ったものよりはるかに大きく、より効力のある護送船団方式の構築で、アメリカの軍艦が役に立った。この進展で決定的であったのが、アメリカの《カタリーナ飛行艇》のような長距離航空機が、ドイツ船舶への攻撃と護衛艦隊の保護で果たした役割である。

大西洋でドイツを敗北へと導いたほかの多くの要因は、科学技術的なものであったといってよい。たとえばレーダーの向上は、とりわけUボート探査の航空機に搭載される方式が開発されると、きわめて重要な役割を果たした。ソナーの技術や爆雷の技術の進歩もまたしかり。ことさら重要なのは、充電のため夜、水面に浮上したUボートを連合国の航空機が発見するのに、レーダーと合わせて使われた強力なサーチライト、〈リー・ライト〉の導入である。当時の軍事専門家たちによれば、連合国の失った船舶数が月六〇万トンから二〇万トンに減少したのは、まさにこの簡単な装置に起因するものだという。

これらの要因すべてに加えて、タイプライターに似た外見の〈エニグマ〉マシンでつくり出された、ドイツ海軍の〈エニグマ〉コードとして知られる暗号の解読に、イギリスの諜報機関がすこぶる有益な貢献をしたことがある。暗号を解読できた要因は、いくつかあった。ドイツのコードブックを盗んだこと。〈エニグマ〉マシンの複製を組み立てたポーランドの暗号局から知識を得たこと。そしてコンピューターの早期利用。〈群狼〉から護衛艦隊を遠ざけたり、Uボートに攻撃をしかけたりするうえで、暗号解読はきわめて重要であることが立証された。

結局は、第一次世界大戦時と同様、イギリスから必須の補給品を奪うというドイツの計画は水泡に帰する。一九四五年までには、Uボート艦隊の大多数が撃沈していた。イギリスによどみなく供給が流れこみ、それがドイツ占領下のフランスへの侵入、そして最終的には連合国側の勝利へと直結する。一九四四年六月六日〈D-デイ〉、連合国側は〈ノルマンディー上陸作戦〉、すなわち十五万六〇〇〇隊以上を動員してナチスの防御する〈大西洋の壁〉に立ち向かった史上最大なる海からの侵略を開始する。

勝利はおとずれたものの、双方に信じ難いほどの代価が伴った。一九三九年から一九四五年までに、およそ三五〇〇隻の連合国側の船舶と七八〇隻以上のUボートが〈大西洋の戦い〉で撃沈された。連合国側の船員に約八万五〇〇〇人の死者が出た一方で、ドイツの潜水艦乗組員三万人以上（七五パーセントの死傷率）が命を落とした。

何百万もの戦闘員や一般市民が殺されたり重傷を負った地上戦は別として、第二次世界大戦でくり広げられた海戦は、史上で最も犠牲が大きいものであった。だが、民主主義に対する過去最大の脅威にうち勝ったのだ。そして、戦争があったことで、意味深い変容をとげた科学技術革新が生まれた。最も大きな影響を及ぼしたものがジェット・エンジンであり、この技術進歩によって、二〇世紀が終わるにはまだ間があり、

《ユナイテッド・ステーツ》や《クイーン・エリザベス2》といった新しい壮麗な大洋航路船が多数造られたにもかかわらず、大西洋を渡る旅行者は、海路より空路を利用するようになるのである。

新しい船舶

大西洋横断航海の本質もまた、第二次世界大戦時に始まった数々の科学技術の進歩によって劇的に様変わりした。今日、最先端のコンピューター、グローバル・ポジショニング・システム（ＧＰＳ）やレーダー衝突予防装置、最新式のソナー装置などのおかげで、一世紀前にはほとんど想像もできなかったような巨大な船舶で、たくさんの貨物が大西洋を渡っている。これらの船舶でまず間違いなく最も重要なものは、荷積み、荷降ろし、海上運送の方法に大変革をもたらしたタイプだ。

コンテナ船と呼ばれたその船舶は、インターモーダルとして知られる貨物輸送システムに欠かせない船である。このシステムでは、複数の輸送手段――一般にはトラック、鉄道、船――を使って、最終目的地に到着するまで貨物に手を触れることなく輸送する。コンテナ船は、ノースカロライナ州のトラック運転手マルコム・マクリーンの考案によるものだ。彼は一九四〇年代後半に、貨物トレーラを貨物船に乗せるというアイデアを思いついた。一九五〇年代半ばまでには、貨物トレーラの荷台のような形の金属製コンテナに貨物を入れることで、貨物船の積載能力を最大化すると同時に、貨物の積み降ろしを楽にできることに船主たちは気づいた。

およそ七五メートルもの全長になる今日のコンテナ船は、一九〇〇年代の最初の四〇年間に輸送された貨物量の十倍の量を運ぶことができる。コンテナはすべて標準サイズで、ほかのどんなコンテナにも固定でき

飛行船——気体を詰めてエンジンで作動する、軟式、半硬式、硬式の気球——が最初に開発されたのは 19 世紀。1924 年にはドイツのツェッペリン飛行船が大西洋を初めて横断。商用、そして第一次世界大戦では爆撃機としても使われた飛行船は、1937 年の有名な《ヒンデンブルク》の惨事までは人気があった。《ヒンデンブルク》はニュージャージー州のレークハースト海軍航空基地に着陸時、炎上。36 名の死者を出す。この写真はその死亡事故の約 3 カ月前、レークハーストでの撮影。

チャールズ・リンドバーグが 1927 年に成功させた大西洋単独横断飛行は、商用便の可能性に対して世界の目を開かせた。それは第二次世界大戦中に開発されたジェットエンジンによって現実のものとなる。1952 年、世界中の国々で民間の航空会社の設立が始まり、徐々に人びとの外洋船離れが進んで行く。この写真は 1976 年に英仏共同開発で商業化したコンコルド超音速旅客機。コンコルドは瞬く間に航空機産業と大衆文化の象徴となった。マッハ 2.02 のスピードを出すコンコルドは、ニューヨーク・ロンドン間のフライトで 2 時間 52 分 59 秒を達成するなどたくさんの大西洋横断速度の記録を打ち立て、27 年間、裕福な旅客の注目を集め続けた。だが、2000 年に起こった唯一の墜落事故、2001 年の 9.11 事件後の国際旅行の減少、莫大な開発費の負担などの要因があいまって、英仏両政府は操業を停止せざるを得なくなる。おそらくコンコルドの最大の貢献は、将来に待ち受けている商業航空の一端を垣間見せてくれたことである。

1939 年 10 月にニューヨーク市クイーンズ区にできたラガーディア空港は、最大にして最も値の張る空港であった。アールデコを取り入れたマリン・エアー・ターミナルは 1940 年 3 月のオープン。戦前は大西洋を横断する大型旅客機用に使われ、戦後、最新航空機用に改装された。今日でもコミュータ空輸、エアタクシー、自家用機、天気測候事業の拠点として使われている。

2003 年 3 月進水の《クイーン・メリー 2（QM2)》は過去最大の大洋航路船。建造費は 8 億ドル。全長 345 メートル、15 万 1400 総トン。13 の客室甲板があり、収容人数は 3056 人。高さ 381 メートルのエンパイア・ステート・ビルディング（アンテナを含まず）にわずか 36 メートル及ばないだけの巨大さである。この 2007 年 4 月の写真は、ケベック港に姿をあらわした《QM2》。

るからだ。しかも、一時間に二〇トンの貨物を荷積みするのに二〇人要するのではなく、乗組員十人で巨大なクレーンを動かして、二倍の荷積みをほんの二、三分のうちにおこなうことが、コンテナ方式によって可能になる。

しかし、多くの技術進歩があったと同時に、効率的なコンテナ船は、深刻な問題をはらんでもいた。その巨大なサイズゆえに、船舶を受け入れる港では、海峡を拡張したり深く掘り下げたりしなければならないこともよくあった。これらの港をドレッジャでさらうことにより、湾の水底とそこに依存して生きている海洋生物の生息環境を破壊してしまうという危険が生じるのである。

超大型原油輸送船（ＵＬＣＣs）として知られるさらに大きな航海船舶の出現によって、より深刻な環境問題が発生した。ＵＬＣＣsは世界で最も重要な物資――石油――の輸送に欠かせない存在になっていた。全長四五〇メートル以上、最大積載重量約一〇〇万トンのこの船舶は、海上への石油流出を防ぐため二重底構造になっている。だが、この予防措置をもってしても、環境保護主義者たちが長いあいだ避けられないと感じてきた事態は避けられなかった。一九八九年のアラスカ海岸沖で起きた《エクソン・バルディーズ》の難破は、その悪評高き例だ。この超大型タンカーが海峡の入り口をやり過ごしてしまい、暗礁に乗りあげると、船体はぱっくりと裂け、およそ一一〇〇万ガロンの石油が自然のままのアラスカ海岸地帯の海に流出したのである。一九〇〇キロメートル以上の海岸が石油に汚染され、その結果、二万五〇〇〇羽以上の海鳥、アザラシ、カワウソ、その他の哺乳動物が犠牲となった。すでに絶滅の危機に瀕していたハクトウワシは、一四〇羽以上が死に追いやられた。約二〇年後になってさえ、石油流出による負の効果が長期的にどのようなものになるのか、科学者や環境保護主義者にとって定かでない。

フランスの主要港ルアーブルから約 20 キロ北にあるアンティフェール港で原油を降ろす巨大タンカー（VLCC）。マンモスタンカー受け入れのため、1972 年、アンティフェールに深海オイル・ターミナルが造られた。その巨大さゆえに、最大のマンモスタンカーが入れない港は世界に数多い。その場合は港外で錨を下ろし、石油を長いパイプライン経由で陸上の貯蔵タンクへ輸送する。

今日、ばら積み貨物（穀物、鉱石、石炭などの搬送物）以外の貨物の約 90 パーセントがコンテナ船で輸送されている。2000 年だけで、およそ 1900 万のコンテナで 2 億以上の輸送がおこなわれた。デンマークのオデンセ造船所は、世界最大のコンテナ船、1 万 1000TEU のマースク・シリーズ〔1TEU は全長 20 フィート（6 メートル）、全幅 8 フィート（2.4 メートル）の標準コンテナ 1 個分の積載能力〕を建造する業者。この写真はマースク・シリーズ 8 隻のうちのひとつ、《エリー・マースク》（2007 年建造。全長約 347 メートル）が 2007 年 9 月、ベルギーのゼーブリュッへの港に入港するところ。

古代の武装したガレー船、15 世紀および 16 世紀の軍艦、17 世紀および 18 世紀のフリゲート艦、19 世紀の汽力装甲艦、20 世紀の U ボートと空母——軍艦は全文明を通じて、ますます高機能で破壊的なものになってきている。1982 年、イギリス＝アルゼンチン間で起こったフォークランド紛争の際には、大西洋は、原子力潜水艦やミサイルを巻き込んだ最初の武力衝突の舞台となった。この映像は、1993 年、フロリダ州カナベラル港に入港するイギリス海軍のトラファルガー級潜水艦《タービュラント》。1982 年進水で、1997 年に最新式のものになった。

今日の船舶には、何世紀にもわたって船員が想像だにできなかったようなものがある。半潜水式重量物運搬船では、その甲板を被災した船の下まで水中に沈め、甲板と巨大な被災船を共に引き上げることができる。この 1988 年の写真は、オランダの半潜水式発動機船《マイティ・サーバント 2》が、ペルシャ湾で機雷によって損傷していたアメリカの誘導ミサイル装備フリゲート艦《サミュエル・B・ロバーツ》を引き出した直後のもの。

カナディアン・ロッキーで最大のコロンビア大氷原の一部、アサバスカ氷河の下部が溶け出している 2005 年の写真。気候の温暖化により、氷河は 125 年間で減少。体積の半分を失った。ここ数十年間でそのペースは加速している。

発動機船《フリーダム・オブ・ザ・シーズ》は、ロイヤル・カリビアン・インターナショナルが所有するフリーダム級シリーズのクルーズ客船 3 隻のうちのひとつ。同シリーズの客船は、本書執筆の時点では、世界最大の旅客船である。世界最長ではない（339 メートル）ものの、《フリーダム》はその 15 の客室甲板に 4300 人の乗客と 1300 人の乗組員を収容できる。ほかにも、船上初のサーフィンプールと間欠泉や滝のあるウォーターパークを誇る。この映像は 2006 年 6 月の処女航海時のもの。

海洋エコロジー

今日のコンテナ船およびＵＬＣＣｓは、現代の科学技術革新の賜物である。だが、二〇世紀および二一世紀初頭もまた、大西洋が長年引き受けてきたものをまったく違うものにするような変化の数々を目撃して来た。たとえば、新世界の北東地域への初期入植者にとって、無限と思われるような生命維持のための豊富な自然、とりわけグランドバンクスに生息する、貿易上貴重な鱈などの魚は、すばらしい魅力をもっていた。しかし今日、何世紀にもわたる乱獲や近代における技術的に進んだ冷凍船の導入によって魚の枯渇があまりに進んだため、漁業に関する国際機関では、これらの水域での漁業に厳しい規制を課し、場合によっては長期間にわたり禁止水域とすることを余儀なくされている。

捕鯨産業のとげた変化は、さらにドラマチックであった。第二次世界大戦後の時代にはじまった、爆発性の銛を打ちこむといったむごく破壊的な捕鯨方法の導入で、動物保護団体から激しい抗議を引き起こすことになる。しかし、いちばん広く行きわたった懸念は、クジラの存続そのものにあった。

一九四六年までには、何世紀にもわたる野放し状態の捕鯨で、あまりにもクジラの個体数が枯渇したため、いくつかの種が深刻な絶滅の危機にさらされていることが明らかになった。その年の十一月、持続可能な捕鯨のための協定〈国際捕鯨取締条約（ＩＣＲＷ）〉が四二の国によって調印され、一九四八年に発効。ＩＣＲＷのクジラを乱獲から守る試みを通じて主要な手段となったものが、〈国際捕鯨委員会（ＩＷＣ）〉の設置である。一九八六年、ＩＷＣは商業捕鯨に五年のモラトリアムを課し、現在まで期限延長されている。これは、近年、少なくとも制限付きで商業捕鯨の再開を認めてもよいほど一部の種がまた数が増えてきたと主張する捕鯨賛成論の国々から、非難の的になっている。確かと思われるのは、この問題は予測しうる将来、未解決の状態が続くであろうということだ。

　急を要するもうひとつの議論の的となるのは、地球温暖化と海に溶け出しつつある氷河の影響である。これにより、海面が上昇し、天候パターンが変化し、生息環境がおびやかされ、予期せぬ方法で農業や商業に影響が及ぶことになるからだ。ひとつの出発点となったのが、一九九七年に議決され二〇〇五年に発効した〈京都議定書〉であり、調印国に二酸化炭素排出量あるいは温室効果ガスの削減や監視を促すことで、その問題への取り組みを求めている。

地球最後のフロンティア

アイルランドの聖ブレンダンとその仲間の修道士たちによる英雄的航海からクリストファー・コロンブスの勇敢な旅、ヘンリー航海王子、トマス・ニューコメン、イザムバード・ブルネル、ドナルド・マッケイ等の業績にいたるまで、大西洋が突きつける難問に立ち向かう中で大西洋世界の創造過程をいろどってきたものは、国家による偉業のみならず、個人が成しとげた偉業の数々であった。それは、二〇世紀および二一世紀初頭に大西洋の歴史に名を成そうと決心した人びとによって、さまざまな方法で引き継がれている。一九一九年に大西洋無着陸横断飛行を初めて成功させたイギリス空軍ジョ

1927年5月20～21日に大西洋横断単独飛行を最初に成功させたときの《スピリット・オブ・セント・ルイス》の前でポーズをとるチャールズ・リンドバーグ。

右と右下：ウィリアム・ビーブがみごとに描写した息を飲むような美しい眺めが、これらフロリダキーズ全米海洋自然保護区の岩礁の写真である。

深海探検家の先駆者、ウィリアム・ビーブは、自身が球形潜水器（バチスフィヤー）と呼んだ球状の金属製船舶で潜水水深記録を達成した。ビーブは自著『熱帯の海の下』（*Beneath Tropic Seas*）（1928年）で次のように述べている。「いっぷう変わった服装や、水中に完全に沈むことや、未知の生物のいる新しい世界に興奮することに慣れる必要があった。……だが結局、私のばかげた不安は和らいだ。……まだ歯切れが悪い。水中の色やデザインを表現するのに、まったく新しい語彙、新しい形容詞が必要だ。」球形潜水器と共同発明者のオーティス・バートンと共にポーズをとるビーブ（1930年頃）。

海洋学界の巨人、ジャック・クストーは、アクアラングを開発し、名高い学術調査船《カリプソ》の船長を務め、映画制作、環境問題研究、その他多くのことに携わった。このフランス人探検家は、“ダイビング・ソーサー”と呼ばれる２人乗りの潜水艇を開発。1959年から1970年の期間に、水深約305メートルまで４～６時間の潜水を750回以上（潜水時間は2000時間）おこなっている。

米国海軍所有、ウッズホール海洋学研究所運営の深海調査潜水艦《アルヴィン》が1964年に進水。それ以来、4000回以上の潜水で１万2000人の人びとを運んだ。《アルヴィン》の潜水可能時間は10時間、潜水可能深度は4500メートル。この写真は1978年のもの。海洋生物学者のレイチェル・カーソンは独創性に富んだ自著『われらをめぐる海』（*The Sea Around Us*）（1950年）で次のように綴っている。「荒れ狂う海の深部には、私たちが解き明かしてきたどんなものより大いなる神秘が隠されている。私たちはそれを感じることしかできない。」《アルヴィン》の後継船の設計が始まっている。

全米海底調査プログラム（NURP）が運営する遠隔操作無人探査機（ROV）《クラーケン》が、深海に横たわる神秘をさらに解き明かそうと大西洋に潜るところ。

NURP のために撮られた、大西洋の中央海嶺の熱水噴出孔から黒煙が噴出している写真。

ン・オールコック大尉とアーサー・ウィッテン・ブラウン中尉。一九二七年に単独で最初の大西洋横断飛行をおこなったチャールズ・リンドバーグ。一九八七年に過去最大の熱気球で大西洋四九四八キロメートルを飛行して、これまでの記録を一四四八キロメートルも引き離したパー・リンドストランドとサー・リチャード・ブランソン。一九九九年にロボートによる大西洋無支援横断を最初に成しとげた女性、ヴィクトリア・マーデン。二〇〇七年一月に世界最年少記録でヨットによる大西洋単独横断に成功した十四歳のイギリス人少年、マイケル・パラム。たとえばこれらの人びとである。

大西洋世界の歴史を刻んできたのは、こういったさまざまな探検である。そして今日、さらに新たな種類の探検が存在する。陸地にではなく、宇宙にでもなく、大西洋や世界中の海の下深くに。最後のフロンティアと呼ばれてきた場所の探検によって、大西洋そのものに対する理解が今までよりはるかに深まりつつあるのだ。

大西洋をはじめとする海の下に存在する世界を認識することに、計り知れない価値があると気づくことは、とりわけ新しいというわけではない。「たくさんの科学の分科に対する重要性はさておき」とJ・ハーランド・ポールは、最初の地球物理調査船での最終旅行について、自著『カーネギー最後のクルーズ（*The Last Cruise of the Carnegie*）』（一九三二年）で次のように綴っている。「海についての知識は、人間の実用的価値である。高度に発達した漁業、大洋ケーブルの敷設、適切な築港工事、大洋の貿易と航海術、（と潮の干満や海流についての理解）、そして気象の長期予報、これらすべてが、海に対する理解に左右されるのである。」

新しいのは、今日の科学者や海洋学者が、かつてなかったほど大西洋の水やその下に存在する世界を観

オーストラリア人の作家であり冒険家でもある船長アラン・ヴィリエが『人、船、そして海』（*Men, Ships, and the Sea*）（1962年）で思い起こさせてくれたように、「何世紀もかけて人は風と潮の流れに逆らって船を進ませる方法を考えてきた。が、初期の外輪船の時代から2軸スクリューの定期船ができるまでわずか80年しか経っていない」。現代における大西洋上、そして大西洋下での技術の進歩が、大洋の長い歴史を特徴づけてきたたぐいまれなる変化や業績にいかに対応してきたか。ヴィリエの引いた例は、それを最も如実に示すものである。この写真は、2005年、ポルトガルのマデイラ諸島沖で、クリストファー・コロンブスが乗った《サンタ・マリア》の複製船のそばを通り過ぎる巨大クルーズ船。

察する手段を手にしているということである。ウッズホール海洋学研究所の専門家ピーター・ディレーニーが米国海洋大気庁のウェブサイトに書いたように、「海洋環境を観測するわれわれの能力は、とうとうわれわれの想像力と肩を並べるまでになった」のだ。

今日の大洋探査を非常に効率の良いものにしている技術には、地球軌道を周回しながら海面の詳細な画像を提供する人工衛星といった観測ツールがある。ほかにも、深海の最も深い地域の探査と地図作りを可能にする最新型のソナー・システムがある。しかし、宇宙探査と同様、海中での最高の業績は、深海潜水装置と呼ばれる有人潜水艦のような船舶と遠隔操作無人探査機（ＲＯＶ）によって可能になった、人による観測を通じて成しとげられた。

四三〇〇メートル以上の潜水能力で海底に到達できる潜水艇の使用により、これまで知り得なかった深海の生態系が発見されてきている。そうした生態系や、五千以上もの水中活火山によってできた熱水孔の周辺に、海洋学者は独特の酵素などの物質を発見した。これらは癌、アルツハイマー病などの病気にきわめて有効な新薬の開発にいつか役に立つであろう、と科学者たちは考えるようになっている。海綿に生息する特定種に発見された複合物由来の薬物は多くの場合、脳腫瘍のサイズの縮小に有効であることが証明されている。

深海の火山の探査はとりわけ、多くの驚くべき新事実をもたらした。そのひとつに、熱水孔によって生み出された、おそらく世界で最も豊かと思われる鉱床の存在がある。多くの経済地質学者の予想では、将来的に、活動中か以前は活動していた噴出孔で膨大な析出金属を採掘することが可能になるという。

だがこれらは、大西洋上での数々の偉業をもたらす結果となった探検の伝統を受け継いでいこうとする気持ちを、世界中の海洋学者たちに起こさせている発見の、ほんの一部に過ぎない。最も偉大な発見のひとつは、ヨーロッパ、アフリカ、南北アメリカの文化の継承者として、われわれはみな大西洋を中心に偉大なひとつの共同体を作っている一員なのだという認識である。フレデリック・トールズが自著『クエーカー教徒とアトランティック・カルチャー（*Quakers and the Atlantic Culture*）』（一九六〇年）で言いあらわしているように、「私たちは第二次世界大戦中に、まず戦略構想として大西洋共同体という着想についてよく理解するようになったが、文化的現実としての大西洋共同体は、日常の体験といってもよいものだった。……

十七世紀や十八世紀にあったようなね」。『アメリカン・ヒストリカル・レビュー』(一九四六年)で、歴史家のカールトン・ヘイズはこれを一文で結論づけている。「大西洋共同体は、ひとつのきわ立った事実および近代史における主要素でありつづけている。」

訳者あとがき

本書は原題 *Atlantic Ocean: The Illustrated History of the Ocean that Changed the World* が示すとおり、大西洋（とその周辺地域）の歴史を紹介するものである。

日本ではまだそれほどポピュラーでないが、大西洋という〝内海〟によって結びつけられた四つの大陸、つまりヨーロッパ、アフリカ、南北アメリカのあいだにおける相互関連の歴史をとらえようという試みは、大西洋史という学問領域として確立され、一九八〇年代以降、活発になってきた。その先達であるバーナード・ベイリンによる研究書は、『アトランティック・ヒストリー』として二〇〇七年に邦訳されている（名古屋大学出版会）。

一方本書は、長年アメリカ史に関するノンフィクション書を書いてきた著者が、その大西洋史を一般読者に向けて、豊富な図版とともに解説してくれたものだ。日本の読者にとっては、大西洋よりも太平洋のほうが馴染みがあるかもしれないが、実はこの大西洋こそ、世界全体を変えるような歴史的大事件（あるいは大きな動き）がくり広げられてきた場所なのだということが、本書を読むとよく理解できる。

著者が「はじめに」でも書いているように、私たちは世界史を学ぶとき、国や地域単位による視点で出来事を見てきた。だが、日本史が日本海や太平洋を隔てた大陸世界との交流を抜きに語れぬのと同様、世界史は大西洋をはさむ「旧世界」と「新世界」の交流、相互作用を考えなければ、真に理解することはできないだろう。しかもその大西洋世界における出来事が、アジアや太平洋世界に大きく影響してきたことも、本書を読むうちにわかることと思う。

大西洋史は基本的に初期近代（アーリー・モダン）以降の歴史過程を対象にすると言われるが、本書は一般向けのためか、その前の時代――ヴァイキングやアイルランド人による航海の時代から、始まっている。その後、第二章でヨーロッパ人たちによる探険と新大陸発見の歴史が語られ（ヴァスコ・ダ・ガマ、マゼラン、コロンブスなど）、第三章ではヨーロッパ文化とアメリカ先住民文化の衝突が紹介される（動植物、タバコ、食物、砂糖などの交流）。

第四章は、征服と植民地化がテーマ。スペインのコンキスタドールに始まり、フランスやイギリスによる植民の動きと、初の大西洋間貿易、そしてピルグリムとオランダ東インド会社による交流だ。「全植民地が最初から理解していたのは、生き残るには交易が必要だということだった」という記述が印象深い。

ここまではヨーロッパという旧世界と、南北アメリカという新世界の相互関連だったが、第五章の奴隷制度は新世界である北アメリカ大陸とアフリカの交流が中心となる。環大西洋世界を結びつけた媒体にはモノ、カネ、ヒト、情報のすべてがあるが、ヒトの交流である奴隷貿易は、特に研究者の関心を集めてきたと言われている。

その後、第六、七章ではアメリカ独立戦争とその新旧世界への影響、第八章では産業革命、第九章では船の進化と大西洋交易の変化が解説され、第十、十一章では、まだ存命の人たちの記憶にある時代、アメリカ移民から二つの世界大戦を経て現代までのことが、テーマとなっている。

こうした大西洋にまつわる世界史をひととおり眺めてみると、私たち日本人が「西洋世界」の人たちを理解しようとするための新しいやり方・視点があったのだということに、今さらながら気づかされるのではないだろうか。ひるがえって、「太平洋史」という学問領域はまだ確立されていないようだが、今後きっと必要になることだろう。

最後になったが、本書の訳出作業にあたっては、七人の新進翻訳家（安達眞弓、五十嵐加奈子、太田久美子、岡田喜美子、野下祥子、府川由美恵、渡辺真理）に協力をいただいた。本文の各章を分担してもらい、筆者が改訂・統一作業を行なったわけである。この場を借りて御礼を申し上げたい。

二〇一四年八月

日暮雅通

人名索引

（神話やフィクション中のキャラクターも含む）

ア行

アインシュタイン，アルベルト　240
アウスウェイト，レナード　61, 408
赤毛のエイリーク　→トルヴァルズソン，エイリーク
アークライト，リチャード　282～284, 294, 302, 306, 395
アグリコラ，ゲオルギウス　285
アストレー，トマス　186
アズララ，ゴメス・エアネス・デ　36, 193
アダムズ，サミュエル　219, 229
アダムズ，ジョン　203, 220～222
アタワルパ（インカ皇帝）125, 128
アトラス　4
アビレス，ペドロ・メネンデス・デ　136
アフォンソ5世（ポルトガル王）43
アフリカヌス，レオ　184
アマダス，フィリップ　139
アムハースト，ジェフリー　210, 212
アムモン　10
アリストテレス　7, 175
アルクイン　16
アルトワ伯（ルイ16世の弟）253
アルマグロ，ディエゴ・デ　128
アル・マスディ　10
アレイヘム，ショーレム　374
アレクサンデル6世（ローマ教皇）79
アレクサンドル1世（ロシア皇帝）250
アレッサンドロ・ファルネーゼ（パルマ公）111
アンクル・サム　369
イサベル（カスティーリャ女王）45, 47, 48, 53, 55, 58, 116
ヴァルトゼーミュラー，マルティン　68, 71, 72
ウィアー，ロバート・W　112
ヴィクター，ギラム　368
ヴィクトリア（イギリス女王）343
ヴィラーニ，ステファノ　393
ウィリアム1世（イングランド王）16
ウィリアム，ハーバート　205
ヴィリエ，アラン　452
ウィルバーフォース，ウィリアム　188
ヴィルヘルム2世（ドイツ皇帝，プロイセン王）417, 420, 421
ヴィンクブーンズ，ジョン　115
ウィンスロップ，ジョン　166
ウェスターヴェルト，ジェイコブ　330
ウェスティングハウス，ジョージ　312
ウェスト，ベンジャミン　211
ヴェスプッチ，アメリゴ　66～72, 86, 88, 94, 98, 109
ウェッブ，アイザック　328
ウェッブ，ウィリアム　330
ヴェラッツァーノ，ジョヴァンニ・ダ　79
ヴェルヌ，ジュール　7
ヴェルネ，クロード・ジョゼフ　324, 325
ウォーターハウス，ジョン・ウィリアム　6
ヴォルテール（本名フランソワ=マリー・アルエ）161, 212, 237, 240, 307
ウバルディーニ，ペトルッチオ　142
ウルフ，ジェイムズ　210～212

エアネス，ジル　40
エイリークソン，トールヴァルド　19
エイリークソン，レイフ　18, 19, 22
エヴァンズ，オリヴァー　307, 310, 311
エーカウト，オーベール　89
エクイアーノ，オローダー　193
エクハウト，オーベルト　106
エセルレッド1世（ノーサンブリア王）　16
エッフェル，ギュスターヴ　381
エディソン，トマス　312
エドワーズ，シャーマン　172
エドワード“黒髭”ラフィート　143
エマソン，ラルフ・ウォルドー　336, 378
エリザベス1世　138, 139, 142
エリス，リチャード　339
エルカーノ，フアン・セバスティアン　74
エレラ・イ・トルデシリャス，アントニオ・デ　118, 126
エンリケ航海王子　31〜43, 176
オイギンス，ベルナルド　265, 266
オーグルビー，ジョン　109, 179
オジェ，ヴァンサン　260
オーティス，ジェイムズ　219
オデュッセウス　6
オーデュボン，ジョン・ジェームズ　99
オドネル，ブリジェット　365
オドー（バイユー司教）　16
オドリコ・ダ・ポルデノーネ　33, 35
オバンド　116
オバンド，ニコラス・デ　114
オビエド，ゴンサロ・フェルナンデス・デ　121
オヘダ，アロンソ・デ　70
オールコック，ジョン　447
オルテリウス，アブラハム　41, 77

カ行

解放者　→ボリバル，シモン
カイエ，ルネ　179
カーウィザム，ジョン　201
カサス，バルトロメ・デ・ラ　114
ガース，チャールズ　221
カスティーリョ，ベルナール・ディアス・デル　120
ガズデン，クリストファー　221
カーソン，レイチェル　449
カダモスト，アルヴィーゼ　42
カーター，ロバート　154
カッサンドル，アドルフ・ムーロン　429
カブラル，フアン・バウティスタ　265
カブラル，ペドロ・アルバレス　44, 72
カベザ・デ・バカ，アルバル・ヌニェス　129
カボット，ジョン　78, 81, 341
カボット，セバスティアーノ　78, 426
カボート，ジョバンニ　→カボット，ジョン
カールセフニ，トールフィン　22
カルティエ，ジャック　81, 83, 84, 136
カルム，ペール　162, 164
カルロス1世（スペイン王）　109, 122, 123, 413
カレ，アントワーヌ=フランソワ　243
カンティーノ，アルベルト　64
ガンテ，ペドロ・デ　127
キー，フランシス・スコット　259
キャプテン・ウィリアム・キッド　143
ギャラティン，アルバート　303
ギャリソン，ウィリアム・ロイド　275
ギルバート，ハンフリー　138, 139
キロガ，ヴァスコ・デ　109
キンバー，ジョン　188
クイトラワク　124
クインシー3世，ジョサイア　80
クインシー・ジュニア，ジョサイア　156
クエリャル，ディエゴ・ベラスケス・デ　118

クストー，ジャック 449
グッチャルディ，レオナルド 251
グディン，フォーシェ 175
クーパー，ジェームズ・フェニモア 95
クライン，ハーバート 174, 176
クラーク，J 179
クラーク，アーサー・H 333
クラーク，クレメント 285
グラス伯 232
クラナッハ，ルーカス 119
グラント，ユリシーズ・S 316
クリーシー，エレノア 329
クリーシー，ジョサイア・パーキンズ 329
クリストフ，アンリ 261
グリハルバ，フアン・デ 73
グリフィスス，ジョン・W 330
クリントン，ヘンリー 229
クルクシャンク，アイザック 188, 249
グレアム，ジョン・マックストン 411
グレアム，マリア 191
クレイ，エドワード・ウィリアムズ 273
クレイムズ，エイブラハム 379, 384
グレーヴズ，トマス 232
グレゴリウス10世 34
クレスウェル，サミュエル 340
クレパン，ルイ=フィリップ 251
クレームス，リリアン 372
グレンヴィル，ジョージ 221
グレンヴィル，リチャード 92, 141, 144
クローグ，クリスチャン 22
ケイヴ，エドワード 279
ケイ，ジョン 283
ケイツビー，マーク 106
ケイン，イライシャ・ケント 342
ゲスナー，ヨハン 108
ケツアルコアトル（アステカ神話の大神） 122
ケプラー，ジョゼフ 369
コー，サロモン・ド 347
コットン，ジョン 150
ゴドフロワ・ド・ブイヨン 33
コート，ヘンリー 287
コナングトン，ソフィー 385
ゴマラ，フランシスコ・ロペス・デ 117
ゴメス，フェルナン 43
コーリス，ジョージ・ヘンリー 316
コリンズ，J・W 163
コリンズ，エドワード 323, 358
コルテス，エルナン 104, 121～125
コルドバ，フランシスコ・エルナンデス・デ 73
コロナド，フランシスコ・バスケス・ド 126, 130
コロン，クリストバル →コロンブス，クリストファー
コロンブス，クリストファー 34, 45～61, 70, 72, 103
コロンボ，クリストヴァン →コロンブス，クリストファー
コロンボ，クリストフォーロ →コロンブス，クリストファー
コーンウォリス，ジョージ 232
コーンウォリス，チャールズ 198
コンスタブル，ジョン 291

サ行

サコ，ホセ・アントニオ 116
サーティン，ジョン 51
サテュロス 5
サンタンヘル，ルイス・デ 48
サン=ピエール，ジャック・レェガルデュー・ド 207, 208
サン=マルティン，ホセ・デ 264～267, 272
シエイエス，エマヌエル=ジョセフ 245
ジェソップ，ヴァイオレット 411
シェパード，ウィリアム・R 413

ジェファーソン，トマス 218, 237
ジェームズ１世（イングランド王） 102
ジェームズ，トマス 341
ジェラード，ジョン 107
シトウ，ミケル 78
ジャックマン，W・G 328
シャトウブリアン，フランソワ=ルネ・ド 95, 133
シャープ，ホレイショ 158
シャンプラン，サミュエル・ド 107, 133, 136
シュニッツァー，ヨハネス 12
シュレジンジャー，ロジャー 103
シュワルツ，スチュワート 105
ジョアン１世（ポルトガル王） 35, 37
ジョアン２世（ポルトガル王） 43〜48
ジョウエル，バーロウ
小セネカ 4
ジョージ２世（イギリス国王） 210
ジョージ３世（イギリス国王） 213, 216, 220, 221, 224, 230
ジョゼフ，ルイ（モンカルム侯） 213
ジョーダン，ウィンスロップ・D 185
ジョン，アダムズ 222
ジョーンズ，ジョン・ポール 218, 228
ジョンストン，フランセス・ベンジャミン 373
ジョーンズ，ヒュー 154
スイフト，ジョナサン 219
スターンズ，ジュニアス・ブルータス 192, 208
スティアーズ，ジョージ 330
スティーヴンソン，ジョージ 297, 298, 299〜301
スティーヴンソン，ロバート 301
スティーグリッツ，アルフレッド 373
ストイフェサント，ペーター 157, 159
ストラット，ジェデダイア 283, 306
ストーワー，ウィリー 415
スマーク，ロバート 59
スミス，アンカー 59
スミス，ジョン ii, 145〜150, 165
スミス，スティーヴン 330
スルバラン，フランシスコ・デ 142
スレイター，サミュエル 305〜307
セイジ，ルイス 362, 377
セイヤー，ロバート 205, 227
セイレーン 6
セーヴァリー，トマス 289, 292
セージ，ルイス 382, 390
セバスティアーノ・デル・ピオンボ 51
セール，オリヴィエ・ド 105
ソト，エルナンド・デ 126, 129
ソリス・イ・リバデネイラ，アントニオ・デ 123
ソリス，フアン・ディアス・デ 73
ソローグッド，アダム 154
ソロー，ヘンリー・デイヴィッド 312

タ行

タイエンダネギー →ブラント，ジョゼフ
ダヴィッド，ジャック=ルイ 251
タウンゼンド，チャールズ 221
ダ・ガマ，ヴァスコ 61〜66
ダーティ，ジュリアーニ 90
ターナー，ウィリアム 422
ダービー１世，エイブラハム 285, 287
ダービー２世，エイブラハム 287
ダービー３世，エイブラハム 287
ターピン，ソフィー 370
タフト，ウィリアム・H 375
ダランベール，ジャン・ル・ロン 307
ターンブル，R・F 382
チャーチル，ウィンストン 203, 435, 438
チャールズ２世（イギリス王） 157, 160
チャールズ，ウィリアム 80, 90
チューダー，ウィリアム 217, 221
ツァーン，ヨハン 5

ツィンメルマン，アルトゥール 422, 424, 426
ディア，ジョン 311
ディアス，ディニス 42
ディアス，バルトロメウ 43～45, 48
デイヴィス，アーサー 427, 431
デイヴィス，ジョン 341
デイヴィッドソン，マーシャル・B 206, 334
ディケンズ，チャールズ 322
ディドロ，ドニ 302, 307
ディモン，ジョン 330
ディレーニー，ピーター 452
ディンウィディ，ロバート 207～209
デヴィッドソン，マーシャル 153
テヴェ，アンドレ 88, 94, 105
デヴリン，バーサ 375
テオドール・デ・ブリー 92
テオドール・ド・ブライ 51
デサリーヌ，ジャン=ジャック 261, 263, 264
テテュス 4
デーニッツ，カール 434, 435
デ・ブリー，テオドール 109, 110, 133
デュラン・ド・ヴィルゲニョン，ニコラ 132
デ・ロシャンボー伯 232
トウェイン，マーク 356
トゥサン=ルヴェルチュール，フランソワ=ドミニク 261～264, 272
トゥルヌフォール，ジョゼフ・ピトン・ド 107
トッド，H・L 80
ド・フリース，ダーヴィト・ピートレン 159
トリアナ，ロドリゴ・デ 53
トール 16
トルヴァルズソン，エイリーク 15, 17, 18
トールズ，フレデリック 453
ドレイク，フランシス 142, 143, 144
トレイシー，フランク・ベイジル 212
トレヴィシック，リチャード 295～299
ドンナコナ（イロコイ族酋長） 84
トンプソン，ジェレマイア 320
トンプソン，フランシス 320

ナ行

ナイルズ，ヘゼカイア 203
ナポレオン・ボナパルト 250～252, 254, 263
ナルバエス，パンフィロ・デ 129
ニコライ2世（ロシア皇帝） 367
ニード，サミュエル 283
ニューコメン，トマス 292
ネッケル，ジャック 247
ネルソン，ホレイショー 251
ノア 356
ノース，フレデリック 223
ノトコフ，ポーリン 379
ノリス，フローレンス 379

ハ行

バイイ，ジャン=シルヴァン 248
ハイズ，トマス 280, 283
ハイネ，ハインリッヒ 259
ハイン，ルイス 391～396
ハウ，イライアス 308, 311
パウエル，ウィリアム・H 126
ハウエルズ，ウィリアム・ディーン 316
パウハタン 147
バーガー，シャーマン 384
バーガー，リリアン 387
バーキンショー，ジョン 300
バーク，エドマンド 202, 230, 239
ハーグリーヴズ，ジェームズ 279～281
ハクルート，リチャード 141
パトゥー，ピエール 430
ハドソン，ヘンリー 156～158, 341

ハート，チャールズ 308
バートレッティ，スーザン・キャンベル 364
バートン，オーティス 448
バーナビー，アンドルー 154
ハーバーマン，フランツ・クサーヴァ 134, 201
パーマー，ナサニエル・B 326
バラード，ロバート 414, 415
パラム，マイケル 451
ハリオット，トマス 110
ハリソン，ウィリアム・ヘンリー 258
ハル，アイザック 256
バルセロス，ペロ・デ 72
バルトルディ，F・A 381
バルボア，バスコ・ヌーニェス・デ 125
バーロー，アーサー 139, 141
バワーベンド，アグネス 373
ハンコック，ジョン 218, 221, 229
ハンター，ロバート 206
ハント，ウォルター 310
ハンドリン，オスカー 405
ピガフェッタ，アントニオ 95
ピーコック，ダグ 287
ピサロ，フランシスコ 114, 125, 128
ピーズ，エドワード 300
ヒースコート，ケイレブ 206
ビッカースタフ，アイザック →スイフト，ジョナサン
ピッカード，ジェームズ 347
ヒックス，エドワード 161
ピット，ウィリアム（大ピット） 210, 221, 318
ヒトラー，アドルフ 432, 434, 439
ピネダ，アロンソ・アルバレス・デ 73
ビーブ，ウィリアム 448
ヒューイッシュ，ロバート 339
ピュテアス 11
ビュフォン，ジョルジュ=ルイ・ルクレール 239
ヒュミル 16
ヒューム，ディヴィッド 237, 240
ヒリアード，ニコラス 139
ヒル，リチャード 359
ヒンクス，ウィリアム 279〜281
ビンズ，トマス 102
ピンソン，ビセンテ 72
ピンソン，マルティン 54
ブアスティン，ダニエル・J 23, 66, 72
フィリパ（ランカスター公女） 35
フィールド，サイラス・ウェスト 354
フィンボーンス，ヨハネス →ヴィンクブーンズ，ジョン
フェリス，ジーン・レオン・ジェローム 159
フェリーペ2世（スペイン王） 130, 142
フェルジョーニ，ベルナルディーノ 325
フェルナンド2世（アラゴン王） 45, 47, 48, 53, 55, 58
フォックス，ルーク 341
フォーブズ，ジェームズ・ニコル 331, 333
フォルジャー，ティモシー 24
フォルラーニ，パオロ・デ 96
ブーショ，フランソワ 252
ブッチャー，ソロモン 401
プトレマイオス 12, 32
フビライ・ハン 34
ブラウン，アーサー・ウィッテン 451
ブラウン，デイヴィッド 330
ブラウン，モーゼズ 307
ブラッドフォード，ウィリアム 149, 220
ブラドック，エドワード 209, 210
プラトン 7
フランクリン，ジャン・バティスト・ルイ v
フランクリン，ジョン 339〜341
フランクリン，ベンジャミン 24, 99, 218,

302
フランシス1世（フランス王） 79, 83, 94
フランシス，フィリップ 162
フランソワ=マリー・アルエ →ヴォルテール
ブランソン，リチャード 451
ブラント（タイエンダネギー），ジョゼフ 91
ブリエンヌ，エティエンヌ=シャルル・ド・ロメニー・ド 239, 242
プリーストリー，ジョゼフ 302
フリードリヒ2世（大王，プロイセン王） 211
フリードリヒ・ヴィルヘルム2世（プロイセン王） 253
フリント，ヴァレリー 60
プルタルコス 7
プルート 10
フルトン，ロバート 341, 346, 347
ブルネル，イザムバード・キングダム 351, 353, 355, 358
フレイディス（レイフ・エイリークソンの妹） 22
フレーゲル，ゲオルク 109
プレスター・ジョン 41, 43
ブレッヒェン，カール 291
フレデリック，ボルティモア卿 158
ブレドン，トマス 200
聖ブレンダン 5, 11, 12, 15
プロクロス 7
フロビッシャー，マーティン 341
フローリ，エミル 367
ヘイズ，カールトン・J・H vii, 454
ヘイズ，ラザフォード・B 343
ベイリー，トマス・A 423
ベイリン，バーナード 114, 265, 272, 419
ペイン，トマス 198, 203, 219, 370
ベーコン，フランシス 32
ヘシオドス 2
ページ，ピトキン 326
ヘスペラス（金星の神） 59
ベスラー，バジリウス 106
ペチョン，アレクサンドル・サベ（ハイチ大統領） 261, 270
ベッセマー，ヘンリー 309
ペドロ1世（ブラジル皇帝） 316
ベネット，ジョン 227
ペパレル，ウィリアム 206, 207
ベラルドゥス，カロルス 49
ペリー，ウィリアム 341
ペリー，オリバー・ハザード 258
ベル，アレクサンダー・グラハム 312
ベルガー，リリアン 389
ペルセポネ 10
ベルトー，ピエール・ガブリエル 243
ベルー，フランク 369
ヘルヨルフソン，ビャルニ 18
ヘロドトス 12
ペン，ウィリアム 160, 161
ベンゾーニ，ジローラモ 101
ヘンリー7世（イングランド王） 78
ヘンリー8世（イングランド王） 110
ホイッティアー，ジョン・グリーンリーフ 273
ホイットニー，イーライ 274, 311
ホイットマン，ウォルト 295
ボウルズ，カリントン 206
ポカホンタス 147
ホーキンス，ジョゼフ 190
ボスコーエン，エドワード 212
ポセイドン 5, 10
ポーター，ウィリアム 308
ポッセルホワイト，ジェイムズ 282
ホッブズ，トマス 241
ボバディーリャ，フランシスコ・デ 58
ホプキンス，フランシス・アン 134
ホメロス 6
ボリバル，シモン 265～272

ポール，J・ハーランド 451
ホール，ウィリアム 147
ホール，サミュエル 330
ポール，ルイス 279
ボールトン，マシュー 284, 294, 302
ホワイト，ジョン 92, 110, 140, 143〜145
ポンセ・デ・レオン，フアン 24, 119〜121
ホンディアス，ユドカス 39
ポンパドゥール夫人 212, 213

マ行

マクミラン，サミュエル 407
マクリーン，マルコム 441
マクレイビー，アレクサンダー 162
マクレーン，ルイス 305
マコーミック，サイラス 308, 311
マシェット，ロバート・フォレスター 309
マーシャル，ジェームズ 331, 334
マーシャル，ベンジャミン 320
マゼラン，フェルディナンド 73〜77
マッケイ，ドナルド 328, 329, 331〜333
マディソン，ジェームズ 238
マーデン，ヴィクトリア 451
マドックス，メルヴィン 321
マニング，パトリック 188
マヌエル1世（ポルトガル王） 61, 71
マラー，ジャン=ポール 242
マリア（ポルトガル王女） 111
マリー・アントワネット 247, 249
マルコ・ポーロ 31, 34
マルトッチ，フランク 386
マン，チャールズ・C 117
マンフォード，ルイス 395
ミュンスター，セバスチャン 75
ミラー，エステル 380
ミランダ，フランシスコ・デ 268
ミレー，ジャン=フランソワ 290
ムーア，ジェームズ 155
ムーア，ハイラム 308
ムッソリーニ，ベニート 439
メイア，ゴルダ 371
メイソン，ジョージ 238
メイニグ，D・W 26, 163, 225, 231, 313
メディチ，ロレンツォ・デ 86, 88
メルヴィル，ハーマン 326, 407
メロン，ポール 21
モア，トマス 109
モーガン，ヘンリー 143
木版画家のヨハネス →シュニッツァー，ヨハネス
モナルデス，ニコラス 100, 103
モル，ハーマン 118
モンタヌス，アルノルドゥス 109
モンテスキュー，シャルル=ルイ・ド 237, 240, 307
モンテスマ2世（アステカ王） 122〜124

ヤ行

ユルケヴィッチ，ウラジミール 431
ヨアン・ブラウ 86
ヨーク公（イギリス国王チャールズ2世の弟） 157
ヨルムンガンド 16

ラ行

ライアン，ポール・B 423
ライツェルト，バルタザール・フリードリッヒ 162, 167
ライト，アイザック 320, 358
ライト，ジョゼフ 282
ラヴォアジエ，アントワーヌ=ローラン 239, 242
ラヴラドール，ジョアン・フェルナンデス 72
ラ=ファイエット，マリー・ジョゼフ 238, 248

ラフィート，ジャン 143
ラブジョイ，ポール・E 176
ラプラス，ピエール=シモン・ド 239
ラボック，バジル 331, 333
ラムジー，デイヴィッド 347
ラムゼイ，アラン 240
ラリック，ルネ 430, 432
ランドルフ，エドワード 167
リーヴァー，ダーシー 322
リヴィア，ポール 219, 221, 223
リシュリュー（枢機卿） 135, 137
リース，ジェイコブ 390, 399
リップマン，ウォルター 419, 420
リー，トマス・ルドウェル 238
リプシウス，ユストゥス 130, 132
リボウ，ジャン 132, 133
リュルマン，ジャック=エミール 430
リンスホーテン，ヤン・ホイフェン・ヴァン 39
リンドストランド，パー 451
リンドバーグ，チャールズ 442, 447, 451
ルイ 13 世（フランス王） 135
ルイ 14 世（フランス王） 178
ルイ 16 世（フランス王） 237, 243, 245～249, 253
ルイス，サミュエル 269
ルクレール，シャルル 261, 263
ルシアン=エチエンヌ・L・メレンゲ 246
ルーズベルト，エリオット 435
ルーズベルト，セオドア 367, 413
ルーズベルト，フランクリン・D 435
ルソー，ジャン=ジャック 237, 240, 307
ルモアーヌ，ジャック 93, 133
レイン，ラルフ 141
レヴィック，エドウィン 378
レオポルト 2 世（神聖ローマ皇帝） 253
レミントン，フレデリック 126
ロジャーズ，W・アレン 368
ロシャンボー，ドナティエン=マリー=ジョゼフ 263
ロス，ジェイムズ・クラーク 339
ロス，ジョン 339
ロック，ジョン 237, 238, 241
ローディング，シルヴェスター 401
ロードニエール，ルネ=グーレーヌ・ド 93, 133, 136
ロバート 300
ロビソン，ジョン 293
ロビンソン，アンドリュー 165
ロビンソン，ヘンリー 218
ロベスピエール，マキシミリアン 246, 253, 254
ローリー，ウォルター 102, 138, 139, 141, 144
ロルフ，ジョン 147

ワ行

ワイアット，ジョン 279
ワイルドグース，トマス 347
ワシントン，ジョージ 192, 208～210, 228, 232, 284
ワット，ジェームズ 284, 292～294, 302, 347
ワトキンソン，ジェームズ 323

地名＆事項索引

（《 》は艦船ないし航空機名）

ア行

藍　216
アイアンブリッジ　286, 287
アイオワ州歴史協会　365, 370
アイスランド　15
アイスランドのサガ　15
『アイヒシュテットの庭園』（バジリウス・ベスラー，1613年）　106
アイルランド　11, 103, 349, 354, 364～366, 423
アイルランド系移民　164, 370, 401
アイルランド人　25
《アヴェンジャー》　436
アウター・ヘブリディーズ諸島　11
《アガメムノン》　354, 425
アーカンソー川　357
《アキレス》　433
《アクティヴ》　300
《アークティック》　358
アジア　49
アステカの太陽の石　119
アステカ族　104, 109, 118, 119, 121～124
アステカ帝国　122
アステカ暦　119
アゾレス諸島　170
『アタラ』（F・R・シャトウブリアン，1801年）　95
『新しく未知の世界』（アルノルドゥス・モンタヌス，1671年）　109
アッカド帝国　174
アッシリア　174, 175
『あてどなく』（ヘンリー・H・カラン，1941年）　386
《アドミラル・グラーフ・シュペー》　433
アトランティス　5～7, 10
《アトランティック》　358
〈アトランティック・トランスポート・ライン〉　428
『アトランティック・ヒストリー』（バーナード・ベイリン，2005年）　114, 265, 272, 419
『アトランティック・マンスリー』（1876年7月号）　316
アドリア海　359
油　335
アブラハム平原　212, 213
アフリカ　37, 43, 170, 174～178, 184～186
『アフリカ：アイギュプト地域の描写』（ジョン・オーグルビー，1670年）　179
アフリカ沖　257
『アフリカの歴史とそこに眠る貴重なもの』（レオ・アフリカヌス，1550年）　184
『アフリカ沿岸への航海と内陸への旅の記録』（ジョゼフ・ホーキンス，1797年）　190
アフリカ人　116
『アフリカ人オローダー・エクイアーノ，またの名をグスタフ・ヴァッサの数奇なる人生』（1789年）　193
アフリカ人奴隷　109, 115
アフリカン・アート　182～183
アヘン　334
アーヘンの和約　207

アボカド　103
アマゾン川　70
《アムステルダム》 373
アメリカ　67, 71, 272, 301, 303, 305, 338, 419, 423, 426
《アメリカ》 345
『アメリカ』（ジョン・オーグルビー，1671年） 109
アメリカ＝イギリス戦争　255〜259
アメリカ・インディアン　160
アメリカ海軍　218
『アメリカ革命勃発，1763〜1775年』（ローレンス・ヘンリー・ギプソン，1954年） 212
アメリカ合衆国　130
『アメリカ紀行』（チャールズ・ディケンズ，1842年） 322
アメリカ憲法　272
『アメリカ権利章典』（1789年） 238
『アメリカ国家の形成』第1巻（D・W・メイニグ，1986年） 26, 163, 225, 231
『アメリカ国家の形成』第2巻（D・W・メイニグ，1993年） 313
『アメリカ史入門』（D・H・モンゴメリー，1893年） 102
アメリカズ・カップ　345
『アメリカすなわち世界の第四地域の最新詳細地図』（ディエゴ・グティエレス作） 6
アメリカ先住民　88〜95, 90, 126, 129, 141, 209, 210
『アメリカ体験記』（テオドール・デ・ブリー，1595年） 109
アメリカ大陸横断鉄道　401
『アメリカ鳥類学』（アレキサンダー・ウィルソン，1810年） 99
『アメリカでの生活』（マーシャル・デイヴィッドソン，1951年） 54, 153, 206, 334
アメリカ独立革命　198〜233
アメリカ独立宣言　218, 230, 231, 248
アメリカ独立戦争　239
アメリカ南部　154
『アメリカの海賊』（アレクサンドレ・エクスキュミラン，1678年） 143
『アメリカの鳥類』（ジェームズ・オーデュボン，1827〜38年） 99
『アメリカの農業』（1775年） 155, 174
『アメリカの人びと』（ウィンスロップ・ジョーダン，1988年） 185
アメリカ平原　406
『アメリカ　豊饒の地』 109
アメリカン・テレグラフ・カンパニー　354
『アメリカン・パトリオット』（1852年） 369
アヤクーチョ（ペルー） 271
嵐の岬　44
アラスカ海岸　443
『新たで完全な地理体系』（1778〜79年） 152
『新たなる航海の達成』（カスパール・プラウティウス） 15
『新たに発見されたヴァージニアについての簡略な報告』（トマス・ハリオット，1590年） 110
アラビア海　62
アラブ　174
アリゾナ　130
アリゾナ州　426
アリゾナ大学　21
『あるアメリカ農夫の手紙』（J・ヘクター・セント・ジョン・ドゥ・クレヴクール，1782年） 406
《アルヴィン》 449
アルゴンキン　207
アルゼンチン　264〜267
アルゼンチン憲法　236

アルゼンチン独立宣言　265
アルゼンチン独立戦争　265
アルツハイマー病　453
アールデコ　428～430
アルパカ　98
アルブエラの戦い（1811年5月）　265
『アルマダ・ポートレート』（ジョージ・ガワー，1588年）　139
アルメニア人　367, 406
アレゲーニー・シティ（ペンシルヴェニア州）　314
アレゲーニー山脈　207
アレゲーニー川　208
アングロ＝アメリカン・テレグラフ・カンパニー　354
アンコン（ペルー）　267
アンティグア　56
アンティフェール港　444
アンティーリャ島　5
アンデス山脈　128, 266
アントウェルペン　298, 371
イーウェン（ペンシルヴェニア石炭会社）　396
イエズス会　127
イェーナ　304
イェール大学　21
イギリス　138～156, 166, 170, 203, 250, 262, 278, 333, 336, 338, 341, 420, 426, 431, 433, 438
イギリス系アメリカ人　200
『イギリス国民による主要航海術と航海，そして発見』（リチャード・ハクルート，1589年）　141
イギリス諸島　11
イギリス＝スペイン戦争　142
イギリス製品の不買運動　225
イギリスの国家債務　213
イーストサイド（ニューヨーク）　399
イーズ橋　312
イスパニョーラ島　53, 57, 61, 109, 114, 116, 117, 131, 259
イタリア　103, 131, 359, 367, 371
イタリア人　371
イチゴ　103
一角獣　98
一夫多妻主義者　377
イートン・コール＆バーナム社　308
移民　362～407
『移民：新しいアメリカ人』（タイムライフブックス，1999年）　370, 387, 388, 399
移民法　376, 377
『イラストレイテッド・ロンドンニュース』　344, 365, 366, 424
イリノイ川　206
《イル・ド・フランス》　428～430
《インヴェスティゲイター》　340, 343
インカ帝国　125, 128
イングランド　103, 131
イングランド北部　278
『イングランド史』（デイヴィッド・ヒューム，1754～62年）　240
印紙法　220～222
インターモーダル　441
『インディアスの破壊についての簡潔な報告』（デ・ラ・カサス，1552年）　114
『インディアスの歴史と自然史』（フェルナンデス・デ・オビエド，1535年）　121
インディアン　126
インディオ　61, 122, 131
インディゴ　152, 155, 166, 178
インディゴ・プランテーション　152
インディゴ農園　115
インディーズ（インド諸国）　47, 71, 84
インド　61, 62, 66, 282, 334
インド航路　43
『インド諸島の歌』（ジュリアーニ・ダーティ，1494～95年）　90
インド洋　62

インド洋提督　62
《イントレピッド》　343
《インフレキシブル》　421
《インペラトール》　418
ヴァイキング　14〜23, 25
《ヴァージニア》　359, 360
ヴァージニア　92, 145, 166, 193, 198, 208, 224
ヴァージニア権利宣言　236, 238
ヴァージニア植民地議会　225
ヴァージニア大学　218
ヴァージニア代表団　227
『ヴァージニアの現況』（ヒュー・ジョーンズ，1724 年）　154
『ヴァージニアの多人口地域の地図』（ジョシュア・フライ，ピーター・ジェファソン，1755 年）　167
『ヴァージニアの地図：土地と産物，人びと，政府と宗教についての記述』（1612 年）　112
ヴァニラ　103
ヴァレンヌ　249
ウィアペメオック　140
ヴィックスバーグ方面作戦　357
ウィリアムズバーグ　154
ウィリアム・ヘンリー砦　211
ヴィル・ド・ケベック　213
ヴィンランド　19〜23
ウーヴェルホグダルのタペストリー　16
『飢えた心』（アンズィア・イェズィールスカ，1920 年）　388
ヴェルサイユ　242, 245
ウェールズ（南部）　278, 286
ヴェルティエルの戦い　263
ヴォヤジェール　137
ウクライナ　371
ウクライナ人　406
『ウズ・ルジアダズ』（ルイス・デ・カモンイス，1572 年）　28, 63
ウッズホール海洋学研究所　414, 449, 452
馬　122
海の怪物　6
運河建設　305
『運河，鉄道，道路，その他ペンシルヴェニア協会内部改革促進に貢献した建設物に関する報告書』（ウィリアム・ストリックランド，1826 年）　297
英国国教徒　164
《エイジャックス》　433
H・C・フリック・コークス・カンパニー　314
英領カナダ　212
エクアドル　271, 413
《エクゼター》　433
《エクソン・バルディーズ》　443
《エジプト》　318
『エジプト，カルデア，シリア，バビロニアの歴史』（ガストン・マスペロ，1903 〜 1906 年）　175
エジプト人　4
『エジプトとヌビア』（デヴィッド・ロバーツ，1842〜49 年）　175
エデンの園　110
エニグマ　439, 440
『エーベルスヴァルデの工場』（カール・ブレッヒェン）　291
『エマソンの日記』　378
エリザベス・ストリート（ニューヨーク）　391
エリザベス朝時代　139
エリス島　362, 376, 377〜387, 396
『エリス島オーラル・ヒストリー・プロジェクト』　373, 375, 379, 380, 385, 386, 393
『エリス島：夢への玄関』（パメラ・リーヴズ，1991 年）　397
エリー湖　207
エリー湖の戦い　258
エルバ島　250

『エルミナのセント・ジョージ城の光景』（トマス・アストレー） 186
『エルミナの海岸からモウリへの光景』（トマス・アストレー） 186
遠隔操作無人探査機（ＲＯＶ） 453
援助令状 217, 219
エンパイア・ソーイング・マシン社 308
燕麦 103
『エンリケ航海王子』（ピーター・ラッセル，2001 年） 42
《オイローパ》 431
黄金 35
黄金郷 130
王室カナダ海軍 438
温室効果ガス 447
王制派 →国王派
黄鉄鉱（フールズゴールド） 84
『王認協会会員サー・ヘンリー・ベッセマー——自叙伝』（1905 年） 309
オウム 95
『大いなる幸運はいかにして生まれたか，または独立独歩の人物の苦闘と勝利』（ジェイムズ・D・マッケイブ・ジュニア，1871 年） 346
大型豪華快速客船 417〜418
オオハシ 95
大麦 103
《オーガスタ》 435
オクラホマ 129
《オーシャン・クイーン》 327
オーストリア 250, 254
オーストリア＝ハンガリー 359, 371
オーストリア併合 434
オスマン帝国 367
オタワ 207
『オデュッセイア』 6
オデンセ造船所 444
オトゥンバ平野 124
斧 166
オハイオ川 208
オハイオ・カンパニー 207
オハイオ州 203, 207〜209
“オマハビーチ” 437
オランダ 150, 170, 336, 338, 345
オランダ西インド会社 159
オランダ東インド会社 156〜159
オリノコ川 57, 70
《オリンピック》 vii, 411, 418
オルクトル・アムフィボロス（水陸両用掘削機） 310, 311
《オレゴン》 356
オレンジ 166

カ行

ガイアナ 70
壊血病 145
外国人契約労働者法 376, 384
『外国人とアメリカ人のはざまで』（ハワード・B・グロース，1906 年） 397
《カイザー・ヴィルヘルム 2 世》 373, 425
《カイザー・ヴィルヘルム・デア・グロッセ》 410, 417
海賊 139, 142, 143
『快速帆船の時代』（アーサー・クラーク，1910 年） 333
『海底二万里』（ジュール・ヴェルヌ） 7
塊鉄炉 284
海綿 453
カイロ 175
カカオ 104, 109
カスター（ネブラスカ州） 401
《カタリーナ》 436, 439,
『合衆国内の製造にかかわる文書』 305
『カット・ザ・ライン』（トマス・ハート・ベントン，1944 年） 437
『カディスにおけるイギリスへの防衛』（フランシスコ・デ・スルバラン，1634 年） 142

ガトゥン閘門　413
カトリック　132
ガーナ　186
ガーナ王国　184
家内工業　278
カナダ　84, 135, 155, 209, 256
『カナダ300年史』（フランク・ベイジル・トレイシー，1908年）212
カナリア諸島　52, 170
カヌー　137
『カーネギー最後のクルーズ』（J・ハーランド・ポール，1932年）451
カーパー　→海賊
株　158
貨幣　109
カボチャ　103
カーボベルデ諸島　42
ガボン　182
紙　221
神々の食べ物　103～111
カメルーン　182
カラカス（ベネズエラ）268
カラカス独立暫定政権　268
ガラス　221
ガラス工場　394, 395
カラック船　11, 38
カラベル船　38, 40
カリカット　62
刈取り機　308, 311
カリフォルニア　332, 334
『カリフォルニアに行く人びと』（ナサニエル・カーリア，1849年頃）332
カリフォルニア湾　130
カリブ海　103, 115, 131, 137
《カリプソ》449
〈火力機関〉289
カルヴァン派　132
カルタゴ　11
カルタヘナ（コロンビア）268
《カルパチア》415
“カロライナの月桂樹” 106
『カロライナ，フロリダ，およびバハマ諸島の博物誌』（マーク・ケイツビー，1731年）106
カロライン砦　136
癌　453
カンザス　130
ガン条約　259
『機械原理体系』（ジョン・ロビソン，1822年）293
『機械の神話』（ルイス・マンフォード，1967～70年）395
機関車　295, 300
飢饉　364～366
貴族社会制度　137
北アメリカ大陸　18, 84, 129
北ドイツ・ロイド社　408
ギニア　43, 182
『ギニア発見と征服の記録』（ゴメス・イアネス・デ・アズララ，1453年）30, 193
キビラ　130
喜望峰　43～45
《ギャスピー》223, 224
キャセイ　49, 60
キャッサバ　104
キャッスル・ガーデン（ニューヨーク）376, 383
《キャッチ・ミー・フー・キャン（つかまえてごらん）》297
キュー王立植物園　106
キュナード汽船　355, 356, 411, 417
キューバ　53, 117, 129
キューポラ　285
『驚異の書』（マルコ・ポーロ）34
教皇子午線　79
強制送還　386
強制徴用政策　256
京都議定書　447

共和国宣言（ハイチ，1804 年） 264
「共和主義の美女――1794 年，パリの光景」（アイザック，クルックシャンク） 249
『極点の公海――北極に向かう発見の旅の記述……』（アイザック・ヘイズ，1869 年） 342
ギリシャ 174, 175, 371
ギリシャ人移民 406
金 116, 120, 131, 145
銀 120, 131
銀貨 334
『キングズ・ブック・オブ・ケベック』（1911 年） 83
金鉱 332
銀鉱山 128
金鉱発見 334
グアドループ 56
グアナバラ湾 133
グアヤキル（エクアドル） 267
《クイーン・エリザベス 2》 441
《クイーン・オブ・ザ・ウェスト》 326
《クイーン・メリー》 430～432
《クイーン・メリー 2》 442
クエーカー教徒 160, 161, 164, 274
『クエーカー教徒とアトランティック・カルチャー』（フレデリック・トールズ，1960 年） 453
『クエーカー教徒と大西洋文明』（フレデリック・トールズ） 26
『草の葉』（ウォルト・ホイットマン，1900 年） 295
『鎖につながれし我らが民』（ジョン・ホイッティアー） 273
クージョ地域（アルゼンチン） 266
鯨 335
鯨ひげ 335, 338
クスコ 128
果物 333
駆逐艦基地協定 438
《グナイゼナウ》 421
クナール（またはクノール）（ヴァイキング船） 14, 16
『苦悩するボストン人たち』 226
《クノル》 414
クバ王国 182
クマ 98
《クラーケン》 450
グラスゴー 294, 352
《グラナダ》 48
《クラーモント》 346
大《グラン》 コロンビア 271
グランド・キャニオン 130
グランド・ジャンクション運河 305
グランドバンクス（北大西洋西部） 80, 446
クーリー 376
《クーリア》 323
クリアクリーク（コロラド州） 314
クリーヴランド 406
クリッパー vi, 327～335
『クリティアス』（プラトン） 5
グリネル・ミンターン・アンド・カンパニー 329
グリーノック（スコットランド） 292, 321
グリーンランド 15, 17, 336
グリーンランド・フィッシャリー 336
『グリーンランド人のサガ』 19
クレオール 164
《グレート・イースタン》 351～355
グレート・イースタン・タバコ 352
《グレート・ウェスタン》 350, 351, 355, 358
グレートシップ・カンパニー 353
グレート・フィッシュ・リバー 62
《グレート・ブリテン》 351
《グレート・リパブリック》 328, 331
グレナダ島 58
クレブラ・カット（現ゲイラード・カット）

412
クロアタン族　144
『黒いジャガイモ――アイルランドの大飢饉，1845～50年』（スーザン・キャンベル・バートレッティ，2001年）　365
グローバル・ポジショニング・システム（ＧＰＳ）　441
『グロンランディア（グリーンランド）』（アルングリームル・ヨーンスソン，1688年）　17
《クングスホルム》　428
〈群狼〉作戦　435, 440
『経済変革のフロンティア――アメリカ初期工業史・1785～1855年』（トマス・コクラン，1981年）　313
啓蒙思想　236, 237, 241, 307
鯨油　338
毛織物　166
毛皮　135, 137, 155
毛皮貿易　136
結束機　311
《ケーニヒ・アルベルト》　408
ケープ・アン　165
ケープコッド　133, 150
ケープ・ブレトン島　207
ケベック　133, 134, 136, 212
下痢　104
《ゲリエール》　256, 257
ケルン　298
『建設業者の心得――運河，鉄道，その他建設工事における道具や機械の図面作成』（ジョージ・コール，1855年）　302
『現代合衆国政治史』（ジョージ・チャーマーズ）　202
ケンブリッジ　148
憲法制定議会（フランス）　247
原油　338
ゴア　66
高圧蒸気機関　310
『航海者たちの聖母』（アレホ・フェルナンデス作，1531年）　51
航海条例（イギリス，1651年）　200, 213
鉱床　453
香辛料　31, 56
高地ペルー　271
紅茶　105, 333
鋼鉄製の線路　314
鉱夫の友　289, 292
香料諸島　→モルッカ諸島
小型機関車　295
コーク（アイルランド）　350
国王派（トーリー派，王制派）　227
国際捕鯨委員会（ＩＷＣ）　446
国際捕鯨取締条約（ＩＣＲＷ）　446
コークス　287, 314
『告白』（ルソー，1770年頃完結）　240
国民議会　245, 248, 253, 254
穀物　166
『心の島々：人類の想像力はいかにして大西洋世界を創り上げたのか』（ジョン・ギリス，2004年）　26
コスタリカ　60
『古代のエンジニア』（Ｌ・スプレイグ・ディ・キャンプ，1963年）　276
古代ノク文化　183
コーチン　66
『国家のページェント』（ジェローム・フェリス，20世紀初頭）　159
《ゴッドスピード》　145
『コットン・タイムズ』（ダグ・ピーコック）　284
コネティカット　153
コーパス・クリスティ（テキサス州）　436
コーパル　101
コーヒー　105, 260, 262, 333
小人族　90
小麦　103, 156
小麦粉　156, 165

米　155, 165, 178
『コモン・センス』（トマス・ペイン，1776年）　198, 202, 203, 219, 370
コーリス蒸気機関　316
コリニー砦　133
〈コリンズ・ライン〉　358
『ゴルダ・メイア回想録』（1975年）　371
ゴールデンゲート海峡　332
コールブルックデール（イギリス）　285, 286, 287
コールブルックデール・カンパニー　288
コレラ　104
コロンビア　268, 271
《コロンビア》　327
コロンビア愛国者軍　270
コロンビア憲法　236
『コロンビアド』（バーロウ・ジョウエル，1807年）　59
コロンブス記念世界博覧会（1892〜93年，シカゴ）　316
『コロンブスのもたらしたもの』（ロジャー・シュレジンジャー，1996年）　95, 103
コンキスタドール　103, 117〜132
コンゴ　182
コンコード（マサチューセッツ州）　229
コンコルド（超音速旅客機）　442
コンゴ川　43
《コンスティテューション》（愛称：《オールド・アイアンサイズ》）　256, 257
《コンステレーション》　327
コンテナ船　441, 444
コンバイン　308, 311
コンピューター　440

サ行

「最初の綿繰り機」（ウィリアム・L・シェパード）　191
採泥機　310
サヴァナ　165
サウスカロライナ　133, 155, 193
サウス・ストリート・シーポート（ニューヨーク）　322
搾取工場　393
サグレス　37, 38
サケ（鮭）　19
サゲネー　81, 84
サスケハナ川　160
サーチライト　439
サッサフラス　101
サツマイモ（ヤムイモ）　103
砂糖　104, 105, 109〜111, 176, 177, 187, 216, 260
砂糖宴会　110
砂糖菓子　109
サトウキビ　116, 187, 262
砂糖製品　105, 116
砂糖・糖蜜法　216
砂糖プランテーション　109
砂糖法　216, 220
砂糖貿易　166
『さまざまな航海についての簡略な歴史的覚書と航海日誌』（ド・フリース，1655年）　159
《サミュエル・B・ロバーツ》　444
サムター要塞（サウスカロライナ）　273
サリヴァン・ストリート（ニューヨーク）　393
サルヴァージョ島　5
サルサパリラ　101
『ザ・レジスター』　203
三角貿易　166
サンギ帝国　184
サンギナリア　101
産業革命　272, 276〜317
サンサルバドル島　50, 53
サンタフェ　130
《サンタ・マリア》　49, 50, 54, 56, 452
サンダーランド　299

サンチアゴ（チリ）　266
「三等船室」（アルフレッド・スティーグリッツ，1907 年）　373
サントドミンゴ　259
サン＝ドマング（現ハイチ）　259, 261
三部会　242, 245
サンフランシスコ　329, 333, 334, 398
『サン・ベルナール峠を越えるナポレオン』（ジャック＝ルイ・ダヴィッド，1801～05 年）　251
サンロレンソの戦い　264
《シー・ウィッチ》　333
《ジェイムズ・モンロー》　320
シェトランド諸島　11
ジェニー紡績機　280, 281
ジェノヴァ　46, 78, 79
シェフィールド　291
ジェームズ川　145
ジェームスタウン　145, 147, 165, 193
《ジェームズ・モンロー》　323
塩　166
シカゴ　206, 406
自家動力陸上乗用車　311
軸紡績機　279
シコタン　140
自然資源　166
七年戦争　239
七面鳥　95, 99
《シドンズ》　326
シナモン　56
ジフテリア　104, 131
ジブラルタル海峡　10, 32
シボラの七つの都市　129, 130
『市民政府論』（ジョン・ロック，1690 年）238
『社会契約論』（ルソー，1762 年）　240
ジャガイモ　103, 139, 364
ジャコバン党　253
『ジャッジ』誌　367, 368, 413
シャトー・ド・サン＝クルー　252
《シャノン》　257
《ジャバ》　259
ジャマイカ　60, 117, 152
ジャム　105, 110
《シャルンホルスト》　434
『ジューイッシュ・デイリー・フォワード』紙　396
自由国民　262
『自由』（ジェームズ・トムソン，1734 年）202
『自由——自由の女神とアメリカン・ドリーム』（レスリー・アレン，1985 年）　364
囚人　376
〈自由の息子たち〉　217
自由の女神　380, 381
『18 世紀のイギリス』（J・H・プラム，1950 年）　255
『自由：女神像とアメリカン・ドリーム』407
樹脂　166
出入国管理局　376, 377
シュメール人　4
『ジュリ　または新エロイーズ』（ルソー，1761 年）　240
蒸気機関　284, 292～294, 310
蒸気機関車　296
蒸気式陸上輸送車　295
蒸気船　346～358
『蒸気船での生活——グレート・ウェスタンの手紙袋』（トマス・チャンドラー・ハリバートン，1840 年）　351
蒸気動力　288～295
商業革命　165～170
『証拠物件抄録』（1790 年）　188
ショウジョウコウカンチョウ　99
商人　170
植物学　106
『植物学の基礎』（ジョゼフ・ド・トゥルヌ

フォール，1694 年） 107
植民地 278
『植民地時代の快速帆船』（バジル・ラボック，1921 年） 331, 333
植民地正規軍 229
諸国民の戦い（ライプチヒの戦い） 250
ショコラート 104
『ジョサイア・クインシーの想い出』（1875 年） 156
ジョージア 193
ジョージタウン・ループ 314
ショーニー族 207
『ジョン・スミス船長による真実の旅と冒険，報告』（ジョン・スミス，1630 年） 146, 150
ジョン・マーティン・アンド・カンパニー 291
《ジョン・ラトリッジ》 322
《シリウス》 349, 350, 355
私掠船 145, 217, 259
ジロンド派 254
深海オイル・ターミナル 444
深海潜水装置 453
深海の生態系 453
『新共和国』（ウォルター・リップマン，1917 年） 419
人権 237
人工衛星 452
シンシナティ 370
『シンシナティ・ガゼット』（1815 年） 348
真珠湾 438
新世界 71
『新世界史』（ジローラモ・ベンゾーニ） 101
『新世界におけるアフリカ人奴隷の歴史』（アントニオ・サコ，1876 年） 116
新世界の動植物 95～111
『新世界を発見し征服した英雄たち』（D・M・ケルシー，1891 年） 125
新大陸 66
『新大陸』（アメリゴ・ヴェスプッチ，1503 年） 86, 98
シント・マールテン 56
シント・ユースタティウス 56
『新旅行記集成』（トマス・アストレー，1745～47 年） 186
水晶宮 317
スイス人 164
水中活火山 453
水道 290
水利 278
水力稼働の繊維工場 307
水力紡績機 283
スウィーディシュ・アメリカン・ライン 428
スウェーデン 250, 302
スウェーデン系移民 401, 406
スカパ・フロー 433, 434
スカンディナヴィア人 370
《スクイール》 138
スクイルキル川 160
スクーナー 163, 165
スクレリング 19, 22
スコットランド 103, 278, 284, 286
《スーザン・コンスタント》 145
錫 221, 278
スタフォードシャー 284, 286
スタンヒル（イギリス） 279
ステアリング・ホイール（操舵車輪） 296
ステイト・ライン 352
ストックトン 297, 300
スネーク・ガリーの戦い 261
スパイス 31, 63
スパニッシュ・アルマダ →スペイン無敵艦隊
《スピードウェル》 150
スプリングフィールド（オハイオ州） 308
スペイン 47, 55, 61, 66, 71～73, 79, 103,

114〜132, 136, 144, 166, 170, 250, 262, 264, 266, 270, 271
《スペイン》 318
スペイン無敵艦隊　142
《スペンサー》 437
スミソニアン協会　21
《スリー・ブラザーズ》 vi
スレイター工場　305, 307
スワローテール・ライン　323
生活保護者　376
清教徒　152
『政治学』（アリストテレス，紀元前 350 年） 175
青春の泉　120, 121
「青春の泉」（ルーカス・クラナッハ） 119
『星条旗』（フランシス・スコット・キー） 259
精神障害者　376
製鉄　284〜288
精紡機（アークライト） 282, 283
セヴァーン川　287
セウタ　37
『セオドア・ルーズベルト：自伝』（1913 年） 413
『世界がひっくり返った』 232
『世界史または人類の歴史読本』（1890 年） 175
世界周航　73〜77
「世界を照らす自由」（自由の女神） 381
赤道ギニア　182
石油流出　443
石炭　278, 285, 288
石灰岩　278
『セット港の眺め』（ヴェルネ，1757 年） 324
セビーリャ　100
セミクジラ　337
《セラピス》 218, 228
セーレム港　167
繊維工場　307, 395
繊維産業　278, 288
繊維生産　279〜284
宣教師　127
全国三部会　239
『1588 年のスペイン艦隊に関する論文』（ペトルッチオ・ウバルディーニ，1590 年） 142
『1584 年のロアノーク島への初航海』（アーサー・バーロー） 141
セント・アンズ・ベイ　60
セントオーガスティン　130
セント・キッツ　56
セント・クロイ　56, 117
セントヘレナ　250
セント・マーティン　117
セントラル鉄道　401
セントルイス　370
セントローレンス・イロコイ族　81
セントローレンス川　84, 207
『1776』（シャーマン･エドワーズ，1969 年） 172
船舶用樹脂　155
『1863 年の奴隷』（ヘンリー・ルイス・スティーヴンス） 191
全米海底調査プログラム（NURP） 450
『1491――先コロンブス期アメリカ大陸をめぐる新発見』（チャールズ・C・マン，2005 年） 117
線路　300
装甲艦　359
『装甲艦時代の海戦』（リチャード・ヒル，2006 年） 359
造船産業　165
《ソヴリン・オブ・ザ・シー》 332
ソナー・システム　439, 441, 453

タ行

第 1 次世界大戦　419〜427

第一身分（聖職者） 242
大英博物館 21
ダイオウ 56
『大海での生と死』（ヘンリー・ハウ，1855 年頃） 188
『大革新』（フランシス・ベーコン） 32
大恐怖 248
『大銀行家，または 1763 年から 65 年にかけてのイギリス経済，1763, 1764, 1765)』 221
『大航海』（テオドール・ド・ブライ作，1595 年） 51
大航海時代 38
タイコンデロガ砦 210
第三身分（中産階層と農民） 242, 244, 245
大地震 367
『大西洋：ある大洋の歴史』（レオナルド・アウスウェイト，1957 年） vii, 61, 408
大西洋海底ケーブル 354, 355
大西洋間貿易 148
大西洋憲章 435
大西洋三角貿易 187～196
『大西洋世界：奴隷制度，移民，機略に関する随想』（ウィム・クルースター，2004 年） 236
大西洋中央海嶺 450
『大西洋電信ポルカ』 354
『大西洋の島々と大陸におけるスペイン人の偉業についての歴史概説』(エレラ・イ・トルデシリャス，1601～15 年） 118
大西洋の戦い（1935～45 年） 435, 436, 440
大西洋フェリー 417
大西洋文明 26
『大西洋横断』（メルヴィン・マドックス，1981 年） 321, 323
大西洋横断蒸気船サービス 358
タイタスヴィル（ペンシルヴェニア州） 338
《タイタニック》 411, 414, 418
『タイタニックからの生還』（ヴァイオレット・ジェソップ&ジョン・グレアム，1997 年） 411
『第二次グリネル探検隊のサー・ジョン・フランクリン捜索，1853･54･55 年』（イライシャ・ケイン，1856 年） 342
第 2 次産業革命（1865～1900 年頃） 303, 304
第 2 次世界大戦 432～440
『第二次世界大戦回顧録』（ウィンストン・チャーチル，1948～54 年） 203, 435
第二身分（貴族） 242
タイノ族 61
『大発見――世界と人類に関する探求の歴史』（ダニエル・J・ブアスティン，1983 年） 23, 66
太平洋 74, 338
大砲 122
『大洋探検における冒険』(ロバート・バラード，2001 年） 415
大洋の提督 48
大陸会議 227, 229, 230
タウンゼンド法 221
脱穀機 311
ダートマス 148
タバコ 100～102, 139, 154, 155, 166, 178, 216
タバコ・プランテーション 151, 156, 193
ダービー駅 309
タピオカ 104
『旅の絵』（ハインリッヒ・ハイネ） 259
《タービュラント》 444
『タプヤ族の踊り』（オーベール・エーカウト） 89
ダブリン 352
鱈 80, 166, 187
ダリア 100
ダーリントン 297, 300

タール　166
樽板　166
探検　451
タンパ湾　129
タンプル塔　253
『地域の記録――ノーサンバーランドで起きた非凡な出来事の歴史的記述と……才能，奇行，長命の人びとの伝記的スケッチ』（ジョン・サイクス，1833年）　300
チェコ人　406
《チェサピーク》　257
チェサピーク湾　140, 259, 330
〈地下鉄道〉（秘密結社）　275
地球温暖化　447
地図：『アフリカ新説』（ウィレム・ヤンソン・ブラウ作，1589年）　180～181
地図：ヴァージニア植民地の地図（ジョン・ホワイト，1590年）　140
地図：ヴィンランド　20, 21
地図：『カンティーノの世界地図』（1500年頃）　64
地図：北アメリカおよび中央アメリカの地図（ヨハネス・ヨンスニエス作，1658年）　98
地図：北アメリカとカリブ海（1542年）　98
地図：16世紀のスペイン領土（エレラ・イ・トルデリシャス，1601年）　126～127
地図：『新改訂版アメリカ併合イギリス地図』（トマス・キッチン作，1763年）　214～215
地図：『新改訂版・大英帝国北米領土詳細地図――各種憲章，ならびにインディアン同朋の無条件降伏を認識し，正当な主張として作成。かの地に不法に複数の要塞を建築したフランス人の侵略行為についても記載』（W・ハーバート＆R・セイヤー作，1755年）　204～205
地図：新世界の島々（ハーマン・モル作，1715～54年）　118
地図：スカンディナヴィア（オラウス・マグヌス作，1530年代）　8
地図：世界地図（パオロ・デ・フォルラーニ作，1565年）　96
地図：世界地図（マッパ・ムンディ）（フアン・デ・ラ・コサ作，1500年）　52
地図：『全世界の完全で正確な地図』（ヨアン・ブラウ作，1664年頃）　86
地図：チェサピーク地域の詳細地図（ジョン・スミス作，1606～08年）　146～147
地図：チェサピーク湾の海戦（1781年）　232
地図：ドレイクのセントオーガスティン攻撃図（ジョン・ホワイト作，1589年）　143
地図：南米地図（サミュエル・ルイス作，1817年）　269
地図：南北アメリカ大陸（セバスチャン・ミュンスター，1540年頃）　75
地図：『ニューベルギーとニューイングランド』（ニコラス・フィッセル作，1685年頃）　98
地図：『ヌーベル・フランスの地図』（サミュエル・ド・シャンプラン，1612年）　107
地図：プトレマイオスの『地理学』にもとづく世界地図（ヨハネス・シュニッツァー作，1482年）　12
地図：『プトレマイオスの伝承ならびにアメリゴ・ヴェスプッチの航海にもとづく世界地図』（ヴァルトゼーミュラー作，1507年）　68
地図：フランシスの北アメリカ領有地（ニコラ・ド・フェー作，1702年）　135
地図：プレスター・ジョンの地図（アブラハム・オルテリウス作，1573年）　41
地図：マゼランの航跡（バッティスタ・アンニェーゼ作，1544年）　76

地図：『Maris Pacifici（太平洋図）』（オルテリウス作，1589 年） 77
地図：『ミラー地図』（ロボ・オメム，ペドロ・リーネル，ジョルジョ・リーネル作，1519 年） 89
地図：メキシコ湾が描かれたフランクリン・フォルジャーによる地図（1769～70 年） 24
地図：モロッコおよびアフリカ北東岸部を示す地図（ユドカス・ホンディアス作，1628 年頃） 39
地図：『歴史地図帳』（ウィリアム・R・シェパード，1923 年） 412
『知性の博物誌』（ウォルドー・エマソン） 336
地租の一律課税 239
地中海 176
地中海文明 26
茶 221
チャタム 133
茶葉への課税 223
チャールストン 152, 155, 165, 168
チャールズフォート 132
チュイルリー宮 249
中間航路 190, 192
中国 31, 49, 57, 333, 334
中国系移民 398
中国人排斥法 376
超大型原油輸送船（ULCCS） 443
腸チフス 131
調理器具 110, 166
チョコレート 104, 109
チリ 128, 266
『地理学』（プトレマイオス） 12
チリ憲法 236
チリ難民 266
チワワ 183
ツァイス社 304
『追放されて：アメリカ国民をつくった壮大な移民の物語』（オスカー・ハンドリン，2002 年） 405
通信 313
通信連絡委員会（植民地時代のアメリカ） 219, 224, 225
ツェッペリン（飛行船） 442
デイヴィス海峡 343
定期船 323～327
定期船交易 322
定期船通り（ニューヨーク） 322
《ディスカヴァリー》 145
D–デイ 437, 440
『ティマイオス』（プラトン） 5, 7
ティムクア族 93
ティンブクトゥ 179, 184
『ティンブクトゥへの旅』（ルネ・カイエ，1830 年） 179
『デヴィッド・トワイニング邸』（エドワード・ヒックス，1845～47 年） 161
テキサス 130, 426
テスココ 122
鉄 278
『哲学紀要――世界各地域における独創的な発明の現況，研究，努力の解説』（1699 年版） 292
『哲学書簡』（ヴォルテール，1764 年） 161, 240
鉄鋼線路 309
鉄道 301
鉄道開発 312
『鉄道，蒸気船，そして電信』（ジョージ・ドッド，1867 年） 346
鉄の馬 295～301
鉄の剣 122
デトロイト 406
球戯場《テニスコート》の誓い 243, 245
デニソン（テキサス州） 394
テネメント 388, 390, 391
テノチティトラン 119, 121, 122, 124, 125

『テノチティトランの征服』(作者不詳，17 世紀なかば)　123
デュケーヌ砦　208, 209, 212
デラウェア　160
デラウェア・アンド・ハドソン運河会社　312
デラウェア川　160
『デ・レ・メタリカ（金属素材について)』(アグリコラ)　285
『伝統のアメリカ独立革命史』(ブルース・ランカスター，1971年)　239
天然痘　125, 128, 131
デンマーク　170
デンマーク系移民　401, 406
天文学　119
ドイツ　131, 303, 304, 365, 420, 423, 426, 431, 432, 438
ドイツ系移民　164, 370, 406
銅　116, 278
トゥアレグ族　184
東方　31, 33, 56
『東方案内記――船乗りヤン・ホイフェン・ヴァン・リンスホーテンのポルトガル領東インド旅行記』　39
糖蜜　217
トウモロコシ　93, 103, 107, 117
『とうもろこし畑』(ジョン・コンスタブル，1826年)　291
『トゥーロン港の眺め』(ヴェルネ，1755年)　324
独立宣言（アメリカ)　238
『特許権抑圧の露見』(オリヴァー・エヴァンズ，1813年)　310
トップスル・スクーナー　330
トバゴ島　58
トマト　103, 107
ドミニカ　56
《ドライヴァー》　327
ドライヴィング・ホイール（推進車輪) 296
ドラカール（ヴァイキング船)　14
トラコパン　122
トラコーマ　377, 386
ドラゴンシップ（ヴァイキング船)　14
トラスカラ国　122, 124
トラファルガー海戦（1805年10月21日) 234, 251
〈ドラマティック・ライン〉　323, 358
ドラムビート作戦　439
トリニダード島　56
トーリー派　→国王派
塗料　221
トルコ　365
トルテカ族　122
奴隷　116, 151, 154, 167, 262, 274, 280
『奴隷市場』(ギュスターヴ・ブーランジェ，1888年)　175
奴隷解放組合　275
奴隷制度　60, 115, 172～196, 261, 272
『奴隷制度とアフリカ人の生活：西洋・東洋・アフリカの奴隷売買』(パトリック・マニング，1990年)　188
『奴隷制度と大西洋システムの進歩』(バーバラ・ソロー，1991年)　196
『奴隷制度の変遷：アフリカ奴隷制度の歴史』(ポール・ラブジョイ，1983年) 176
奴隷制度への対抗　186, 188, 272～275
奴隷貿易　42, 278, 333
ドレーク海峡　413
ドレスデン絵文書　119
《ドレッドノート》　333
トレントン　228
『トロピカル・バビロン：1450～1680年，砂糖と大西洋世界の形成』(ハーバート・クライン，2004年)　176
トンプソン・ストリート（ニューヨーク) 392, 393

ナ行

《ナイアガラ》 258, 354
ナイジェリア 183
『凪』（ジョゼフ・ヴェルネ，1734 年） 325
ナチスドイツ 434
ナビダッド（クリスマス） 54
『ナポレオン 1 世の歴史』（ピエール・ランフレ，1805～08 年） 261
ナポレオン戦争 278
鉛 278
ナラガンセット湾 79, 223
南極フランス 94, 133
『南極フランス異聞』（アンドレ・テヴェ，1557 年） 88, 94, 105
南米 333
南北アメリカ 170
南北戦争（アメリカ，1861～65 年） 273, 275
二院制議会 254
ニカラグア 60
肉 166
二酸化炭素排出量 447
西インド諸島 114～117, 138, 156, 166, 177, 333
『西インド諸島解説』（エレラ・イ・トルデシリャス） 118
『西インド諸島概史』（エレラ・イ・トルデシリャス，1601 年） 126
二重蒸気機関 293
《ニーニャ》 49, 50, 54
日本 38, 49, 438
ニューアムステルダム 157, 159
ニューイングランド 153, 187, 274
『ニューイングランドについての記述』（ジョン・スミス，1616 年） 147～149
入国管理所 376
ニューオーリンズ 136, 194, 348
ニューカースル・アポン・タイン 299
ニュースペイン 268
ニューネザーランド 98, 157
ニューハンプシャー 153
ニューファンドランド 19, 354
『ニューファンドランド沖の鱈漁』（1872 年） 80
ニューファンドランド島 78～80
ニューベッドフォード（マサチューセッツ州） 336
ニューベリーポート（マサチューセッツ州） 331
ニューポート 79
ニューメキシコ 130
ニューメキシコ州 426
ニューヨーク 156, 157, 163, 165, 217, 320～322, 323, 329, 330, 333, 349, 355, 358, 370, 371, 376～400, 422
『ニューヨーク・イヴニング・サン』 346
『ニューヨーク・タイムズ』 349, 414, 426
『ニューヨークの愛国床屋，または当惑する船長』 227
『ニューヨーク・ミラー』 347, 349
『ニューヨーク，古さと新しさ――その物語，ストリート，ランドマーク』（ルーファス・ロックウェル・ウィルソン，1902 年） 358
『人間知性論』（ジョン・ロック） 241
『人間と鯨』（リチャード・エリス，1999 年） 339
『人間と市民の権利の宣言』（フランス，1789 年） 224, 236, 238, 248, 260
『人間の権利』（トマス・ペイン） 219
ニンバ 182
ヌエバ・エスパーニャ 127
ヌエバ・ガリシア 129
ヌエバ・グラナダ（現コロンビア） 268, 270
ヌーベル・フランス 134, 135, 137, 212
ネイビス 56

ネグロ・ラディノ　116
ネセシティー砦　208, 209
熱水孔　453
『熱帯の海の下』（ウィリアム・ビーブ, 1928 年）　448
『熱帯のバビロン　砂糖と大西洋世界の成立　1450～1680 年』（スチュワート・シュワルツ, 2004 年）　105
ネブラスカ　130
『*Nova reperta*（新発見）』（ヨハンネス・ストラダヌス作）　70
農業　311
農業用機械　308
脳腫瘍　453
ノーサンプトン　279
ノースカロライナ　155
ノース人　14
ノッティンガム（イギリス）　281
ノバスコシア海岸沖　256, 257
ノーフォーク（ヴァージニア州）　436
ノルウェー　433
ノルウェー系移民　401, 406
『ノルウェー人のアメリカ移住記：1825～60 年』（セオドア・C・ブレゲン）　374
《ノルマンディー》　429, 431, 432
ノルマンディー上陸作戦　440

ハ行

売春婦　376
ハイチ　137, 259～263, 270
ハイチ独立運動　262
パイナップル　106
バイユーのタペストリー　16
パイレーツ　→海賊
バイレンの戦い（1808 年 7 月）　264, 265
ハインドマン砦の戦い（アーカンソーポストの戦い）　357
パイ切りナイフ　338
バガ族　182
白人　187, 262
爆雷　427, 439
はしか　131
《パシフィック》　358
パシフィック鉄道　401
バスティーユ牢獄　245, 247
《パスファインダー》　420
バチスフィヤー　448
バッカニア　→海賊
『発明の世紀』（ウスター侯エドワード・サマセット, 1663 年）　347
ハドソン川　79, 157, 346, 349
ハドソン湾会社　134
《パトリシア》　378
『パナシア　もしくはタバコのすばらしき効能の発見による万能薬』（フィラス・エイヴェラード, 1587 年）　102
パナマ　271
《パナマ》　412
パナマ運河　412, 413
パナマシティ　128
パパイア　103
『ハーパーズ・ウィークリー』　273, 309, 368, 372, 381, 401
『ハーパーズ・ニュー・マンスリー・マガジン』　224
ハバナ　115
バハマ諸島　50（→サンサルバドル島も参照）
バーバリ海賊　143
《パフィング・デヴィル（煙吹きの悪魔）》　296
バフィン島　18
《ハーフムーン》　157, 158
バマナ族　183
バーミンガム（イギリス）　294
バーミングハム（ペンシルヴェニア州）　314
パラカス湾（ペルー）　266

パリア湾　56
パリス島　132
『バルーズ・ピクトリアル（*Ballou's Pictorial*）』誌（1855 年版）　81
《バルティック》　358
バルバドス　117
バルパライソ（チリ）　266
バローズ・ウェルカム・アンド・カンパニー　276
パン　104
バンカーヒルの戦い　229
パンゲア（超大陸）　12
万国博覧会　317
反ゴール主義協会　204
半潜水式重量物運搬船　444
『反タバコ論』（ジェームズ 1 世，1604 年）　102
ハンドル工場　394
ハンプトンローズ海戦（“装甲艦の戦い”）（1862 年）　357
ハンブルク　374
ハンブルク・アメリカ・ライン　416
ハンムラビ法典　174
『パンを焼く農婦』（ジャン＝フランソワ・ミレー，1854 年）　290
東回り航路　48, 61
『光の子どもたち――ニューベッドフォードの捕鯨の盛衰と北極船隊の最期』（エヴェレット・アレン，1973 年）　337
《ビクトリア》　75
ビクトリー・リバティー・ローンへの投資　425
飛行船　442
ピスコ（ペルー）　266
《ビスマルク》　433, 434
ビッグフット　90
ピッツバーグ　208, 309, 314, 394, 406
ひとつ目の巨人　90
『人，船，そして海』（アラン・ヴィリエ，1962 年）　326, 431, 452
ビーバー　135
ヒマワリ　100, 106
ビミニ　120
100 ギニー・カップ　345
百日咳　131
『百万』（マルコ・ポーロ）　34
『百科事典』（エイブラハム・リース）　302
『百科全書――もしくは科学，芸術，工芸の体系的事典』（ドニ・ディドロ他編，1751～1772 年）　302, 307
ピューリタン　→清教徒
ピューリタン革命　157
ヒューロン　207
氷河　445, 447
病気　178
ピルグリム　147, 149～152
『ピルグリムの船出』（ロバート・W・ウィアー，1837 年）　112
《ピンタ》　49, 50, 53
《ヒンデンブルク》　442
《ファーターラント》　416, 418
ファン族　182
フィヨルド　434
フィラデルフィア　162, 163, 217, 227, 230
フィラデルフィア衛生局　310
フィラデルフィア万博（1876 年）　316
フィリピン　74, 130
フィリブスティエ　→海賊
フィレンツェ　66
フィンランド系移民　401, 406
フェニキア　10
プエルトリコ　56, 117, 121
フェロー諸島　11
フォークランド沖海戦（1914 年 12 月 8 日）　420
フォークランド紛争（1982 年）　444
フォーチュネイト諸島　5
フォートアムステルダム川　201

フォートジョージ川　201
複数国間鉄道　298
フスタ船　39
部族闘争　185
ぶどう酒　216
フニン（ペルー）　271
プライヴァティア　→海賊
《フライング・クラウド》 329, 332
ブラジル　44, 71, 72, 88, 89, 94, 95, 106, 176, 177, 272
ブラジル沖　257
ブラジル島　5
『ブラジル旅行記，1821, 1822, 1823年）』 191
プラセンシア湾　435
ブラックストーン・ヴァレー　307
ブラックボール・ライン　320, 323, 327
ブラフトン（サウスカロライナ州）　394
『フランク・レスリーズ・イラストレイテッド・ニュース』 322, 373, 380, 383
フランシスコ会　127
《フランス》 418
フランス　79, 131, 166, 170, 203, 260, 262, 263, 272, 302, 336, 338, 433
フランス＝スペイン連合艦隊　251
フランスの植民計画　132～138
『フランスの歴史――古代から1789年まで』（フランソワ・ギゾー，1872～76年） 18
フランス科学アカデミー　242
フランス革命　237～255, 260, 307
フランス軍　232
フランス国民議会　260
フランス人　164
『フランス人が居住するアンティル諸島の歴史概説』（デュ・テルトル，1667～71年） 115
フランス領カリブ植民地　259
プランテーション　154
フランドル　131
ブリストル　78, 285, 350
《ブリタニック》 418
《フリーダム・オブ・ザ・シーズ》 445
ブリーヅヒルの戦い　229
ブリテン王国　78
フリーブーター　→海賊
プリマス　148, 151
『プリマス・プランテーションの歴史』（ウィリアム・ブラッドフォード，1650年頃） 149
ブリュッセル　111
《プリンツ・オイゲン》 434
《ブルーチャー》 299, 300
ブルックヘイブン国立研究所　21
ブルーリボン　418, 431, 432
プレストン（イングランド）　283
《ブレーメン》 431
ブレーメン　372
プレーリー地帯　311
《フレンズ》 321
フレンチ・インディアン戦争　203～216
〈フレンチ・ライン〉 417, 429
プロイセン　210, 250, 254
プロヴィデンス　307
ブロック島　79
プロテスタント　132
プロビンスタウン　151
フロリダ　93, 119, 120, 121, 131, 133, 135, 148
フロリダキーズ全米海洋自然保護区　448
文明人　95
米英戦争　330
米国グリネル探検隊のサー・ジョン・フランクリン捜索――私的叙述』（イライシャ・ケイン，1854年） 342
『平和の王国』（エドワード・ヒックス，1834年頃） 161
ヘスペリデス島　5

ベッセマー製鋼法　309
ヘッセン（イギリス軍が雇ったドイツ人傭兵）228
ヘットン　299
ベナン王国　182
ベネズエラ　268, 271
ベラクルス　121
ヘラクレスの柱　→ジブラルタル海峡
ペルー　128, 131, 266, 267, 271, 413
ペルー独立　267
ベルファスト　352, 411
ヘルランド　18
ベルリン　421
『ベルリン〜ポツダム鉄道』（アドルフ・フォン・メンツェル，1847年）298
ペンシルヴェニア　160〜162, 164
ペンシルヴェニア協会　297
『ペンシルヴェニア・ジャーナル・アンド・ウィークリー・アドヴァタイザー』220
「ペンシルヴェニア州フィラデルフィアのオリヴァー・エヴァンズによる，アメリカで設計され製造された初の蒸気機関」311
ホイッグ党　230
『報告書簡』（エルナン・コルテス，1519〜26年）123
『法の精神』（モンテスキュー，1748年）240
ポカホンタス噛み煙草　91
北西航路　339〜346
『北部ニジェールの探索ミッション　1879〜1881』（ジョゼフ・サイモン・ガリエニ）186
『北米中央部植民地への旅』（アンドルー・バーナビー，1759〜60年）154
『北米旅行記』（ペール・カルム，1748年）162, 164
ポグロム　367, 370
捕鯨　148
捕鯨産業　446
捕鯨船　335〜339, 341
ボゴタ（コロンビア）270
ボサレ　116
干し鱈　166
ボストン　163, 167, 201, 216, 226, 333, 355, 370, 392, 406
『ボストン』（ウォルドー・エマソン）336
『ボストン・ガゼット』306
ボストン虐殺事件　221, 223
ボストン港　225, 230
『ボストン人，はたして租税を払うか，それとも税吏をタールと羽根まみれの刑に処すか』226
ボストン茶会事件　225, 226
『ボストン・デイリー・アドヴァタイザー』331
『ボストンの職人と有益な科学技術刊行物』（1834年7月号）311
『ボストン暦』（1770年版）219
ポータケット　305
ポタノ族　93
北極海　339
ホッキョククジラ　338
北極探検　340
『ポートロイヤル到着）』（デ・ブリー作，1591年）133
《ボノム・リシャール》218, 228
ポーハタン族　147
ボハドル岬　40
ホーミング魚雷　435
ホームステッド法　406
ボヤカの戦い　271
ポーランド　370, 371
ホーランド・アメリカライン　417
ポーランド人移民　406
ボリビア　128
ボリビア共和国　271
ボルティモア　156, 158, 370

ボルティモア封鎖　330
ポルトガル　31〜43, 46, 55, 61, 71, 72, 79, 132, 170, 176, 177, 250
ボールトン・アンド・ワット・カンパニー　294
ボロジノ　250
ホワイト・スター・ライン　411, 415, 418
《ホワイト・スワロー》 330
『ホワイトチャペル・ロードのながめ』（H・T・エイケン，1831年） 298
香港　333
ホンジュラス　60
ホーン岬　329, 332

マ行

《マイティ・サーバント2》 444
『マイヤーズ百科事典』 292
マウント・ヴァーノン　192
マカシェリア　→キャッサバ
マグノリア　100, 106
マクヘンリー要塞　258, 259
マーサズ・ヴィニヤード島　79, 80
マサチューセッツ　153, 164, 166, 224
マサチューセッツ議会（通称総議会） 200
マサチューセッツ湾　150, 225
マースク・シリーズ　444
マスティックガム　56
《マセドニアン》 257
マゼラン海峡　413
《マタイ》 78
マッコウクジラ　338
松ヤニ　155, 166
マニラ　130
豆類　103
マヤ古文書　119
マヤ族　118
マヤ文明　73
マリ　183, 184
マリオン（インディアナ州） 395
マリー・ガランテ　56
マリンディ（アフリカ東岸） 62
マリ帝国　184
マルクランド　18
《マルコ・ポーロ》 333
『マルコ・ポーロの旅』 34
『マルセイユ港内部』（ジョゼフ・ヴェルネ，1754年） 325
マルベリー・ストリート（ニューヨーク） 400
マレンゴの戦い　251
《マンスフィールド》 434
マンチェスター　301
マンハッタン島　157, 201
ミシシッピ川　126, 129, 348
『ミシシッピの綿花農園』（1884年） 172
ミシン　308, 311
ミズキ　100
密輸業者　334
南アフリカ共和国　62
《ミール1》 414
《ミール2》 414
ミルウォーキー　370
民主主義政府　236
ムラート（白人と黒人の混血） 260
ムルワルワ　182
『*Mundus Nevus*（新世界）』（アメリゴ・ヴェスプッチ） 71
『名作集』（ウィリアム・A・スティーヴン） 191
《メイフラワー》 150
メイフラワー契約　151
メイン　153
メキシコ　122, 130, 131, 426
メキシコ憲法　236
メキシコシティ　119, 121, 268
『メキシコ征服記』（ディアス・デル・カスティリョ，1632年） 120
『メキシコ征服の歴史』（アントニオ・ソリ

ス，1684年） 123
『メキシコの征服』（作者不詳，17世紀なかば） 123
メキシコ湾 73
メキシコ湾流 24, 338
『メディア』（小セネカ） 4
メリダ（ベネズエラ） 268
《メリマック》 359
メリーランド 193
メルボルン 333
綿 217
綿織物 274
綿花 56, 194, 272, 274
綿繰機 274
『綿糸紡績:その発展, 原理, 実践』（リチャード・マースデン，1884年） 282
『もうひとつの社会』（ジェイコブ・リース，1890年） 390, 399
木材 155, 166
モザンビーク 62
モスクワ 250
モット・ストリート実業学校 396
《モニター》 359, 360
『モニターとメリマックの戦い』 357
『物語：イタリア系アメリカ人の歩んだ500年』（ジェレ・マンゴイネ＆ベン・モレアレ著，1992年） 365, 374, 397, 404
モノンガヒーラ川 207, 208
モヒカン族 98
モホーク族 91
《モーリタニア》 411, 417
『森の生活』（ヘンリー・デイヴィッド・ソロー，1854年） 312
森の走者（“クーレル・デ・ボア”） 135, 136
モルッカ諸島 73, 74
モロッコ 37, 39
モンゴル帝国 34
モントリオール 84, 136, 213
モンバサ 62

ヤ行

『約束の地』（メアリー・アンティン） 374, 397
『薬用植物図誌』（ジョン・ジェラード，1633年） 107
野蛮人 95
ヤムイモ →サツマイモ
ヤンキー・スキッパー 166
有人潜水艦 453
ユカ →キャッサバ
ユカタン半島 73, 119
ユグノー教徒 132, 136, 164
輸送革命 289
ユダヤ系移民 399
ユダヤ人街 399
ユダヤ人迫害 367, 370（→ポグロムも参照）
『ユートピア』（トマス・モア，1516年） 109
ユトランド沖海戦（1916年） 423, 424
《ユナイテッド・ステーツ》 441
ユナイテッド・ステーツ・ライン 416
ユニオン・パシフィック鉄道 401
Uボート 420〜426, 432〜435, 439, 440
溶鉱炉 284
ヨークタウン 198, 232
ヨット遊び 345
ヨーロッパ 166, 170

ラ行

ライスベルト 196
《ライトニング》 333
ライプチヒの戦い →諸国民の戦い
ラガーディア空港 442
ラテンアメリカ諸国の独立運動 259〜271
ラドロウ・ストリート（ニューヨーク） 390

ラプラタ沖海戦（1939年12月13日）　433, 434
ラプラタ川　73
ラブラドール海岸　18, 72
ラマ　95, 98
ラム酒　187
ランカシャー　284
ランス・オ・メドー　19, 21
『ランタン』誌（1852年）　369
《リヴァイアサン》　353, 416
『リヴァイアサン』（トマス・ホッブズ）　241
リヴァプール　301, 320, 323, 333, 352, 355, 371, 422
リヴァプール・ライン　323
リオデジャネイロ　73, 133, 191
リージェント運河　305
リスボン　62, 105
『リチャード・トレヴィシックの人生――その発明の解説』（フランシス・トレヴィシック，1872年）　296
立憲主義　236
リッサ海戦　359, 360
リトル・イタリー（ニューヨーク）　400
《リバティ》　221
リバティー船（大型輸送船）　436
『リベレーター』（1831年）　275
リマ　128, 266
リー・ライト　439
ルアーヴル　371
ルイブール要塞　206, 207, 212
《ルシタニア》　410, 417, 422, 423
『ルシタニアの災難：近代戦のエピソードと外交』（トマス・ベイリー＆ポール・ライアン，1975年）　423
ルックアウト岬　140
ルナー・ソサエティ　302
レイフスブディル　19
《レインボウ》　330
『歴史』（ヘロドトス）　12
レキシントンの戦い　229
『レクシコン・テクニカム』（ジョン・ハリス）　302
レークハースト（ニュージャージー州）　442
『レザーストッキング物語』（フェニモア・クーパー）　95
《レゾリュート》　343
レーダー　439
レーダー衝突予防装置　441
《レッド・ジャケット》　329
〈レッドスター・ライン〉　323
『レッドバーン』（ハーマン・メルヴィル，1849年）　326, 407
〈レッドボール・ライン〉　358
レビュッフ要塞　208
レンズネスト（イギリス）　285
レンドリース法（1941年3月）　438
ロアー・イーストサイド（ニューヨーク）　399
ロアノーク島　92, 139～141, 144, 145
ロアンゴ　179
《ロイヤル・オーク》　433, 434
ロイヤル・カリビアン・インターナショナル　445
ロイヤル・ヨット・スコードロン　345
労働騎士団　384
労働人口　278
『労働と日々』（ヘシオドス，紀元前8世紀）　2
《ロケット》　301
《ロコモーション》　300, 301
ロサンゼルス　406
ロシア　250, 365, 366, 370
ロシア系移民　371, 406
『ロックデール――産業革命初期におけるアメリカの村の成長』（アンソニー・ウォーレス，1978年）　303, 308

《ロッテルダム 4》 417
ロードアイランド 153, 164
ロバ 279
ローマ帝国 174
《ローレンス》 258
ロングアイランド 308
ロングシップ（ヴァイキング船） 14
ロンドンデリー 352
ロンドン博覧会（1851 年） 317

ワ行

ワイト島 345
ワイン 166
ワイン貿易 170
『若き蒸気機関技師のためのできそこないの手引書』（トマス・アーノルド・マッキビン，1805 年） 311
『若き船員のための指南書——艤装指導と実践的操船術の要点』（ダーシー・リーヴァー，1808 年） 322
『我が国の西インド諸島領有地からもたらされた産物の医学的研究』（ニコラス・モナルデス） 100, 103
ワシントンD．C． 259
ワーテルロー 250
ワニ 96
『われらをめぐる海』（レイチェル・カーソン，1950 年） 449

ン行

ンジル社会 182

図版クレジット

Courtesy of the Architect of the Capitol: 120: Discovery of the Mississippi, William H. Powell

Courtesy of Geography & Map Division, Library of Congress
x: g3300 ct000668; xi: LC-USZC2-3365, LC-USZ62-73823; 3t: detail, g3290 ct000342; 21: g9112g ct000136; 29: detail, g3200 mf000070; 54–55: g3200 ct00725; 59: g3290 hl000010; 60–61: g3290m gct00001; 65: detail, g3300 ct000667; 68–69: g3200.ct000270; 80t: detail, g3715 ct000001; 80b: detail, g3300 ct000612; 81: detail, g3300 lh000083; 82–83: g3200 mf000070; 106–7: g492h lh000348; 109: g3290m gct00084, title page; 115: detail, g3300 np000055; 122–23: g3290m gct00084 map 1; 135: g3880 ct00077; 137b: g5751sm grb00001; 138–9: g3934s ct000068; 142–3: g3880 ct000377; 148-49: detail, g3804n ar111100; 160: detail, g3880 ct000370; 174–5: g8200 ct001455; 192–3: g3884y ar301100; 200–201: g3300 ar006200; 206: detail, g3300 ar008700; 206–7: g3300 ar010400; 226–7: g3884y ar146200; 263: g5314y ct000328; 264: g5200 ct000170

Courtesy of Gutenberg.org: 167t: *History of Egypt*, G. Maspero

Courtesy of Hemispheres Antique Maps & Prints, http://www.betzmaps.com/: 33

Courtesy of the Library and Archives of Canada: 66–67: C-010618; 130t: C-002771; 198: c-001090; 335: c-016105

Courtesy of Prints & Photographs Division, Library of Congress:
i: LC-USZC2-1268; ii–iii: LC-USZC4-12774; vi: LC-DIG-pga-02392; 0–1: LC-DIG-ppmsc-08213; 11: LC-USZ62-50239; 14: LC-USZ62-3032; 18t: LC-USZ62-3028; 22–23: LC-DIG-pga-00710; 25: LC-USZ62-95150; 26: LC-USZC4-2153; 37: LC-USZC4-2919; 38: LC-USZ62-3088; 39: LC-USZC4-4188; 41: LC-USZ62-110343; 44tl: LC-USZ62-39304; 44tr: LC-DIG-ga-00660; 44bl: LC-USZ62-1784; 47: LC-USZ62-103803; 52–53: LC-USZ62-3000; 56: LC-USZ62-26683; 63c: LC-USZC2-2116; 63b: LC-DIG-ppmsc-05876; 64: LC-USZ62-3029; 66: LC-DIG-02616; 72–73: LC-USZC4-5269; 74t–b: LC-USZ62-370, LC-DIG-ppmsca 02937, LC-USZ62-373, LC-USZ62-75947; 75tl: LC-USZ62-52443; 75bl: LC-USZ62-4805; 75tr: LC-USZ62-54017; 75br: LC-USZ62-53339; 76l: LC-USZC4-4913; 76r: LC-USZC4-1071 77: LC-USZC4-1397; 78–79: LC-USZC4-4820; 84: LC-USZC4-5352; 85: LC-USZC4-5356; 87: LC-USZ62-52175; 88: LC-DIG-pga-01013; 91l: LC-05ZC4-5350; 91br: LC-USZc4-5367; 94t: LC-USZ62-95197; 95: LC-
91br: LC-USZc4-5367; 94t: LC-USZ62-95197; 95: LC-
USZC4-5362; 96: LC-USZ62-68966; 98: LC-USZ62-46082; 101: LC-USZC4-5347; 102–3: LC-DIG-pga-00178; 113: LC-USZ62-3106; 116: LC-USZ62-99516; 118: LC-USZ62-104354; 119: LC-USZ62-104355; 121: LC-USZ62-37993; 126t: LC-USZ62-380; 126b: LC-USZ62-374l 127r: LC-USZ62-3019; 128–9: LC-USZC4-6505; 134: LC-USZ62-53337; 142: LC-USZ62-5254; 144: LC-USZ62-24807; 145: LC-USZ62-3030; 146: LC-USZC4-5132; 148l: LC-USZ62-53584; 150–51: LC-USZC2-1871; 153 inset: LC-USZ62-43066; 154: LC-USZ64-12217; 158: LC-USZC4-4312; 161t: LC-USZC4-628; 161b: LC-USZ62-41172; 162–3: LC-DIG-pga-00199; 164–5: LC-DIG-pga-00675; 167b: LC-USZC4-4043; 169t: LC-USZ62-7841; 169b: LC-USZ62-24232; 170–71: LC-USZ62-66791; 173: LC-USZ62-32008; 178: LC-USZ62-62450; 179: LC-USZ62-15384; 182: LC-DIG-ppmsca-05933; 183: LC-USZ62-15386; 184–5: LC-DIG-pga-02419; 186: LC-USZC4-6204; 187: LC-USZ62-97201; 188: LC-USZ62-125134; 189t: LC-USZ62-41838; 189b: LC-USZ62-103801; 190–91: LC-DIG-pga-01059; 194: LC-USZCN4-627; 195: LC-USZ62-19360; 196: LC-USZ62-10658; 202: LC-USZ62-1473; 203: LC-USZ62-3913; 204: LC-USZ62-47; 209: LC-USZ62-7819; 210c: LC-USZ62-45327; 211lc–r: LC-USZC4-7214, LC-USZ62-10884, LC-USZ62-7340, LC-USZC4-3254; 212t: LC-USZ62-45399; 212b: LC-USZ62-21637; 214: LC-USZC4-1583; 215: LC-USZ62-134241; 216: LC-DIG-ppmsca-01657; 218: LC-USZC4-523; 220t: LC-USZC4-5280; 220b: LC-USZC4-5281; 221l: LC-USZ62-1308; 221r: LC-USZ62-11139; 222–3: LC-DIG-pga-01095; 224t: LC-USZ62-39582; 224b: LC-UDZC4-4970; 225b: LC-USZC2-1855; 232: LC-DIG-ppmsca-02243; 234t: LC-USZ62-59655; 237: LC-USZ62-117942; 238–9: LC-USZC2-3565; 241: LC-DIG-ppmsca-07689; 243: LC-DIG-ppmsca-07502; 245t: LC-DIG-ppmsca-10742; 245b: LC-USZ62-99740; 246: LC-DIG-ppmsca-05417; 249b: LC-USZC2-1969; 250: LC-USZC4-6223; 251: LC-USZC4-6294; 252–3: LC-USZC4-6893; 257: LC-USZ62-74540; 262: LC-USZ62-102147; 265: LC-USZ62-54750; 268: LC-USZC4-5950; 269l: LC-USZC4-5321; 269r: LC-USZ62-59828; 270–1: LC-DIG-ppmsc-08610; 272, 273 detail: LC-USZC4-11219; 274: LC-USZC4-11221; 275: LC-USZC4-11216; 276tr: LC-USZ62-84592; 276bl: LC-USZ62-110387; 282b: LC-USZC4-2860; 283r: LC-USZC4-5155; 284t: LC-USZ62-110446; 285: LC-USZC4-10404; 286: LC-USZ62-110376; 289: LC-USZ62-110377; 290: LC-USZ62-110386; 293tl: LC-USZC4-2564; 296–7: LC-USZ62-116492; 299t: LC-USZC4-2758; 299b: LC-USZ62-110378; 300: LC-USZC4-6492l 301: LC-USZC4-1837; 302–3: LC-DIG-pga-02385; 304: LC-USZ6-1721; 305: LC-DIG-pga-02271; 306–7: LC-USZC4-1006; 308:

LC-USZC4-4492; 310tr: LC-DIG-ppmsca-07833; 311tl: LC-USZ62-3394; 311br: LC-USZ62-50967; 312–13: LC-DIG-pga 00821; 315: LC-USZC4-8333; 316: LC-USZ62-73460; 317: LC-USZ62-75170; 318–19: LC-USZC4-6874; 322cr: LC-USZC2-2115; 324: LC-USZC4-4594; 328: LC-USZ62-104557; 329: LC-USZ62-17255; 330–31: LC-DIG-pga-00392; 332: LC-USZC4-10281; 333: LC-USZC2-1759; 338bl: LC-USZ62-70848; 338–9: LC-DIG-pga-00988; 339 inset: LC-DIG-ppmsc-09030; 340tr: LC-USZ62-20997; 342–3: LC-DIG-pga-00809; 345: LC-USZ62-52104; 346–7: LC-DIG-pga-00795; 348: LC-USZC4-3806; 349tr: LC-USZC4-2388; 349br: LC-USZC4-5040; 350–51: LC-DIG-pga-00917; 352: LC-USZC4-7979; 353t: LC-DIG-pga-01840; 353b: LC-USZC2-1987; 354–5: LC-DIG-ggbain-30546; 357t: LC-USZ62-42825; 357b: LC-USZ62-108497; 358–9: LC-USZ62-19550; 360: LC-DIG-ggbain-27081; 361: LC-DIG-ppmsca-05438; 362tr: LC-DIG-ppmsca-07575; 362br: LC-USZC4-954; 363t: LC-USZC4-3659; 363b: CAI – Rogers, no. 73 (B size); 364–5: LC-DIG-pga-02077; 366: LC-DIG-ppmsca-00380; 367: LC-USZ62-118128; 368: LC-USZ62-95431; 369: LC-USZ62-122654; 370: LC-USZ62-62880; 371: LC-USZ62-11202; 372 inset: LC-USZ62-37827; 372–3: LC-DIG-pga-00863; 376tl: LC-USZ62-57385; 376br: LC-USZ62-112162; 377tl: LC-USZ62-19869A; 377b: LC-USZC2-1255; 378–9: LC-DIG-ggbain-50437; 380: LC-USZ62-40104; 381cl: LC-USZC2-7386 381tr: LC-USZC2-37784; 382: LC-DIG-ggbain-08804; 383: LC-USZ62-116223; 385: LC-USZC4-4527; 386: LC-USZ62-24986; 387b: LC-USZ62-23305; 388: LC-DIG-nclc-04148; 389t: LC-USZ62-71201; 389b: LC-DIG-nclc-04208; 390tl: LC-DIG-nclc-04072; 390tr: LC-DIG-nclc-04216; 390bl: LC-DIG-nclc-04303; 390br: LC-DIG-nclc-04104; 391tl: LC-DIG-nclc-04274; 391tr: LC-DIG-nclc-04133; 391bl: LC-DIG-nclc-04305; 391br: LC-DIG-nclc-04252; 392–3: LC-DIG-nclc-01134; 394tr: LC-DIG-nclc-02004; 394cr: LC-DIG-nclc-01205; 395t: LC-DIG-nclc-04898; 395bl: LC-DIG-nclc-01004; 395br: LC-DIG-nclc-01303; 396t: LC-USZ62-13077; 396b: LC-DIG-nclc-04566; 397: LC-DIG-ppmsca-05660; 398tr: LC-USZ62-63967; 398cr: LC-USZ62-41421; 399t: LC-USZ62-37780; 399bl: LC-USZ62-98492; 400–401: LC-D418-9350; 401: LC-USZ62-119031; 402t: LC-DIG-ppmsca-03147; 402b: LC-DIG-ppmsca-08372; 403: LC-USZ62-116354; 404–5: LC-DIG-pga-00601; 406–7: LC-USZ62-38333; 408–9: LC-DIG-ppmsca-02203; 410: LC-USZ62-69219; 411: LC-DIG-ppmsca-02202; 412–13: LC-DIG-ggbain-00082; 414: LC-USZ62-118048; 415t: LC-USZ62-67359; 415b: LC-USZ62-99340; 416tr: LC-USZ62-75561; 416–17t: LC-USZ62-117345; 417tr: LC-USZ62-75717; 417cr: Panama Canal Gatun Locks/Author: S. Shebs; 419t: LC-DIG-ggbain-10348; 420 inset: LC-DIG-ggbain-16135; 420–21: LC-DIG-ggbain-13360; 422: LC-USZ62-59579; 424: LC-USZ62-89797; 425: LC-USZC4-11807; 426: LC-USZC4-10986; 427: LC-USZ62-68015; 429: LC-USZC4-11363; 430t: LC-USZC4-10041; 430–31b: LC-USZ62-52796; 431t: LC-USZC4-2004; 433: LC-USZC4-12504; 434: LC-USZC4-12520; 435: LC-USZ62-107696; 436: LC-USZC4-9976; 437: LC-USZC4-776; 441: LC-USW33-034629-ZC; 442–3: LC-DIG-fsac-1a34914; 446b: HAER NY,41-JAHT,1-1; 452: LOC / San Diego Aerospace Museum

Courtesy of Library of Congress Exhibitions: 117: kc0026s, Jay I. Kislak Collection

Courtesy of the Mariner's Museum: 147: 1975.23.2; 325: 1934.1185.000002

Courtesy the National Archives, Washington, D.C.
231; 266 (www.ourdocuments.gov); 428l: 862.20212/82-A; 428r: 862.20212/69l 438tl: 208-N-39843; 444tr: 80-G-427475; 444br: 26-G-1517; 446t: 72-AF-212965;

Courtesy of the National Oceanic & Atmospheric Administration (NOAA)
2: theb2121; 6: libr0079; 63t: figb0314; 159: figb0002; 337 inset: libr0562; 419br: NOAA and the Russian Academy of Sciences; 453t: reef2559; 453br: reef2557; 453cl: http://oceanexplorer.noaa.gov/explorations/05stepstones/logs/aug15/aug15.html; 454b: nur07551; 456tl: nur06513; 456br: nur04506;

Ogilvy's America, 1671: 97

Collection of Martin W. Sandler: 326; 374tl, br; 384; 387t (Museum of the City of New York); 418; 419bl:

Courtesy of Toronto Public Library
334: Robert Huish, editor. *The last voyage of Capt. John Ross, Knt., R.N., to the Arctic Regions for the discovery of a North West Passage*. London, 1835; 336–7: *The eventful voyage of H.M.S. discovery ship Resolute to the Arctic regions*, London 1857

Courtesy of the U.S. Navy Historical Center
438bl: NH 97503; 438tr: NH 69720; 438br: 80-G-42030; 440: NH 67201; 445: 445t: Thomas Hart Benton, *Cut the Line*; 454t: http://www.spawar.navy.mil/sti/publications/pubs/td/1940/photos/index.html;

Courtesy of University of Texas, Austin, Perry-Castañeda Library Map Collection: 417b: shepherd_1911/shepherd-c-216

Courtesy of Wikimedia Commons
3b: John William Waterhouse - Ulysses and the Sirens (1891); 4–5: Carta Marina-lightened/Upload by Debivort at en.wikipedia; 7: Nemo Aronax Atlantis; 8–9: Claudius Ptolemy- The World/ Upload by S. Ehardt from *Decorative Maps* by Roderick Barron; 12: NorthmenBarques/Upload by A. M. de Neuville; 13t: Överhogdal tapestry detail/Author: Jämtlands läns Museum Jamtli; 13c: Thor and Hymir/Icelandic manuscript SÁM 66, Árni Magnússon Institute, Iceland; 13b: Invasion fleet on Bayeux Tapestry/http://www.dot-

domesday.me.uk/; 15: Eric_the_Red.png/Upload by A. Jónsson/http://rmc.library.cornell.edu/exhibits/sagas/eric.html; 17: Vinland Map/Yale University Press; 18b: Soe Orm 1555/Olaus Magnus's Sea Worm, 1555, from *The Search for the Giant Squid*, The Lyons Press, by R. Ellis, 1998; 27t: Marco Polo, Il Milione, Chapter CXXIII and CXXIV/ *Livre des merveilles* fol. 58r. The Khan at war, Faksimile UB Graz Sig.: HB 15 210/P 778; 27b: PoloBrotherAndKubilai/*Le Livre des Merveilles*; 28: Odoryk z Pordenone1; 30: Henry the Navigator/Author: J. A. Gaspar; 31: Namban-11/panels attributed to Kano Naizen, 1570–1616 (detail); 32: Fusta by Jan Huygen van Linschoten/Koninklijke Bibliotheek, Nederland; 34: Bartolomeu Dias, South Africa House/Author: RedCoat; 35: Prester John map/Upload by Cuchullain; 42: 1500 map by Juan de la Cosa/Author: K. Berlin; 44br: Christopher Columbus Face/Author: M. Rosa/Unmaskingcolumbus.com 48: Vascodagama/Library of Congress (Illustration for: *Os Lusíadas by Luís de Camões*, edition of 1880); 49: A chegada de Vasca da Gama a Calicute em 1498/Biblioteca Nacional de Portugal, http://purl.pt/6941; 50–51: CantinoPlanisphere/Biblioteca Estense, Modena, Italy; 53tr: Amerigo Vespucci; 58: Detail from a map of Ortelius, Magellan's ship, Victoria/www.helmink.com 60: Fernão de Magalhães por Charles Legrand/Biblioteca Nacional de Portugal: http://purl.pt/4674; 62: Henry Seven England/www.marileecody.com/henry7images.html; 70: André-thevet-cashew; 71t: Brazil 16thc map; 71b: Dança dos Tapuias; 86: Illustration Nicotiana tabacum0/Prof. Dr. Otto Wilhelm Thomé, *Flora von Deutschland, Österreich und der Schweiz*, 1885, Germany/Permission granted to use under GFDL by K. Stueber; 89: First Pipe of Tobacco BAH-p24/Montgomery's *The Beginner's American History*, 1904, page 24; 90: Pineapple Ananas_Comosus_Blanco2/*Flora de Filipinas* [Atlas II], 1880-83/ F. M. Blanco; 91tr: Brazilian Fruits; 93: Gerard-Herball-1633; 94b: Samuel de Champlain Carte geographique de la Nouvelle France; 99: Stilleben mit Brot und Zuckerwerk/Städelsches Kunstinstitut; 105: Indigoterie-1667; 108: Moll-A map of the West-Indies; 110: Estatua ecuestre de Pizarro (Trujillo, España) 02/Author: Pikaluk; 111: Dresden Codex p09/ www.famsi.org/mayawriting/codices/dresden.html; 112: AztecSunStoneReplica/Author: A. Wis; 114: Lucas Cranach d Ä. 007.jpg/Gemäldegalerie/*; 124: Catechism 1520 for indigenous by pedro gante; 127l: Serigipe 1560 Forte Coligny/http://serqueira.com.br/mapas/vilega.htm; 130b: Drakt, Adelsman, Nordisk familjebok; 131t: Kardinaal de Richelieu; 131b: Fer - Le Canada, ou Nouvelle France, la Floride, la Virginie, Pensilvanie, Caroline; 132: Elizabeth I (Armada Portrait); 133: Nicholas Hillard 007/National Portrait Gallery, London/*; 136: Sir Francis Drake (post 1580)/National Portrait Gallery, London; 137t: Defense of Cadiz Against the English 1634; 140: Captain John Smith; 141: New England in John Smith's book of 1616; 152–3: Gezicht op Hoorn van Hendrik Cornelisz Vroom 1622 Westfries Museum Hoorn/ www.wfm.nl/; 155: Gezicht Op Nieuw Amsterdam/The Atlantic World: America and the Netherlands—Library of Congress Global Gateway/National Archives, The Hague; 156: Edward Hicks - Peaceable Kingdom/National Gallery of Art, Washington, D.C.; 157: Edward Hicks 001/Abby Aldrich Rockefeller Folk Collection/*; 166: Boulanger Gustave Clarence Rudolphe The Slave Market/ www.artrenewal.org/asp/database/image.asp?id=2978; 168: AfricanSlavesTransport; 172: Loango01/www.brunias.com/africa2.html; 176–77 l to r: Nok sculpture Louvre 70-1998-11-1/70.1998.11.1/Jastrow, Chiwara Chicago sculpture/Author: H. Cook, Mulwalwa helmet mask Berlin-Dahlem/Ethnologisches Museum, Berlin/A. Praefcke, Shoulder mask nimba Louvre/MHNT-ETH-AF127/MHNT-ETH.AF12/Jastrow, Benin bronze Louvre A97-14-1/A 97.14.1/Jastrow, Fang mask Louvre/MH65-104-1/MH 65.104.1/Jastrow; 181: Slave ship diagram/Lilly Library of Rare Books and Manuscripts, Indiana University; 205: Benjamin West 005/National Gallery of Canada/*; 210l: SamuelAdamsLarge/Museum of Fine Arts, Boston; 210r: JS Copley - Paul Revere/Museum of Fine Arts, Boston; 211l: Thomas Paine/National Gallery, London; 218: Gaspee Affair; 225: Washington Crossing the Delaware; 228–9: The Battle of Trafalgar by William Clarkson Stanfield; 234b: Thomas Hobbes (portrait)/National Portrait Gallery, London; 235l–r: Montesquieu 1/Versailles, Musée Nacional du Château, Voltaire dictionary, Allan Ramsay 003/National Gallery of Scotland, David Hume/ Scottish National Portrait Gallery/www.wga.hu; 236: Ludvig XVI av Frankrikr portratterad av AF Callet; 240: Déclaration des droits de l'homme et du citoyen 0613; 242: Duplessi-Bertaux – Arrivee de Louis Seize a Paris/P. G. Berthault; 244: Jean Duplessi-Bertaux 001/Versailles, Musée Nacional du Château; 247: Bouchot – Le general Bonaparte au Conseil des Cinq-Cents/Musée de Versailles et Malmaison; 248t: Jacques-Louis David-007/*; 248c: Nelson door Leonardo Guzzardi rond 1800/National Maritime Museum, Greenwich; 248b: Trafalgar Crespin mg 0578/*L'Empire des Mers*, M. Acerra & J. Meyer; 249t: Napoleon-borodino/Historical Museum, Moscow; 249c: Fireofmoscow/www.sgu.ru/rus_hist/img/x1-0930111.jpg; 254: Bombardment2; 258l: Toussaint L'Ouverture; 258r: Battle of Ravine-à-Couleuvres/www.worldcat.org/oclc/545943; 259: Dessalines; 260t: Jose de San Martin; 260b: San Lorenzo; 261: O'Higgins2; 277: Bas fourneau; 278: Philipp Jakob Loutherbourg d. J. 002/Science Museum, London; 280: Ironbridge003; 282t: John Constable 008/National Gallery, London/*; 282c: Carl Blechen 010/Gemäldegalerie/*; 283l: Jean-François Millet (II) 005/Rijksmuseum Kröller-Müller/*; 284b: Newcomens Dampfmaschine aus Meyers 1890; 291: Adolf Friedrich Erdmann von Menzel 014/Alte Nationalgalerie/*; 292: 1831-View-Whitechapel-Road-steam-carriage-caricature;

293br: ENC 1-NA5 600px; 294: Zeisswerk Jena um 1910; 295: Regent's Canal Limehouse 1823/Museum of London; 309: Pittsburgh 1874 Otto Krebs; 310bl: Crystal Palace Centre transept & north tower from south wing/www.sil.si.edu/silpublications/Worlds-Fairs/WF_object_images.cfm?book_id=191; 314: The Well-Known Packet Ship/Author: Alberto; 320t–b: Vernet-midi-le-calme, Vernet-marseille-1754/Musée National de la Marine/Louvre; 321t–b: Vernet-port-Sette, Vernet-toulon-2/Musée National de la Marine/Louvre; 322tl: Donald McKay; 340bl: Clermont illustration - Robert Fulton - Project Gutenberg e-text 15161; 344: IK Brunel Chains; 356: Irish potato famine Bridget O'Donnel/http://news.siu.edu/news/April02/040302p2036.html; 423: HMS_Infexible_Falkland/ http://www.firstworldwar.com/photos/graphics/cpe_falkland_sailors_01.jpg; 432t–b: MS Kungsholm salong, MS Kungsholm bad/Author: Okänd; 439: Karl Dönitz/Imperial War Museum A 14899; 447tr: Concorde.planview.arp/Author: Arpingstone; 447br: Queen Mary 2 Quebec/Author: Cliegauche; 448tr: Tanker unloading crude oil/Author: H. Cozanet; 448b: Elly Maersk/Author: H. Hillewaert; 449t: HMS Turbulent S87/J. Bouvia, U.S. Navy; 449b: MightyServant Roberts19882turned/K. Elliott, U.S. Navy; 450: Freedom/Author: A. M. Rodriguez; 451: Athabasca Glacier/ 457: AIDAblu-vs-Santa Maria/Author: D. Bartel
° The Yorck Project: 10.000 Meisterwerke der Malerei

参考文献

Allen, Everett S. *Children of the Light: The Rise and Fall of New Bedford Whaling and the Death of the Arctic Fleet*. Orleans, MA: Parnassus Imprints, 1983.

Allen, Leslie, *Liberty: The Statue and the American Dream*. New York: Statue of Liberty-Ellis Island Foundation with the cooperation of the National Geographic Society, 1985.

Andrews, Kenneth R. *The Spanish Caribbean: Trade and Plunder, 1530-1630*. New Haven: Yale University Press, 1978.

Axelrod, Alan. *Profiles in Audacity: Great Decisions and How They Were Made*. New York: Sterling Publishing Co., Inc. 2006.

Bailey, Thomas A., and Paul B. Ryan. *The Lusitania Disaster: An Episode in Modern Warfare and Diplomacy*. New York: Free Press, 1975.

Bailyn, Bernard. *Atlantic History: Concepts and Contours*. Cambridge, MA; Harvard University Press, 2005.

——— . *The Ideological Origins of the American Revolution*. Cambridge, MA; Harvard University Press, 1992.

——— . *The Peopling of North America: An Introduction*. New York: Random House, 1986.

Ball, J. N. *Merchants and Merchandise: The Expansion of Trade in Europe, 1500-1630*. New York: St. Martin's Press, 1977.

Ballard, Robert D., and Malcolm McConnell. *Adventures in Ocean Exploration: From the Discovery of the Titanic to the Search for Noah's Flood*. Washington, DC: National Geographic, 2001.

Barker, Felix, Malcolm Ross-Macdonald, and Duncan Castlereagh. *The Glorious Age of Exploration*. Garden City, NY: Doubleday, 1973.

Bartoletti, Susan C. *Black Potatoes*: *The Story of the Great Irish Famine, 1845-1850*. Boston: Houghton Mifflin, 2001.

Berkhofer, Robert F., Jr. *The White Man's Indian: Images of the American Indian from Columbus to the Present*. New York: Random House, 1978

Berry, Mary F. M, and John W. Blasingame. *Long Memory: The Black Experience in America*. New York: Oxford University Press, 1982.

Blackburm, Robin. *The Making of New World Slavery: From the Baroque to the Modern, 1492-1800*. London: Verso, 1997.

Boorstin, Daniel J. *The Americans: The Colonial Experience*. New York: Rondom House, 1958.

———. *The Americans*: *The National Experience*. New York: Random House, 1965.

———. *The Discoverers*: *A History of Man's Search to Know His World and Himself*. New York: Random House, 1985.

Butel, Paul. *The Atlantic*. New York: Routledge, 1999.

Carson, Rachel. *The Sea Around Us*. New York: Oxford University Press, 1951.

Casson, Lionel. *The Ancient Mariners: Seafarers and Sea Fighters of the Mediterranean in Ancient Times*. Princeton, NJ: Princeton University Press, 1991.

Churchill, Winston. *The Second World War*. Boston: Houghton Mifflin, 1948-1953.

Chaunu, Pierre, and Hugette Chaunu. "The Atlantic Economy and the World Economy." *Essays in European Economic History, 1500-1800*. Oxford: Clarendon Press, 1974.

Clark, Arthur H. *The Clipper Ship Era: An Epitome of Famous American and British Clipper Ships, Thier Owners, Builders, Commanders, and Crews 1843-1869*. New York: G.P. Putnam's Sons, 1910.

Coan, Peter M. *Ellis Island*: *Interviews in Their Own Words*. New York: Chekmark Books, 1997.

Cooke, Alistair. *Alistair Cooke's America*. New York: Alfred Knopf, 1974.

Craig, Gerald M. *Upper Canada: The Formative Years, 1784-1841*. Toronto: McClelland and Stewart, 1963.

Curtin, Phillip. D., et al. *African History*. Boston: Little, Brown and Company, 1978.

Davidson, Marshall B. *Life in America*. Boston: Houghton Mifflin, 1951.

Davies, K.G. *The North Atlantic World in the Seventeenth Century*. Minneapolis: University of Minnesota Press, 1974.

Davis, H.P. *Black Democracy: The Story of Haiti*. New York: Biblio and Tannen, 1967.

Duffy, James. *Portugal in Africa*. London: Penguin, 1962.

Ellis Island Oral History Project. Library at the Ellis Island Immigration Museum. New York, 1973-present.

Ellis, Richard. *Imaging Atlantis*. New York: Alfred Knopf, 1998.

——— . *Men and Whales*. New York: Lyons Press, 1999.

Games, Alisons. *Migration and the Origins of the English Atlantic World*. Cambridge, MA: Harvard University Press, 1999.

Gillis, John R. *Islands of the Mind: How the Human Imagination Created the Atlantic World*. New York: Palgrave Macmillan, 2004.

Greene, Jack P., and J. R. Pole. *Colonial British America: Essays in the New History of the Early Modern Era*. Baltimore: Johns Hopkins University Press, 1984.

Handlin, Oscar. *The Uprooted: The Epic Story of the Great Migrations that Made the American People*. Boston: Little, Brown and Company, 1951.

Handy, Amy. *The Golden Age of Sail*. New York: Todtri, 1996.

Haring, C. H. *The Spanish Empire in America*. New York: Horcourt, Brace & World, 1947.

Horton, Edward. *The Illustrated History of the Submarine*. Garden City, NY : Doubleday, 1974.

Jacobson, Timothy. *Discovering America: Journeys in Search of A New World*. London: Blandford, 1991.

Jeremy, David J. *Transatlantic Industrial Revolution: The Diffusion of Textile Technologies Between Britain and America, 1790-1830s*. Cambridge, MA: MIT Press, 1981.

Jessop, Violet, and John Maxtone-Graham, eds. *Titanic Survivor: The Newly Discovered Memoirs of Violet Jessop Who Survived Both the Titanic and Britannic Disasters*. Dobbs Ferry, NY: Sherindan House, 1997.

Jones, Gwyn. *The Norse Atlantic Saga: Being the Norse Voyages of Discovery and Settlement to Iceland, Greenland, America*. Oxford: Oxford University Press, 1964.

July, Robert W. *A History of African People*. New York: Scribner's, 1970.

Klein, Herbert. "The Atlantic Slave Trade to 1650." *Tropical Babylons: Sugar and the Making of the Atlantic World, 1450-1680*. Ed. Stuart B. Schwartz. Chapel Hill: University of North Carolina Press, 2004.

Klooster, Win, and Alfred Padula, eds. *The Atlantic World: Essays on Slavery, Migration, and Imagination*. Upper Saddle River, NJ: Pearson, 2005.

Kupperman, Karen O., ed. *Captain John Smith: A Select Edition of his Writings*. Chapel Hill: University of North Carolina Press, 1988.

Kurlansky, Mark. *Cod: A Biography of the Fish That Changed the World*. New

York: Walker, 1997.

———. *Salt: A World History*. New York: Walker, 2002.

Lancaster, Bruce. *The American Heritage History of the American Revolution*. New York: American Heritage/Bonanza Books, 1971.

Lane, Kris E. *Pillaging the Empire: Piracy in the Americas, 1500-1700*. Armonk, NY: M.E. Sharpe, 1998.

Lang, James. *Conquest And Commerce: Spain and England in the Americas*. New York: Academic Press, 1975.

Lovejoy, Paul E. *Transformations in Slavery: A History of Slavery in Africa*. New York: Cambridge University Press, 1983.

Lubbock, Basil. *The Colonial Clippers*. Glasgaw: J. Brown & Son, 1921.

Maddocks, Melvin. *The Atlantic Crossing*. Alexandria, VA: Time-Life Books, 1981.

Mangione, Jerre, and Ben Morreale. *La Storia: Five Centuries of the Italian American Experience*. New York: Harper Collins, 1992.

Mann, Charles C. *1491: New Revelations of the Americas Before Columbus*. New York: Alfred Knopf, 2005.

Manning, Patrick. *Slavery and African Life: Occidental, Oriental, and African Slave Trades*. New York: Cambridge University Press, 1990.

Marcus, G. J. *The Conquest of the North Atlantic*. New York: Oxford University Press, 1981.

Meinig, D. W. *The Shaping of America: A Geographical Perspective on 500 Years of History; Volume 1: Atlantic America*. New Haven: Yale University Press, 1986.

———. The *Shaping of America: A Geographical Perspective on 500 Years of History; Volume 2: Continental America 1800-1867*. New Haven: Yale University Press, 1993.

———. The *Shaping of America: A Geographical Perspective on 500 Years of History; Volume 3: Transcontinental America 1850-1915*. New Haven: Yale University Press, 1998.

Meir, Golda. *My Life*. New York: G. P. Putnam's Sons, 1975.

Mintz, Sidney. *Sweetness and Power: The Place of Sugar in Modern History*. New York: Viking Penguin, 1985.

Mollat du Jourdin, Michel. *Europe and the Sea*. Oxford: Blackwell, 1983.

Moquin, Wayne. And Charles L. Van Doren. *Great Documents in American Indian History*. New York: Da Capo Press, 1995.

Morison, Sammuel Eliot. *Admiral of the Ocean Sea: A Life of Christopher*

Columbus. Boston: Little, Brown and Company, 1942.

———. *The European Discovery of America, Volumes I and 2*. New York: Oxford University Press, 1971.

———. *The Maritime History of Massachusetts*. Boston: Houghton Mifflin, 1921.

Nicholson, Norman L. *The Boundaries of the Canadian Confederation*. Toronto: Macmillan, 1979.

Outhwaite, Leonard. *The Atlantic: A History of the Ocean*. New York: Coward-McCann, 1957.

Parry, J. H., ed. *The European Reconnaissance: Selected Documents*. New York: Walker, 1968.

Polo, Marco. *The Travels of Marco Polo*. Ronad Latham, trans. London: Penguin, 1958.

Raban, Jonathan. *The Oxford Book of the Sea*. New York: Oxford University Press, 1992.

Rawley, James A. *The Transatlantic Slave Trade: A History*. New York: Norton, 1981.

Reeves, Pamela. *Ellis Island: Gateway to the American Dream*. New York: Crescent Books, 1991.

Rich E. E. *The Fur Trade and the Northwest to 1857*. Toronto: McClelland and Stewart, 1967.

Sandler, Martin W. *Island of Hope: The Story of Ellis Island and the Journey to America*. New York: Scholastic, 2004.

———. *Resolute: The Epic Search for the Northwest Passage and John Franklin, and the Discovery of the Queen's Ghost Ship*. New York: Sterling Publishing Co., Inc., 2006.

Schama, Simon. *Citizens: A Chronicle of the French Revolution*. New York, Alfred Knopf, 1989.

———. *Rough Crossings: Britain, the Slaves, and the American Revolution*. New York: Harper Collins, 2006.

Schlesinger, Roger. *In The Wake of Columbus: The Impact of the New World on Europe*. Wheeling, IL: Harlan Davidson, 1996.

Shwartz, Stuart B. *Tropical Babylons: Sugar and the Making of the Atlantic World, 1450-1680*. Chapel Hill: University of North Carolina Press, 2004.

Stols, Eddy. "The Expansion of the Sugar Market in Western Europe." *Tropical Babylons: Sugar and the Making of the Atlantic World, 1450-1680*. Stuart B.

Shwartz, ed. Chapel Hill: University of North Carolina Press, 2004.

Server, Dean. *The Golden Age of Stream*. New York: Todtri, 1996.

——— . *The Golden Age of Ocean Liners*. New York: Todtri, 1996.

Seymour, M. J. *The Transformation of the North Atlantic World, 1492-1763: An Introduction*. Westport, CT: Praeger, 2004.

Solow, Barbara L. *Slavery and the Rise of the Atlantic System*. New York: Cambridge University Press, 1991.

Taylor, George R. *The Transportation Revolution, 1815-1860*. New York: Holt, Rinehart and Winston, 1951.

Time-Life Books, *Immigrants: The New Americans*. Alexandria, VA: Time-Life Books, 1999.

Trudel, Marcel. *Introduction to New France*. Toronto: Holt, Rinehart and Winston, 1968.

Villiers, Alan. *Men, Ships and the Sea*. Washington, DC: National Geographic Society, 1962.

Wallace, Anthony F. C. *Rochdale: The Growth of an American Village in the Early Industrial Revolution*. New York: Knopf, 1978.

【著者】

マーティン・W・サンドラー（Martin W. Sandler）

アメリカ史の専門家で、“*The Letters of John F. Kennedy*”、“*Lost to Time: Unforgettable Stories That History Forgot*”など60冊以上のノンフィクション書を執筆、著書のうち2冊がピューリッツァー賞にノミネートされた。マサチューセッツ大学でアメリカ史およびアメリカ研究の教鞭を執る一方、若い人向けの本も書いており、“*The Story of American Photography: An Illustrated History for Young People*”はボストングローブ・ホーンブック賞の次点（オナー）となった。米議会図書館の若者向けアメリカ史シリーズでは6冊を執筆し、50万部を売り上げた。

【訳者】

日暮雅通（ひぐらし・まさみち）

1954年生まれ、青山学院大学理工学部卒業。英米文芸・ノンフィクション翻訳家。訳書はベントリー『ビジュアル版数の宇宙』、アダム・ハート＝デイヴィス『時間の図鑑』（以上、悠書館）、クーパー＆ヘンベスト『ビジュアル版天文学の歴史』（東洋書林）、アダム・ハート＝デイヴィス『サイエンス　大図鑑』（河出書房新社）、アーサー『テクノロジーとイノベーション』（みすず書房）など多数。

ATLANTIC OCEAN：
The Illustrated History of the Ocean that Changed the World
By
Martin W. Sandler
© 2008 Sterling Publishing Co., Inc.
Text © 2008 by Martin W. Sandler
Foreword © 2008 by Dennis Reinhartz
Japanese translation rights arranged with Martin W. Sandler
c/o Sterling Publising Co., Inc., New York
through Tuttle-Mori Agency, Inc., Tokyo

図説 大西洋の歴史
——世界史を動かした海の物語——

2014 年 11 月 7 日　初版発行

著　者	マーティン・W・サンドラー
翻訳者	日暮雅通
装　幀	桂川　潤
発行者	長岡正博
発行所	悠書館

〒 113-0033　東京都文京区本郷 2-35-21-302
TEL 03-3812-6504　FAX 03-3812-7504

印刷・製本：理想社

Japanese Text © 2014 Masamichi HIGURASHI
2014 Printed in Japan
ISBN978-4-903487-94-6